유명한 철학자들의 생애와 사상

2

나남
nanam

한국연구재단 학술명저번역총서
서양편 403

유명한 철학자들의 생애와 사상 2

2021년 6월 25일 발행
2023년 9월 10일 2쇄

지은이   디오게네스 라에르티오스
옮긴이   김주일 · 김인곤 · 김재홍 · 이정호
발행자   趙相浩
발행처   (주) 나남
주소   10881 경기도 파주시 회동길 193
전화   (031) 955-4601 (代)
FAX   (031) 955-4555
등록   제 1-71호 (1979.5.12)
홈페이지   http://www.nanam.net
전자우편   post@nanam.net
인쇄   유성근 (삼화인쇄주식회사)

ISBN 978-89-300-4021-1
ISBN 978-89-300-8215-0 (세트)

책값은 뒤표지에 있습니다.

'한국연구재단 학술명저번역총서'는 우리 시대 기초학문의 부흥을 위해
한국연구재단과 (주)나남이 공동으로 펼치는 서양명저 번역간행사업입니다.

유명한 철학자들의 생애와 사상

2

디오게네스 라에르티오스 지음

김주일 · 김인곤 · 김재홍 · 이정호 옮김

나남
nanam

ΒΙΟΙ ΚΑΙ ΓΝΩΜΑΙ ΤΩΝ ΕΝ ΦΙΛΟΣΟΦΙΑΙ ΕΥΔΟΚΙΜΗΣΑΝΤΩΝ

ΔΙΟΓΕΝΗΣ ΛΑΕΡΤΙΟΣ

일러두기

1. 번역의 기준 판본으로는 케임브리지 고전 텍스트(Cambridge Classical Texts and Commentaries) *Live of Eminent Philosophers* (Tiziano Dorandi 편집, Cambridge University Press, 2013)을 사용했다.
2. 원문을 참고할 필요가 있는 독자들이 쉽게 찾아볼 수 있도록 하기 위해 본문 중에 원문의 절(節) 수를 〔 〕 안에 표시하였다.
3. 편집자가 추가한 내용도 〔 〕 안에 표시하였다.
4. 원문에서 내용이 누락되거나 훼손된 부분은 본문에서 〈…〉으로 표시했다.
5. 본문의 각주는 원주는 없고 모두 옮긴이 주이다.
6. 편집자마다 해석이 다른 부분은 옮긴이 주에서 설명하였다.
7. 서양철학사에서 의미 있는 인물이나 지명에 대해서는 보다 상세한 옮긴이 주를 달았다.
8. 철학 용어는 정암학당의 기존 번역용어를 참고하여 옮겼다.
9. 그리스어의 우리말 표기는 고전 시대의 발음에 가깝게 표기했다. 단, 우리말로 굳어져 널리 쓰이는 것은 예외로 했다.
10. 본문의 번역어 중에서 그리스어 표기가 필요한 것들은 주석에서 밝히거나 〈찾아보기〉에 포함시켰으며, 〈찾아보기〉에 있는 용어는 본문에서만 뽑았다. 그리스어는 로마자로 표기했다.

유명한 철학자들의 생애와 사상

2

차 례

7권

스토아학파

1. 제 논

〔6. 105〕 이 사람들까지가 견유학파 철학자들이고, 이제 크라테스의 제자였던 제논에서 비롯된 스토아학파 철학자들로 넘어가야 한다. [1]

〔1〕 제논은 므나세아스의 아들이거나 데메아스의 아들로서 퀴프로스의 키티온 사람이다. 이 도시는 그리스 도시이지만 포이니케 이 주민들을 받아들인 적이 있었다. 아테네 사람 티모테오스가 《생애에 대하여》에서 말하는 바에 따르면 그는 목이 기울어져 있었다고 한다. 그리고 튀로스[2] 사람 아폴로니오스[3]는 그가 마르고 키가 크며

---

1) 힉스와 롱의 편집본에는 이 구절이 6권 맨 끝에 있었으나 도란디는 7권의 맨 앞에 배치했다. 6권의 주제에서 7권의 주제로 내용을 옮긴다는 점을 밝히는 문장이라 어느 쪽에 위치하든 관계는 없으나 도란디의 편집 방식을 따랐다.

2) 튀로스(Tyros)는 베이루트 남쪽, 동지중해에 면한 도시다.

3) 튀로스 사람 아폴로니오스(Apollōnios)는 이 책에 언급되는 것 외에는 별로 알려진 바가 없다. 스토아학파 철학자이며 제논에 관한 책을 쓴 것으로 이 책에서 언급된다.

가무잡잡했으며〔이 때문에 크뤼시포스가 《격언》 1권에서 말하는 바에 따르면 어떤 사람이 그를 이집트 포도넝쿨4)이라 불렀다고 한다.〕 다리는 굵고 몸은 다부지지 못하고 기운은 약했다고 한다. 바로 그 때문에 페르사이오스는 《향연 회상록》에서 그가 거의 대부분의 잔칫상을 사양했다고 말한다. 그는 말하길, 제논이 말리지 않은 무화과 열매를 좋아했고 햇볕 쬐는 것을 좋아했다고 한다.

〔2〕 미리 이야기했던 대로 그는 크라테스5)에게서 듣고 배웠다. 그 후에는 티모크라테스가 《디온》에서 그렇게 말하고 폴레몬6) 역시 그렇게 말하듯이, 스틸폰과 크세노크라테스에게서 10년 동안 가르침을 받았다고들 말한다. 한편 헤카톤7)도 말하고 튀로스 사람 아폴로니오스도 《제논에 대하여》 1권에서 말하길, 제논이 어떻게 해야 최선의 삶을 살 수 있는지를 신탁에 물었을 때, 신은 '죽은 자들을 사귄다면'이라 답했다고 한다. 그로부터 깨달아 그는 옛사람들의 말을 읽기 시작했다고 한다. 어찌되었든 그가 크라테스의 제자가 된 경위는 이렇다. 그는 포이니케에서 뿔고둥8)을 배에 싣고 가다가 페이라이에우스 근처에서 배가 난파되었다.〔3〕 당시 이미 30세였던 그는

---

4) '포도넝쿨'로 번역한 'klēmantis'는 '참으아리과에 속하는 식물'로도 번역할 수 있는 말이다. 일단 우리말 표현이 쉬운 쪽으로 번역했으나 고대에 키 크고 피부가 검은 사람을 비유하는 표현으로 사용되었다고 하니〔데메트리오스, 《표현에 대하여》(*Peri hermēneias*), 172항〕 키 크고 빛깔이 검은 식물을 연상하면 될 것이다.

5) 테베 출신의 크라테스를 말한다(6권 105절 및 서론 15절 참고).

6) 아카데미아학파의 폴레몬을 말한다.

7) 6권 4절 주석 참고.

8) 뿔고둥은 자주색 염료를 만드는 재료다.

제논

페이라이에우스에서 아테네로 상경하여 어느 서점에 가서 앉아 있었
다. 그는 크세노폰의 《소크라테스 회상》 2권을 다 읽고서 기뻐하며
이런 분은 어디 계시는지 물었다. 그런데 때마침 크라테스가 지나가
자 서점 주인이 그를 가리키며 말했다. "저 사람을 따라가시오." 그때
부터 그는 크라테스로부터 가르침을 받았다. 그는 철학 공부에는 아
주 열성이었지만 견유학파의 부끄러움을 모르는 삶의 태도9) 에 대해
서는 상당히 창피해했다. 그 때문에 크라테스는 그의 바로 이 점을
고쳐 주고 싶어서 렌틸콩10) 수프가 든 사발을 주고 그것을 들고 케라

---

9) '부끄러움을 모르는 삶의 태도'(후안무치, *anaischyntia*)는 견유학파가 권장
   하는 삶의 태도이다. 반면에 그리스 고전기에 이것은 악덕 또는 부도덕의
   근원이었다. 플라톤의 《법률》, 647c 이하, 아리스토텔레스의 《니코마코스
   윤리학》, 1107a11 이하 참고.

메이코스 지역을 지나가게 했다. 그가 창피해서 그것을 덮어 감추는 것을 보고 크라테스는 지팡이로 때려 그 사발을 박살냈다. 자기 다리로 렌틸콩 수프가 흘러내리는 채로 제논이 달아나자 그가 말하길, "왜 달아나는가, 포이니케의 애송이야? 무시무시한 일을 당한 것이 전혀 아닌데."11)

〔4〕이와 같이 그는 한동안 크라테스에게서 가르침을 받았다. 이 무렵 그는 스스로 《국가》를 저술하기도 했는데, 어떤 사람들은 농담조로 그가 퀴노스 우라12)에서 그것을 썼다고 말했다. 하지만 그는 《국가》에 더해 다음과 같은 것들도 썼다.

《본성에 따른 삶에 대하여》
《충동에 대하여 또는 인간의 본성에 대하여》
《감정13)에 대하여》

---

10) 렌틸콩은 남부 지중해 연안이 원산지인 콩으로, 이 콩의 모양을 본떠 렌즈를 깎았다고 해서 렌즈콩이라고도 불린다.

11) 6권 35절에서도 디오게네스가 부끄러움을 느끼는 사람을 깨우치려 이와 같은 일을 시킨 적이 있다는 내용이 있다.

12) 퀴노스 우라(Kynos oura)는 '개의 꼬리'를 뜻한다. 아테네 근처와 살라미스 섬 등에 있었던 곳의 이름이기도 하고, 작은곰자리를 부르는 이름이기도 하다. 따라서 글을 쓴 장소라고 해석하면 말의 표면적 의미가 되겠지만 이것을 '개의 꼬리에서' 또는 '개의 꼬리를 쫓아서'라고 해석하면 본래 '개와 같은 사람'(kynikos)이란 뜻인 '견유학파'에 속하는 크라테스의 영향을 받아서 그 책을 썼다는 뜻이 된다.

13) 'pathos'의 번역은 어려운 문제다. 고전기 그리스에서 'pathos'는 넓은 의미로 영혼 또는 우리의 감각 능력이 어떤 대상으로부터 영향을 입은 수동적 상태를 말한다. 이 의미는 'pathos'의 동사형인 'paschein'이 '겪다', 경험하다'의 의미임을 생각하면 알 수 있다. 플라톤의 경우를 보면 'pathos'는 일차적으로는

《마땅한 것들에 대하여》

《법에 대하여》

《그리스의 교육에 대하여》

《시각에 대하여》

《우주에 대하여》

《징표들14)에 대하여》

《피타고라스학파의 문제들》

'겪음'이라는 수동의 의미를 가지며 이런 맥락에서 'pathos'는 만듦(*poiēsis*)이나 행위(*praxis*)와 대비되어 사용된다(《법률》, 876d). 'pathos'는 일반적으로 일어난 일을 가리키며, 그것이 외부의 영향에 의해 일어난다는 점에서 '(수동적) 겪음' 내지 그런 겪음을 통해 생겨난 상태를 뜻한다. 이런 맥락에서 추상적으로는 수동성 자체를 뜻하기도 한다. 일을 겪는 주체가 사람일 경우와 사물일 경우에 따라 'pathos'의 의미는 달리 사용된다. 겪는 주체가 사람일 경우 일반적인 '경험'을 뜻하기도 하지만(《향연》, 217e), 부정적 맥락에서는 수동적으로 겪게 되는 '수난'을 뜻하기도 한다(《국가》, 378a). 한편 영향을 받는 것이 사람의 몸일 경우 'pathos'는 주로 감각 성질의 의미로 사용된다(《티마이오스》, 61e~62b). 또한 외부의 영향을 받는 것이 사람의 심리적 차원의 것일 경우 'pathos'는 감정 또는 느낌의 의미로 사용되기도 한다(《법률》, 644e). 또한 어떤 사물이 어떤 상황에서 겪게 되어 가지게 되는 상태라는 의미로 'pathos'가 사용될 때는, 이런 상태가 사물이 가지고 있는 본질(*ousia*)과 대비된다는 점에서 그 사물의 비본질적 특성 또는 우유적 속성의 의미를 갖기도 한다(《에우튀프론》, 11a). 그런데 스토아학파에 와서 이 pathos가 감정의 의미를 갖기 시작했다. 다른 한편 이 pathos는 데카르트나 스피노자의 저작에서는 정념으로도 번역된다. 그런데 데카르트에서도(《마음과 철학》 서양편(상), 〈데카르트 이원론과 정념론〉참고) pathos(정념)는 수동적인 의미인데 반해, 감정은 능동적인 것이라는 우리의 느낌이 있다. 따라서 pathos를 감정이라 번역하는 것은 '감정'이 너무 능동적이고, 긍정적인 의미도 갖고 있다는 점이 걸리긴 하지만 이 번역어가 그중 낫기 때문에 '감정'으로 옮기기로 한다.

14) '간접 증거'라고도 할 수 있다. 알려진 것에서 알려지지 않은 것으로 추론을 행할 때 기초가 되어 주는 것이다.

《보편적인 것들》15)

《어법에 대하여》

《호메로스 문제》 5권

《시학 강의》

그의 작품으로는 또,

《기술》16)

《해법》

《논박》 2권

《크라테스 회상》

《윤리학》

이것이 그의 책들이다. 한편 그는 크라테스를 떠나 앞서 이야기했던 사람들에게서 20년 동안 가르침을 받았다. 이 무렵 그는 "그때 난파를 당한 것은 성공적인 항해였다"고 말했다고 한다. 하지만 다른 사람들은 그가 크라테스에게 배우고 있던 시절에 그 말을 했다고 한다. [5] 또 다른 사람들은 그가 아테네에서 지내고 있을 때 자기 배의 난파 소식을 듣고, "나를 철학으로 몰아가다니, 운명이 참으로

---

15) 또는 《일반적인 문제들》.
16) 일반적으로는 수사학(rhētorikē) 입문서의 제목으로 쓰이는 책이름이다. 그러나 7권 34절의 내용과 관련하여 《사랑의 기술》(Erōtikē Technē)을 가리킬 가능성도 있다. 스토아학파와 견유학파가 역사적으로 대립해왔던 것을 감안하면 처음에 견유학파의 일원인 크라테스로부터 철학을 배운 제논의 학문 성향을 알려 줄 수 있는 단서가 될 수도 있다.

고맙구나"라고 말했다고 한다. 또 어떤 사람들은 그가 아테네에서 자신의 화물을 처분하고 나서 철학에 몰두했다고 한다.

그리하여 그는 "페이시아낙스의 주랑"[17] 이라고도 불리지만 폴뤼그노토스[18] 의 그림에서 연유하여 '채색된'이란 이름으로도 불리는 채색 주랑에서 거닐며 강의했다. 그가 그곳에서 강의를 한 것은 강의 장소가 번잡해지지 않았으면 했던 이유도 있다. 왜냐하면 30인 정권 시절에 시민 1,400명이 그곳에서 죽임을 당했기 때문이다.[19] 그리하여 그 이후로 많은 사람이 그에게서 가르침을 받으러 그곳에 찾아왔고, 이 때문에 그들은 스토아학파라고 불렸으며 그 이전에는 제논학파라고 불렸던 그의 제자들도 마찬가지로 스토아학파라 불렸다. 이는 에피쿠로스도 자신의 편지들에서[20] 말하는 것이다. 이전에도 그곳을 드나들던 시인들이 스토아학파라고 불렸으며 그들이 그 이름을 더욱더 널리 퍼트렸다는 것은 에라토스테네스[21] 도 《고대 희극에 대하여》 8권에서 말한다.

〔6〕 그리하여 아테네 사람들은 제논을 대단히 존경하여 자신들의 성벽 열쇠까지 맡길 뿐만 아니라 황금 왕관과 청동상으로 그를 기릴 정도였다. 하지만 이것은 제논의 나라 시민들도 하였던 것으로, 그

---

17) 페이시아낙스(Peisianax)는 아테네의 유명한 정치가 키몬(Kimōn)의 처남으로, 그가 이 회랑을 지었다고 해서 처음에는 이렇게 불렸다고 한다. 주랑 (stoa)은 주로 벽이 없이 기둥과 지붕이 있는 건축물. 스토아학파는 주랑을 가리키는 스토아란 말에서 왔다.

18) 폴뤼그노토스는 이 주랑에 걸린 그림들을 그린 당시의 유명한 화가이다.

19) 정확히는 이곳에서 사형이 집행된 것이 아니라 언도되었으리라고 추정한다.

20) 우제너(Usener)가 편집한 《단편》, 198.

21) 퀴레네 출신의 에라토스테네스를 말한다. 1권 119절 주석 참고.

들은 그 사람의 상을 자랑거리로 여겼다. 그런가 하면 시돈[22]에 있던 키티온 사람들도 그가 자기네 나라 사람이라고 주장했다. 안티고노스[23]도 그를 스승으로 섬겼으며, 아테네에 갈 때면 언제나 그에게서 가르침을 받았고 자신에게 와 달라고 여러 차례 청하기도 했다. 하지만 그는 이 부탁을 정중히 거절하고 자신의 제자 중 한 사람으로 키티온 태생이며 제논이 이미 노년이던 130회 올림피아기에 한창때였던[24] 페르사이오스[25]를 보냈다. 튀로스 사람 아폴로니오스도 《제논에 대하여》에서 말하는 것과 같이 안티고노스의 편지는 다음과 같은 내용을 담고 있었다.

〔7〕 왕 안티고노스가 철학자 제논에게 인사 전합니다.

나는 운과 명성에서는 당신의 삶보다 앞서지만 이성과 교양뿐만 아니라 당신이 획득하신 궁극의 행복에서는 뒤진다고 생각합니다. 바로 그 때문에 나는 내게 와 주십사하고 당신께 청해 보기로 결심했던 것입니다. 당신이 내 청을 거절하지 않으시리라 믿고서 말이죠. 그러니 나 한 사람의 교사가 아니라 모든 마케도니아 사람들 전부의 교사가 되시리라는 이 점을 분간하셔서 아무쪼록 저와 합류하여 주십시오. 마케도니아 사람들을 다스리는 자를 교육하고 덕에 따른 행실로 인도하시는 분은 그 백성들도 훌륭한 사람으로 육성하시는 분인 것이 분명하기 때문입니다. 지도자가 그런 사람이

---

22) 시돈(Sidōn)은 레바논의 도시다.

23) 2권 127절 주석 참고.

24) 그리스 사람들이 한 사람의 인생에서 절정기(*akmē*)라고 꼽았던 시기는 우리의 장년의 나이에 해당한다. 장년(壯年)이 본래 '한창때'라는 뜻을 담고 있으나 원래 뜻이 분명히 드러나도록 우리말로 풀었다.

25) 페르사이오스(Persaios)에 대해서는 7권 36절 참고.

면, 대개 그의 백성들도 그와 같은 사람이 될 가능성이 높기 때문입니다.

그리고 제논은 다음과 같이 답신을 보낸다.

〔8〕 안티고노스 왕에게 제논이 인사 전합니다.
성품의 왜곡에 이르게 하는 통속적 교양이 아니라 유익함에 이르는 참된 교양을 당신이 고수하시는 한, 배움을 좋아하는 당신의 그 마음을 나는 기쁘게 받아들입니다. 철학에 일단 손을 뻗친 사람이, 어떤 젊은이들의 혼을 유약하게 만드는 그 유명한 쾌락에서 비켜난다면, 그는 천성에 의해서뿐만 아니라 선택26)에 의해서도 고귀함으로 기울어가고 있음이 분명합니다. 고귀한 천성에 적절한 수행을 보태고, 심지어 아낌없이 가르치려는 사람까지 보탠다면 그는 쉽게 〔9〕 덕의 완전한 습득으로 나아갈 것입니다. 그러나 나는 노령에 따른 쇠약한 육신에 시달리고 있습니다. 여든의 나이이니까요. 바로 그 때문에 나는 당신과 합류할 수가 없습니다. 대신에 영혼과 관련된 점에서 나보다 빠지지 않고 육신과 관련된 점에서는 앞서는 나의 학문적 동료들을 보냅니다. 그들과 교유하신다면 당신은 궁극적인 행복에 다다른 그 누구에 뒤지지 않으실 것입니다.

제논은 테베 사람인 페르사이오스와 필로니데스27)를 보냈는데, 그들에 대해서는 에피쿠로스가 자신의 형제인 아리스토불로스에게 보내는 편지에서 그들 둘이 안티고노스와 교유했다고 적고 있다. 28) 그런데 내게는 제논에 대한 아테네 사람들의 결의문을 덧붙여 적어

---

26) 아리스토텔레스의 윤리학 용어이기도 한 이 말은 '합리적 선택'이라고 번역되기도 한다. 아리스토텔레스의 《니코마코스 윤리학》, 1113a10, 1094a2 등 참고.
27) 4권 47절 참고.
28) 《구스토아학파 단편》(*Stoicorum Veterum Fragmenta*), I, Nr. 439.

두는 것이 좋겠다는 생각이 들었다. 그리고 그것은 다음과 같다.

[10] 결의문

최고행정관 아레니데스의 재임기,[29] 아카만티스 부족이 관장하는 5차 운영위원회[30] 회기, 11월[31] 21일, 그 운영위원회 회기 23회째에 열린 정규 민회[32]에서 의장단 중 크라티스토텔레스의 아들이자 크쉬페테 구민인 히폰을 비롯한 그의 동료 의장단은 다음의 사안을 표결에 부쳤다.

　　트라손의 아들이자 아나카이아 구민인 트라손이 제안했다. "므나세아스의 아들이며 키티온 사람인 제논은 여러 해 동안 이 나라에서 철학에 종사하며 다른 점에서도 훌륭한 사람으로 일관했지만 특히 그의 문하에 들어오는 젊은이들을 덕과 절제로 불러들여 최선의 것들로 향하도록 고무했으니, 이는 그가 논했던 주장과 일치하는 자신의 삶을 모든 사람의 귀감으로써 내놓았기 때문인 바, [11] 신의 가호로[33] 므나세아스의 아들이자 키티온 사람인 제논을 칭송하고 그의 덕과 절제를 기려 법에 따라 황금 관을 씌우며, 또한 그를 위해 케라메이코스에 국비로 그의 묘를 지어 주기로 민중에 의해 결정되었다.

---

29) 기원전 262~261년.
30) 아테네에는 최고의결기관인 민회 (*ekklēsia*) 에서 표결할 사항을 협의·결정하는 평의회 (*boulē*) 가 있고, 이 협의회 일을 상시적으로 관할하기 위해 아테네의 10개 부족이 각기 1년을 나눠 36일씩 회의 주재와 운영에 관한 일을 담당하였다. 이 기구를 운영위원회 (*prytaneis*) 라 불렀다.
31) 아테네의 달 이름으로는 마이마크테리온 (*Maimaktēriōn*) 달.
32) 아리스토텔레스에 따르면 운영위원회를 맡은 부족이 담당하는 36일을 한 단위의 운영위원회 회기로 해서, 그 기간 중에 정규 민회 (*kyria ekklēsia*) 를 포함해서 4번의 민회를 개최할 수 있었다고 한다(최자영, 《고대 아테네 정치제도사》, 신서원, 1995, 43절 4항 참고).
33) 이 형식 어구는 아테네의 법조문에 항상 들어가는 것이었다.

한편 관(冠)의 제작과 묘의 건립을 감독할 사람으로 민회34)는 아테네 사람들 중에서 5명을 이미 선출했다. 한편 민회의 서기가 2개의 비석에 결의문을 새겨 넣도록 하고 그가 하나는 아카데미아에 다른 하나는 뤼케이온에 세울 수 있도록 허용한다. 한편 비석에 드는 비용은 담당관이 할당35)해 주기로 한다. 이는 아테네 사람들의 민회가 훌륭한 사람들을 생전에도 사후에도 존경한다는 사실을 모든 사람이 볼 수 있게 하기 위해서다. 〔12〕한편 건립을 위해 선출된 자는 아나카이아 구민인 트라손, 페이라이에우스 구민인 필로클레스, 아나플뤼스토스 구민인 파이드로스, 아카르나이 구민인 메돈, 쉬팔레토스 구민인 스미퀴토스이다.

결의문은 이와 같다. 한편 카뤼스토스 사람 안티고노스36)는 제논 자신이 키티온 사람이라는 것을 부정하지 않았다고 말한다. 왜냐하면 그는 목욕탕 수리에 기여한 사람들 중 한 사람으로서 비석에 "철학자 제논"이라고 새겨졌을 때, '키티온 사람'도 덧붙여 줄 것을 요구했기 때문이라는 것이다. 한편 언젠가는 그가 기름병37)에 구멍이 난 뚜껑을 달아38) 돈을 넣어 가지고 다녔는데, 이는 그의 스승인 크라테스가 돈이 필요할 때 바로 사용할 수 있게 하기 위해서였다. 〔13〕사람들은 그가 그리스에 왔을 때 1천 탈란톤이 넘는 돈을 가져

---

34) 원문은 'dēmos'로 주로 나라의 주권을 가진 민중 또는 인민을 가리키는 말이지만, 민회에서는 인민의 의사결정을 대변하는 민회를 가리키는 표현으로도 사용된다.
35) 아테네에서 공적으로 큰일을 벌일 때는 부유한 사람에게 기부를 받는 방식을 주로 취했다. 그래서 할당한다는 것은 기부액을 할당한다는 말이다.
36) 2권 15절의 주석 참고.
37) lēkythos. 목이 좁고 긴 병으로 올리브기름이나 향료를 넣는 데 사용했다.
38) 일종의 저금통 입구의 역할을 하게 고안한 것으로 보인다.

와서 배를 담보로 이것을 빌려주었다고 말한다. 하지만 그는 소량의 빵과 꿀을 먹고 소량의 향기 좋고 도수가 약한 포도주를 마셨다. 그는 또한 어린 노예를 부린 적이 거의 없으며 여자를 싫어하는 것으로 보일까 봐 여자 노예를 부린 적은 한두 번 정도 있었다. 그는 또한 페르사이오스와 한집에서 살고 있었는데, 페르사이오스가 아울로스 부는 소녀39)를 그에게 들여보내자, 그녀를 끌어내 페르사이오스에게 돌려보냈다.

또한 그는 융통성 있는 사람이어서 안티고노스 왕은 자주 술꾼들과 함께 그를 찾아오거나 어떤 때는 그와 함께 키타라 가수40) 아리스토클레스에게 갔으나, 이 사람은 곧 있다가 〔14〕 슬그머니 사라졌다고 사람들은 말한다. 그는 사람이 많은 곳도 피해서 그나마 반은 덜 괴로울 수 있다는 생각에서 좌석의 맨 끝에 앉을 정도였다고 한다. 또한 그는 2～3명 이상의 사람과 산책하는 법41)도 없었다. 클레안테스42)가 《동전에 대하여》에서 말하는 바에 따르면, 때로 그는 자신을 에워싸는 사람들에게 동전을 거둬들이기도 했는데, 동전을 주는 게 겁나서 성가시게 하지 않도록 하기 위해서였다고 한다. 또한 여러 사람이 그를 에워쌌을 때, 그 주랑43) 끝에 있는 제단을 둘러싼 나무 난간을 가리키며 말했다. "저것은 한때 가운데 놓여 있었는데, 방해가 되는

---

39) 아울로스 연주자들은 고대 그리스의 연회 등에서 음악으로 흥을 돋우기도 했지만, 매춘을 겸하기도 했다.

40) kitharōidos. 키타라를 탄주하며 노래를 부르는 사람을 말한다.

41) 이는 단순한 산책이 아니라 아리스토텔레스학파를 페리파토스학파(Peripatos)라는 데서 알 수 있듯이 거닐면서 강의하는 형태라고 봐야 한다.

42) 7권 174～175절 참고.

43) 스토아학파의 어원이 되는 채색 주랑을 말한다(7권 5절 참고).

탓에 홀로 서 있게 되었습니다. 그러니 여러분도 자신들을 옮겨서 우리를 성가시게 하지 말아 주십시오."

한편 라케스의 아들 데모카레스[44]가 그에게 반갑게 인사하며, 제논이 필요한 것은 뭐든 안티고노스가 대줄 테니까 필요한 것은 뭐든 안티고노스에게 말하거나 편지를 하라고 말하자,[45] 듣고 나서 제논은 [15] 다시는 그와 상종하지 않았다. 한편 제논의 죽음 후에도 안티고노스는 "그런 관객을 잃다니"[46]라고 말했다고 전해진다. 그렇기 때문에 그는 또 트라손을 사절로 보내 아테네 사람들에게 제논을 위해 케라메이코스에 무덤을 만들어 줄 것을 요청했다. 무엇 때문에 그를 찬탄하느냐는 질문을 받자 그는, "내게서 많은 대단한 것들을 받았음에도 불구하고 그는 거만했던 적이 없으며 비굴한 모습을 보인 적도 없었기 때문이다"라고 말했다.

한편 그는 탐구 정신이 강하고 엄밀한 사람이었다. 그렇기 때문에 티몬[47]도 《실로이 시집》에서 이렇게 말한다.

그리고 나는 포이니케의 욕심 사나운 노파가 음침한 착각 속에서 몽땅 노리고 있는 것을 보았지. 하지만 그녀의 통발은[48] 사라져 버린다,

---

44) 이 두 인물에 대해서는 4권 41절 주석 참고.

45) 데모카레스는 반마케도니아파 사람으로서 제논에 대한 이 아부는 그저 단순한 아부로 이해하지 말아야 한다.

46) 플라톤의 《정치가》, 260c에는 '왕도적 치술을 관객처럼 판단술의 위치에 놓을지' 의논하는 내용이 나온다. 안티고노스가 제논을 자신의 인생의 잘잘못을 판단해 줄 평가자로 이해했다는 뜻인 듯하다.

47) 1권 34절 참고.

48) 통발이 나온 것을 미루어 이 시는 물고기를 잡으려고 통발을 놓고 숨어 있는 노파를 묘사한 것으로 보인다.

작아서. 그녀는 깽깽이[49] 보다 못한 지성을 갖고 있었지. [50]

〔16〕 한편 그는 변증론에 능한 필론을 상대로 꼼꼼하게 토론하며 그와 함께 연구하기도 했다. 그런 이유로 필론은 더 나이 어린 제논[51] 한테서 그의 스승인 디오도로스[52] 못지않게 찬사받기까지 했다고 한다. 한편 그의 주변에는 티몬도 이렇게 이야기하듯이 벌거벗고 더러운 사람들이 여럿 있었다.

그가 가난뱅이들을 모아들이는 동안, 거지 중의
상거지고 시민들[53] 중에서 가장 열등한 인간들을. [54]

또한 그는 무뚝뚝하고 날카로우며 얼굴은 인상을 쓰고 있었다고 한다. 또한 그는 극히 검소하여 가계를 구실로 이민족같이[55] 인색하게 굴었다고 한다. 한편 누구를 조롱해도, 그는 은근하게 슬쩍,

---

49) 'kindapsos'는 본래 4개의 현을 가진 악기를 뜻하는 말이었으나 나중에 의미 없는 말이 되어서 '그 뭣이냐' 또는 '거시기' 같은 구실을 한 것으로 보인다.

50) 티몬, 《토막글》, 38.

51) 이 제논은 지금 논의되고 있는 키티온 출신의 제논이 아니라 7권 35절에 나오는 크뤼시포스의 제자인 타르소스 출신의 제논이라는 의견도 있다. 도란디 역시 그렇게 본다. 이와 관련된 논의에 대해서는 *Vies et Doctrines des Pilosophes Illustres*, p. 800, n. 4 참고. 이 번역본에서는 동일인물로 보는 다수의 견해를 취했다.

52) 2권 111절 주석 참고.

53) 'astos'는 단순히 그 나라에 사는 사람이 아니라 시민권, 즉 정치적 권리를 가진 사람을 말한다.

54) 티몬, 《토막글》, 39.

55) 'barbarikos'는 그리스 사람이 아닌 민족, 주로 페르시아 사람의 특성을 갖는 것을 가리킨다.

그리고 에둘러서 조롱한다. 내가 예를 들면 언젠가 어떤 잘 차려입은 사람에 대해 그가 한 말이 그런 것이다. 〔17〕 그 사람이 마지못해 도랑을 건널 때, 그가 말했다. "진흙을 그가 의심스레 보는 것은 당연하지. 거기에는 자기 얼굴이 비치지 않으니까 말이야." 견유학파의 어떤 사람이 자기 기름병에 올리브기름이 없어서[56] 그에게 달라고 하니까, 그는 못 주겠다고 말했다. 하지만 그가 가 버리려고 하자 어느 쪽이 더 파렴치한지[57] 따져 보라고 했다.

　한편 그는 크레모니데스에게 사랑하는 마음을 품고 있었는데, 그 사람과 클레안테스가 나란히 앉자 벌떡 일어났다. 클레안테스가 놀라자 그가 말했다. "훌륭한 의사들한테서도 들은 이야긴데, 곪은 데는 가만히 두는 것이 가장 효과가 좋은 약이라는군." 한편, 어떤 두 사람이 술자리에서 그의 아래에 드러누웠는데[58] 아래쪽에 있는 그 사람이 그 사람보다 더 아래에 있는 사람을 발로 건드리자, 제논 자신이 그 사람을 무릎으로 건드렸다. 그가 돌아보자 제논이 말했다. "그래, 당신 아래쪽에 있는 사람이 당신한테 당한 것이 〔18〕 어떠리라고 생각하시오?" 소년애에 빠진 사람에 대해서 그는 말하길, "선생들이 어린 소년들과 늘 같이 지내다 보면 정신이 나가는데, 그 사람도 마찬가지다."

---

56) 그리스 사람들은 병에 올리브기름을 담아 가지고 다니면서 격투기 등의 운동을 하기 전에 바르고 운동을 마친 후에는 도구를 가지고 기름을 긁어내고 몸을 씻었다.
57) 위의 3절에 나오는 견유학파의 정신인 '후안무치'와 관련된 언급이다.
58) 그리스 사람들은 연회에서 평상에 드러누워 음식과 술을 먹고 마시는 풍습이 있다.

한편 그는 "문법적으로 틀리지 않는 사람들의[59] 말은 아름답고 완벽해서 알렉산드리아의 은화와 같다. 그 동전과도 마찬가지로 그것은 눈에 즐겁고 도드라지지만 그렇다고 더 훌륭하지는 않다"고 말했다. 그는 그 반대의 말들을 아티카[60]의 4드라크마짜리 동전에 빗대어, 되는 대로 조잡하게[61] 단조(鍛造) 되었지만 미문의 어법[62]을 내놓는 경우가 많다고 했다. 한편 그의 제자인 아리스톤[63]이 이야기를 많이 하면서도 분명하게 말하지 않고 때때로 앞뒤 없이 경솔하게 이야기하자, 그가 말했다. "자네 아버지가 자네를 술에 취해서 낳지 않고서는 불가능한 일이야." 말수가 적은 제논은 그런 이유로 그를 수다쟁이라고 했다.

[19] 한편 같이 생활하는 사람들 가운데 아무것도 남기지 않는 대식가[64] 앞에 어느 날 큰 생선이 나오자 제논은 몽땅 먹어치울 기세로

---

59) 영어에 'solecism'(파격어법)으로 남은 그리스어 'soloikos'는 본래 지금의 터키 지역 킬리키아 지방의 솔로이 사람들의 말을 가리킨다. 아테네 사람들은 이 지방의 사투리가 왜곡된 아테네 말이라고 생각해서 이런 말을 붙였다고 한다. 따라서 이 말에 어간을 두고 있는 'asoloikos'를 본문에서는 뜻을 풀어 '문법적으로 틀리지 않는 사람들'이라고 했지만, 어원에 맞춰 '솔로이 사람이 아닌 사람들' 또는 '사투리를 쓰지 않는 사람들'이라고 옮길 수도 있다.

60) 우리가 아는 아테네는 정확히 말하면 아티카(Attika) 지역의 중심 도시 이름이며, 아티카 지역 전체를 하나의 정치 공동체로 아울러 부르는 이름이다.

61) '조잡하게'라고 번역한 'soloikōs'는 앞의 주석에서 말한 '솔로이 사람들의 사투리'와 관련된 말이다. 그러니까 직역하면 '솔로이 사람들이 말하는 것처럼'이라는 뜻이다.

62) '어법'으로 번역한 'lexis'는 조사(措辭)라고도 번역된다. 아리스토텔레스의 《시학》, 20장 참고.

63) 1권 15절 참고.

64) 문맥에 맞게 일단 대식가라고 했지만, 'opsophagos'는 특히 생선요리를 좋아하는 미식가가 본래 의미이다.

24

그 생선을 들었다. 쳐다보는 그에게 제논이 말했다. "그래, 자네가 나의 단 한 번의 대식[65]을 견디지 못한다면, 같이 생활하는 사람들은 날마다 어떤 심정일 거라고 생각하나?" 한편 한 소년이 나이에 맞지 않게 어떤 문제를 꼬치꼬치 따져 묻자, 그를 거울로 데려가서 들여다보라고 시켰다. 그러고선 그런 모습에 그런 문제가 어울리는 것으로 보이냐고 물었다. 한편 안티스테네스의 말이 대부분 자기에게는 맘에 들지 않는다고 밝히는 사람에게 소포클레스의 경구를 인용하고서는 그에게 그것이 뭔가 아름다운 점도 갖고 있는 것으로 생각되지 않는지 물었다. 그가 몰랐다고 말하자 제논이 말했다. "안티스테네스가 말한 뭔가 나쁜 점은 골라내서 기억하고 있으면서 아름다운 점은 내팽개치고 붙들어 두지 않는 것이 부끄럽지 않습니까?"

〔20〕한편 누군가가 철학자들의 학설[66]이 그에게는 너무 간결해 보인다고 말하자, 그가 말했다. "맞는 말입니다. 하지만 가능하다면 그들의 철자도 짧아야 하지요."[67] 한편 어떤 사람이 그에게 폴레몬[68]은 제시한 논제와는 다른 이야기를 한다고 말하자, 그는 인상을 찌푸리며 말했다. "얼마면 당신은 주어진 것에 만족하겠는가?"[69] 한편 그는 감각 있게 대화를 하는 사람은 배우들처럼 큰 목소리와 힘을 가져야 하지만 입을 크게 벌려서는 안 된다고 말했다. 그건 많은

---

65) 역시 마찬가지로 이것은 '생선을 좋아하는 식성'이라고 번역할 수 있다.
66) 학설로 번역한 'logaria'는 'logos'의 지소사(*diminutive*)이다. 그 자체로 짧은 설명이라는 뜻이 되는 셈이다.
67) 아마 철학자(*philosophos*)라는 글자 자체를 말하는 것으로 보인다.
68) 1권 14절 참고.
69) 이 구절은 의미가 불분명해 누구도 분명한 해석을 내놓지 못하고 있다.

말을 수다스럽게 하지만 말도 안 되는 소리를 하는 사람이 하는 짓이라는 것이다. 그는 "말을 잘하기 위해서는 훌륭한 수공예품에 대해하듯 놀라워할 시간적 틈을 남겨 주어서는 안 된다. 오히려 듣는 사람이 논평할 시간을 가질 수 없을 정도로 이야기되는 것에 몰입하게 해야 한다"고 말했다.

〔21〕 어떤 젊은이가 많은 이야기를 수다스럽게 말하자, 그가 말했다. "너의 귀가 혀로 합류해 버렸구나." 한편 자신이 보기에는 현자는 사랑을 받을 것 같지 않다고 말하는 잘생긴 남자에게 그가 말했다. "자네들 잘생긴 사람들보다 비참한 사람은 없을 것이네." 한편 그는 철학자들 중에서도 대다수는 많은 점에서는 지혜롭지 못하고, 사소하고 일상적인 것들은 잘 배운다고 말했다. 또 그는 카피시아스[70]의 말을 인용하곤 했는데, 그의 제자 중 하나가 크게〔악기를〕불려고 애쓰자 그를 때리며 "큰 소리가 나면 잘되는 게 아니라 잘되면 큰 소리가 나는 것이다"라고 말했다고 한다. 한편 어떤 젊은이가 너무 건방지게 이야기를 하자, "젊은이, 나는 내 머리에 떠오르는 대로 말하지는 않을 것이네"라고 말했다.

〔22〕 잘생기고 부유하지만 다른 점에서는 아무것도 없는 어떤 로도스 사람이 그를 흠모했을 때, 제논은 그를 받아들이고 싶지 않아서 우선 먼지가 덮인 의자에 앉게 해서 모직 외투가 더러워지게 했다. 그리고 나서는 가난뱅이들의 동네로 가서 그들 중 누더기를 입은 자들과 마주 비비게 했다. 그래서 결국 그 젊은이는 떨어져 나갔

---

70) 카피시아스(Kaphisias)는 카피시오스(Kaphisios)라고도 쓴다. 3~4세기경의 유명한 음악가이다.

다. 그는 허영이 그 무엇보다 보기 흉한 것이고, 특히 젊은이는 더 그렇다고 말했다. 말투와 어법을 기억할 게 아니라 그것들의 유용한 내용을 처리하는 데 정신을 쏟아야 하고, 조리하거나 양념한 음식을 먹어 치우는 사람처럼 굴면 안 된다는 것이다. 또한 그는 젊은이들이 걸을 때나 외모에서나 예의를 갖추어야 하고 걸음걸이나 외모나 의복이 단정해야 한다고 말했다. 또한 그는 〔23〕 카파네우스[71]에 대한 에우뤼피데스의 시구[72]를 즐겨 인용했는데,

|[73] 그에게 생활은 부유했으나
행복에서는 거드럭거릴 것이 없었고, 생각의 깊이는
가난한 남자보다 더 클 게 전혀 없었다.

한편 그는 앎의 파악[74]을 위해서 자만[75]만큼 적대적인 것은 없

---

71) 카파네우스(Kapaneus)는 아르고스의 왕 아드라스토스의 사위이다. 아드라스토스가 자신의 또 다른 사위이자 오이디푸스의 아들인 폴리네이케스의 테베 왕위를 되찾아 주고자 테베를 공격할 때, 테베의 일곱 성문을 공략한 일곱 장군 중 한 사람이었다. 그는 키가 크고 힘이 센 용사였으나 거칠고 거만하여 테베를 공격하던 중 제우스의 벼락을 맞아 죽었다고 한다.

72) 에우뤼피데스, 《탄원하는 여인들》, 861~863행.

73) 연을 갖추지 못한 부분은 '|' 표시를 사용했다.

74) '파악'(katalēpsis)은 일단 '앎'을 얻기 위한 기본 조건으로 외부에서 오는 '인상'을 받아들이는 행위를 말한다. 결과적으로 이것은 객관적 앎의 '파악'으로 이어진다(앤서니 롱, 《헬레니즘 철학》, 이경직 역, 서광사, 237~243쪽 참고).

75) 자만으로 번역한 'oiēsis'는 '생각하다'란 동사 'oiesthai'에서 온 말이라 '생각'이나 '의견'이라 번역할 수 있으나 스토아학파에서 틀릴 수 없는 파악과 대비되는 '의견'(doxa)과 혼동을 일으킬 수 있다. '의견'은 잘못된 상황이나 조건하에서 인상을 잘못(스토아학파의 용어를 사용하면 '약하게') 파악한 결과지만 '잘못된 조건' 자체는 아니기 때문이다. 여기서 '자만'은 잘못된 조건을 의미하는 것으로 보인다.

고, 시간처럼 우리에게 부족한 것도 없다고 말했다. '친구란 무엇인가'라는 질문을 받고, 그는 말했다. "또 다른 나." 도둑질을 했다고 해서 그가 노예를 때렸다고 한다. 그 노예가 "도둑질하는 것이 제 운명이에요"76) 라고 말하자, 그가 말했다. "맞는 것도." 그는 아름다움은 절제의 꽃봉오리라고 말했다. 그런데 다른 사람들이 전하기로는 그는 절제가 아름다움의 꽃봉오리라고 했다고 한다. 제자 중 어떤 사람의 어린애가 매 맞아 상처가 난 것을 보고서는 그에게 그가 말했다. "자네 분노의 흔적이 보이는군." 향유를 바른 사람에게 그가 말했다. "여자 냄새를 풍기는 사람이 누구냐?" 변절자77) 디오뉘시오스가 그에게 왜 자기만은 바로잡아 주지 않느냐고 말하자, 그가 말했다. "자네를 믿지 않기 때문일세." 헛소리를 하는 젊은이에게 그가 말했다. "우리에게 귀가 둘, 입이 하나인 것은 더 많이 듣고 더 적게 말하라는 것이야."

〔24〕술자리에서 그가 조용히 누워 있자 그 이유를 묻는 질문을 받았다. 그래서 그는 시비를 건 사람에게 '침묵을 지키는 법을 알고 있는 어떤 노인이 있었노라'고 왕에게 전하라고 말했다. 질문을 한 사람들은 프톨레마이오스78)에게서 온 사절들로 제논에 대하여 왕에게 무슨 말을 해야 할지를 알고 싶어 하는 사람들이었던 것이다. 비난에 대해서는 어떻게 하느냐는 질문을 받고 그가 말했다. "화답을 받지 못하고 돌아가는 사신과 같소."

---

76) 스토아학파는 인생을 비롯한 세계의 모든 것이 법칙에 의해 결정되어 있다고 주장했다.
77) 스토아학파에서 견유학파로 전향해서 붙은 별명이다(7권 37절 참고).
78) 당시 이집트의 왕이었다.

튀로스 사람 아폴로니오스가 전하기로 크라테스가 그의 겉옷을 잡고 스틸폰에게서 끌어내자 그가 말했다고 한다. "크라테스 선생님, 철학자를 붙잡는 바른 방법은 귀를 통한 것입니다. 그러니 설득을 해서 이분에게서 저를 끌어내시죠. 하지만 강제로 하신다면 몸은 선생님 곁에 있어도 혼은 스틸폰 선생님 곁에 있을 것입니다."

〔25〕한편 히포보토스[79]가 말하는 바에 따르면 그는 디오도로스[80]와도 같이 지냈다고 한다. 그리고 그의 곁에서 변증론에 관한 것도 숙달했다. 그런데 그는 이미 일가를 이뤘는데도 거만하지 않은 탓에 폴레몬[81]에게로 또 들어갔고, 그래서 폴레몬이 이런 이야기를 했다고 한다. "제논, 나는 자네가 뒷문으로 슬그머니 들어와 내 학설들을 훔쳐 포이니케풍으로 옷을 갈아입히는 것을 모르지 않네." 또한 그는 자신에게 '추수하는 사람의 논증'[82]에 포함되는 일곱 가지 형태를 알려 준 변증론 전문가에게 얼마의 대가를 원하는지 물었다고 한다. 백 드라크마라는 소리를 듣고 제논은 200드라크마를 그에게 주었다

---

79) 1권 19절 참고.
80) 2권 111절 참고.
81) 아카데미아학파 철학자(4권 16~20절 참고).
82) '추수하는 사람의 논증'(*therizōn logos*)은 암모니오스의 《아리스토텔레스의 〈명제론〉 주석》, 9장에 실린 것으로 이 장의 44절에 다시 나온다. 암모니오스는 결정론자로서 이 입장을 지지하는 논증을 제시한 것이다. 게으른 농부가 추수를 할지 말지를 놓고 벌이는 이 논증의 내용은 이렇다. "만약 당신이 추수를 할 참이라면 '아마 당신은 추수를 할 것이거나 추수를 하지 않을 것이다'란 말은 사실이 아니고 당신은 무슨 일이 있든 추수를 할 것이다. 그리고 만약 당신이 추수를 하지 않을 것이라면 마찬가지로 '아마 당신은 추수를 할 것이거나 추수를 하지 않을 것이다'란 말은 사실이 아니고 무슨 일이 있든 당신은 추수하지 않을 것이다. 하지만 사실은 필연적으로 당신은 추수를 할 것이거나 하지 않을 것이다."

고 한다. 그만큼 그는 배움에 대한 사랑을 실천했던 것이다. 한편 그는 처음으로 '마땅한 것'[83]이란 이름을 짓고 그에 대하여 논의하기도 했다. 또한 그는 헤시오도스의 시구를 다음과 같이 고쳐 쓰기도 했다.

좋은 말을 따르는 자가 더할 수 없이 뛰어나다.
모든 것을 스스로 생각하는 사람도 역시 훌륭하긴 하지만. [84]

〔26〕 왜냐하면 스스로 모든 것을 생각하는 사람보다 이미 이야기 된 것을 잘 듣고 그것을 이용할 수 있는 사람이 더 뛰어나기 때문이라 는 것이다. 왜냐하면 한쪽 사람에게는 이해하는 것만이 있을 뿐인데, 잘 따르는 사람에게는 실천까지 덧붙어 있기 때문이라는 것이다.

한편 '평소에는 엄격한 사람이면서 어째서 술 마실 때는 풀어지는 지'에 대한 질문을 받고 그가 말했다. "층층이부채꽃 열매[85]도 쓰지

---

83) '마땅한 것'(*to kathēkon*)은 스토아학파의 윤리학에서 핵심적인 생각이다. 이 것이 '의무'로 이해되는 것은 '마땅한 것'이라 번역한 'to kathēkon'(본래 이 말은 '일정 수준에 맞는 적절한 것'이란 뜻이다)을 키케로가 'officium'(공직 자의 임무)으로 번역된 데서 비롯되었다. 그러나 스토아학파에서 '마땅한 것'이란 동·식물부터 현자에 이르기까지 다섯 단계마다 '그 수준에서 적당 한 것'이란 뜻으로 사용한 것으로서 '의무'라고 막연히 이해해서는 곤란하다 (앤서니 롱, 이경직 역, 《헬레니즘 철학》, 서광사, 333~334쪽 참고).

84) 헤시오도스의 《일과 나날》, 293행과 295행에 있는 것인데, 본래 내용은 '스스 로 모든 것을 생각하는 사람은 더할 수 없이 뛰어나지만'과 '좋은 말에 따르는 사람도 역시 훌륭하긴 하다'이다. 평가를 뒤바꾼 것이다. 이 구절은 아리스토 텔레스의 《니코마코스 윤리학》, 1권 4장에 인용되어 유명한 것이기도 하다.

85) 원어로 'thermos'(뜨거운 것)라는 이 식물은 학명은 'lupinus albus'고, 그 열매가 콩과 같은 형태를 하고 있으며 그대로는 쓰지만 물에 담가두거나 볶 으면 단맛이 난다. 그리스 등지에서 이 열매를 별미로 쳐서 물에 불려 그대 로 먹거나 요리 등에 사용했다.

만 물에 담가 두면 단맛이 나지." 헤카톤[86]도 그의 《경구집》 2권에서 그가 그런 모임에서는 느슨해진다고 말했다. 또한 그는 혀가 미끄러져 넘어지는 것보다는 발이 미끄러져 넘어지는 게 더 낫다고 말했다. 그는 좋아지는 것은 조금씩이지만 결코 조금이 아니라고 말했다 (어떤 사람들은 그 말이 소크라테스가 한 것이라고 한다). 그는 아주 인내심이 많고 극히 검소해서 불을 사용하지 않은 음식과 얇은 넝마[87]를 애용했기 때문에 그에 관하여 이런 말이 전해진다.

〔27〕 그리하여 그 사람을 얼음장 같은 혹한도, 끝없는 폭우도,
불꽃같은 태양도 좌절시키지 못하니, 끔찍한 질병도,
사람들 사이의 축제도 못하고, 그는 굳건히
가르침의 자리를 밤이나 낮이나 지킨다.

희극작가들은 조롱을 통해 자기들도 모르게 그를 칭송하였다. 그래서 필레몬도 《철학자들》이라는 연극에서 이렇게 말하고 있다.

빵은 한 조각, 반찬은 말린 무화과, 마시는 것은 물.
이 사람이 생경한 철학으로 지혜를 탐구하기 때문에,
그는 굶주리는 법을 가르치지만 학생들을 얻는다.[88]
(어떤 사람들은 이것이 포세이디포스[89]의 것이라고 한다.)

---

86) 6권 4절 참고.
87) '넝마'로 번역한 'tribōn'은 본래 그냥 외투라는 뜻이지만 말 자체는 비벼서 낡았다는 뜻이 들어 있다. 이 말은 소크라테스의 의복을 묘사한 말로, 《향연》과 《프로타고라스》에서 사용한 이래 견유학파나 스토아학파와 같은 철학자들의 전형적인 옷차림이란 뜻이 되었다.
88) 필레몬, 《토막글》, 88.

하지만 그는 이미 속담에 나올 정도였다. 그에 대해 적어도 이런 말이 전해지기 때문이다.

철학자 제논보다 자제력이 있다.

포세이디포스도 《마음을 바꾼 사람들》에서 말하길,

〔28〕 그리하여 열흘 동안
제논보다 자제력이 있는 것으로 보인다고.

사실 그는 이 영역[90]에서나 근엄함에서나, 또는 제우스에게 맹세코 지복[91]의 측면에서 모든 사람을 능가했기 때문이다. 그는 98세에 생을 마쳤는데, 병 없이 건강하게 평생을 살았기 때문이다. 하지만 페르사이오스는 《윤리학 강의》에서 그가 72세에 죽었고, 아테네에는 22세에 왔다고 말한다. 한편 아폴로니오스는 그가 58년 동안 학원을 이끌어갔다고 말한다. 그의 죽음은 이러했다. 그는 학원을 나오다 넘어져서 발가락이 부러졌다. 그는 땅을 손으로 치고 《니오베》[92]의 구절을 말하길,

---

89) 포세이디포스(Poseidippos)는 기원전 3세기경 아테네에서 활약한 마케도니아 출신의 희극시인이다.
90) 자제력.
91) 사본은 makariotēti, 즉 '지복한 측면에서'라고 되어 있으나 마르코비치는 매드빅(Madvig)과 하이네(Heine)의 수정본을 받아들여 '장수의 측면에서'라고 했다. 바로 이어지는 이유 문장과 어울린다고 생각했기 때문으로 보인다. 이 번역은 도란디가 택한 기존 사본을 따랐다.
92) 기원전 446~357년에 살았던 밀레토스 출신의 시인 티모테오스의 시.

〔29〕 간다. 왜 나를 소리쳐 부르는가?93)

그리고 바로 그는 스스로 숨을 멈춰 죽었다.

아테네 사람들은 그를 케라메이코스에 안치하고 앞서 이야기했던 결의문에 그의 덕에 대한 증언을 추가하여 그를 기렸다. 시돈 사람인 안티파트로스94)도 그에 대하여 다음과 같이 썼다.

여기 있는, 키티온이 사랑하는 그 유명한 제논은 올림포스산을
뛰어올랐으니, 오사산에 펠리온산을 얹지도 않고, 95)
헤라클레스의 고행을 바치지도 않고. 별들에 이르는
길96)을 발견했노라, 오직 절제의 길을.

디오게네스97)의 제자인 스토아학파의 제노도토스98)는 또 다른 것을 썼다.

〔30〕 자족의 대가로 허영심 가득한 부를 버렸다.
제논, 눈썹이 흰 근엄한 당신은.
왜냐하면 당신은 남자다운 논증을 발견했고, 예지99)로써

---

93) 티모테오스, 《토막글》, 51.
94) 안티파트로스(Antipatros)는 기원전 2세기경 활약한 시인이다.
95) 포세이돈의 두 아들 오토스와 에피알테스는 신들이 사는 하늘에 올라가고자 오사산 위에 펠리온산을 얹었다는 신화가 있다.
96) 헤라클레스는 죽어서 별이 되었다.
97) 6권 81절 참고.
98) 2권 15절 참고.
99) 사람의 덕으로서는 '예지'라고 할 수 있으나 신 또는 자연의 차원에서는 '섭리'라고도 번역할 수 있는 말이다(7권 133절 참고).

흔들림 없는 자유의 어머니인 학파를 위해 분투하였기에.

설사 당신의 조국이 포이니케인들, 그게 무슨 아랑곳인가? 저 유명한
   카드모스도

그곳 출신이 아니던가? 그리스가 글이 쓰인 책을 갖게 해준 그도. 100)

또한 스토아학파의 모든 사람과 관련해서도 비문시인 아테나이오
스101) 는 일괄적으로 이렇게 말한다.

스토아학파의 이야기에 정통한 자들이여, 더없이 훌륭한

가르침을 신성한 장(章)들에 넣은 자들이여,

혼의 덕만이 훌륭하다는 가르침을. 이것만이 사람들의

삶과 나라를 보호하였기에.

육체의 열락, 다른 사람에게는 환영받는 궁극의 것인 그것은

므네메102) 여신의 딸들 중 오직 한 여신103) 만이 달성했던 것인 것을.

---

100) 카드모스는 제논처럼 포이니케 사람이고, 신화에 따르면 그가 누이동생을
    찾아 그리스로 오면서 포이니케 문자를 가져와 그것이 그리스 문자의 기원이
    되었다.

101) 6권 14절 참고.

102) '므네메'(Mnēmē) 는 '므네모쉬네'라고도 하는데 기억의 여신이다. 제우스와
    동침하여 9명의 딸들인 무사여신들을 낳았다. 이 딸들은 음악을 비롯한 모
    든 사유의 형태들을 주관하였다. 딸들의 이름과 직책은 칼리오페(서사시),
    클리오(역사), 폴림니아(무언극), 에우테르페(피리), 테르프시코라(가벼
    운 시와 춤), 에라토(서정적 합창), 멜포메네(비극), 탈리아(희극), 우라
    니아(천문학) 등이다.

103) 서정시, 특히 연애시를 담당한 에라토 여신을 가리키는 것으로 보인다. 이
    시의 의미는 9명의 여신 중 오직 한 명의 여신만이 담당했던 육체의 즐거움에
    매달리지 않았던 스토아학파를 칭송하는 의미로 읽는 것이 자연스럽다.

〔31〕제논이 어떻게 최후를 맞았는지는 우리 역시 《팜메트로스》104)에서 다음과 같이 말하였다.

키티온 사람 제논이 죽은 것은 노령으로
많은 고생을 하다 스스로 곡기를 끊고 해방되었다는 이야기다.
어떤 사람들은 언젠가 그가 넘어졌을 때 그는 땅을 손으로 치며
　말했다고 한다.
"내가 자진해서 간다. 왜 나를 부르고 그러는가?"

어떤 사람들은 이런 식으로 그가 죽었다고도 말하기 때문이다. 그의 죽음에 대해서는 이 정도로 해두자.

한편 마그네시아 사람 데메트리오스105)는 《이름이 같은 시인들과 작가들에 대하여》에서 그의 아버지 므나세아스는 무역상이라서 아테네에 자주 가곤 해서 소크라테스에 관한 책들을 아직 어린 나이인 〔32〕제논에게 많이 갖다주었다고 한다. 그래서 제논은 고국에 있을 때부터도 제대로 훈련을 받았다는 것이다. 그리고 그렇게 해서 아테네에 가서 그는 크라테르에게 자신을 맡겼다는 것이다. 그는 다른 사람들이 궁극목적에 대하여 결정을 내리지 못하고 헤매고 있을 때 제논 자신이 그것을 규정한 것으로 보인다고 말했다. 한편 사람들은 그가 소크라테스가 개에게106) 맹세했듯이 카파리스107)에게

---

104) 《팜메트로스》(Pammetros)는 디오게네스 라에르티오스 본인의 시집인데, '갖가지 운율을 가진 시들을 모아 놓은 시집'이라는 뜻이다.
105) 1권 38절 참고.
106) 소크라테스가 맹세한 개는 이집트 신을 빗댄 것이라는 설이 지배적이다.
107) 'kapparis'의 학명은 'Capparis spinosa'이고 영어명은 'caper-plant'이다.

맹세했다고 말한다.

　하지만 회의주의학파인 카시오스[108]와 그의 학파 사람들을 비롯한 어떤 사람들은 많은 점에서 제논을 비판하곤 했는데, 첫째 그가 《국가》서두에서 일반 교육[109]이 쓸모없다고 주장했다는 것이고, 둘째 훌륭하지[110] 않은 사람들은 모두 서로에 대해 적대적이며 적개심을 품고 있으며 예속적이고 남이며, 이것은 부모자식 간이든 〔33〕형제간이든 친척 간이라도 마찬가지라고 말했기 때문이다. 또한《국가》에서 그는 훌륭한 사람들만이 시민이고 친구이며 친척이고 자유인이라고 제시하고 있으니 스토아학파 사람들에게는 부모와 자식은 적대적이라고 한다. 그들은 지혜롭지 않기 때문이라는 것이다. 또한 같은 논의의 연장선상에서 그는 《국가》 200행 부근에서 부인을 공유해야 한다고 주장했으며, 신전도 법정도 체육관도 나라에 지어서는 안 된다고 말했다는 것이다. 또한 화폐에 대해서는 다음과 같이 썼다고 한다. "화폐는 교환[111]을 위해서도 외국 여행을 위해서도 제조해서는 안 된다고 생각한다." 한편 그는 남자든 여자든 같은 의복을 입

　　꽃봉오리를 절여서 훈제 연어 등을 먹을 때 곁들여 먹는 음식으로 사용하고 잎사귀는 샐러드나 치즈를 만들 때 사용한다.
108) 카시오스(Kassios)는 제논에 대한 이 비판 외엔 알려진 바가 없는 듯하다.
109) 일반 교육(*enkyklia paideia*)은 한 나라의 시민으로서 갖추어야 할 기본 교육을 말하는 듯하다. 이 부분의 문맥에만 비추어도 현자만이 유일한 참된 시민이기에 현자가 아닌 모든 시민이 교육을 받을 필요가 없다는 뜻으로 주장한 것으로 보인다.
110) '훌륭하다'(*spoudaios*)는 스토아학파에서 '현자'(*sophoi*)를 가리키는 말로 사용된다.
111) 뒤에 나오는 '외국 여행'에 맞추어 이해하면 이 교환을 국가 간 거래, 즉 무역에 한정하거나 '환전'으로 볼 수도 있겠으나 일반적 번역에 따랐다.

고 신체 어느 부분도 완전히 덮어두지 말라[112]고 명했다고 한다.

〔34〕한편 《국가》가 그의 것임은 크뤼시포스도 《국가에 대하여》에서 말한다. 또한 그는 《사랑의 기술》이라고 제목을 붙인 책 서두에서 사랑에 관한 문제들을 논의했다. 하지만 그는 《대담집》에서도 유사한 문제들에 대하여 쓰고 있다. 카시오스가 한 비판과 유사한 것들이 페르가몬 사람인 연설가 이시도로스[113]의 것에도 있다. 그는 또한 스토아학파의 책에서 좋지 못하게 이야기된 것들은[114] 스토아학파의 일원으로서 페르가몬의 도서관을 맡고 있던 아테노도로스[115]에 의해 그들의 책에서 삭제되었다고 말한다. 후에 그 내용들은 아테노도로스의 행위가 발각되어 그가 재판을 받고 나서 복원되었다고 한다.

〔35〕한편 제논은 8명이 있었다. 첫 번째 사람은 엘레아 사람 제논으로, 그에 대해서는 우리가 이야기하게 될 것이다. 두 번째 사람이 지금 이 사람이다. 세 번째 사람은 로도스 사람으로, 자기 지역의 역사를 한 권의 책으로 썼다. 네 번째 사람은 역사가로, 퓌로스[116]의

---

112) 이 부분은 사본의 뜻이 모호하여 번역이 다양하다. 본문 번역 외에 "신체 어느 부분도 숨겨두지 말라", "신체 어느 부분도 노출하지 말라" 등으로 옮길 수 있다.

113) 달리 알려진 바가 없다.

114) 이 부분도 원문이 불분명해서 다양한 해석이 있다. 직역에 가까운 본문의 해석 외에 "제논의 책 중에서 스토아학파가 보기에 좋지 못하게 말해진 것들을 삭제했다", "스토아학파에 대해서 좋지 못하게 말한 내용들을 책에서 삭제했다" 등의 번역이 있다.

115) 아테노도로스(Athēnodōros)는 기원전 1세기 중반에 활약했던 스토아 철학자다. 아테노도로스 코르뒬리온(Athēnodōros Kordyliōn)이라고도 불린다.

116) 퓌로스(Pyrros)는 기원전 318~272년에 살았던 헬레니즘 시대의 장군이자 정치가로 나중에 에페이로스와 마케도니아의 왕이 되었다. 그의 이탈리아와 시켈리아 원정은 기원전 280~275년 사이에 이루어졌다.

이탈리아와 시켈리아 원정에 대해 저술했으나, 로마 사람들과 카르케돈 사람들 사이에서 벌어진 일에 대해서도 간략한 책을 썼다. 다섯 번째 사람은 크뤼시포스의 제자로서, 책은 적게 쓴 대신 제자들은 많이 남긴 사람이다. 여섯 번째 사람은 헤로필로스117) 학파의 의사인데, 통찰력은 충분한데 저술은 매가리가 없다. 일곱 번째 사람은 문법학자로서, 그의 다른 책도 전해지지만 비문시도 전해진다. 여덟 번째 사람은 출생은 시돈 사람으로, 에피쿠로스학파 철학자이며 통찰력도 표현력도 명료했다. 118)

〔36〕 한편 제논의 제자들은 많았지만 유명한 제자들로는 키티온 사람인 데메트리오스의 아들 페르사이오스가 있다. 그를 어떤 사람들은 제논의 제자라고 하고 어떤 사람들은 제논의 집필 작업을 위해서 안티고노스가 그에게 보낸 가노 중 한 사람이라고 하는데, 그전까지 페르사이오스는 안티고노스의 아들 알키오네우스의 양육을 맡아 보기도 했다고 한다. 언젠가는 안티고노스가 그를 시험해 보고 싶어서 그의 땅이 적들에 의해 탈취되었다는 소식을 거짓으로 꾸며 전달되게 했다. 그가 슬픈 표정을 짓자 그가 말했다. "부가 차이 없는 것119)이 아니라는 것을 알겠소?"

그의 책들은 다음과 같은 것들이 전해진다.

---

117) 헤로필로스(Herophilos)는 기원전 4세기에서 3세기에 살았던 그리스의 의사이다. 최초로 인간의 시체를 해부한 사람으로 유명하다.

118) 필로데모스의 스승으로 기원전 1세기 초엽에 정원의 수장으로 있으면서 스토아학파의 논리에 대항해서, 그리고 아카데미아학파의 회의주의자 카르네아데스에 대항해서 유명한 논쟁을 펼쳤던 인물이다.

119) 'adiaphoron'은 그 자체로 좋지도 나쁘지도 않은 것을 이르는 스토아학파의 용어이다.

《왕정에 대하여》

《라케다이몬의 정치체제》

《결혼에 대하여》

《불경에 대하여》

《튀에스테스》120)

《사랑들에 대하여》

《권유 논증들》121)

《대담집》

《경구집》 4권

《회상록》

《플라톤의 〈법률〉 7권에 반대하여》

〔37〕 키오스 사람인 밀티아데스의 아들 아리스톤은 '차이 없음'을 도입했다. 칼케돈 사람 헤릴로스는 앎이 궁극목적이라 말했다. 디오뉘시오스는 쾌락 쪽으로 변절했다. 그는 심한 눈병으로 인해 고통이 차이 없는 것이라고 계속 말할 마음이 들지 않았기 때문이다. 이 사람은 헤라클레이아 사람이었다. 보스포로스 사람인 스파이로스도 있었다. 아소스 사람인 파니아스의 아들 클레안테스는 그 학파를 물려받았다. 제논은 그를, 쓰기는 아주 어렵지만 쓰인 글자를 보존하는 딱딱한 밀랍을 바른 서판에 비교하기도 했다. 한편 스파이로스는

---

120) 그리스 신화에서 미케네의 왕 아트레우스의 쌍둥이 형제로 나오는 튀에스테스를 말하는 듯하다. 튀에스테스는 나중에 로마의 스토아 철학자 세네카가 쓴 희극의 제목이자 주인공으로 등장하기도 하였다.

121) 통상 젊은이에게 철학과 학문을 권하는 논의들을 말한다.

제논의 사후에 클레안테스로부터도 듣고 배운 사람이다. 〔38〕 그에
대해서는 클레안테스 부분에서 우리가 말할 것이다. 한편 히포보토
스에 따르면 제논의 제자들은 다음과 같은 사람들도 있었다. 테베 사
람 필로니데스, [122] 코린토스 사람 칼리포스, [123] 알렉산드리아 사람
포세이도니오스, 솔로이 사람 아테노도로스, [124] 시돈 사람 제논.

한편 이 사람이 이 학파의 창시자인 까닭에 《제논의 생애》 부분에
서 스토아학파의 학설 전체에 대하여 일괄해서 말해 두는 것이 좋겠
다는 생각이 내게 들었다. 그에게는 또 앞서 써 둔 많은 저술들이 있
는데, 거기서 그는 어떤 스토아학파 사람들도 하지 않은 것들을 이
야기하였다. 그의 학설들은 대략 다음과 같다. 나는 다른 데서도 으
레 그랬듯이 개괄적으로 말해 두고자 한다.

〔39〕 철학에 따른 논의는 세 부분이라고 그들은 말한다. 그중 하나
는 자연에 관한 것이고, 다른 하나는 윤리적인 것이고, 다른 하나는
말에 관한[125] 것이다. 이렇게 구분한 것은 키티온 사람 제논이 《말에
대하여》에서 한 것이 처음이었고, 크뤼시포스는 《말에 대하여》 1권
과 《자연학》 1권에서, 에펠로스 사람 아폴로도로스[126] 는 《학설 입문》
1권에서, 에우드로모스는 《윤리학의 기본 요소》에서 그렇게 했으며

---

122) 4권 47절 참고.

123) 칼리포스(Kallippos) 는 《오르코메노스 사람들을 위한 저작》(*Syngraphē eis
Orchomenous*) 을 남겼다고 한다.

124) 아테노도로스(Athēnodōros) 는 기원전 3세기경 활약한 스토아 철학자다.

125) 통상 '논리학'이라고 하나, 스토아학파에서 말하는 '로기콘'이란 수사학과
변증론을 포함하는 것이므로 넓은 의미로 번역하였다. 앞의 것들도 각기
학문적 분류로 하면 '자연학'과 '윤리학'이라고 번역할 수 있다.

126) 기원전 1세기에 활동한 스토아철학자이다.

바빌론 사람 디오게네스와 포세이도니오스[127]도 그렇게 구분하였다.

이 부분들을 아폴로도로스는 논제들[128]이라 부르고, 〔40〕크뤼시포스와 에우드로모스는 부류들이라, 다른 사람들은 종류들이라 부른다. 그들은 철학을 동물에 비교하는데, 말에 관한 것은 뼈와 힘줄에 비교하는 한편, 윤리학은 살이 많이 있는 것들에, 자연학은 혼에 비교한다. 또는 알에 비교하기도 한다. 즉, 겉은 말에 관한 것이고, 그다음 부분은 윤리학이며 가장 속에 있는 것은 자연학이라는 것이다. 또는 기름진 농토에 비교하기도 한다. 둘러싸고 있는 울타리는 말에 관한 것이고 열매는 윤리학이며 땅과 나무는 자연학이라는 것이다. 또는 성벽이 잘 구축되고 이성에 의해 경영되는 나라에 비교하기도 한다.

그리고 그들 중 어떤 사람들이 말하는 바에 따르면 그 부분들 중 어떤 부분도 다른 부분보다 우선하지 않고 그것들이 섞여 있다고 한다. 그들은 가르칠 때도 섞어서 가르친다. 반면에 다른 사람들은 맨 앞에 말에 관한 것을 두고 두 번째로 자연학을 두며 세 번째로 윤리학을 둔다. 그들 중에 《말에 대하여》의 제논이 있으며, 크뤼시포스와 아르케데모스, 에우드로모스도 그들 중에 속한다.

〔41〕그도 그런 것이[129] 프톨레마이스 사람 디오게네스[130]는 윤

---

127) 포세이도니오스(Poseidōnios, 기원전 135~51년)는 시리아 출신의 스토아 철학자이자 정치가, 지리학자, 천문학자, 역사가였다.
128) 'topos'는 통상 번역하지 않고 그냥 원음대로 사용할 정도로 번역이 곤란한 용어다. 원래 '장소' 또는 '위치'라는 뜻으로서, '논의의 장' 또는 '말터'라고 번역할 수도 있는 이 말을 일단 '논제'라고 옮겨 보았다.
129) 말에 관한 것이 첫 번째, 자연학이 두 번째, 윤리학이 세 번째가 정해진 순서는 아니라는 이야기다.
130) 이곳에서만 언급되는 이름이다.

리학에서 시작하고, 아폴로도로스는 윤리학을 두 번째 순서로 놓으며 파나이티오스[131]와 포세이도니오스는 자연학에서 시작한다고 포세도니오스의 제자인 파니아스가 《포세이도니오스 강의》 1권에서 말하고 있기 때문이다. 한편 클레안테스는 부분들에 대해 말하기를, 변증술, 수사술,[132] 윤리학, 정치학, 자연학, 신학이 있다고 했다. 하지만 어떤 사람들은 이것들이 철학에 따른 논의의 부분들이 아니라 타르소스 사람 제논[133]이 말하듯이 철학 자체의 부분들이라고 말한다. 한편 어떤 사람들은 말에 관한 부분이 2개의 앎, 즉 수사술의 앎과 변증술의 앎으로 나뉜다고 말한다. 한편 어떤 사람들은 정의(定義)를 다루는 부류, 규범들에 관한 부류, 기준들에 관한 부류로까지 나뉜다고 말한다.[134] 하지만 어떤 사람들은 정의를 다루는 부류는 제외한다.

〔42〕이와 같은 맥락에서 그들은 규범과 기준들[135]과 관련된 부류를 진리를 발견하기 위한 것으로 받아들인다. 그들은 그것에 의해 인상[136]의 차이를 바로잡기 때문이다. 한편 그들은 마찬가지로 정

---

131) 2권 64절 참고.
132) 스토아학파는 변증술과 수사술은 묶어서 말에 관한 것, 즉 논리학에 포함시킨다. 이것은 아리스토텔레스가 구분했던 변증술과 수사술을 묶은 것이지만 아리스토텔레스가 변증술을 사람들의 통속적 믿음(endoxa)에 바탕을 둔 추론이라고 말하는 반면, 스토아의 변증술은 플라톤과 유사하게 사물의 실재하는 본성을 다룬다는 차이가 있다. 따라서 말에 관한 것(논리학)은 이성적 논의의 학문이라고 말할 수 있다(앤서니 롱, 이경직 역, 《헬레니즘 철학》, 서광사, 228~231쪽 참고).
133) 7권 201절 참고.
134) 이렇게 나뉘면 말에 관한 부류는 다섯 가지가 된다.
135) 진리의 기준은 파악 가능한 인상(katalēptikē phantasia)이다(7권 45절 참고).

의를 다루는 부분도 진리를 인지하기 위한 것으로 받아들인다. 왜냐하면 일반개념137)을 통해 사물이 파악되기 때문이다. 또한 수사술은 서술 형식의 논증에서 잘 말하는 것과 관련된 앎이고, 변증술은 묻고 답하는 형태의 논증에서 옳게 대화를 나누는 것과 관련된 앎이라는 것이다. 이로부터, 그리고 이렇게 해서 그들은 변증술에 관한 앎을 정의하는데, 그 앎은 참된 것과 거짓인 것과 어느 쪽도 아닌 것에 대한 앎138)이라는 것이다.

그리고 그들은 수사술에 관한 앎이 세 부류라고 말한다. 그중 하나는 심의를 하기 위한139) 부류고, 또 하나는 변론을 위한 것이며, 다른 하나는 〔43〕 찬사를 하기 위한 것이라는 말이다. 한편, 수사술의 구분은 발견,140) 표현법, 배열, 연설의 실행으로 나뉜다고 한다. 한편 수사술에 따른 논의는 서론, 사건 진술, 상대방에 대한 반박, 결론으로 나뉜다고 한다.

---

136) 인상(*phantasia*)은 외부 대상이 그 주위를 둘러싼 공기나 물에 동요를 일으키고, 그 동요가 우리의 감각기관에 전달될 때 발생한다(*Ibid.*, 236쪽).

137) "인상이 마음속에 남긴 흔적이 같은 것이거나 같은 유형의 것일 때, 이 기록이 반복되면서 생긴 관념"이 개념이다. 이러한 점에서 스토아의 이론은 실제로 에피쿠로스의 일반개념(*prolēpsis*)과 같다(*Ibid.*, 232쪽).

138) 변증술이 참도 거짓도 아닌 것도 다룬다고 할 때, 참도 거짓도 아닌 명제가 있느냐는 문제가 제기될 수 있다. 롱은 스토아학파가 보편자는 실재하지 않고 오직 개별자만 실재한다고 생각하기 때문에, 개념(*ennoia*)과 같은 보편적인 것을 지칭하는 용어가 포함된 명제는 지칭 대상을 갖지 못해서 참도 거짓도 아니라고 한다. 예컨대 '인간은 두 발 달린 동물이다'라는 명제는 보편적 인간이 존재하지 않기 때문에 참도 거짓도 아니라는 말이다 (*Ibid.*, 259쪽과 이 책 7권 64절 참고).

139) 민회나 평의회에서 안건을 제안하고 의견을 개진하는 수사술.

140) 주제의 발견 또는 고안.

변증술에 관한 구분은 지시되고 있는 것들에 관한 분야와 소리[141]에 관한 분야로 구분된다. 그리고 지시되는 것들의 분야는 또한 인상에 관한 분야와 이것들로부터 성립되는 진술될 수 있는 것들,[142] 즉 명제, 특히 완전한 명제와 술어 및 이와 같은 것들의 능동과 수동,[143] 유와 종, 그리고 역시 같은 방식으로 논증, 추론 형식, 3단논법, 소리와 〔44〕 사물[144]에 따른 궤변[145]에 대한 분야로 나뉜다고 한다. 궤변들에는 거짓말쟁이의 논증, 참말을 하는 사람의 논증, 부정하는 사람의 논증, 퇴적의 논증[146] 및 이와 유사하게 생략이 되었거나 해결책이 없거나 결론을 내는 논증과 가리어진 사람의 논증과 뿔을 가진 사람의 논증,[147] '아무도 … 아니다'의 논증, 수확하는 사람의 논증[148]이 있다.[149]

---

141) 사물의 소리, 사람과 동물의 목소리, 말소리 등이 여기에 속한다.

142) '진술될 수 있는 것들'(lekta)은 '진술되는 것들'이라고 옮길 수도 있다. 바로 앞 문장에서 이것은 '인상들로부터 성립되는 것'이라고 했고, 63절에서는 '인상에 따라 성립되는 것'이라고 정의한다. 그리고 일차적으로 'lekta'는 언어 형태로 표현된 것이라는 점을 감안하면, '외부 대상으로부터 받는 자극에서 성립되는 인상에 맞게 언어로 표현된 것'이라는 뜻으로 새길 수 있다. 그리고 이것은 바로 대상을 지칭할 수 있는 힘을 갖는다는 점에서 의미를 갖는 것이라고 이해할 수 있다. 따라서 'lekta'에 대한 논의가 복잡하기는 하지만, 일단은 '의미 있는 진술' 정도로 이해할 수 있겠다.

143) 이에 관해서는 7권 64절 참고.

144) 말과 상황이라고 번역할 수도 있다. 음의 유사성과 상황의 혼동에 기반을 둔 궤변이라고 이해하면 되겠다.

145) 오류추리라고 할 수 있다.

146) 2권 108절 참고.

147) 7권 187절 참고.

148) 7권 25절 참고.

149) 7권 82절에 지금 열거된 논증들 중 몇 가지에 대한 설명이 있다.

한편 앞서 말한 소리 자체와 관련된 것도 변증술의 고유한 분야라고 한다. 거기서는 글로 옮겨진 소리나 '말의 부분은 무엇인가', 그리고 부정확한 문법과 부정확한 어휘,150) 시어(詩語)와 애매어, 운이 맞는 소리, 음악과 관련된 것들이 설명되며 어떤 사람들에 따르면 정의, 구분, 어법도 설명된다고 한다.

〔45〕 한편 그들은 3단논법에 대한 연구가 대단히 유익한 것이라고 말한다. 왜냐하면 그것은 증명 가능한 것을 드러내어151) 우리의 주장을 교정하고 그것을 정리하고 기억하는 데 크게 기여함으로써 학문적 이해에 도달하게 하기 때문이다.

한편 논증은 전제들과 결론의 결합이라 한다. 3단논법은 이것들로부터 추론하는 논증이라는 것이다. 한편 증명은 더 많이 파악되는 것들152)을 통해 더 적게 파악되는 것153)을 도출하는 것이라 한다.

한편 인상은 영혼 안에 생기는 각인인데, 그 명칭은 반지에 의해 밀랍에 생기는 자국에서 〔46〕 적절하게 따온 것이다. 154) 그런데 인상 중에서 어떤 것은 직접 감각에서 온 것을 전달하는(파악되는) 155) 것

---

150) 'soloikismos'와 'barbarismos'는 각기 '문장오류'와 '개별단어오류'라고 번역할 수 있다〔안재원(2008), "개별단어오류(Barbarismus)와 문장오류(Soloecismus)에 대하여", 《서양고전학연구》, 33권 33호 참고〕.
151) 3단논법을 통해서 어떤 것이 증명 가능한지 어떤지를 밝혀 준다는 뜻이다.
152) 전제.
153) 결론.
154) 플라톤의 《테아이테토스》, 191d에 이에 대한 고전적인 설명이 있다. 이 상황은 편지를 봉인할 때 쓴 사람의 반지에 새겨진 문양을 밀랍에 찍어 봉인해서 보내는 관례에서 온 것이다.
155) 'kataleptikos'는 앞에서 번역한 대로는 '파악되는'이라고 해야 하나, 그럴 경우 뜻이 전달되지 않아 풀어서 번역했다.

이고 어떤 것은 직접 감각에서 오지 않은 것을 전달하는(파악되지 않는) 것이다. 직접 감각에서 온 것을 전달하는 인상은 사물들의 기준이라고 그들이 말하는 것으로서, 실제로 있는 것에서 생겨나며 실제로 있는 것 바로 그대로 각인되고 날인되는 것이다. 반면에 직접 감각에서 오지 않은 것을 전달하는 인상은 실제로 있는 것에서 오는 것이 아니거나 실제로 있는 것에서 오더라도 실제로 있는 것 바로 그대로 되지 않는 것이다. 즉, 그것은 분명하지도 않고 확연하지도 않다. 156)

한편, 변증술 자체는 필수적일 뿐만 아니라 하위 종인 여러 덕들을 포괄하는 덕이다. 157) 예컨대, 경솔함에서 벗어남은 언제 승인을 해야 하고 말아야 할지에 대한 앎이라는 것이고, [47] 냉철함이란 그럴듯함에 대항하여 그것에 굴복하지 않는 강력한 이성이며, 반박할 수 없음이란 논의에 강하여 그것에 의해 반대되는 편으로 끌려가지 않음이며, 쓸데없는 짓을 하지 않음이란 인상을 올바른 논의로 끌고 올라가는 상태를 말한다고 한다. 또한 앎 자체에 대해서 그들은 그것이 틀림없는 파악이거나 인상의 수용에서 논의에 의해 변화되지 않는 상태라고 말한다. 한편 변증술에 대한 연구 없이는 현자가 논의에서 실수하지 않는 사람이 되지는 못한다고 한다. 왜냐하면 변증술에 의해 참된 것과 거짓된 것이 식별되고 신뢰할 만한 것과 애매하게 진술된 것이 잘 분간되기 때문이라는 것이다. 또한 변증술 없이는 체계적으로158) 묻거나 답할 수 없다고 한다.

---

156) 일상적인 의미를 살리기 위해 이렇게 번역했지만 '애매모호'에 대비되는 의미인 '명석판명'이란 용어로 이해하면 되겠다.
157) 변증술을 잘하기 위해서는 아래에 나오는 여러 덕목들을 갖추어야 한다는 말로 읽으면 되겠다.

〔48〕 한편 성급하게 판단 내리는 것은 일어나는 일에도 영향을 미쳐서 훈련받지 않고 인상에 매달리는 사람들은 무질서와 경솔함에 이르게 된다고 한다. 한편 변증술만이 현자가 논의에서 날카롭고 기민하여 전체적으로 명민한 모습을 보일 수 있는 방법이라고 한다. 왜냐하면 바로 현자의 일이 옳게 대화하고 논의를 해나가는 것이며 제기된 문제에 대응하여 대화하고 물음에 답하는 것 역시 같은 사람의 일이며, 이것들은 다 변증술에 익숙한 사람에게 속하는 일이기 때문이라는 것이다.

이리하여 말에 관한 것 자체에서는 이 정도로 개괄이 된 것으로 보인다. 하지만 세부적으로 이야기하기 위해서는, 그들의 입문서와 관련되는 것들도 살펴볼 필요가 있는데, 마그네시아 사람인 디오클레스[159]가 《철학자 편람》에서 다음과 같이 말하며 제시하는 것을 글자 그대로 옮겨 본다.

〔49〕 스토아학파에서는 인상과 감각에 대한 논의를 맨 앞에 놓는 것이 좋다고 생각하는데, 그것은 사물의 진리를 인식하는 기준이 일반적으로 인상이란 이유에서다. 그리고 다른 논의들보다 앞서는 승인[160]에 관한 논의와 파악과 생각에 대한 논의도 인상 없이는 성립되지 않는다는 이유에서다. 왜냐하면 인상이 앞장서고, 그다음에 표현할 줄 아는 사고가 인상에 의해 겪은 것을 말로 꺼내놓기 때문이다.

---

158) '방법론적으로'라고 해야 하나 쉬운 이해를 위해 풀었다.

159) 2권 54절 참고.

160) 스토아학파에서 승인(*synkatathesis*)은 사물로부터 오는 인상에 대해 일종의 감각적 판단작용을 통해 그 인상이 무엇이라고 판단 내리는 능동적 감각작용이다(앤서니 롱, 이경직 역, 《헬레니즘 철학》, 서광사, 236~237쪽 참고).

〔50〕하지만 인상과 허상은 다르다. 허상은 잠자는 사람들의 경우에 생기는 생각의 환상이고, 인상은 혼에 있는 각인, 즉 그것은 크뤼시포스가 《혼에 대하여》2권에서 뒷받침해 주듯이 달라짐이기 때문이다. 이는 각인을 도장의 자국처럼 받아들여서는 안 되기 때문인데, 동일한 것에 많은 자국들이 동시에 생긴다고 받아들일 수는 없기 때문이다. 161) 한편 인상은 실제로 있는 것으로부터, 실제로 있는 것에 따라 날인되고 찍히고 각인되는 것이라고 간주되는 것이라서 실제로 있지 않은 것에서는 생기지 않는다.

〔51〕한편 그들에 따르면 인상들 중에서 어떤 것들은 감각적이고, 어떤 것들은 그렇지가 않다. 감각기관을 통해서, 또는 감각기관들을 통해서 파악되는 것들은 감각적이지만, 생각을 통해서 파악되는 것들, 즉 비물질적인 것들과 이성에 의해서 파악되는 다른 것들의 인상은 감각적이지 않다. 한편 감각적인 인상들 중에서 어떤 것들은 실제로 있는 것들로부터 생기더라도 양보와 승인이 추가되어서 생긴다. 하지만 인상들 중에는 마치 실제로 있는 것들로부터 생긴 것

---

161) 현재 본문으로는 정확한 내용을 파악하기 어렵다. 유사한 내용이 섹스투스 엠피리쿠스의 《학자들에 반대하여》, 7권 228~229절의 내용에 나오는데, 이에 의거해서 이해해 볼 수 있겠다. 섹스투스에 따르면 "클레안테스는 인상이 마치 도장의 자국과 같이 영혼에 새겨지는 것이라고 했지만, 크뤼시포스는 그렇게 이해하게 되면 일종의 물질인 영혼 안에 동시에 여러 가지 자국이 생겨야 하는데, 그것은 말이 안 된다고 한다. 예컨대, 우리가 삼각형과 사각형을 동시에 생각하면 영혼에 삼각형과 사각형의 자국이 동시에 새겨진다는 것이다. 그렇기 때문에 그는 물리적 변화를 연상케 하지 않는 영혼의 '달라짐'(alloiōsis)이란 용어를 사용해야 한다고 주장했다고 한다. 그의 말에 따르면 이것은 마치 여러 사람이 동시에 이야기를 해도 동시에 다 받아들이는 공기의 변화와 같은 것이라고 한다."

같은 외양을 가진 것들도 있다.

더 나아가 인상들 중에서 어떤 것들은 이성적이고, 어떤 것들은 비이성적이다. 이성적 인상은 이성적 동물의 것이고, 비이성적 인상은 비이성적 짐승162)의 것이다. 그래서 이성적 인상들은 생각인데 반해 비이성적 인상은 이름이 없다. 또한 어떤 인상들은 체계적이고 어떤 인상들은 마구잡이다. 상(像)163)은 기술자가 보는 것이 다르고 기술자 아닌 사람이 보는 것이 다르기는 하기 때문이다.

〔52〕한편 스토아학파 사람들에 따르면 감각은 통치하는 것164)에서 감각으로 이르는 생기165)와 감각들을 통한 파악과 감각기관의 구비 — 이것에 장애가 있는 사람들이 있다 — 라고 이야기된다. 또한 감각기관의 활동 상태가 감각이라 이야기되기도 한다. 한편 그들에

---

162) 동물과 짐승으로 번역어를 달리한 이유는 '동물'은 'zōon', '짐승'은 'alogon' 으로 원어가 다르기 때문이다. 'zōon'은 '인간은 이성적 동물이다'와 같이 인간도 포함되는 중립적 의미의 개념이고, 'alogon'은 인간과 동물을 대비시킬 때 쓰는, 즉 인간이 배제된 개념이다. 'alogon'은 본래 '말을 못하는' 이란 뜻에서 '비이성적인'이라는 의미로 변성된 것이라 원래 의미를 살리자면 '말 못하는 짐승' 정도가 되겠다.

163) 'eikōn'은 청동이나 대리석 등을 재료로 조각이나 조소를 통해 만들어지는 것인데, 한 가지 말이 없어서 '상'이라 번역했다.

164) 'hēgemonikon'은 우리 혼의 한 부분으로 혼 전체를 통괄적으로 다스리는 곳이다.

165) 'pneuma'는 본래 '호흡'이란 뜻으로, 스토아학파는 불과 연관하여 '불타는 호흡'이라고도 한다. '기식'(氣息, 숨 쉬는 기운)이라는 번역도 있지만(디오게네스 라에르티오스, 《그리스 철학자 열전》, 전양범 역, 동서문화사, 2008) 번역어가 어려워, 일단 '생기'라고 했다. 이 과정은 쉽게 우리가 손가락이 아프다고 하지만 엄밀하게 말하면 손가락을 외부 대상이 자극하여 이것이 프네우마를 거쳐 헤게모니콘에 이르러 통증이라는 판단이 성립된 후, 다시 역순서를 거쳐 손가락이 아프다는 감각을 하게 되는 것이라고 보면 되겠다.

따르면 파악은 흰 것들과 검은 것들과 거친 것들과 부드러운 것들의 경우에는 감각에 의해 이루어지고, 신들이 있다거나 신들이 섭리한다는 것과 같이 논증을 통해서 결론이 이끌어지는 것들의 경우에는 이성에 의해서 이루어진다. 왜냐하면 생각의 대상이 되는 개념들[166] 중 어떤 것들은 마주침[167]에 따라서 생기며, 어떤 것들은 닮음에 따라, 어떤 것들은 비율에 따라, 어떤 것들은 치환에 따라, 어떤 것들은 결합에 의해 어떤 것들은 반대관계에 따라 생기기 때문이다.

〔53〕 그런 맥락에서 감각되는 것들은 마주침에 따라서 개념화된다. 닮음에 따라서는 마치 소크라테스가 그의 상(像)으로부터 생각나듯이 곁에 놓인 어떤 것으로부터 개념이 생긴다. 비율에 따라서는 한편으로는 티튀오스[168]와 퀴클롭스[169]처럼 키워서 생기는 개념이 있는가 하면 퓌그마이오스[170] 사람처럼 줄여서 생기는 개념이 있다. 지구의 중심도 더 작은 원구로부터의 비율에 따라 생긴 개념이다. 치환에 따라서는 예컨대 배에 달린 눈과 같은 개념이 생겨났다. 결합에 따라서는 히포켄타우로스[171]라는 개념이 생겼다. 반대 관계에 따라서는 죽음이라는 개념이 생겼다. 한편 일종의 유비추리에 따

---

166) 개념 또는 관념이라 할 수 있다.
167) 경험이라 할 수 있다.
168) 티튀오스(Tityos)는 가이아 여신의 아들로 《오뒤세이아》에 나오는 거인이다.
169) 퀴클롭스(Kyklōps) 역시 《오뒤세이아》에 나오는 거인으로 포세이돈 신의 아들이다.
170) 퓌그마이오스(Pygmaios)는 나일강 상류에 산다고 생각되었던 키 작은 사람들이다. 《일리아스》 참고.
171) 히포켄타우로스(Hippokentauros)는 보통 켄타우로스라 불리는 반인반마의 괴물이다.

라서도 '진술될 수 있는 것들'과 '장소'라는 개념이 생긴다. 한편 정의로운 것과 좋은 것은 자연스럽게 생기는 개념이다. 또한 결여에 따라서는 예컨대 손 없는 사람이라는 개념이 생긴다. 그들은 인상과 감각과 생각과 관련하여 이와 같은 주장을 펼친다.

〔54〕 한편 그들은 크뤼시포스가 《자연학》 2권에서 말하고, 안티파트로스와 아폴로도로스가 말하듯이 진리의 기준은 파악 가능한 인상, 즉 실제로 있는 것으로부터 오는 인상이라고 말한다. 그런데 보에토스[172]는 더 많은 기준들을 받아들여서 지성과 감각과 선파악(先把握, prolēpsis)과 앎을 기준으로 받아들이는가 하면 크뤼시포스는 스스로 일관성을 잃고 《말에 대하여》 1권에서는 기준을 감각과 선파악이라고 말하고 있다. 그런데 선파악이란 보편적인 것에 대해 자연스레 생기는 개념이다. 더 앞선 시기의 스토아학파 사람들 중 다른 어떤 사람들은 포세이도니오스가 《기준에 대하여》에서 말하듯이 옳은 논증을 기준으로 받아들인다.

〔55〕 한편 변증술 연구에 대해서는 소리에 대한 분야에서부터 시작하는 것이 좋다는 것이 대다수 사람들에게 일치되는 생각이다. 그런데 소리는 바뷜로니아 사람인 디오게네스가[173] 《소리에 대하여》라는 교본에서 말하듯이 두드려진 공기 또는 청각에 고유한 감각 대상이다. 동물의 소리는 충동에 의해 두드려진 공기인 반면 분절이 있는 인간의 소리는 디오게네스가 말하듯이 사고로부터 내보내진

---

172) 보에토스(Boēthos)는 시돈 사람으로 기원전 2세기경에 활동한 스토아 철학자이다.
173) 6권 81절 참고.

공기로서, 14세가 되어야 완전해지는 소리다. 그리고 스토아학파에 따르면 아르케데모스가 《소리에 대하여》에서 말하고 디오게네스와 〔56〕 안티파트로스가 말하며 크뤼시포스가 《자연학》 2권에서 말하듯이, 소리는 물질이다. 작용하는 것은 모두 물질이기 때문이다. 그런데 소리는 소리 나는 쪽에서 듣는 쪽으로 다가감으로써 작용한다.

한편 낱말174) 은 디오게네스가 말하듯 스토아학파에 따르면 예컨대 '낮'처럼 글로 적힌 소리다. 반면 글175) 은 사고로부터 내보내진 것으로 '낮이다'처럼 의미를 갖는176) 소리이다. 한편 언어177) 는 민족적 차원에서나 그리스적 차원에서 특징지어진 어법이거나 지역의 어법, 즉 예컨대 아티카에서는 '탈라타'(thalatta, 바다)이고 이오니아에서는 '헤메레'(hēmerē, 낮)178) 이듯이 언어에 따라 특색을 갖는 어법이다.

한편 낱말의 요소179) 는 24개의 글자들이다. 하지만 글자는 세 가지 뜻이 있어 요소, 〔57〕 요소의 기호, 그리고 예컨대 '알파'라는 그것의 이름이다. 요소들 중 모음은 7개로, α, ε, η, ι, ο, υ, ω 이다. 또한 6개는 묵음180) 으로 β, γ, δ, κ, π, τ 이다. 한편 소리와 낱말은 다른

---

174) 'lexis'는 '어법'이라고도 번역했다.
175) 'logos'는 '문장'이라고 할 수 있는 것으로서 본문의 설명에도 나오듯이 진위값을 갖는 명제에 해당된다.
176) 진위를 갖는 명제라는 뜻이다.
177) 방언과 외국어를 모두 포괄한 구분이다.
178) 다른 지역에서는 바다를 '탈라사'(thalassa), 낮을 '헤메라'(hēmēra)라고 한다.
179) 자모.
180) 자음이란 뜻으로도 쓰이는 말인데, 여기 열거한 6개의 자음은 자음 중에서도 묵음(mute)이며, 그중에서도 대기음(帶氣音, 그리스어에서 h음이 따르는 소리) 3개를 뺀 나머지다. 말하자면 순수하게 단일한 소릿값을 갖고, 모음의 성격을 가장 적게 갖는(발음이 가장 덜 되는) 자모라고 할 수 있다.

데, 소리는 울림[181]도 소리인데 반해 낱말은 분절음으로 된 것만이 낱말이기 때문이다. 다른 한편 낱말은 글과 다른데, 글은 언제나 의미를 갖는 반면, 낱말은 블리튀리[182]처럼 의미가 없을 때도 생기기 때문이다. 또 한편 말하는 것과 내뱉는 것은 다르다. 내뱉는 것은 소리지만 말하는 것은 사물이고, 따라서 사물은 진술될 수 있는 것이기 때문이다.

한편 글의 부분은 디오게네스가 《소리에 대하여》에서 말하고 크뤼시포스도 말하듯이 다섯이다. 이름, 명사, [183] 동사, [184] 접속사, 관사가 그것이다. 한편 안티파트로스는 《낱말과 이야기되는 대상[185]에 대하여》에서 부사도[186] 포함시킨다.

[58] 한편 명사는 디오게네스에 따르면 공통된 성질을 가리키는 글의 부분들이다. 예를 들면 '사람', '말'[馬]이 그것이다. 한편 이름은 고유한 성질, 예컨대 디오게네스, 소크라테스 같은 것을 지시하는 글의 부분이다. 또한 동사는 디오게네스가 말하듯이 복합적이지 않은 술어를 가리키는 글의 부분이거나, 어떤 사람들이 말하듯이 격변화하지 않는[187] 글의 요소로서 어떤 것 또는 어떤 것들과 연계되어 구성되

---

181) 'ēchos'는 메아리의 어원이 되는 말이면서 무생물인 물체에서 나오는 소리까지 포괄하는 말이다.
182) 'Blityri'는 의미가 없는 말이라 사전에도 나오지 않는다.
183) 각각 고유명사와 일반명사에 해당된다.
184) '술어'라고도 해야 하는데, 동사뿐만 아니라 형용사까지 포괄하기 때문이다.
185) 낱말에 의해 지칭되는 대상을 말한다.
186) 심플리키오스의 말을 원용하여(《구스토아학파 단편》(*Stoicorum Veterum Fragmenta*), Ⅱ, 173) 'mesotēs'의 의미를 부사로 보는 굴레(R. Goulet)의 번역을 따랐다(Brisson et al., *Vies et doctrines des pilosophes illustres*, Brisson 외, 1999).

는 무엇을, 예컨대 '쓰다', '말하다'와 같은 것을 가리키는 것이다. 188)
접속사는 격변화하지 않는 글의 부분으로서 글의 부분들을 연결하는
것이다. 관사는 격변화하는 글의 요소들로서 이름들의 부류와 수를
규정한다. 예컨대 'Ho', 'He', 'To', 'Hoi', 'Hai', 'Ta'189) 가 그것이다.

〔59〕 한편 글에서 덕은 다섯 가지이다. 순수한 그리스어의 구사,
명료함, 간결함, 적절함, 능란함이 그것이다. '순수한 그리스어의 구
사'는 기술적인 측면과 무심코 하는 일상어법의 사용이 아니라는 측면
에서 오류가 없는 화법이다. 명료함은 생각하고 있는 바를 알기 쉽게
표현하는 어법이다. 간결함은 사태를 드러내기 위해 꼭 필요한 것만
을 담아내는 어법이다. 적절함은 사태에 적합한 어법이다. 세련됨은
진부한 문구들에서 벗어난 어법이다. 반면에 더 나쁜 쪽의 것들 가운
데 '야만적인 말의 사용'이란 행복을 누리며 사는190) 그리스 사람들의
관용어법에 어긋나는 어법이며, '솔로이 사람들처럼 말하는 것'은 문
법에 맞지 않게 짜 맞춘 글이다.

〔60〕 한편 시어란 포세도니오스가 《어법 입문》에서 말하듯이 운
이 맞거나 운율이 있는 어법으로, 세련됨을 갖추어 산문의 형태에서
벗어난 것이다. 다음의 글이 운율이 있는 글이다.

---

187) 그리스어는 명사와 형용사, 관사 등은 주격, 속격, 여격, 대격, 호격 등
　　모두 5개의 격(case)을 갖는다.
188) 어떤 단수나 복수의 주어에 대하여 그것과 같이 나오는 동작, 상태 등을
　　가리킨다는 말이다.
189) 열거된 것들은 각기, 남성단수, 여성단수, 중성단수, 남성복수, 여성복수,
　　중성복수 주격 정관사들이다.
190) 우리식으로 하면 '교양 있는 서울 사람들이 두루 쓰는 말'을 표준어로 규정
　　할 때 '교양 있는'에 해당하는 말이다.

위대한 대지와 제우스의 희박한 공기191)

한편 신들의 일과 인간들의 일에 대한 묘사를 담고 있어서 의미를 갖는 시적 형태가 시다.

한편 정의(定義)는 안티파트로스가 《정의에 대하여》 1권에서 말하듯이 분석에 따라 정확히 산출된 설명이거나 크뤼시포스가 《정의에 대하여》에서 말하듯이 특질에 대한 설명이다. 개요란 개괄적으로 주제에 입문시키는 설명이거나 정의의 본래 의미를 더 단순한 형태로 밝힌 정의이다. 유는 분리되지 않는 복수의 개념들을 싸잡는 것이다. 예컨대 동물이 그렇다. 이것은 각각의 동물들을 포괄한 것이기 때문이다.

〔61〕 개념은 사고의 허상으로서 '어떤 것인 것'도 아니고 성질도 아니면서 마치 '어떤 것인 것'인 양, 성질인 양 하는 것이다. 예컨대 말〔馬〕이 그 자리에 없어도 말의 심상이 생기는 것과 같다.

종은 동물에 의해 인간이 포괄되는 것처럼 유에 의해 포괄되는 것이다. 한편 '있는 것'처럼 유이면서 자신의 유192)를 갖지 않는 것이 최고의 유이다. 한편 소크라테스처럼 종이면서 자신의 종193)을 갖지 않는 것은 최하위의 종이다.

한편 동물194)들 중 어떤 것들은 이성적이고 어떤 것들은 비이성적

---

191) '희박한 공기'라고 번역한 말은 그리스 사람들이 천체를 이루는 물질이라고 생각한 '에테르'(*aithēr*)다. 이것은 때로는 하늘을 뜻하기도 한다. 시어의 맛을 살리기 위해 의역했다. 인용된 글은 에우뤼피데스의 유실된 작품 《크뤼시포스》(*Krysippos*), 단편 839.

192) 상위의 종.

193) 하위의 종.

이라고 하는 것처럼 유를 바로 다음 종들로 나누는 것이 분할이다. 대립분할[195]은 있는 것들 중에 어떤 것들은 좋고, 어떤 것들은 좋지 않다고 하듯이 부정어에 의거해서 대립되는 성질에 따라 유를 종으로 나누는 것이다. 한편 하위분할은 있는 것들 중에 어떤 것들은 좋고, 어떤 것들은 좋지 않으며 좋지 않은 것들 중에 어떤 것들은 나쁘고 어떤 것들은 차이 없다고 하듯이 대립분할에 이어지는 분할이다.

〔62〕 유를 논제들로 배열하는 것은 크리니스[196]가 말하듯이 주제분할이다. 예컨대 좋은 것들 중에 어떤 것들은 영혼과 관련되어 있고 어떤 것들은 육체와 관련되어 있다는 식이다.

애매함은 글자도 같고[197] 본래 뜻에 맞으면서 같은 관용어법에 따르면서도 둘 이상의 사물을 가리키는 어법이다. 그래서 그것은 동일한 어법에 의거해 여러 사물을 동시에 지시하게 된다. 왜냐하면 애매함에 의해 한편으로는 '집이 세 차례 쓰러졌다'라는 의미가 되기도 하고 '아울로스 부는 여자가 쓰러졌다'라는 의미가 되기도 하기 때문이다. [198]

---

194) 문맥에 따라 이 말은 '살아 있는 것' 또는 '생명이 있는 것'이라고 해야 맞겠지만, '생명을 가지고 있으면서 식물과는 대비되는 것'에 적합한 우리말이 없어서 동물로 통일하였다.

195) 이분법(*dichotomy*)이라고도 한다.

196) 크리니스(Krinis)는 기원전 2세기경에 활동한 스토아 철학자다.

197) '언어적으로' 또는 '글자 그대로', '축자적으로'라고 해야 하나, 의미가 불분명해져서 의역했다.

198) 문제가 되는 단어인 '아울레트리아'(*aulētria*)는 한 단어로는 '아울로스를 부는 여자'(술잔치에서 여흥을 돋우고 때로는 매춘도 하는 여자)란 뜻이다. 그러나 '아울레트리아'는 '아울레트리스'(*aulētris*)라고도 쓰는데 이 경우 '아울레'(*aulē*)와 '트리스'(*tris*)를 끊어 읽으면, '아울레'는 정원을 포함한 집 전체를 이르고 '트리스'는 '세 차례'라는 부사가 되므로 '집이 세 차례 쓰러졌다'란 뜻이다.

한편 포세이도니오스가 말하듯이 참된 것과 거짓된 것과 어느 쪽도 아닌 것에 대한 앎은 변증술에 속한다. 이 앎은 크뤼시포스가 말하듯이 가리키는 것과 가리킴의 대상에 관한 것이다. 그런 맥락에서 소리에 대한 연구의 경우에는 스토아학파 사람들 사이에서는 다음과 같은 것들이 논의된다.

〔63〕 사물들과 지시 대상들에 관한 논제에는 진술될 수 있는 완전한 것과 명제들과 3단논법들에 대한 논의가 배치되고, 진술될 수 있는 불완전한 것들과 능동형과 수동형의 술어들에 관한 논의 역시 그렇다.

그들은 말에 관한 인상에 따라서 성립되는 것이 진술될 수 있는 것이라고 말한다. 한편 진술될 수 있는 것들 중 어떤 것들은 완전하다고 스토아학파는 말하며 어떤 것들은 불완전하다고 한다. 그런 맥락에서 '글을 쓰다'와 같이 언명이 불충분한 것은 불완전하다. '누가'가 빠져 있기 때문이다. 반면에 '소크라테스가 글을 쓴다'와 같이 언명이 완벽한 것은 완전하다. 그런 점에서 진술될 수 있는 불완전한 것들에는 술어라는 용어가 배정되고 완전한 것들에는 명제, 3단논법, 가부를 묻는 질문과 설명을 구하는 질문이라는 용어가 배정된다.

〔64〕 한편 술어는 어떤 것에 대하여 이야기되는 것이다. 또는 아폴로도로스와 그의 제자들이 말하듯이 술어는 명제의 형성을 위하여 어떤 것 또는 어떤 것들과 연계되어 구성되는 사태이거나 주격과 연계되어 구성되는 불완전한 진술일 수 있는 것이다. 한편 술어들 중 어떤 것들은 완전한 술어들이며[199] … [200]

또한 술어들 중 어떤 것들은 능동형 (ortha) 이며 어떤 것들은 수동형201)이고, 어떤 것들은 명제형성의 측면에서 볼 때 어느 쪽도 아니다. 그런 점에서 '듣다', '보다', '대화하다'와 같이 사격202)들 중 하나와 연계되어 구성되는 것들은 능동형이다. 반면에 '소리가 들리다'와 '보이다'와 같이 피동 형태와 연계되어 구성되는 것은 수동형이다. 한편 '숙고하다', '산책하다'와 같이 어느 한쪽의 상태도 아닌 것은 어느 쪽도 아닌 것이다. 한편 수동형들 가운데는 [65] '자기 머리를 깎다'와 같이 거꾸로 가는203) 행동인 것은 재귀술어이다. 왜냐하면 자기 머리를 깎는 사람은 자기 자신을 포함하기 때문이다.204)

한편 명제는 참이거나 거짓이다. 또는 크뤼시포스가 《변증술에 따른 정의》에서 말하듯이 그 자체의 경우에 한해서 단언할 수 있는 완전한 사태이다. 즉, 명제는 '낮이다'와 같이 그 자체의 경우에 한해서 부정되거나 긍정될 수 있는 것이다. 명제는 '인정받거나 거절당한다'란

---

199) 뒤에 나오는 '능동', '수동'과는 달리 목적어나 보어가 필요 없는 자동사를 말한다.

200) 이 이후 부분은 사본 훼손으로 공백이 있는 것으로 도란디는 본다. 까조봉 (Casaubon)은 이 빈 곳을 채워 넣는데 그의 수정을 받아들여 이 부분을 번역하면 "한편 술어들 중 어떤 것들은 예컨대 '소크라테스는 산책한다'와 같이 완전한 술어들이며, 어떤 것들은 예컨대 '소크라테스에게는 후회가 된다'와 같이 비인칭 술어이다"가 된다.

201) 능동과 수동은 각기 '바로 가는 것', '거꾸로 가는 것'이란 일차적인 뜻이 있다. 아마 능동형은 목적어에 행동을 직접 가하는 것이고, 수동형은 거꾸로 행위를 주어가 입는 것이라는 뜻에서 붙여진 것으로 보인다. 본문에서 '능동'과 '수동'은 이 본래의 의미로 사용된 것으로 보이나 이해하기 쉽게 현재의 용어로 바꿔 번역했다.

202) 사격(斜格, plagion)은 인도·유럽어에서 주격·호격 외의 격을 통틀어 이르는 말이다.

203) 수동형으로 번역한 말과 같은 말이다.

204) 재귀동사란 주어의 행동이 주어에게 돌아오는 동사를 말한다.

말에서 이름이 붙었다. [205] 왜냐하면 '낮이다'라고 말하는 사람은 낮인 것을 인정하는 것으로 여기기 때문이다. 그런 점에서 실제로 낮이라면 제시되는 명제는 참이 된다. 반면에 낮이 아니라면 거짓이 된다.

〔66〕 한편 명제는 가부를 묻는 질문과 설명을 구하는 질문과 다르며, 명령하고 맹세하고 권고하고 가정하는 등의 사태와도 명제는 다르다. 왜냐하면 명제는 우리가 말을 함으로써 우리의 생각을 밝히는 것으로 참이거나 거짓인 것이기 때문이다. 반면에 가부를 묻는 질문은 명제도 그렇듯이 완전한 사태이긴 하지만 '낮인가?'처럼 대답을 요구하는 것이다. 이것은 참도 아니고 거짓도 아니다. 그래서 '낮이다'는 명제지만 '낮인가?'는 가부를 묻는 질문이다. 한편 설명을 구하는 질문은 가부를 묻는 질문의 경우처럼 몸짓으로 '그렇다'고 대답할 수 없고 말을 해야 하는 것과 관련되어 있는 사태이다. 즉, '그는 이 지역에 산다'라는 식으로 말을 해야 하는 것이다. [206]

〔67〕 말을 함으로써 명령을 하는 사태는 명령형이다. 예컨대,

그대는 이나코스강으로 걸어가시오. [207]

와 같은 것이다. 맹세하는 것 … [208] 한편 예컨대,

아트레우스의 지극히 영광스러운 아들, 사람들의 왕인 아가멤논이여. [209]

---

205) '명제'(*axiōma*)는 '인정받다'(*axiousthai*)라는 동사에서 온 명사다.
206) '그는 여기 사는가?'라고 물으면 몸짓으로 고개를 끄떡이면 되겠지만, '그는 어디 사는가?'라고 물으면 '그는 이 지역에 산다'라고 말해야 한다.
207) 작자 미상의 단편.
208) 사본 훼손으로 공란이 있다.

처럼 누군가 말을 하면 그것이 부르는 것이 되는 사태는 호격이다.

한편 명제와 같은 형태의 언명으로서 명제와 비슷하긴 하지만 어떤 부분의 과도함이나 감정으로 말미암아 명제의 부류에서 벗어나는 사태는 예컨대,

아름답구나, 그 처녀는.
그 소치기는 프리아모스의 아들들과 어쩌면 그렇게 닮았을까.

와 같은 것들이다.

〔68〕한편 누군가 말을 한다면 의아스러워하는 것이 되는 어떤 사태는 명제와는 다른 의심스러워하는 형태의 언명이다.

그럼 고통과 삶은 모종의 친족 간이란 말인가?

가부를 묻는 질문과 설명을 구하는 질문과 그런 것들과 유사한 것들은 참이지도 거짓이지도 않은 반면 명제만은 참 아니면 거짓이다.

크뤼시포스와 그의 제자들, 아르케데모스, 아테노도로스,[210] 안티파트로스와 크리니스가 말하듯이 명제들 중 어떤 것은 단순하고, 어떤 것은 단순하지 않다. '낮이다'처럼 다르지 않은 명제로 구성된 것은 단순하다.[211] 하지만 다른 한 명제[212] 또는 명제들로 구성된

---

209) 호메로스, 《일리아스》, 2권 434행.
210) 솔로이 출신의 스토아 철학자. 7권 38절 참고.
211) 이 문장에 대한 다른 편집과 번역에 대해서는 Inwood & Gerson, *The Stoic Reader*, Hackett, 2008, p. 18 참고.
212) 다르기는 하지만 같은 진리치를 갖는 명제.

것은 단순하지 않다. 〔69〕 한 명제이면서 다른 명제로부터 구성된다는 말은 예컨대 '낮이라면 낮이다'와 같은 것이다. 명제들로부터 구성된다는 말은 예컨대 '낮이라면 빛이 있다'와 같은 것이다.

한편 단순명제 가운데는 부정형(否定形), 부정사형, 결여형, 긍정형, 한정형과 부정형(不定形)이 있고, 단순하지 않은 명제들 중에는 가언명제, 이유명제,213) 연언명제,214) 선언명제, 인과명제, 더함을 분명히 하는 명제와 덜함을 분명히 하는 명제가 있다. 또한 부정형은 '절대 낮이 아니다'와 같은 명제이다. 이중 부정의 형태도 여기에 속한다. 하지만 이중부정은 '절대 낮이 아니지 않다'와 같이 부정의 부정이다. 그것은 '낮이다'란 뜻이다.

〔70〕 부정사형(否定詞形)은 '아무도 산책하지 않는다'와 같이 부정사(否定詞)와 술어로 구성된 것이다. 결여형은 '이 사람은 인간을 싫어하는 사람이다'와 같이 결여사와 가능술어215)로 구성된 것이다. 긍정형은 '디온이 산책하고 있다'와 같이 주격 명사와 술어로 구성된 것이다. 한정형은 '이 사람은 산책하고 있다'와 같이 주격 지시사와 술어로 구성된 것이다. 부정형(不定形)은 '누군가가 산책하고 있다'와 같이 부정사(不定詞)와 술어로 구성된 것이다.

---

213) 이유와 결론이 결합된 명제.

214) 'sympeplegmenon'을 '연언명제'로 번역해야 하는가에 관한 논쟁에 대해서는 Le modèle conjonctif, *Les Stoîciens et Leur Logique*, ed. J. Brunschwig, Paris: PUF, 1978 참고.

215) '인간을 싫어하는'은 결여를 나타내는 접두사 'a'와 '인간을 좋아하는'이란 뜻의 'philanthōpos'가 합성된 말이다. '인간을 좋아하는'이란 술어도 그 자체가 뜻을 갖는 말이라서 그것을 '가능술어'(*katēgorēma kata dynamin*)라고 한 것으로 보인다.

〔71〕 한편 단순하지 않은 명제들 중 가언명제는 크뤼시포스가 《변증술에 따른 정의》에서 말하고 디오게네스가 《변증술》에서 말하듯이 '만일~라면'이라는 가언 접속사를 통해 구성되는 것이다. 한편 이 접속사는 '낮이라면 빛이 있다'와 같이 첫째 명제에 두 번째 명제가 뒤따르는 것을 말해 주는 것이다. 이유명제는 크리니스가 《변증술》에서 말하듯이 '~이기 때문에'라는 접속사를 통해 연결되는 명제로서 '낮이라서 빛이 있다'와 같이 명제에서 시작해서 명제로 귀결되는 것이다. 한편 그 접속사는 첫 번째 명제에 두 번째 명제가 뒤따르며 〔72〕 첫 번째 명제가 사실로 전제된다는 것을 말해 주는 것이다. 연언명제는 '낮이기도 하고 빛이 있기도 하다'와 같이 어떤 연언 접속사들에 의해 연언되는 명제이다. 선언명제는 '낮이 아니면 밤이다'와 같이 '~이 아니면'이라는 선언접속사에 의해 선언(選言)되는 명제이다. 이 접속사는 명제들 중에서 어느 한쪽은 거짓이라는 것을 말해 준다. 인과명제는 '낮이기 때문에 빛이 있다'와 같이 '~이기 때문에'라는 접속사를 통해 구성되는 것이다. 말하자면 첫 번째 명제가 두 번째 명제의 원인이라는 말이다. 더함을 분명히 하는 명제는 '밤이라기보다는 오히려 낮이다'와 같이 더 분명히 하는 접속사와 '~보다는'이라는 접속사가 명제들의 중간에 배치됨으로 인해 〔73〕 구성되는 것이다. 덜함을 분명히 하는 명제는 '낮이기보다는 덜 밤이다'와 같이 앞의 것과 반대되는 것이다.

더 나아가 명제들 중 참과 거짓의 측면에서 서로 대립되는 것이 있다. 이것은 '낮이다'와 '낮이 아니다'와 같이 명제들 중 한쪽이 다른 한쪽에 대한 부정명제인 명제이다. 그런 점에서 '낮이라면 빛이 있다'와 같이 그 후건의 대립명제가 전건과 양립하지 않는 가언명제는 참이다. 그것이 참인 이유는 후건과 대립되는 명제인 '빛이 없다'가 '낮이다'와 양립하지 않기 때문이다. 한편 '낮이라면 디온은 산책을 하고 있을 것이다'와 같이 그 후건과 대립되는 명제가 전건과 양립하는 가언명제는 거짓이다. 왜냐하면 '디온이 산책하지 않는다'는 '낮이다'와 양립하기 때문이다.

〔74〕 이유명제는 '낮이기 때문에 땅 위에 해가 있다'와 같이 참된 명제에서 시작해서 상통하는 명제216)로 이어지는 경우에 참이다. 반면에 '밤이기 때문에 디온은 산책을 하고 있다'라고 낮에 이야기하는 경우처럼 거짓된 명제에서 시작하거나 결과절로 이어지지 않는 경우에 그것은 거짓이다.

인과명제는 참된 명제에서 시작해서 시작하는 명제에 상응하는 명제로 이어지는 경우에 참이지만, '낮이기 때문에 빛이 있다'의 예가 그렇듯이 시작하는 명제가 그 귀결에 상통하지는 않는다. 왜냐하면 '낮'에는 '빛'이 상응하지만 '빛'에는 '낮'이 뒤따르지 않기 때문이다. 한편 인과명제는 '낮이기 때문에 디온은 산책한다'처럼 거짓명제에서 시작하거나 상응하는 명제로 이어지지 않거나 시작하는 명제가 〔75〕 귀결절에 상통하지 않는 경우에 거짓이다. 설득력 있는 명제는 '누가 무엇을 낳았다면, 그것은 저것의 어머니이다'와 같이 승인으로 이끄는 명제이다. 그렇지만 그것은 거짓이다. 왜냐하면 저 새가 저 알의 어머니는 아니기 때문이다. 217)

더 나아가 명제들 중 어떤 것은 가능하고, 어떤 것은 불가능하다.

---

216) 전건과 후건의 위치를 바꾸어도 참인 경우를 말한다.
217) 알을 낳았다고 해서 모든 알의 어미는 아니라는 뜻으로 보인다.

필연적인 명제도 있고 필연적이지 않은 명제도 있다. 가능하다는 것은 '디오클레스는 살아 있다'와 같이 참을 받아들일 수 있고 외부의 것들이 그것이 참이 되는 데 대립되지 않는 경우를 말한다. 불가능하다는 것은 '땅이 난다'와 같이 참을 받아들이지 못하는 경우를 말한다. 한편 '덕은 유익하다'와 같이 참이면서 거짓이 되는 것을 받아들일 수 없는 것이 필연적인 것이다. 반면에 참일 수도 있고 거짓일 수도 있으면서 외부의 것이 대립되지 않는 경우, 예컨대 '디온은 산책하고 있다'와 같은 경우가 〔76〕 필연적이지 않은 것이다. 한편 일리 있는 명제란 '나는 내일 살아 있을 것이다'와 같이 그것이 참이기위한 논거를 여럿 가지고 있는 명제를 말한다.

또한 명제들의 다른 종차들이 있고 참에서 거짓으로의 명제들의 변환과 반대의 경우의 것들이 있지만, 이것들에 대해서는 개괄적으로 말하고자 한다. 218)

한편 크리니스를 비롯한 그의 제자들이 말하듯이 논증은 대전제와 소전제와 결론으로 짜인 것으로, 예를 들면 다음과 같은 것이다. '만약 낮이라면 빛이 있다. 그런데 낮이다. 따라서 빛이 있다'에서 대전제는 '낮이라면 빛이 있다'이고 소전제는 '그런데 낮이다'이고 결론은 '따라서 빛이 있다'이다. 한편 논식은 말하자면 논증의 형식인데, 예를 들면 이런 것이다. '첫 번째 것이라면 두 번째 것이다. 그런데 첫 번째 것이다. 따라서 두 번째 것이다.'

〔77〕 논증논식은 양자219)가 결합된 것으로, 예를 들면 '만약 플라

---

218) 하지만 뒤에 그런 내용은 별로 나오지 않는다.
219) 추론과 논식.

64

톤이 살아 있다면 플라톤은 숨을 쉬고 있을 것이다. 그런데 첫 번째 이다. 따라서 두 번째이다.' 논증논식은 긴 구문에서 긴 소전제와 결론까지 거론하지 않고, '그런데 첫 번째 것이다. 따라서 두 번째 것이다'란 식으로 간략하게 추론해내기 위해서 도입되었다.

논증들 중에 어떤 것들은 타당하지 않고, 어떤 것들은 타당하다.[220] 타당하지 않은 것이란 그 결론과 대립되는 것이 전제들을 통한 결합[221]과 양립하는 것이다. 예를 들면 이런 것이다. '낮이라면 빛이 있을 것이다. 그런데 낮이다. 따라서 디온은 산책한다.'

〔78〕타당한 논증들 중 어떤 것들은 종적으로 이름이 같아서 타당하다고 규정되고[222] 어떤 것들은 3단논법에 따라 타당하다고 규정된다. 그런 점에서 3단논법에 따른 것이란 증명되지 않는 것들이거나 전제들 중 하나 또는 그 이상의 것들에 따라서 증명되지 않는 것들로 환원되는 것이다.[223] 예를 들면 이런 것이다. '디온이 산책을 하고 있다면, 디온은 움직이고 있다. 그런데 디온은 산책하고 있다. 따라서 디온은 움직이고 있다.' 한편 3단논법을 거치지 않고 결론이 나는 논증도 종류상 타당한 논증이다. 예를 들면 이렇다. '낮이면서 밤인 것은

---

220) '타당하다'라고 번역한 'perantikos'의 원뜻은 '올바른 결론이 도출되는'(*conclusive*)이다. 이해하기 쉽게 현대의 논리학 용어인 '타당하다'(*valid*)라고 번역했지만, '타당하다'의 의미를 풀어 주는 셈이다.

221) 즉 결론.

222) 앞의 주석에서 밝혔듯이 '타당하다'의 원어인 'perantikos'는 '올바른 결론이 도출되는'이란 뜻이다. 그래서 뒤에 나오듯이 '올바른 추론을 거쳐서 결론이 도출되는' 형태의 논증은 아니지만 논증 자체는 타당한 논증도 타당한 논증에 포함된다는 뜻이다.

223) 롱, 같은 책, 262쪽 참고.

거짓이다. 그런데 낮이다. 따라서 밤이 아니다.'224) 한편 3단논법상
으로 그럴듯해 보이지만 결론이 도출되지 않는 논증들은 3단논법답지
않은 논증225)이다. 예를 들면 '디온이 말이라면 디온은 동물일 것이
다. 그런데 디온은 말이 아니다. 따라서 디온은 동물이 아니다.'226)

〔79〕 더 나아가 논증들 중 어떤 것들은 참되고 어떤 것들은 거짓
이다. 그런 점에서 '덕이 유익하다면 악은 해롭다. 그런데 덕은 유익
하다. 따라서 악은 해롭다'와 같이 참된 전제들을 통해 결론이 나오
는 것들은 참되다. 반면에 전제들 중 거짓된 것을 하나 가지고 있거
나 타당하지 않은 논증들은 거짓이다. 예를 들면 '낮이라면 빛이 있
을 것이다. 그런데 낮이다. 따라서 디온은 살아 있다'와 같은 것이

---

224) 이 논증은 타당하면서도 3단논법에 속하지 않는 논증의 사례이다. 왜 이
논증이 비3단논법적 추론(non-syllogism)에 속하는지는 논란이 있고, 번역
상의 불분명함도 있다. 비3단논법적 추론은 일반적으로 일상 언어로 된 명
제의 성격상 3단논법의 형태로 변환하기 쉽지 않은 논증들을 가리킨다(어빙
코피, 《논리학 입문》, 민찬홍 역, 이론과 실천, 1994, 433쪽 주석; I.
Copy, *Introduction to Logic*, 7th ed., p. 234). 그런데 카테리나 이에로디
아코누(Katerina Ierodiakonou)는 "Analysis in Stoic Logic"(p. 523)에서
78절의 이 논증을 하위 3단논법(subsyllogism)이라 부르며, 이 논증은 3단논
법의 기본 규칙(증명되지 않는 논증)과 같은 것이지만 언어적 표현이 다른
논증들을 가리킨다고 한다. 그래서 이 부분의 논증은 80절 이후에 나오는
세 번째 논증형식의 사례인 "플라톤은 죽었고 플라톤은 살아 있다. 그런데
플라톤은 죽었다. 따라서 플라톤은 살아 있다"와 같은 것이다. 이 논증형태
에 '~라는 것은 거짓이다'가 덧붙어 있을 뿐이기 때문이다. 스토아학파가
굳이 이 둘을 구별하는 이유는 언어를 표준화하여 불필요한 애매성을 제거하
기 위한 것이라고 한다(M. L. Gill & P. Pellegrin(ed.), *A Companion to
Ancient Philosophy*, Blackwell, p. 523), 수잔 밥젠(Susanne Bobzien, *The
Cambridge History of Hellenistic Philosphy*, p. 152)도 같은 취지의 말을 한다.
225) 3단논법의 형식을 취하나 타당하지 못한 형식의 논증을 말한다.
226) 논리학의 용어로 전건부정식이라고 한다.

다. 또한 가능한 논증과 불가능한 논증과 필연적인 논증과 필연적이지 않은 논증들도 있다.

한편 증명이 필요 없기 때문에 증명되지 않는 논증들은 사람에 따라 다르게 말하지만, 크뤼시포스는 이 논증들이 5개이고 이 논증들을 통해 모든 논증이 짜인다고 말한다. 즉, 이것들은 타당한 논증들을 위해서도 3단논법 논증들을 위해서도 논식적인 논증들을 위해서도 사용된다는 것이다. 〔80〕 증명의 여지가 없는 첫째 것은 그 경우에 논증 전체는 가언명제부터 시작하고 후건이 도출되는 전건으로 구성된다. 예를 들면 '첫째 것이라면 둘째 것이다. 그런데 첫째 것이다. 따라서 둘째 것이다'[227] 와 같은 것이다. 증명되지 않는 둘째 것은 가언명제와 후건의 대립명제를 통해서 전건의 대립명제를 결론으로 갖는 것이다. 예를 들면 '낮이라면 빛이 있을 것이다. 그런데 빛이 없다. 따라서 낮이 아니다'와 같은 것이다. 후건에 대립되는 명제를 통해 전건이 이루어지고 전건에 반대되는 것에서 결론이 이루어지는 것이다. 증명되지 않는 셋째 것은 부정의 연언의 부정과 연언 상태에 있는 명제들 중 하나를 통해 나머지 것과 대립되는 것을 결론으로 얻는 것이다. 예를 들면 '플라톤은 죽었고 플라톤은 살아 있다. 그런데 플라톤은 죽었다. 〔81〕 따라서 플라톤은 살아 있다'와 같은 것이다. 증명의 여지가 없는 넷째 것은 선언명제와 선언되어 있는 것들 중 하나를 통해 나머지 것의 부정을 결론으로 갖는 것이다. 예를 들면 '첫째 것이거나 둘째 것이다. 그런데 첫째 것이다. 따라서 둘째 것이 아니다'와 같은 것이다. 증명이 되지 않는 다섯째 것은 선언명제와 선언

---

227) 논리학의 용어로 전건긍정식이라고 한다.

되어 있는 것들 중 하나와 대립되는 명제로부터 논증 전체가 구성되고 그 나머지 것을 결론으로 삼는 경우의 논증이다. 예를 들면 '낮이 아니면 밤이다. 그런데 밤이 아니다. 따라서 낮이다'와 같은 것이다.

한편 스토아학파에 따르면 '낮이다'에 '빛이 있다'가 동반되듯이 참인 것에는 참인 것이 동반된다. 또한 '밤이다'란 거짓에 '어둠이 있다'가 동반되듯이 거짓에는 거짓이 동반된다. 또한 '땅이 난다'에 '땅이 있다'가 동반되듯이 거짓에는 참이 동반된다. 하지만 참에는 거짓이 뒤따르지 않는다. 왜냐하면 '땅이 있다'에는 '땅이 난다'가 뒤따르지 않기 때문이다.

〔82〕한편 해결책이 없는 논증들도[228] 있다. 가리어진 사람의 논증, 퇴적의 논증, 뿔을 가진 사람의 논증, '아무도 … 아니다'의 논증이 그것이다. 예를 들면 다음과 같은 것이 가리어진 사람의 논증이다. … [229] '2가 적으면서 3이 적지 않은 것은 참이 아니다. 또한 이것들이 그러면서 4가 그렇지 않은 것은 참이 아니다. 그리고 그런 식으로 10까지 그렇다. 그런데 2는 적다. 그러므로 10도 적다.' … [230] '아무도 … 아니다' 논증은 부정형 명제와 한정명제의 가언명제로 구성되고 소전제와 부정형의 결론을 갖는 결정을 내리는 논증이다. 예를 들면 '만약 누군가가 거기 있다면, 그 누군가는 로도스에 없을 것이다. 그런데 누군가가 거기 있다. 따라서 그 누구도 로도스에 없다' 같은 것이다.

---

228) 앞의 44절에서는 이 논증들을 '궤변'(*sophisma*)이라고 했었다.
229) 이 뒤에는 사본 훼손으로 내용이 누락되어 있다.
230) 사본 훼손으로 내용이 누락되었다.

〔83〕스토아학파가 말에 관한 학문에서 이와 같은 태도를 가졌던 사람이었던 것은 현자는 변증술에 능하다는 것을 특히 강조하기 위함이었다. 왜냐하면 모든 문제들, 즉 자연학의 논제도 윤리학의 논제도 말들에 의한 연구를 통해 포착되기 때문이라는 것이다. 왜냐하면 (논리적으로 말해야 하기 때문에) 말에 관한 학문 없이는 올바른 이름(명사)과 관련해서도 실제 대상에 관습이 어떻게 할당되는지를[231) 우리는 말할 수 없을 것이기 때문이라는 것이다. 한편 그 덕[232)에 속하는 두 가지 실질적 활동 중 하나는 있는 것들 각각이 무엇인지를 고찰하는 것이고, 다른 하나는 무엇이라 불리는지를 고찰하는 것이다. 말에 관한 것은 그들이 이와 같이하고 있다.

〔84〕한편 그들은 철학 중에서 윤리학 부분을 충동에 관한 논제, 좋음과 나쁨에 관한 논제, 감정에 관한 논제, 덕에 관한 논제, 궁극목적에 관한 논제, 제일 가치와 행위에 관한 논제, 마땅한 것에 관한 논제, 권유와 만류에 관한 논제로 나눈다. 하지만 이런 식으로 하위 분류하는 것은 크뤼시포스, 아르케데모스, 타르소스 사람 제논, 아폴로도로스, 디오게네스, 안티파트로스, 포세이도니오스와 그의 제자들이다. 왜냐하면 키티온 사람 제논과 클레안테스는 더 이전 사람으로서 문제를 한결 소박하게 파악했기 때문이다.

〔85〕일차적 충동을 그들은 동물이 자신을 보호하기 위해서 갖는 것이라고 말한다. 왜냐하면 크뤼시포스가《궁극목적들에 대하여》1권에서 모든 동물에게 일차적 친숙함이란 자신의 신체구조와 그것

---

231) '실제 대상에 올바른 말이 관습상 어떻게 할당되는지'라고 의역할 수도 있다.
232) 변증술.

에 대한 의식이라고 이야기하며 말하고 있듯이, 자연233) 은 원래 동물이 '자신에게' 친숙함을 느끼도록 하고 있기 때문이다. 왜냐하면 자연이 동물을 자신에게 낯설게 하는 것도 그럴듯하지 않고 그렇다고 동물이 낯설어하지도 친숙해하지도 않게 만들었다는 것도 그럴듯하지 않기 때문이라는 것이다. 그렇다면 동물이 자신에 대해서 친숙하도록 구조지어졌다고 말하는 것이 남는다. 그렇게 해서 동물은 해를 끼치는 것은 밀어내고 친숙한 것들은 가까이한다.

한편 일차적 충동이 쾌락을 위해 동물에게 생긴다는 어떤 사람들의 주장은 거짓이라고 그들은 분명히 밝힌다. 〔86〕 그들은 쾌락이 있다 하더라도 그것은 후발적 발현이며 자연 자체가 스스로 신체구조에 어울리는 것들을 찾다가 얻었을 때 생기는 것이기 때문이라고 말한다. 그렇게 해서 동물들은 활기찬 모습을 보이고 식물들은 꽃을 피운다는 것이다. 또한 자연이 충동과 감각 없이 식물들을 관장하고 우리의 경우에도 식물과 같은 점이 있는 것을 보면234) 자연은 식물들의 경우와 동물들의 경우에 전혀 차별을 두지도 않았다고 그들은 말한다. 그런데 동물들에게는 충동이 잉여로 덧붙어 생겨, 동물들의 경우에는 자연에 따른 것이 충동에 따른 것에 의해 관장된다는 것이다. 한편 이성은 더 상위의 주재자 차원에서 이성적 존재에게 주어졌기 때문에 이성

---

233) '자연'으로 번역한 'physis'는 '자연' 외에도 '본성'으로도 번역되는 말이다. 사실은 '자연'과 '본성'의 의미가 겹쳐 있다고 보는 것이 맞다. 합쳐서 '자연본성'이란 번역도 가능하지만, 복합어라 피했고, '자연'과 '본성' 중에서 문맥에 따라 그때그때 어울리는 번역어를 선택했다.

234) 도란디는 'hote'(~할 때에) 를 취했으나 로브판을 받아들여 'hoti'(~때문에) 로 읽었다. 도란디가 참여하고 그의 판본을 사용한 프랑스어판 역시 'hote'를 원본으로 본 듯하나, 번역은 'hoti'의 의미로 하였다.

에 따라 옳게 사는 것이 이들에게는 자연에 따른 것이 된다고 한다. 왜냐하면 충동의 기술인 이 이성이 덧붙어 생기기 때문이다.

〔87〕그 때문에 제논은 처음으로 《인간의 본성235)에 대하여》에서 궁극목적은 자연에 일치하여 사는 것이라고 말했다. 그것은 바로 덕에 따라 사는 것이다. 왜냐하면 자연이 우리를 그것으로 이끌기 때문이다. 클레안테스도 《쾌락에 대하여》에서, 포세이도니오스도, 헤카톤도 《목적들에 대하여》에서 마찬가지로 말한다.

그런가 하면 크뤼시포스가 《목적들에 대하여》 1권에서 말하듯이 덕에 따라 사는 것은 자연에 상응하는 것들에 대한 경험에 따라 사는 것과 같다. 우리의 본성들은 우주의 부분들이기 때문이다. 〔88〕그렇기 때문에 본성에 순응하여 사는 것이 궁극목적이 된다. 그것이 바로 자신의 본성에 따르고 전체들의 본성에 따르는 것이고 옳은 이치이며 모든 것을 관통하는 보편적인 법이요, 있는 것들을 관할하는 지도자인 제우스와 동일한 법이 일반적으로 금하는 것을 전혀 하지 않고 사는 것이다. 바로 이것이 각자에게 있는 신령236)이 전체들의 관장자의 바람에 조응하는 것에 맞춰 모든 것이 행해질 때 있게 되는 행복한 사람의 덕이요 원활한 삶이라는 것이다. 그렇기 때문에 디오게네스는 궁극목적이란 본성에 따른 것들이 선택하는 가운데 현명하게 처신하는 것이라고 분명하게 말한다. 한편 아르케데모스는 그것을 마땅한 것들 모두를 완수하며 사는 것이라고 한다.

---

235) 'physis'는 전문용어지만 어쩔 수 없이 문맥에 맞게 '자연'과 '본성'으로 나눠 번역했다.

236) 플라톤, 《티마이오스》, 90c 참고.

〔89〕한편 크뤼시포스는 우리가 순응해서 살아야 할 자연을 보편적인 것이자 개별적으로는 인간의 본성이라고 이해한다. 반면에 클레안테스는 우리가 순응하여 살아야 할 본성을 보편적이기만 한 것으로 받아들이고 그 이상 부분적인 자연으로는 받아들이지 않는다.

또한 덕은 일치하여 사는 성향이라고 한다. 그리고 이것은 그 자체가 선택할 만한 것이지 두려움이나 기대 또는 외적인 어떤 것을 통한 것이 아니라고 한다. 또한 이것에 행복이 있으니, 이것은 삶 전체의 일치를 위해 영혼에 의해 행해진 것이기 때문이라는 것이다. 한편 이성적 동물은 때로는 외적 사물들에 대한 신뢰를 통해, 때로는 교유하는 사람들과의 교제를 통해 틀어지지만 본성은 틀어지지 않는 출발점을 부여한다고 한다.

〔90〕한편 덕은 인물상의 경우처럼 … 237) 모든 경우에 일반적으로 일종의 완성된 모습이다. 또한 덕에는 건강처럼 비지성적인 것이 있고, 분별처럼 지성적인 것이 있다. 실제로 헤카톤은 《덕들에 대하여》1권에서 성찰을 토대로 구성이 이루어진 덕들은 분별과 정의처럼 지적이고 지성적인 덕이라고 말하기 때문이다. 반면에 건강과 힘과 같은 비지성적인 덕들은 성찰을 토대로 구성된 것들에 의해 확장된 것으로 이해되는 것들이다. 왜냐하면 건강과 힘은 둥근 천장의 건축에 견고함238) 이 덧붙어 생기듯이 지성적으로 숙고된 절제에 동반되고 확장되기 마련이기 때문이다. 〔91〕그것들이 비지성적 덕이라고 불리는 이유는 승인의 과정을 갖지 않고 덧붙어 생기며 건강과

---

237) 사본이 훼손되었다.
238) 맥락을 위해 달리 번역했으나 '견고함'과 '힘'은 같은 단어 'ischys'이다.

용기처럼 열등한 사람들에게도 생기기 때문이다. 한편 포세이도니오스는 《윤리학에 대한 논증》1권에서 소크라테스, 디오게네스, 안티스테네스와 그 제자들이 진전해 나아갔다는 사실이 덕이 실제로 있다는 증거가 된다고 말한다. 반면에 악덕이 실제로 있다는 것은 그것이 덕과 반대된다는 사실 때문이라고 한다. 덕이 가르쳐질 수 있다고 크뤼시포스는 《목적들에 대하여》1권에서 말하고 클레안테스도 말하며 포세이도니오스는 《권유 논증들》에서 말하며, 헤카톤도 말한다. 한편 그것이 가르쳐질 수 있으니까 열등한 사람들에서 훌륭한 사람이 되는 것은 분명하다.

〔92〕 이런 맥락에서 파나이티오스는 덕에는 지성적인 덕과 실천적인 덕, 두 가지가 있다고 말한다. 하지만 다른 사람들은 이성적인 덕과 자연적인 덕과 윤리적인 덕이 있다고 말한다. 한편 포세이도니오스와 그의 제자들은 네 가지라고 말하고 클레안테스, 크뤼시포스, 안티파트로스와 그 제자들은 하나 이상이라고 말한다. 왜냐하면 아폴로파네스[239]가 덕은 분별 하나라고 말하기 때문이다.

한편 덕들 중에 어떤 것들은 일차적이고 어떤 것들은 이것들에 종속된다고 한다. 일차적인 덕들은 이러하다. 분별, 용기, 정의, 절제. 이것들의 하위종으로 대범함, 자제, 인내, 명민,[240] 숙의를 잘함[241]이 있다. 또한 분별은 나쁜 것들과 좋은 것들과 어느 쪽도 아닌 것들에 대한 앎이고 정의는 가치에 따라 각자에게 분배되어야 할

---

239) 아폴로파네스(Apollophanēs)는 기원전 3세기경 활동한 스토아 철학자다.
240) 아리스토텔레스, 《니코마코스 윤리학》, 1142b6 참고.
241) *Ibid.* 참고.

것들에 대한 앎이고, 절제는 선택해야 할 것과 조심해야 할 것과 어느 쪽도 아닌 것들에 대한 앎이라고 한다. 한편 용기는 겁나는 것들과 겁나지 않는 것들과 어느 쪽도 아닌 것들에 대한 앎이라고 한다. 〔93〕 그런가 하면 대범함이란 열등한 사람들에게나 훌륭한 사람들에게나 공통적으로 벌어지는 일들에 대해 초연하게 하는 앎 또는 습성이라고 한다. 자제란 옳은 논증에 따라서 나타난 것들을 넘어서지 않는 성향 또는 쾌락에 지지 않는 습성이라 한다. 인내는 기다려야 할 것들과 그렇지 않은 것들과 어느 쪽도 아닌 것들에 대한 앎 또는 습성이라 한다. 명민이란 마땅한 것을 즉각 발견하는 습성이다. 숙의를 잘함242) 이란 어떤 것들을 어떻게 행해야 우리에게 이익이 되게 행동할지를 살필 줄 아는 앎이다.

대비해서 보면 악덕들의 경우에도 어떤 것들은 일차적이고 어떤 것들은 그것들의 하위에 속한다. 예를 들면 무분별, 비겁, 부정의, 무절제는 일차적인 것들에 들고, 자제력 없음,243) 우둔, 숙의를 잘 못함244) 은 이것들의 하위에 든다. 또한 악덕은 지적인 덕들이 관련되는 것들에 대한 무지라고 한다.

〔94〕 한편 좋은 것이란 일반적으로는 이득이 되는 어떤 것이고, 개별적으로는 이로움과 같은 것이거나 이익과 다르지 않은 것이다. 그렇기 때문에 덕 자체와 덕에 관여해서 좋은 것은 다음과 같이 세 가지 의미를 갖는다고 한다. 예컨대 그것으로부터 나온 결과가 이로

---

242) 또는 신중함.
243) 'akrasia'는 통상 '우유부단'이라고도 번역된다.
244) 또는 경솔함.

운 경우는 덕으로서 좋은 것이요, 그것에 따른 결과가 이로운 것은 덕의 실천으로서 좋은 것이요, 그것에 의한 결과가 이로운 것은 덕에 참여한 훌륭한 사람으로서 좋은 것이라고 한다.

(그와는 달리 좋은 것이 독자적으로 규정되는 것은 이렇다. "이성적 존재로서 이성적 존재가 본성에 따라 완성된 모습인 것." 이와 같은 것이 덕이라고 한다.) 즉, 덕에 관여하는 것, 덕에 따른 행위들, 훌륭한 사람들로서 그것은 좋은 것이다. 한편 기쁨, 유쾌 및 그에 가까운 것들은 후발적 발현이다. [95] 마찬가지로 악덕들의 경우에도 어떤 것은 첫째 것인데, 예컨대 무분별, 비겁, 부정의, 방종 및 그에 가까운 것들이다. 한편 악덕에 관여하는 것은 악덕에 따른 행위와 열등한 사람들이다. 그 후발적 발현들은 의기소침, 우울 및 그와 유사한 것들이다.

더 나아가 좋은 것들 중 어떤 것들은 영혼과 관련되는 것이고 어떤 것은 외적인 것이며 어떤 것은 영혼과 관련되는 것도 외적인 것도 아니라고 한다. 영혼과 관련되는 것들은 덕들과 덕들에 따른 행위들이고, 외적인 것들은 훌륭한 조국과 훌륭한 친구와 이들의 행복이며, 외적인 것도 영혼과 관련되는 것도 아닌 것은 당사자가 자신에 국한해서 [96] 훌륭하고 행복한 것이라고 한다. 거꾸로 나쁜 것들 중에도 영혼과 관련되는 것들은 악덕들과 그것들에 따른 행위들이라고 한다. 한편 외적인 것들은 무분별한 조국과 무분별한 친구와 이들의 불행을 갖는 것이라 한다. 외적인 것도 영혼과 관련되는 것도 아닌 것들은 당사자가 자신에 국한해서 열등하고 불행한 것이라 한다.

더 나아가 좋은 것들 중에 어떤 것들은 최종적인 것이 되고 어떤 것들은 매개가 되고[245] 어떤 것들은 최종적인 것이 되면서 매개가 된다고 한다. 그런 점에서 친구와 그로부터 비롯되는 이로움은 수단이 되는 좋은 것들이다. 반면에 용감함, 자부심, 자유, 희열, 유쾌, 안락246)과 덕에 따른 모든 행위는 목적이 되는 것이다.

〔97〕한편 덕들은 매개도 되고 최종적인 것도 되는 좋은 것들이다. 행복을 산출해내는 한에서는 그것은 매개가 되는 좋은 것이지만 행복을 함께 채워나가 그것의 부분이 되는 한에서는 최종적인 것이 되는 좋은 것이다. 마찬가지로 나쁜 것들 중에 어떤 것들은 최종적인 것이 되고 어떤 것들은 매개가 되며 어떤 것들은 양쪽이 된다. 적대 관계와 그로부터 비롯되는 해악은 매개가 되는 나쁜 것들이라 한다. 반면에 경악, 비열함, 노예근성, 불쾌, 우울, 비탄과 악덕에 따른 행위들 모두는 최종적인 것이라고 한다. 반면에 악덕들은 양쪽이 되는 것들이다. 불행을 낳는 한에서 그것은 매개가 되는 한편, 불행을 함께 완성해 그것의 부분이 되는 한에서는 최종적인 것이 되기 때문이다.

〔98〕더 나아가 영혼과 관련되는 좋은 것들 중에 어떤 것들은 습성(습관, hexis)이고, 어떤 것들은 상태(diathesis)이며, 어떤 것들은 습성도 상태도 아니다. 덕들은 상태이고 직업적인 일, 한 가지 일에 전념하는 것, 일과(日課)는 습성이며 활동은 습성도 아니고 상태도 아니다.247) 일반적으로 좋은 것들 중에 자식복과 정정한 노년은 뒤섞인

---

245) 본래 '만들 수 있는' 또는 '시적인'이라는 뜻이지만 문맥과 스토아학파의 용법에 따른 의역을 했다.

246) 'alypia'는 말 그대로는 '괴로움이 없는 상태'다. '안락사'를 생각하면 '안락'의 개념이 맞을 것이다. '편안함'도 좋을 것이다.

247) '습성'과 '상태'로 번역한 'hexis'와 'diathesis'는 본래 아리스토텔레스의 용어로서 아리스토텔레스의 《범주론》에 처음 나온 말들이다. 《범주론》8b27이하에서 아리스토텔레스는 "질의 한 종류로 습성과 상태가 언급될 수 있을 것이다. 습성은 더 지속적이고 더 오래간다는 점에서 (일시적) 상태와 차이가

것이고 앎은 순수하게 좋은 것이다. 또한 덕들은 언제나 곁에 있는 좋은 것이지만, 기쁨, 산책은 언제나 곁에 있는 좋은 것은 아니다.

한편 그들은 좋은 것이 모두 이득이 되는 것, 필요한 것, 득이 되는 것, 유용한 것, 유익한 것, 아름다운 것, 이로운 것, 〔99〕 선택할 만한 것, 정의로운 것이라고 말한다. 그것이 이득이 되는 이유는 결과적으로 우리에게 이익을 가져다주는 것들을 그것이 날라오기 때문이다. 필요한 이유는 필요한 것들과 그것이 묶여 있기 때문이다. 득이되는 이유는 그것을 위해 지불된 비용을 그것이 보상하여 이로움의 측면에서 이문(利文, antikatallaxis)을 높이기 때문이다. 유용한 이유는 그것이 이로움의 쓸모를 제공하기 때문이다. 유익한 이유는 그것이 칭찬할 만한 용도를 제공하기 때문이다. 아름다운 이유는 그것이 자

난다. 앎과 덕은 그런 습성에 든다. … 이와 달리 상태는 예를 들어, 따뜻함과 차가움, 병과 건강 등은 모두 잘 변하고 쉽게 바뀐다"(김진성 역)라고 한다. 그런데 아리스토텔레스는 'hexis'를 사물의 질적 특성을 규정할 때에도 쓰고 윤리적 의미로도 쓰기 때문에 번역어가 문맥에 따라 달라진다. '습성' 외에도 '상태', '성향', '품성상태' 등의 번역이 있는 것도 그 때문이다. 그리고 아리스토텔레스는 덕을 습성(hexis)이라고 한 반면에 스토아학파에서는 덕을 상태(diathesis)라고 하기 때문에 이에 대한 논란이 있다. 심플리키오스는 《아리스토텔레스의 〈범주론〉에 대한 주석》 8권 237~238행에서 "스토아학파는 습성은 커지고 줄어들 수 있지만 상태는 그럴 수 없다고 말한다. 이것이 막대기의 곧음을 그들이 상태라고 부르는 이유다. 막대기는 휠 수 있기 때문에 쉽게 변화될 수 있는데도 말이다. 곧음이 더 줄어들거나 커지지 않고 더하고 덜한 곧음이 있을 수도 없기 때문이고, 그것이 상태인 정확한 이유다. 덕들이 상태인 것도 이런 방식이지, 덕들의 안정성 때문이 아니며 덕들은 커질 수도 없고 늘어나는 것을 허용하지도 않기 때문이다."〔그레이버(M. R. Graver)의 Stoicism & Emotion p. 136 재인용〕라고 한다. 이와 관련된 또다른 논의는 The Stoics(ed., J. R. Rist)의 'Zeno on art: Anatomy of a definition' 참고.

신의 용도에 딱 맞기 때문이다. 이로운 이유는 그것이 이로움을 가져올 만하기 때문이다. 선택할 만한 이유는 그것이 선택할 만한 이유를 가질 만하기 때문이다. 정의로운 이유는 그것이 법과 조화를 이루고 공동체에 기여하기 때문이다.

〔100〕한편 그들은 본성이 찾는 모든 수효[248]를 갖추고 있다는 것, 또는 완전하게 딱 맞다는 점에 의거해서 완전히 좋은 것이 아름답다고 말한다. 한편 아름다움의 종은 네 가지라고 한다. 정의로운 것, 용기 있는 것, 절도 있는 것, 앎이 있는 것이 그것이다. 이런 것들에서는 아름다운 행위들이 완수되기 때문이라는 것이다. 대비해서 보면 추한 것의 종도 네 가지다. 부정의한 것, 비겁한 것, 절도 없는 것, 무지한 것이 그것이다. 한편 아름다운 것은 특유의 의미로는 그것을 가진 사람들을 칭찬할 만하게 만들어 주는 것이거나 칭찬의 가치가 있는 좋은 것을 뜻한다고 한다. 다른 의미로는 자신의 일을 위해 잘 타고났다는 것을 뜻한다고 한다. 다른 한편 우리가 현자만이 훌륭하고 아름답다고 말할 때는 현자를 꾸며 주는 뜻이라고 한다.

〔101〕한편 헤카톤이 《좋은 것들에 대하여》 3권에서 말하고 크뤼시포스가 《아름다운 것에 대하여》에서 말하는 바에 따르면 그들은 아름다운 것만이 좋다고 말한다. 즉, 아름다운 것이 덕이고, 그 말은 '좋은 것은 모두 아름답고, 좋은 것은 이것과 같은 것인 아름다운 것과 같은 값을 갖는다'는 말과 같은 뜻이라고 한다. 왜냐하면 '만약 어떤 것이 아름답다면, 그것은 좋을 것이다. 그런데 덕은 아름답다. 따라서 그것은 좋다'이기 때문이다. 한편 그들은 좋은 것들

---

248) 필요한 정도.

은 모두 같고, 모든 좋은 것은 최고의 수준에서 선택할 만한 것이며 줄이거나 늘리는 일 없이 받아들이는 것으로 여긴다.

한편 그들은 있는 것들 중 어떤 것들은 좋고, 어떤 것들은 나쁘며 어떤 것들은 〔102〕 어느 쪽도 아닌 것이라고 말한다. 그런 점에서 덕들, 즉 분별, 정의, 용기, 절제 등은 좋은 것들이라고 한다. 한편 반대되는 것들, 즉 무분별, 부정의 등은 나쁘다고 한다. 다른 한편 헤카톤이 《목적들에 대하여》 7권에서 말하고, 아폴로도로스가 《윤리학》에서 말하며 크뤼시포스가 말하는 바에 따르면 삶, 건강, 쾌락, 미모, 힘, 부, 명성, 가문과 같은 것들은 이롭지도 해롭지도 않으며, 이것들과 반대되는 것인 죽음, 질병, 고통, 추함, 허약, 가난, 악명, 천한 태생 및 그에 가까운 것들 역시 그렇다고 한다. 왜냐하면 이것들은 좋은 것이 아니라 〔103〕 차이 없는 것이고, 그중에서 선호되는 것들이기 때문이다. 왜냐하면 뜨거운 것의 특성은 뜨겁게 하는 것이지 차갑게 하는 것이 아니듯이 좋은 것의 특성도 이롭게 하는 것이지 해를 끼치는 것이 아닌데, 부와 건강은 더 이롭게 하거나 더 해롭게 하지 않아서 부와 건강은 좋은 것이 아니기 때문이다. 게다가 그들은 좋게도 나쁘게도 사용될 수 있는 것은 좋은 것이 아니라고 말한다. 그런데 부와 건강은 좋게도 나쁘게도 사용될 수 있다. 따라서 부와 건강은 좋은 것이 아니다. 하지만 포세이도니오스는 그것들도 좋은 것들에 속한다고 말한다. 하지만 헤카톤은 《좋은 것들에 대하여》에서, 크뤼시포스는 《쾌락에 대하여》에서 쾌락은 좋은 것이 아니라고 말한다. 쾌락은 〔104〕 추하기도 하지만 좋은 것은 전혀 추하지 않기 때문이라는 것이다. 한편 이롭게 된다는 것은 덕에 따라 행동에 들어가거나 가만있는 것이고 해를 입는다는 것은 악덕에 따라 행동에 들어가거나 가만있는 것이라고 한다.

차이 없음은 두 가지 의미로 쓰인다. 한 가지 뜻으로는 부, 명성, 힘 등처럼 행복을 위해서도 불행을 위해서도 조력하지 않는다는 것이다. 이것들이 어떻게 쓰이냐에 따라 행복을 위한 것도 되고 불행을 위한 것도 되지만 이것들 없이도 행복할 수 있기 때문이라는 것이다. 다른 뜻으로 차이 없음은 머리카락의 수가 짝수냐 홀수냐, 또는 손가락을 펴느냐 구부리느냐가 그런 것처럼 충동도 기피도 일으키지 않는다는 뜻을 갖는데, 앞에 든 차이 없음은 그런 뜻이 아니다. 왜냐하면 앞의 것은 충동과 기피를 〔105〕 일으킬 수 있기 때문이다. 그렇기 때문에 앞의 것들 중 어떤 것들은 선택되고 어떤 것들은 거부되지만, 다른 뜻을 가진 것들은 선택과 회피에 대해서 똑같은 거리를 유지한다.

그들은 차이 없는 것들 중 어떤 것들은 선호되는 것들이고, 어떤 것들은 피하게 되는 것들이라고 말한다. 선호되는 것은 가치 있는 것이고, 피하게 되는 것은 무가치249) 한 것이라 한다. 그들은 가치란 본성과 일치하는 삶을 위한 어떤 도움이라고 말한다. 이 도움은 모든 좋은 것과 관련되어 있다고 한다. 다른 한편 가치는 본성에 따른 삶을 위해 기여하는 매개적인 어떤 능력이나 용도이며, 그것은 부나 건강이 본성에 따른 삶을 위해 어떤 도움을 가져오는지를 말하는 것과 같은 것이라고 한다. 한편 물건을 아는 사람이 산정할 수 있는 가치, 즉 그 가치를 인정하는 사람의 교환 가치가 있다. 이것은 밀가루는 한 배 반의 보릿가루와 교환된다고 말하는 것과 같은 것이다.

〔106〕 그런 점에서 선호되는 것이란 가치까지도 갖는 것, 예컨대

---

249) '부정적 가치'라고 할 수 있다.

영혼에 관한 것들의 경우에 뛰어난 천품, 능력, 도덕적 향상과 같은 것들, 육체적인 것들의 경우에는 삶, 건강, 체력, 몸의 좋은 상태, 성한 신체, 미모 및 그에 가까운 것들, 외적인 것들의 경우에는 부, 명성, 가문 및 그와 유사한 것들이라고 한다. 한편 피하게 되는 것들은 영혼에 관한 것들의 경우에는 나쁜 천품, 무능력 및 그와 유사한 것들이고, 육체에 관한 것들의 경우에는 죽음, 질병, 허약, 몸의 나쁜 상태, 불구, 추함 및 그와 유사한 것들이며, 외적인 것에 관한 것들의 경우에는 가난, 악명, 천한 태생 및 그와 가까운 것들이라고 한다. 한편 어느 쪽도 아닌 것들은 선호되지도 피하게 되지도 않는 것들이라고 한다.

〔107〕더 나아가 선호되는 것들 중 어떤 것들은 그 자체로 말미암아 선호되고, 어떤 것들은 다른 것들로 말미암아 선호되며, 어떤 것들은 그 자체로 말미암아서도 다른 것들로 말미암아서도 선호된다. 그 자체로 말미암는 것들은 뛰어난 천품, 도덕적 향상 및 그와 유사한 것들이고, 다른 것들로 말미암는 것은 부, 가문 및 그와 유사한 것들이며, 그 자체로 말미암기도 하고 다른 것들로 말미암기도 한 것은 힘, 예민한 감각, 성한 신체들이다. 그 자체로 말미암는 것은 본성에 따른 것이기 때문이며, 다른 것들로 말미암는 것은 그것이 적지 않은 쓸모가 있기 때문이라고 한다. 마찬가지로 피하게 되는 것은 그 반대의 이치에 따른다.

더 나아가 그들은 마땅한 것이란 행위가 이루어졌을 때 이치에 맞는 설명을 할 수 있는 것이라 말한다. 예를 들면 삶에서 순응하는 것이 그런 것으로, 그것은 식물과 동물에까지 확장되는 것이다. 이것들에서까지 마땅한 것이 보이기 때문이라는 것이다. 〔108〕한편 '마땅한 것'은 최초로 제논에 의해서 이름이 그렇게 붙었다고 하는데,

'누군가에게 이르는 것'250) 으로부터 명칭이 얻어졌다고 한다. 그것은 본성에 따라 준비된 상태들에 친숙한 활동이라고 한다.

충동에 따라 이루어지는 활동들 중에서 어떤 것들은 마땅한 것이고, 어떤 것들은 마땅한 것에서 어긋나며 어떤 것들은 마땅한 것들도 아니고 마땅한 것에서 어긋나지도 않는 것들이다. 그런 점에서 마땅한 것은 부모, 형제, 조국을 공경하고 친구들과 친하게 지내는 것처럼 이성이 하기로 선택하는 것들이다. 마땅한 것에서 벗어나는 것은 이성이 선택하지 않는 것으로서, 부모를 보살피지 않고 형제들에게 신경 쓰지 않고 친구들을 사귀지 않으며 〔109〕 조국을 경시하는 것 등이다. 마땅한 것도 아니고 마땅한 것에서 어긋나는 것도 아닌 것은 이성이 하기로 선택하지도 않고 금하지도 않는 것으로서, 예를 들면 잔가지를 꺾는다거나 필기구나 긁개251) 를 손에 잡는다거나 이와 유사한 것들이다.

또한 마땅히 해야 할 것들 중 어떤 것들은 상황과 무관하고 어떤 것들은 상황에 의존한다. 상황에 무관한 것들은 건강과 감각기관들을 돌보는 것 등이다. 상황에 따르는 것은 자신을 불구로 만든다거나 재산을 버리는 일이다. 마땅한 것에서 벗어나는 것도 대비해서 볼 수 있다. 더 나아가 마땅한 것들 중에서 어떤 것들은 언제나 마땅히 해야 하고 어떤 것들은 언제나 해야 하는 것은 아니다. 그래서 덕에 따라 사는 것은 언제나 마땅히 해야 하지만 묻고 대답하고 산책하

---

250) 'kathēkon'의 어원을 밝히는 듯한 이 설명은 사실 발음에 맞춘 말장난(카타 티나스 헤케인 → 카테콘)으로 의미가 정확히 연결되지는 않는다.
251) 긁개(stlengis)는 격투기 등의 운동을 하고 난 후 몸에 바른 올리브기름과 흙먼지 등을 긁어내던 도구이다.

는 등의 일은 언제나 마땅히 해야 하는 것은 아니다. 같은 이치가 마땅한 것에서 어긋나는 것들에도 〔110〕 적용된다. 한편 아이들이 보호자노예252) 들의 말에 따르는 것처럼 중간에 있는 것들253) 에도 일종의 마땅한 것이 있다.

한편 그들은 영혼이 여덟 부분으로 되어 있다고 말한다. 그 부분은 5개가 감각기관이고 소리 부분, 그 자체가 사고인 사고 부분, 생식 부분이다. 한편 거짓들로부터 사고상의 왜곡이 덧붙어 생기고 그 왜곡으로부터 많은 감정과 불안의 원인이 발생한다. 한편 감정 자체는 제논에 따르면 비이성적이고 영혼의 본성에 어긋나는 과도한 움직임이거나 충동이다.

한편 《감정들에 대하여》 2권에서 헤카톤이, 《감정들에 대하여》에서 제논이 하는 말에 따르면 감정들 중 최상위 부류는 〔111〕 네 종류로서, 괴로움, 공포, 욕망, 쾌락이라고 한다. 한편 크뤼시포스가 《감정들에 대하여》에서 말하는 바에 따르면 감정들은 판단이라고 한다. 왜냐하면 돈 욕심은 돈이 아름답다는 생각이고 음주벽도 무절제도 다른 것들도 비슷한 식이기 때문이다.

또한 괴로움은 비이성적 위축이라고 한다. 그 하위 부류는 측은한 마음, 254) 질투, 시기, 경쟁의식, 갑갑함, 고뇌, 슬픔, 걱정, 심란이

---

252) 'paidagōgos'는 본래 주인집의 아이가 학교에 다니는 등 바깥출입을 할 때 따라다니며 시중과 보호를 하던 노예였다. 나중에 이것은 선생의 의미로 변화되기는 하나 여기서는 노예의 뜻을 가짐과 동시에 보호자의 역할도 하기 때문에 이렇게 옮겼다.

253) 마땅한 것과 마땅한 것에서 어긋나는 것의 중간.

254) 'eleos'는 '동정'이라고 많이 옮기는데, 이것은 남을 불쌍하게 여김으로써 자신이 괴로움을 받는다는 부분이 잘 살지 않아서 '측은한 마음'이라 했다.

다. 측은한 마음은 부당하게 곤경에 처한 사람에 대해 느끼는 괴로움이고, 질투는 다른 사람들의 좋은 것들에 대해 느끼는 괴로움이며, 시기는 다른 사람에게 있는 것이지만 자신이 욕망하고 있는 것에 대해 느끼는 괴로움이며, 경쟁의식은 다른 사람에게 있기도 하고 자신도 가진 것에 대해 느끼는 괴로움이며, 〔112〕 갑갑함은 마음을 짓누르는 괴로움이며, 고뇌는 마음을 꽉 채우고 여유를 갖지 못하게 하는 괴로움이며, 슬픔은 생각 끝에도 남게 되거나 증대되는 괴로움이며, 걱정은 마음을 혹사시키는 괴로움이며, 심란은 마음을 지치게 하여 현재 상황을 총괄적으로 보지 못하게 하는 비이성적 고통이다.

한편 두려움은 나쁜 것에 대한 예감이다. 역시 다음과 같은 것들은 두려움으로 환원된다. 무서움, 걱정, 수치, 놀람, 당황, 불안이 그것이다. 그런 점에서 무서움은 소스라치게 놀람을 마음에 일으키는 두려움이고, 수치는 악명에 대한 두려움이고, 걱정은 곧 있을 활동에 대한 두려움이고, 놀람은 낯선 사물에 대한 인상으로 오는 두려움이고, 〔113〕 당황은 요란한 소리와 함께하는 두려움이고, 불안은 불확실한 사정에 대한 두려움이다.

한편 욕망은 비합리적 욕구로서, 그 밑에는 다음과 같은 것들이 배치된다. 미련, 증오, 승부욕, 분노, 애욕, 원한, 격앙이 그것이다. 미련은 얻는 데 실패한 상태에 있는 욕망이며 대상으로부터 떨어져 있으나 헛되게 그것으로 향하고 끌리는 욕망이다. 한편 증오는 누군가에게 나쁜 일이 생기는 것의 욕망이며, 반감을 동반하는 지속적인 욕망이다. 승부욕은 일종의 빼앗아옴의 욕망이다. 분노는 부당하게 부정의한 일을 저지르는 것으로 보이는 사람에 대한 일종의 복수의 욕망이다. 애욕은 훌륭한 사람과는 관련되지 않는 욕망의 일종이다. 왜냐

하면 그것은 눈에 보이는 아름다움으로 말미암아 사귀고자 하는 열망
이기 때문이다. 〔114〕 한편 원한은 오래되고 격하며 복수를 노리는
분노의 일종으로서 다음과 같은 것들을 통해 드러나는 것이다.

그래, 그가 오늘 당장은 화를 삭힌다하더라도,
끝을 볼 때까지는 그 후로 쭉 앙심을 품고 있을 것이다. 255)

한편 격앙은 시작하는 분노이다.

한편 쾌락은 선택할 만한 것으로 여겨지는 것을 향한 비이성적인
팽창이며, 그 밑에 매료, 악한 즐거움(악취미, *epichairekakia*), 256)
희열, 해소의 즐거움이 배치된다. 그런 맥락에서 매료는 귀를 통해
서 홀린 쾌락이다. 한편 악한 즐거움은 다른 사람들의 나쁜 일에 대
한 쾌락이다. 희열은 말하자면 전환처럼257) 늘어짐을 향한 일종의
영혼의 추동이다. 해소의 즐거움은 덕의 해체이다. 258)

〔115〕 통풍과 관절염처럼 육체와 관련되는 어떤 질병들이 언급되
듯이 영혼에 관해서도 명성에 대한 욕심, 쾌락에 대한 욕심 및 그에
가까운 것들이 언급된다. 왜냐하면 그 질환이란 허약함을 동반하는
질병으로 선택할 만하다고 강하게 여겨지는 것에 대한 생각인 질병
이기 때문이다. 또한 육체의 상습적 질병에 대해 감기와 설사 같은

---

255) 《일리아스》, 1권, 81~82행.
256) 남의 불행에서 느끼는 쾌락.
257) 희열과 전환의 그리스어 발음이 '테륍시스'(*terpsis*)와 '트렙시스'(*trepsis*)로
　　 둘이 유사한 것을 빌미로 하는 말장난이다.
258) 일종의 언어유희인데, 해소의 즐거움이 'dia + lysis'로 글자를 만든 것으로
　　 보고 'lysis'(해체)란 뜻으로 이 즐거움을 푼 것이다. 추측하면 쾌락의 절정
　　 에서 내려오면서 느끼는 즐거움을 말하는 듯하다.

어떤 것들이 이야기되듯이, 영혼의 경우에도 질투심, 냉정함, 호전성 및 그에 가까운 것들이 이야기된다.

또한 그들은 좋은 감정259)은 세 가지, 즉 기쁨, 신중함, 〔116〕바람이라고 말한다. 그리고 그들은 기쁨이 쾌락과 반대되며 이성적인 팽창이라고 말한다. 한편 신중함은 두려움과 반대되며, 이성적 거부라고 한다. 현자는 결코 두려움을 갖지 않고 신중하기 때문이라는 것이다. 욕망과 반대되는 것을 그들은 바람이라 말하며, 그것이 이성적 욕구라고 한다. 그런 점에서 일차적 감정 아래에 어떤 것들이 속하듯이 같은 방식으로 일차적인 좋은 감정에도 그렇다. 또한 바람 아래에도 호감, 호의, 반김, 애정이 속한다. 한편 신중함 아래에는 조심성, 정결함이 속하고 기쁨 아래에는 희열,260) 유쾌, 쾌활이 속한다.

〔117〕한편 현자는 어딘가에 빠지는 일이 없기 때문에 감정의 영향을 받지 않는다261)고 그들은 말한다. 한편 다른 사람도, 즉 열등한 사람도 냉정하고 냉담한 사람과 같은 의미로는 감정으로부터 자유롭다고262) 한다. 또한 현자는 자만하지 않는다고 한다. 현자는

---

259) 스토아학파가 '감정'(*pathos*)을 기본적으로 부정적인 뜻으로 사용하기 때문에 '좋은 감정'이란 형용모순처럼 들린다. 그러나 또한 우리가 스토아학파의 이론으로 알고 있는 '부동심'(*apatheia*) 역시 'pathos'에 어원을 두는 말이다. 따라서 스토아학파의 개념 사용에 모종의 불일치가 있는 셈이다. 이 점을 번역에서 순화시키기보다 드러내는 편이 낫다고 생각해 '좋은 감정'으로 번역했다.
260) 위의 115절에 나오는 '희열'과 같은 단어이지만 반대 가치를 지닌다고 본다.
261) '감정으로부터 자유롭다'(*apathēs*)는 통상 '부동심'(*apatheia*)과 연관되는 말이지만, 뜻을 살려서 번역했다. '부동심'이 자칫 스토아학파가 말하는 현자가 아무런 감정이 없는 냉정한 인간을 뜻하는 것으로 오해하게 할 여지가 있기 때문이다. 바로 앞에도 나오듯이 스토아학파는 현자에게는 좋은 감정이 있다고 말하고 있기 때문이다.

남이 알아주는 것과 알아주지 않는 것에 대해서 한결같은 태도를 갖기 때문이라고 한다. 한편 다른 사람도 자만하지 않는다고 하는데, 열등한 사람으로서 아무 생각 없는 사람으로 치는 사람도 그렇다고 한다. 또한 그들은 훌륭한 사람들은 모두 쾌락을 가까이 하지 않고 다른 사람들로부터도 쾌락을 향한 것들을 받아들이지 않는다는 점에서 엄격하다고 말한다. 한편 다른 사람도 엄격하다고 하는데, 약으로 사용되지 음료로는 그다지 사용되지 않는 떫은 포도주263) 와 가까운 의미에서 그렇다고 한다.

〔118〕훌륭한 사람들은 진솔하며, 열등한 것들은 드러내지 않고 좋은 것들은 드러내는 자세를 통해 자신과 관련되는 것들이 더 좋은 쪽에 서도록 조심한다고 한다. 또한 훌륭한 사람들은 꾸밈없다고 한다. 그들은 목소리와 용모에서 허식을 완전히 벗어 버렸기 때문이라는 것이다. 마땅한 것에서 어긋나게 무엇을 행하는 것을 거부하기 때문이라는 것이다. 또한 훌륭한 사람들은 술은 마셔도 취하는 법이 없을 것이라고 한다. 더 나아가 그들은 정신착란을 일으키지도 않을 것이라고 한다. 비록 우울증264) 이나 노망을 통해 비정상적 인상이

---

262) 이것은 앞의 주석에서 말했듯이 스토아학파가 'pathos'의 의미를 양의적으로 사용하기 때문에 'apatheia'의 의미도 양의적이 된 까닭으로 보인다. 여기서는 '정서(pathos)가 메마른 상태'라는 부정적인 뜻으로 'apatheia'가 이해되어야 할 것이다.

263) '떫은 포도주'에서 '떫은'은 '엄격한'과 같은 말이다.

264) 'melancholia'는 통상 '우울증'이라고 번역했으나, 스토아학파가 괴로움을 위축이라고 하듯이 그들은 인간의 심리적 현상을 다분히 물질적·생리적인 것으로 환원해 보고자 한다. 그래서 여기서도 본래 히포크라테스의 체액설에 입각한 번역을 하면 '흑담즙 과다증'이라고 할 수 있다.

그에게 생기는 때가 있기는 하겠지만, 그것은 선택할 만한 것들의 이치에 따라서가 아니라 본성에 어긋나게 생기는 것이다. 또한 아폴로도로스가 《윤리학》에서 말하듯이 괴로움은 영혼의 비이성적인 위축이기 때문에 현자는 괴롭지도 않을 것이라고 한다.

〔119〕 또한 현자들은 신적이라고 한다. 그들은 자신들 안에 신과 같은 것을 갖고 있기 때문이라는 것이다. 반면에 열등한 사람은 신적이지 않다고 한다. 신적이지 않은 사람은 이중적인데, 한편은 신적인 것과 반대된다는 뜻에서 신적이지 않은 사람이며, 또한 신적인 것을 무시하는 사람이라는 뜻이다. 그것은 열등한 사람 모두에 해당되는 것은 아니다. 또한 훌륭한 사람들은 신을 공경하는 사람들이다. 신들에 대한 관습들에 밝기 때문이라는 것이다. 또한 신에 대한 공경은 신을 섬김에 대한 앎이기 때문이기도 하다고 한다. 그뿐 아니라 그들은 신에게 제의를 바치고 정결하다고 한다. 그들은 신들에 대한 잘못을 비껴가기 때문이라는 것이다. 또한 신들은 그들을 반긴다고 한다. 그들이 신적인 것에 대해 경건하고 정의롭기 때문이라는 것이다. 또한 현자들이 유일한 사제라고 한다. 그들은 제의, 신전 건립, 정화의식 및 신들과 밀접한 다른 것들에 대해 숙고하기 때문이라는 것이다.

〔120〕 한편 그들은 부모와 형제를 공경하는 일이 신들 다음으로 두 번째로 해야 되는 일로 여긴다. 그들은 자식들에 대한 자애는 훌륭한 사람들에게는 자연스러운 것이지만 열등한 사람들에게는 그렇지 않다고 말한다. 또한 크뤼시포스가 《윤리학의 문제들》 4권에서 말하고, 페르사이오스와 제논이 말하듯이 그들은 잘못은 다 같다고 여겨야 한다는 주장을 한다. 왜냐하면 참이 참보다 더 참이지도 않고, 거짓이 거짓보다 더 거짓이지도 않다면, 기만이 기만보다

더 기만적이지도 않고, 잘못이 잘못보다 더 잘못이 아니기 때문이라는 것이다. 또한 카노보스265)에서 100스타디온 떨어져 있는 사람과 1스타디온 떨어져 있는 사람은 똑같이 카노보스에 없기 때문이기도 하다는 것이다. 그렇듯이 더 많이 잘못한 사람이나 더 적게 잘못한 사람이나 〔121〕 똑바르게 행동하는 사람에 들지 않기는 마찬가지이기 때문이다. 하지만 타르소스 사람 안티파트로스의 지지자인 타르소스 사람 헤라클레이데스266)와 아테노도로스는 잘못이 다 같지는 않다고 말한다.

크뤼시포스가 《생애에 대하여》 1권에서 말하듯이 그들은 방해하는 것이 없다면 현자는 공동체의 활동에 참여할 것이라고 말한다. 현자는 악덕을 저지하고 덕을 향해 사람들을 고무할 것이기 때문이라는 것이다. 또한 제논이 《국가》에서 말하듯이 그들은 결혼도 하고 자식도 낳을 것이라고 한다. 더 나아가 현자는 의견을 갖는 일도, 즉 어떠한 거짓에 찬성하는 일도 없을 것이라고 한다. 267) 또한 현자는 견유학파처럼 살 것이라고 한다. 왜냐하면 아폴로도로스가 《윤리학》에서 말하듯이 견유학파의 삶이 덕을 향한 지름길이기 때문이라는 것이다. 또한 현자는 상황에 따라서는 사람의 살도 먹을 것이라고 한다.

---

265) 카노보스(Kanōbos)는 트로이 전쟁에 참가했던 스파르타의 왕 메넬라오스 (헬레네의 남편) 휘하에 있던 배의 키잡이로서, 고향으로 귀환하던 중 이집트 어느 지역에서 뱀에 물려 죽은 사람 이름이다. 카노보스라는 지명은 메넬라오스가 카노보스를 장사 지내면서 그곳에 그의 이름을 붙인 데서 유래했다. 다른 전승에 따르면 그는 이집트에서 신적 존재로 숭배되었다고도 한다.
266) 헤라클레이데스(Heracleides)는 기원전 125년경 활약한 스토아 철학자다.
267) 스토아학파는 틀릴 수 있는 의견이 곧 거짓에 찬성할 수 있는 가능성이 되기 때문에 현자는 의견을 갖지 않고 앎만을 갖는다고 본다.

또한 현자만이 자유롭고 열등한 사람들은 노예들이라고 한다. 자유란 자주적 행동의 권한이고 〔122〕 노예 상태란 자주적 행동의 결여이기 때문이라는 것이다. 한편 다른 의미의 노예 상태는 종속 상태라는 것이고 세 번째 의미는 소유와 종속의 상태로서 그것은 주인의 상태와 대립된다고 한다. 그런데 주인의 상태 역시 열등하다고 한다. 한편 현자들은 자유로울 뿐만 아니라 왕이기도 하다. 왕정이란 누구의 간섭도 받지 않는 권력체계로서 크뤼시포스가 《이름들에 대한 제논의 정확한 사용에 대하여》에서 말하는 바에 따르면, 오직 현자들에 대해서만 성립되는 것이라고 한다. 다스리는 자는 좋은 것들과 나쁜 것들에 대해 알고 있어야 하지만 열등한 사람들은 누구도 그것들을 모르기 때문이라는 것이다. 마찬가지로 현자들만이 다스리기에 적합한 사람들일 뿐만 아니라 재판관과 연설가로도 적합하지만 열등한 사람들은 누구도 적합하지 않다고 한다. 더 나아가 현자들만이 〔123〕 잘못을 범하지 않고 잘못에 걸려 비틀거리지 않는다고 한다. 또한 현자들은 해를 끼치지도 않는다고 한다. 현자들은 다른 사람들에게도 자신에게도 해를 끼치지 않기 때문이라는 것이다. 또한 그는 측은한 마음을 갖지도 않고 누구도 봐주지 않는다고 한다. 현자들은 법에 의거해 내리는 형벌을 감해 주지 않고〔물러서는 것과 측은한 마음과 형평성 자체는 친절한 척하는 영혼의 나약함이기 때문이다〕, 형벌이 너무 가혹하다고도 생각하기 않기 때문이라는 것이다.

더 나아가 현자는 카로네이아268)나 썰물, 온천, 화산 분출과 같이 상식에 어긋나 보이는 일에 대해서도 전혀 놀라지 않는다고 한다. 그

---

268) 카로네이아(Charōneia)는 지하세계의 입구로 생각되는 곳이다.

렇지만 훌륭한 사람은 고독하게 살지는 않을 것이라고 그들은 말한다. 그는 본래 공동체에 어울리는 사람이며 활동적인 사람이기 때문이다. 하지만 그는 육체의 끈기를 위한 단련은 받아들일 것이다.

〔124〕 또한 그들은, 포세이도니오스가 《마땅한 것에 대하여》 1권에서, 헤카톤이 《상식에 어긋나는 일들에 대하여》 3권에서 말하는 바에 따르면 현자는 신들로부터 좋은 것들을 구하여 기도할 것이라고 말한다. 한편 동질성[269] 때문에 우정 역시도 훌륭한 사람들에게만 있다고 그들은 말한다. 한편 그들은 우리가 친구들을 자신처럼 대하기 때문에 우정은 생활과 관련된 것들의 일종의 공동체라고 말한다. 또한 그들은 친구가 그 자체로 선택할 만한 것이며 친구가 많은 것은 좋은 것이라고 분명히 밝힌다. 한편 열등한 사람들 사이에는 우정이 없으며 열등한 사람들은 누구도 친구를 갖지 못한다고 말한다. 또한 무분별한 사람들은 모두 미쳐 있다고 그들은 말한다. 무분별한 사람들은 분별이 없고 무분별과 똑같은 광기에 따라 모든 일을 행하기 때문이라는 것이다.

〔125〕 또한 우리가 이스메니아스[270]는 모든 아울로스 곡을 잘 분다고 말하는 것처럼 현자는 모든 것을 잘한다고 말한다. 또한 모든 것이 현자에게 속한다고도 한다. 법이 그들에게 절대적 권한을 부여했기 때문이라는 것이다. 반면에 열등한 사람들에게는 어떤 것들이 속한다고 이야기되는데, 부정한 것 … [271] 어떤 의미에서는 나라에, 어떤 의

---

269) 현자들끼리 서로 닮았기 때문에.

270) 4권 22절 참고.

271) '부정한 것'(*ton adikon*)의 앞뒤로 사본 훼손이 있다.

미에서는 사용하는 사람들에 속한다고 우리가 말하는 방식에서다.

한편 그들은 덕들은 서로를 함축하고 한 가지 덕을 가진 사람은 모든 덕을 갖는다고 말한다. 크뤼시포스가 《덕들에 대하여》 1권에서 말하고, 아폴로도로스가 《초기 자연학》에서 말하며 헤케톤이 《덕들에 대하여》 3권에서 말하는 바에 따르면 〔126〕 그것들에는 성찰들이 공통되어 있기 때문이라는 것이다. 덕이 있는 사람은 해야 할 것들을 성찰하고 실행할 수 있기 때문이라는 것이다. 한편 해야 하고 선택해야 할 일은 견디고 배분하고 기다려야 할 일이어서 어떤 일은 선택하는 방식으로, 어떤 일은 견디는 방식으로, 어떤 일은 배분하는 방식으로, 어떤 일은 기다리는 방식으로 한다면 그는 분별 있고 용기 있고 정의로우며 절제 있는 사람일 것이다. 또한 덕들 각각은 어떤 고유한 분야에 연관되는 것이어서, 예를 들어 용기는 견뎌내야 하는 것에, 분별은 해야 하는 것, 하지 말아야 하는 것, 어느 쪽도 아닌 것에 연관된다는 것이다. 마찬가지로 다른 덕들도 밀접한 것들로 방향이 정해져 있다고 한다. 한편 분별에는 숙의를 잘함과 이해력이 뒤따르고, 절제에는 규율과 절도가, 정의에는 공평과 공정이, 용기에는 결연함과 활력이 뒤따른다.

〔127〕 한편, 페리파토스학파가 덕과 악덕 사이에 도덕적 향상이 있다고 말하는 데 반해 그들은 덕과 악덕 사이에는 아무것도 없다고 주장한다. 막대기는 곧거나 굽을 수밖에 없듯이 정의롭거나 부정의할 수밖에 없지 더 정의롭거나 더 부정의하거나 하지 않으며 다른 덕들의 경우에도 마찬가지이기 때문이라는 것이다. 또한 크뤼시포스는 덕이 잃어버릴 수도 있는 것이라고 생각한 반면, 클레안테스는 잃어버릴 수 없는 것이라고 생각했다. 한 사람은 음주와 우울증으로 인해 잃어

버릴 수 있다고 하고 다른 사람은 확고한 파악으로 인해 잃어버릴 수 없다고 한다. 그리고 덕은 그 자체로 선택할 만한 것이라고 한다. 어쨌든 우리가 유일하게 아름다운 것은 좋은 것[272]이라는 것을 아는 양, 우리가 나쁜 일을 했을 경우에 수치스러워하는 것은 사실이긴 하다.

제논이 말하고 크뤼시포스가 《덕들에 대하여》 1권에서 말하며 헤카톤이 《좋은 것들에 대하여》 2권에서 말하는 바에 따르면 덕은 행복을 위해 자족적인[273] 것이라고도 한다. 〔128〕 그는 말하길, [274] "만약 대범함이 모든 사람을 뛰어넘어 행동할 수 있기에 자족적이라면, 그것은 덕의 부분이며 덕 또한 번잡해 보이는 것들을 무시하고 행복을 위해 자족적인 것이 될 것이다"라고 한다. 하지만 파나이티오스와 포세이도니오스는 덕이 자족적이지 않다고 이야기하며 건강, 재원, 힘도 필요하다고 말한다.

한편 클레안테스와 그의 제자들이 말하듯이 그들은 덕은 내내 사용하는 것이라고 말한다. 왜냐하면 덕은 잃어버릴 수 없고 훌륭한 사람은 완전한 영혼을 언제나 사용하기 때문이다. 또한 크뤼시포스가 《아름다운 것에 대하여》에서 말하는 바에 따르면 법과 옳은 이치 역시 그렇듯이 정의로운 것은 자연스러운 것이지 인위적인 것이 아니라고 한다. 〔129〕 한편 포세이도니오스도 《권유 논증들》에서 말하듯이 그들은 철학자들의 불일치가 있다고 해서 철학에서 멀어져야

---

272) 또는 도덕적 선.

273) 그것만으로 충분하다는 뜻이다.

274) 앞에서 열거된 스토아 철학자 중 여기서 인용되는 말의 저자는 헤카톤인 것으로 보인다. H. Gomoll, *Der Stoische Philosoph Hekaton: Seine Begriffswelt und Nachwirkung unter Beigabe seiner Fragmente*, 1933 참고(단편 3).

할 이유는 없다고 여긴다. 이 논리대로 하면 인생 전체를 포기해야할 것이기 때문이라는 것이다.

더 나아가 그들은, 크뤼시포스가 《정의에 대하여》 1권에서 말하고 포세이도니오스가 《마땅한 것에 대하여》에서 말하는 바에 따르면, 다른 동물과 우리는 닮지 않았기 때문에 다른 동물들에 대해 우리가 정의로울 필요는 없다고 주장한다. 또한 현자는 제논이 《국가》에서, 크뤼시포스가 《생애에 대하여》 1권에서, 아폴로도로스가 《윤리학》에서 말하듯이 덕에 대한 뛰어난 천품을 모습을 통해 드러내는 〔130〕 젊은이들에게 사랑을 느낄 것이라고 한다. 한편 사랑은 눈에 보이는 아름다움으로 말미암아 사귀고자 하는 충동이라고 한다. 또한 그것은 교합275)에 대한 충동이 아니라 우정에 대한 충동이라고 한다. 아무튼 트라소니데스276)가 사랑하는 여자를 마음대로 할 수 있는 상황이었는데도 그녀가 싫어한다는 이유로 그녀와 접하지 않은 것은 사실이긴 하다는 것이다. 크뤼시포스도 《사랑에 대하여》에서 말하듯이, 그런 의미에서 사랑은 우정에 대한 것이라고 한다. 또한 그것은 비난받을 일이 아니라고 한다. 한편 청춘은 덕의 꽃이라고 한다.

한편 삶에는 세 종류, 즉 관상적 삶, 실천적 삶, 이성적 삶이 있는데, 세 번째 것은 선택할 수 있는 것277)이라고 그들은 말한다. 이성적

---

275) 교합(*synousia*)은 교제라는 넓은 뜻에서 성교의 의미까지 함축하는 말이다.

276) 트라소니데스(Thrasōnidēs)는 메난드로스의 희극인 《미움받는 남자》(*Misoumenos*)의 주인공이다.

277) 앞에서는 'haireteos'를 '선택할 만한'이라고 번역했으나 여기서는 자연에 의해서 그렇게 살 수밖에 없도록 되어 있는 것 말고, 인간이 선택할 수 있는 영역의 뜻으로 보아 이렇게 번역했다.

동물은 자연에 의해서 관상과 실천에 적합하게 생겨났기 때문이라는 것이다. 또한 현자는 이성에 합당하다면 조국을 위해서도 친구를 위해서도 목숨을 버릴 것이라고 한다. 또한 비록 그가 극심한 고통이나 불구 또는 불치의 병에 걸린 상태에 있더라도 그럴 것이라고 한다.

〔131〕 한편 제논이 《국가》에서, 크뤼시포스가 《국가에 대하여》에서 말하는 바에 따르면, 그들은 여자들이 현자들 사이에서는 공유되어야 하기에 어느 남자라도 아무 여자나 상대하게 된다고 주장한다. 물론 이것은 견유학파인 디오게네스와 플라톤도 하는 주장이다. 또한 우리는 모든 아이들을 똑같이 아버지의 태도로 사랑할 것이며 간통에 대한 견제심리는 제거될 것이다. 한편 최선의 정치체제는 민주정, 왕정, 귀족정의 혼합정 형태라고 한다.

윤리학설 면에서 그들은 이런 말들뿐만 아니라 이보다 더 많은 말을 적절한 증명과 더불어 하고 있다. 하지만 이것으로 개괄적이고 기본적인 것 정도를 우리가 말한 것으로 하자.

〔132〕 한편 자연학은 물체에 대한 분야와 원리에 대한 분야, 요소들에 대한 분야, 신들에 대한 분야, 한계와 장소와 허공에 대한 분야로 나뉜다고 한다. 그리고 유적(類的)으로는 그런 식이지만, 종적으로는 세 분야, 즉 세계278)에 대한 분야와 요소들에 대한 분야와 세 번째로 원인론 분야로 나뉜다.

한편 세계에 대한 분야는 두 부분으로 나뉜다고 그들이 말한다. 수학을 공부한 사람들도 그것에 관여하는 연구 분야가 하나 있기 때문이

---

278) 세계(kosmos)는 '우주'로 번역하는 것이 당장은 자연스러운데, 7권 137~138장에서 하는 '세계'에 대한 설명은 '우주'로 번역할 때 문장이 되지 않는다. '우주'는 'holon'의 번역이다.

란 것이다. 그 분야에서 그들은 항성과 행성에 대해서 탐구하는데, 예를 들면 태양은 나타나 보이는 만큼의 크기인지, 달도 마찬가지인지에 대해 탐구하며 공전 및 그와 유사한 문제들을 탐구한다. 〔133〕 한편 그것과 다른 연구 분야는 자연학자들에게만 해당하는 것이라고 한다. 그 분야에서는 세계의 실체, 그것이 생성하는 것인지 생성하지 않는 것인지, 생명이 있는지 무생물인지, 소멸하는 것인지 소멸하지 않는 것인지, 섭리에 의해 관장되는 것인지 및 나머지 것들에 대해 탐구가 이루어진다고 한다. 원인론도 그 자체가 두 분야로 되어 있다고 한다. 한 가지 연구 분야에서는 의학적 탐구가 관여한다고 한다. 그 분야에서는 영혼의 통치하는 부분과 영혼에 생기는 것들, 정자 및 그와 유사한 것들에 대해 그들이 탐구한다고 한다. 한편 다른 분야에 대해서는 수학을 공부한 사람들도 경합한다고 하는데, 예컨대 우리는 어떻게 보는가, 거울상의 원인은 무엇인가, 구름, 번개, 무지개, 소금, 혜성은 어떻게 형성되는가 및 그에 가까운 것들이 탐구된다고 한다.

〔134〕 한편 그들은 우주의 원리는 둘, 작용하는 것과 작용받는 것이라고 여긴다. 그런 점에서 작용을 받는 것은 질적이지 않은 실체, 즉 질료(재료)이고, 작용하는 것은 질료에 들어 있는 이성, 즉 신이라고 한다. 신은 영원하며 모든 질료에 스며들어 그 각각의 것들을 제작하기 때문이라는 것이다. 한편 이 학설을 키티온 사람 제논은 《실체에 대하여》에서, 클레안테스는 《원자들에 대하여》에서, 크뤼시포스는 《자연학》 1권 말미에서, 아르케데모스는 《요소들에 대하여》에서, 포세이도니오스는 《자연학 해설》 2권에서 제시한다. 한편 그들은 원리들과 요소들은 다르다고 한다. 하나는 생성되지도 않고 소멸하지도 않는 것인 반면 요소들은 대화재 시기[279] 에는 소멸하기

때문이라는 것이다. 또한 원리들은 물질이지만 형태를 갖지 않는 데 반해 요소들은 형태를 갖추고 있다고 한다.

〔135〕 한편 아폴로도로스가 《자연학》에서 말했듯이 물체는 세 가지 차원, 즉 길이, 넓이, 깊이로 되어 있다. 마지막 것은 입체라고 불리기도 한다. 면은 물체의 한계 또는 길이와 넓이만 갖고 깊이를 안 갖는 것이다. 그런데 포세이도니오스는 《기상학》 5권에서 이 면이 관념적으로도 실제적으로도 있는 것이라고 인정한다. 한편 선은 면의 한계 또는 넓이가 없는 길이 또는 길이만을 갖는 것이다. 반면에 점은 선의 한계이며 가장 작은 것의 표시다.

또한 신과 지성과 운명과 제우스는 하나라고 한다. 〔136〕 또한 다른 많은 이름들로도 불린다고 한다. 그런 점에서 신은 태초에 그 자체로 있으면서 모든 실체를 공기를 거쳐 물로 바꾼다고 한다. 또한 정자가 정액에 들어 있듯이[280] 세계의 씨앗이 되는 이성인 이것도 습한 것에 머물며 질료를 이후의 것들의 생성을 위해 자신이 일하기 좋게끔 만든다고 한다. 그다음에는 맨 처음에 네 가지 요소들, 즉 불, 물, 공기, 흙을 산출한다고 한다. 한편 그것들에 대하여는 제논이 《우주에 대하여》에서, 크뤼시포스가 《자연학》 1권에서, 아르케데모스가 《요소들에 대하여》에서 말한다.

한편 요소는 생성되는 것들이 처음에 거기서 생성되고 〔137〕 맨 나

---

279) 대화재(*ekpyrōsis*) 시기는 스토아 철학에서 모든 요소들이 불로 변하는 세계의 변화 시기다.

280) 정자는 본래 씨앗이란 말이고 정액은 생식기관이라는 뜻이다. 여성은 자식의 생산에서 보조적 역할에 그친다는 그리스의 전통적 사고에서 남자에게만 씨앗이 있고, 자식을 산출하는 것도 남자란 생각이 여기도 드러나 있다.

중에 그것으로 해체되는 것이다. 그래서 네 가지 요소들은 다 함께는 질적이지 않은 것이라고 한다. 반면에 불은 뜨거운 것이고 물은 축축한 것이며 공기는 차가운 것이고 땅은 건조한 것이라고 한다. 하지만 물에도 여전히 동일한 부분이 있다고 한다.[281] 같은 맥락에서 불은 가장 높이 있는데, 그래서 그것은 에테르라 불리며 거기서 처음으로 항성들의 원구가 생성되고 이어서 행성들의 원구가 생성된다고 한다. 에테르 다음으로는 공기가, 이어서 물이 있고, 모든 것 중에 땅이 가장 낮은 위치를 차지하고 있고 모든 것의 중간에 있다고 한다.

한편 그들은 세계를 세 가지 뜻으로 말한다. 하나는 모든 실체로부터 이루어진 독자적인 질을 가지고 있는 것으로서 소멸하지 않고 생성되지 않으며 질서의 장인이며 특정한 시간의 순환에 따라 자신으로 모든 실체를 흡수하고 〔138〕 다시 자신으로부터 낳는 신 자체이다. 그리고 그들은 천체들의 질서 자체를 또한 세계라고 말한다. 그리고 세 번째로는 양쪽으로부터 구성된 것. 그리고 세계는 우주의 실체들이 갖는 독자적인 질, 또는 포세이도니오스가 《기상학 요강》에서 말하듯이 하늘과 땅과 그사이에 있는 자연물들로 된 체계, 또는 신들과 인간들과 이들을 위해 생성된 것들로 이뤄지는 체계이다. 한편 하늘은 신적인 것 모두가 자리를 잡고 있는 맨 끝의 원주이다.

크뤼시포스가 《섭리에 대하여》 5권에서 말하고 포세이도니오스

---

281) 이 부분은 논란이 된다. 쉽게 읽기로는 앞 문장에 있는 '땅은 건조한 것'이란 말을 '동일한 것'으로 받을 수 있다. 즉, '물에도 여전히 건조한 부분이 있다'란 말로 해석하는 것이다. 또는 이것을 확대해석해서 '불, 물, 공기, 흙은 별도의 성질을 갖지만 엄밀하게 구별되지는 않는다'란 뜻으로 새길 수도 있고, 이에 따른 사본 논란도 있다. 프랑스어판 참고.

가 《신들에 대하여》 3권에서 말하는 바에 따르면 영혼이 우리에게 그렇게 하듯이 지성이 세계의 모든 부분에 스며들어 세계는 지성과 섭리에 따라 관장된다고 한다. 〔139〕 하지만 어떤 것에는 더 많이, 어떤 것에는 덜 스며 있기는 하다고 한다. 어떤 것들에는 뼈와 근육들에서처럼 결합조직282) (상태유지, *hexis*) 으로서 퍼지고 어떤 것들에는 통치하는 부분에서처럼 지성으로 퍼지기 때문이다. 바로 그렇게 해서 세계 전체도 생명이 있는 것이고 영혼을 가지고 있고 이성적이어서, 티로스 사람 안티파트로스283) 가 《세계에 대하여》 8권에서 말하는 바에 따르면 에테르를 통치하는 부분으로 갖는다. 한편 《섭리에 대하여》 1권에서 크뤼시포스가, 《신들에 대하여》에서 포세이도니오스가 말하기로는, 세계의 통치하는 부분은 하늘이라고 한다. 하지만 클레안테스는 태양이 그렇다고 한다. 하지만 크뤼시포스는 같은 책에서 이번에는 좀 다르게 에테르 중에서 가장 순수한 부분이 통치하는 부분이라고 하는데, 그것은 그들이 첫 번째 신이라고 말하는 것으로서 감각적으로는 공중에 있는 것들에도 모든 동물에 퍼져 있듯이 있는 것이고 자연적으로는 식물에 퍼져 있는 것이요 〔140〕 땅 자체에는 결합 조직으로서 퍼져 있는 것이다.

세계는 하나이고 이것은 한계가 있으며 형태는 구형을 하고 있다고 한다. 왜냐하면 포세이도니오스가 《자연학 해설》 5권에서, 안티파트로스와 그의 제자들이 《세계에 대하여》 가운데서 말하는 바에

---

282) 이 말은 원래 '상태'(*hexis*) 라는 말이다. 문맥에 맞게 의역했다.
283) 안티파트로스(Antipatros) 는 기원 전후에 살았던 것으로 추정되는 스토아 철학자다.

따르면 그와 같은 형태가 운동을 위해 적합하기 때문이라는 것이다. 한편 그 바깥은 허공이 무한히 둘러싸고 있는데, 허공은 비물질적인 것이라고 한다. 허공은 물체에 의해 차지될 수는 있으나 실제로는 차지되지 않는 것이다. 한편 세계 안에는 전혀 허공이 없고, 세계는 통합되어 있다고 한다. 하늘에 있는 것들과 땅 위에 있는 것들의 호흡과 긴장관계가 어쩔 수 없이 그렇게 만들기 때문이라는 것이다. 한편 허공에 대해서는 크뤼시포스가 《허공에 대하여》와 《자연학 관련 기술들》 1권에서, 아폴로파네스가 《자연학》에서, 아폴로도로스와 포세이도니오스가 《자연학 설명》 2권에서 말한다.

〔141〕 한편 장소 역시 같은 방식의 비물질적[284]인 것이라고 한다. 더 나아가 세계의 운동 간격인 시간 역시 비물질적이라고 한다. 한편 이 중 지나간 시간과 도래할 시간은 무한하지만 지금 닥친 시간은 한계가 있다고 한다.

한편 그들은 세계도 생성되는 것이라서, 감각을 통해 사고의 대상이 되는 것들의 이치에서 보면 소멸한다고 주장한다. 어떤 것의 부분이 소멸하면 우주도 소멸하기 때문이다. 그런데 세계의 부분들은 소멸한다(상호 변환하니까). 따라서 세계는 소멸한다. 그리고 더 나아가 보자. 만약 어떤 것이 나쁜 쪽으로 가는 변화를 받아들일 수 있다면, 그것은 소멸한다. 그런데 세계도 그렇다(그것은 완전히 건조했다가 완전히 습해지기 때문이다[285]). 따라서 세계는 소멸한다.

---

284) 도란디는 이 부분에 약간의 텍스트 훼손이 있다고 보았다.
285) 이것은 가뭄과 홍수를 말하는 것이 아니라 스토아학파가 말하는 우주의 주기 변화를 말하는 것으로 보인다(SVF II, 605 참고).

〔142〕한편 실체가 불로부터 공기를 지나 습기로 향하고 그다음에 그것의 조밀한 부분은 응축되어 땅이 되는 한편, 성긴 부분은 옅어지는데, 이것이 더 많이 성기게 되면 불이 되어 버리고, 이때 세계가 생성된다고 한다. 그다음에 이것들의 혼합에 따라 식물, 동물과 그 밖의 종들이 생긴다고 한다. 세계의 생성과 소멸에 대해서는 제논이 《우주에 대하여》에서, 크뤼시포스가 《자연학》 1권에서, 포세이도니오스가 《세계에 대하여》 1권에서, 클레안테스와 안티파트로스가 《세계에 대하여》 1권에서 말하고 있다. 반면에 파나이티오스는 세계가 소멸하지 않는다고 밝혔다.

세계는 이성적 동물이고 영혼을 가졌고 지성적이라는 것은 크뤼시포스도 《섭리에 대하여》에서 말했고 〔143〕아폴로도로스도 《자연학》에서 말했으며 포세이도니오스도 말했다. 이처럼 세계는 감각을 갖추고 생명이 있는 실체라는 것이다. 그 이유는 이렇다. 동물은 동물이 아닌 것보다 낫다. 세계보다 나은 것은 없다. 따라서 세계는 동물이다. 한편 생명이 있다는 것은 우리의 영혼을 보면 알 수 있다. [286] 우리의 영혼은 세계로부터 나온 조각이기 때문이다. 반면에 보에토스는 세계는 동물이 아니라고 말한다. 또한 세계는 하나라는 것을 제논 역시 《우주에 대하여》에서 말했고 크뤼시포스와 아폴로도로스 역시 《자연학》에서 말했으며, 포세이도니오스도 《자연학 해설》 1권에서 말했다. 한편 아폴로도로스가 말하듯이 일체의 것은 세계라고도 이야기되고 다른 방식에 따르면 세계와 그 바깥에 있는 허공의 결합물이라고 이야기된다. 그래서 세계는 한계가 있고 허공은 무한하다.

---

286) '생명이 있다'(*empsychos*)란 말은 '영혼이 깃들어 있다'란 말이다.

〔144〕 한편 별들 중에 항성들은 하늘 전체와 같이 회전하고 행성들은 고유의 운동에 따라 운동한다고 한다. 한편 태양은 황도대를 지나 비스듬히 궤도가 진행된다고 한다. 마찬가지로 달도 나선형 궤도라고 한다. 한편 포세이도니오스가 《기상학》 7권에서 말하는 바에 따르면 태양은 혼합되지 않은 불이다. 또한 같은 사람이 《자연학 해설》에서 말하듯이 태양은 땅287) 보다 크다고 한다. 그러나 그와 그의 제자들이 말하듯이 태양도 세계와 같은 식으로 구형을 하고 있다. 같은 맥락에서 태양은 불이 하는 모든 것을 하기 때문에 태양은 불이라고 한다. 한편 태양이 땅보다 크다고 하는 이유는 땅 전체가 태양에 의해 비추어지기 때문인데, 하늘까지도 태양에 의해 비추어진다고 한다. 또한 땅이 원뿔형의 그림자를 이룬다는 점도 태양이 더 크다는 증거가 된다고 한다. 한편 태양이 어디서든 보이는 것은 그 크기 때문이라고 한다.

〔145〕 한편 달은 땅과 더 가깝기 때문에 땅에 더 가까운 성질을 가지고 있다고 한다. 불로 이루어진 이런 것들과 다른 별들은 자양분을 받는데, 태양은 지성적이고 불붙어 있는 물체이기 때문에 거대한 바다로부터 자양분을 받는다고 한다. 다른 한편 달은 포세이도니오스가 《자연학 해설》 6권에서 말하듯이, 공기와 혼합되어 있고 땅에 더 가깝기 때문에, 마실 수 있는 물288) 로부터 자양분을 받는다고 한다. 한편 다른 별들은 땅으로부터 받는다고 한다. 한편 그들은 별도 땅도 구형을 하고 있다고 여기는데, 그것들은 운동하지 않는다고 한다. 한

---

287) 지구.
288) 민물.

편 달은 독자적인 빛이 없고 태양으로부터 받아서 빛난다고 한다.

한편 태양은 제논이 《우주에 대하여》에서 서술하듯이 달이 앞을 가릴 때 일식을 한다고 한다. 〔146〕 왜냐하면 합(合, *synodos*) [289] 의 시기에 달이 태양의 밑으로 들어가서 태양을 가리고 다시 빠져나오는 것이 보이기 때문이다. 한편 그 현상은 물을 담은 대야를 통해 관찰된다고 한다. 한편 달이 가리어지는 것은 땅의 그림자에 들어갈 때이다. 그렇기 때문에도 보름달일 때에만 월식이 일어난다고 하며, 매달 태양과 달은 대각선상에 위치하지만 태양으로 비스듬히 움직이면서 너무 북쪽이나 남쪽인 상태에서 위도상에서 엇갈려 나가기 때문에 매달 월식이 일어나지는 않는 것이라고 한다. 하지만 달의 위도가 태양의 위도와 황도대[290] 에 일치하고, 그다음에 태양과 대각선을 이룰 때 월식이 생긴다. 한편 포세이도니오스와 그의 제자들이 말하듯이, 달의 위도는 게자리와 전갈자리와 양자리와 황소자리에 있을 때 황도대와 일치한다.

〔147〕 한편 신은 불멸하고, 이성적이며, 행복 속에서 완전하고 지성적이며, 모든 나쁜 것들을 받아들이지 않으며 세계와 세계 안의 모든 것을 섭리하는 생명체(동물)라고 한다. 하지만 인간의 형상을 하고 있지는 않다고 한다. 한편 신은 모든 것의 장인(匠人)이며 일반적으로

---

289) 행성과 태양의 궤도가 합쳐 보이는 때.

290) 황도 주위로 약 8° 이내 거리의 천구. 황도는 지구에서 볼 때 태양이 이동하는 경로이지만 지구와의 상대적인 운동에 의해 생기는 것이므로 실은 지구 공전 궤도면과 나란하다. 달과 수성, 금성, 화성, 목성, 토성, 천왕성, 해왕성은 황도대를 따라 겉보기 이동을 한다. 황도대에는 12개의 별자리가 있다. 이들 별자리는 황도 12궁이라고도 한다(뉴턴코리아, 《과학용어사전》, 2010).

보나 모든 것에 스며드는 것인 그의 부분으로 보나 모든 것의 아버지이다. 신의 부분이 갖는 이런 점들 때문에 그것들의 능력에 따라 신은 많은 호칭으로 명명된다. '디아'[291]는 그것을 통해 (디아) 모든 것이 있기 때문이라고 하고, 살아 있는 것 (젠) 의 원인이라는 한에서, 또는 살아 있는 것에 퍼져 있는 것이라서 젠[292] 이라 부른다는 것이며, 아테나는 아이테르[293] 로 통치하는 것 자체가 뻗침이라서, 헤라는 아에르[294] 로 뻗침이라서, 헤파이스토스는 헤게모니콘(통치하는 것) 이 기술자와 같은 불에로 뻗침이라서, [295] 포세이돈은 '습한 것으로 뻗침'에 따라, [296] 데메테르 역시 '땅으로 뻗침'에 따라[297] 그렇게 부른다. 같은 방식으로 다른 호칭들 역시 그들은 어떤 유사성에 착안하여 붙였다.

〔148〕 한편 제논은 신의 실체는 세계 전체와 하늘이라고 말한다. 크뤼시포스도 《신들에 대하여》 1권에서 마찬가지로 말하고 포세이도니오스 역시 《신들에 대하여》 1권에서 그렇게 말한다. 또한 안티파트로스는 《세계에 대하여》 7권에서 세계의 실체는 공기의 형태를 하고 있다고 말한다. 한편 보에토스는 《자연에 대하여》에서 신의 실체는 항성의 구체라고 말한다.

---

291) 제우스의 대격.
292) 제우스의 다른 이름.
293) 에테르의 본래 발음.
294) 공기.
295) 헤게모니콘의 '헤게'와 '~에로'의 '에이스'와 '기술자와 같은 불'의 발음 '토 테크니콘 퓌르' 중 '토'를 합쳐서 하는 언어유희로 보인다.
296) '포세이돈' 중 '에이돈 (토)' 부분의 언어유희로, '~으로'라는 뜻의 '에이스'와 '돈'과 발음이 유사한 정관사 '토'를 맞춘 것으로 보인다.
297) 이 경우에는 발음에 따른 유사성은 보이지 않는다.

한편 그들은 어떤 때는 자연이 세계를 연결시키는 것이라고 주장했다가 어떤 때는 땅 위에 있는 것들을 기르는 것이라고 주장한다. 한편 자연은 씨앗이 되는 이성들에 따라 그 자신으로부터 움직이는 상태이며, 자신으로부터 나와 정해진 시간 속에 있는 것들을 산출하고 연결시키고 사물들을 자기들이 분리되어 나온 것들과 같은 종류의 것으로 실현시킨다. 〔149〕 한편 자연은 인간의 제작활동을 보면 분명하듯이 이로움과 쾌락을 겨냥한다고 한다. 한편 모든 것은 운명에 따라 일어난다고 크뤼시포스는 《운명에 대하여》에서, 포세이도니오스는 《운명에 대하여》 2권에서 말하고, 제논도 말하며 보에토스는 《운명에 대하여》 1권에서 말한다. 한편 운명은 있는 것들의 원인이 줄지어 있는 것[298] 이거나 세계가 배열되는 이치이다.

또한 섭리란 것이 있다면 예언의 기술도 모두 있는 것이라고 그들은 말한다. 또한 제논과 크뤼시포스가 《예언술에 대하여》 2권에서, 아테노도로스와 포세이도니오스가 《자연학 해설》 2권과 《예언술에 대하여》 5권에서 말하고 있듯이 그들은 몇 가지 사건을 통해 볼 때 예언술은 기술이라고 분명히 밝힌다. 반면에 파나이티오스는 그것은 확실한 근거가 없는 것이라고 말한다.

〔150〕 한편 그들은 크뤼시포스도 《자연학》 1권에서 말하고 제논도 말하듯이 모든 있는 것들의 실체는 제일 질료[299] 라고 말한다. 한

---

298) '운명'(*heiromenē*) 과 '줄지어 있다'(*eiromenē*) 는 거의 같은 발음과 철자로 된 말이니 이것도 일종의 언어유희가 들어 있는 말이다.

299) 'hylē'는 '재료'라고 번역해도 되겠지만, 그동안 질료라고 해왔기 때문에 그렇게 옮겼다. 제일 질료는 아리스토텔레스의 철학체계에서 파생되는 개념으로 형상이 없고 질료만 있는 경우를 가리키며, 순수질료라고도 한다.

편 질료는 모든 것이 생겨나는 것이다. 그런데 질료도 실체도 두 가지 의미로 불리는데, 모든 것의 질료와 실체, 그리고 그 부분이 되는 것들의 질료와 실체가 그것이다. 같은 맥락에서 우주의 질료는 더 많아지지도 적어지지도 않지만 부분적인 것들의 질료는 더 많아지기도 하고 적어지기도 한다. 한편 안티파트로스가 《실체에 대하여》 2권에서, 아폴로도로스가 《자연학》에서 말하는 바에 따르면 실체는 그 자체로 물체이며 한계가 있는 것이다. 또한 같은 사람이 말하듯이 그것은 작용을 받는 것이다. 왜냐하면 만약 그것이 변화되지 않는 것이었다면, 그것으로부터 생성물들이 생기지 않았을 것이기 때문이다. 그렇기 때문에 그 사람은 또 물체의 분할은 무한하다고 말한다. 크뤼시포스는 분할은 무한하고, 무한한 것[300]에 이르지 않는다고 말한다. 〔151〕 분할이 이르게 되는 무한한 것이란 없기 때문이다. 분할은 끊어지지 않는 것이다.

또한 크뤼시포스가 《자연학》 3권에서 말하는 바에 따르면 혼합은 전체적으로 이루어지는 것이지 둘러싸거나 나란히 놓는[301] 방식이 아니다. 왜냐하면 넓은 바다에 부은 소량의 포도주는 얼마 동안은 서로 섞이겠지만, 그 후에는 완전히 소멸할 것이기 때문이다.

한편 그들은 인간들과 공감을 나누고 인간이 하는 일을 감독하는 신령들도 있다고 말한다. 또한 훌륭한 사람들의 사후에도 남은 영혼이 영웅(반신반인)이라고 한다.

---

300) 무한히 작은 것.

301) 둘러싼다(*perigraphē*)는 것은 기하학에서는 외접한다는 말이고, 나란히 놓는다(*parathesis*)는 것은 복합의 작용 없이 나란히 늘어놓음으로써 혼합의 효과를 얻는 것을 말한다.

한편 그들은 공기의 영역에서 벌어지는 일 중 땅 위의 공기가 태양이 멀어져 감을 통해 차가워지는 것이 겨울인 반면, 우리에게 오는 경로에 따른 〔152〕 공기의 적당한 혼화(eukrasia)가 봄이며, 북쪽을 향한 태양의 경로에 의해 땅 위의 공기가 뜨거워지는 것이 여름이고, 태양이 우리에게서 다시 멀어짐에 의해 가을이 된다고 말한다. 한편 바람은 공기의 흐름이라고 하는데 바람이 흘러나오는 지역에 따라 그 명칭이 달라진다고 한다. 한편 바람의 생성은 구름을 증발시키는 태양이 원인이 된다고 한다. 한편 무지개는 습한 구름에서 반사된 빛이거나, 아니면 포세이도니오스가 《기상학》에서 말하듯이 태양 또는 달의 단면이 물방울로 이루어진 구름(그 구름은 인상으로는 속이 비고 이어져 있는 것으로 보인다)에 비친 반영인데, 마치 거울 속의 비친 반영처럼 구부러져302) 보이는 것이다. 한편 긴머리별, 수염별, 횃불별303)은 빽빽한 공기가 에테르의 영역으로 올라갔을 때 생기는 불이라고 한다. 〔153〕 한편 유성은 공기 속을 빠르게 이동하는 불덩이의 불빛이고 그것이 길이를 갖는 것처럼 보이는 인상이라고 한다.

한편 비는 구름이 물로 변화한 것인데, 태양에 의해서 땅 또는 바다에서 위로 올라간 수증기가 완전히 증발되지 않아서 생기는 것이다. 한편 이 비가 차가워지면 서리라고 불린다고 한다. 한편 우박은 언 구름이 바람에 의해서 부스러진 것이다. 눈은 포세이도니오스가 《자연학 해설》 8권에서 말하듯이 언 구름에서 생기는 습한 것이다.

---

302) 직역은 '원의 둘레에 따라'.
303) 모두 그리스 사람들이 혜성의 모양에 착안해서 혜성에 붙인 이름들이다 (플리니우스, 《자연사》, 2권 22절 참고).

한편 번개는 제논이 《우주에 대하여》에서 말하듯이 구름들이 마찰하거나 바람에 의해서 쪼개질 때 생기는 구름의 발화(發火)이다. 천둥은 이 구름들이 스치거나 쪼개짐으로써 내는 굉음이다. 〔154〕 한편 벼락은 구름들이 마찰하거나 쪼개지면서 생기는 격렬한 발화가 큰 힘을 동반해서 땅 위로 떨어지는 것이다. 하지만 어떤 사람들은 그것이 응축된 불붙은 공기가 아래로 강하게 이동하는 것이라고 한다. 한편 태풍은 바람의 성질이 많은 격렬한 벼락이거나 쪼개진 구름에서 나오는 연기의 성질을 가진 바람이라고 한다. 한편 폭풍우는 바람을 동반한 불에 의해서 찢어진 구름이라고 한다.

한편 지진은 포세이도니오스가 《기상학》 8권에서 말하는 바에 따르면 바람이 땅의 빈틈으로 흘러들어가거나 바람이 땅에 갇혀서 일어나는 것이라고 한다. 한편 지진 가운데 어떤 것은 내려앉는 형태고 어떤 것은 갈라지는 형태며, 어떤 것은 좌우로 일어나는 형태고 어떤 것은 아래위로 일어나는 형태라고 한다.

〔155〕 한편 그들은 세계의 질서가 다음과 같은 것이라고 주장한다. 즉, 땅은 세계의 한가운데에 있어 중심점 역할을 차지한다. 그 다음에는 물이 구형의 형태를 하고 땅과 같은 중심점을 차지하여 땅은 물 안에 있게 된다고 한다. 물 다음으로는 공기가 구형을 취하고 있다. 다른 한편 하늘에는 5개의 원이 있는데, 그 가운데 첫째 것은 언제나 보이는 북극원이고, 둘째 것은 하지선, 셋째 것은 주야 평분선, 넷째 것은 동지선, 다섯 째 것은 보이지 않는 남극원이다. 한편 이것들은 서로에게로 기울어져 있지 않기 때문에 평행하다고 이야기된다. 하지만 이들 원은 동일한 중심점을 두고 그려진 것이다. 반면에 황도대는 평행한 원들과 교차하고 있으므로 기울어져 있다.

〔156〕 또한 땅에도 5개의 지역이 있다. 첫째 것은 북극원을 넘은 곳에 있는 북방으로 추위 때문에 사람이 살지 않는 지역이다. 둘째 것은 온대지역, 셋째 것은 더위 때문에 사람이 살 수 없는 곳으로 열대라 불리는 지역, 넷째 것은 온난한 남방, 다섯 째 것은 남방이고 추위 때문에 사람이 살지 않는 지역이다.

한편 자연은 길을 따라 생성으로 향해 가는 기술자와 같은 불, 즉 불의 형상을 하고 기술자와 같은 생기(pneuma) 바로 그것이라고 그들은 여긴다. 한편 영혼은 감각능력을 갖춘 자연이라고 한다. 이것은 우리에게 자연적으로 있는 생기라고 한다. 그렇기 때문에 영혼도 역시 물체이고 또 사후에도 남는다고 한다. 한편 영혼은 사멸하는 것이지만,[304] 우주의 영혼은 불멸하고 동물들에게 있는 영혼은 그것의 부분이라고 한다. 〔157〕 한편 키티온 사람 제논과 안티파트로스가 《영혼에 대하여》에서 말하고, 포세이도니오스 역시 말하길, 영혼은 따뜻한 생기라고 한다. 이것에 의해 우리가 숨 쉬고 움직이기 때문이라는 것이다. 그래서 클레안테스는 모든 영혼이 대화재 때까지는 존속한다고 하는 반면, 크뤼시포스는 현자들의 영혼만이 그렇다고 한다.

한편 그들은 영혼의 부분이 여덟, 즉 5개의 감각 기능과 우리 안에 있는 씨앗이 되는 이성과 소리를 내는 부분과 이성적 부분이라고 말한다. 한편 크뤼시포스가 《자연학》 2권에서 말하고 아폴로도로스가 말하고 있는 바에 따르면 우리는 시각 기관과 외부 실재 사이에 있는 빛이 원뿔 모양으로 팽팽히 당겨져 있을 때 볼 수 있다고 한다. 그렇지만 공기의 뾰족한 부분은 시각 쪽에 있고, 그 바닥은 보이는

---

304) 영혼이 사후에도 남으면서도 사멸한다는 말은 7권 134절 참고.

쪽에 있게 된다고 한다. 이렇게 해서 마치 공기의 지팡이를 통하듯 보이는 것이 전달된다고 한다.

〔158〕 한편 우리가 듣는 것은 소리 나는 쪽과 듣는 쪽 사이에 있는 공기가 구형의 형태로 두드려지고, 그 후에 마치 물통 속의 물이 던져진 돌에 의해 둥글게 파문이 일듯이 파문이 일어 청각기관에 이를 때라고 한다. 한편 잠은 통치하는 부분과 관련되는 감각기관의 팽팽함이 느슨해질 때 오는 것이라고 한다.

한편 그들은 씨앗은 씨앗 자체도 그곳에서 분리되어 나온 것과 같은 종류의 것을 낳을 수 있는 것이라고 말한다. 한편 인간이 습기와 함께 내놓는 인간의 씨앗은 부모의 혼합 비율에 따라 영혼의 부분들과 섞인다고 한다. 〔159〕 한편 그것을 크뤼시포스는 《자연학》 2권에서 실체의 차원을 갖는 생기라고 말한다. 이는 땅에 뿌리는 씨앗들이 오래된 것이면 그것들의 힘이 내뿜어져서 더 이상 싹을 틔우지 않는 것을 보면 분명하다고 한다. 한편 스파이로스와 그의 제자들은 씨앗은 육체 전체로부터 끌어내어진다고 말한다. 어쨌든 씨앗이 육체의 모든 부분을 낳기 때문이라는 것이다. 다만 암컷의 씨앗은 생식 능력이 없다고 그들은 분명히 밝힌다. 왜냐하면 스파이로스가 말하듯이 여성의 씨앗은 팽팽하지 않고 양도 부족하며 수분이 많기 때문이다. 한편 통치하는 부분은 영혼 중에서 최고의 부분으로서 그 안에서 인상과 충동이 생기며 그곳으로부터 말이 나온다고 한다. 그것은 심장에 있다고 한다.

〔160〕 자연학에 관한 이 내용들이 저술의 균형을 고려하는 입장에서 내가 충분하다고 여기는 정도이다. 하지만 그들과 생각의 차이를 보이는 다른 사람들의 입장은 다음과 같다.

2. 아리스톤

키오스 사람 팔란토스[305] 아리스톤, 별명은 세이렌[306] 이다. 그는 궁극목적은 덕과 악덕 사이에 있는 것들에 대하여 차이를 두지 않고, 즉 그것들 사이에서 어떠한 다름도 받아들이지 않고 모든 것에 대해 똑같은 태도를 보이며 사는 것이라고 말했다. 현자는 훌륭한 배우와 같아서 테르시테스[307] 의 역할도 아가멤논[308] 의 역할도 맡을 수 있고 각 역할을 적절하게 연기해낼 수 있을 것이기 때문이라는 것이다. 그는 자연학 분야는 우리를 넘어서 있고, 말에 관한 분야는 우리와 전혀 관련이 없고 윤리학만이 우리와 관련되어 있다고 이야기하며, 자연학 분야도 말에 관한 분야도 폐지했다.

〔161〕 한편 변증술에 의한 논의들은 겉으로는 뭔가 기술적인 것으로 보이지만 사실은 쓸모없는 거미줄과 같다고 한다. 또한 그는 제논처럼 여러 덕을 제시하지도 않고 메가라학파 사람들처럼 하나이면서 여러 이름으로 불리는 덕을 제시하지도 않는 한편 덕은 어떤 것과 어떤 관계에 있느냐[309] 에 따른 것이라고 했다. 이와 같은 철학

---

305) 팔란토스(Phalanthos)는 앞이마가 벗겨진 대머리를 지칭하는 말이다.

306) 세이렌(Seirēn)은 아름다운 노래를 불러 뱃사람들을 난파시킨다는 전설적 존재들이다.

307) 테르시테스(Thersitēs)는 《일리아스》, 2권에 나온 그리스 사병. 평민으로 용모가 추하고 독설가인 것으로 묘사된다. 이 맥락에서는 비천한 신분을 상징하지만 《일리아스》에서 아킬레우스를 놀리다 맞아 죽은 그는 비판적 인물을 대변하기도 한다.

308) 아가멤논(Agamemnōn)은 트로이 전쟁 때 그리스 연합군 총사령관이다.

309) 이 개념은 스토아학파의 네 가지 범주 중 '상대적 상태'이다(앤서니 롱, 이경직 역, 《헬레니즘 철학》, 서광사, 294쪽). 존재하는 것들 중 어떤 것들은

을 하며 퀴노사르게스[310]에서 대화를 나누면서 그는 학파의 시조라는 소리를 들을 정도의 지위를 누렸다. 그래서 밀티아데스와 디필로스는 아리스톤학파 사람들이라고 불렸다. 한편 그는 설득력 있게 말을 잘하는 인물이었고 대중의 구미에 맞는 인물이었다. 그런 이유로 티몬은 그에 대하여 이렇게 말했다.

그리고 아리스톤의 일족(一族, genna)으로부터 뭔가 꾀어내는 수를 끌어내어. [311]

[162] 한편 마그네시아 사람인 디오클레스가 말하기를, 그는 제논이 오랜 병석에 있는 동안에 폴레몬을 만나 그의 학파로 전향했다고 한다. 한편 그는 스토아학파의 학설들 중에서 현자는 의견을 갖지 않는[312] 사람이라는 학설에 관심을 기울였다. 하지만 페르사이오스는 그 견해에 반대하여 쌍둥이 형제 중 한 사람으로 하여금 그에게 기탁금을 맡기게 하고서는 다른 쌍둥이 형제에게 그것을 되찾게 하였다. 그렇게 해서 그가 어리둥절해함으로써[313] 페라스이오스는 그를 논박

아들과 아버지의 관계처럼 상대적인 상태에 의해 규정되고 존재한다는 것이다. 이것이 메가라학파의 덕 개념과 어떻게 다른지에 대해서는 Stephen Menn, "The stoic theory of categories", *The Oxford Studies in Ancient Philosophy*, 17, 1999 참고.

310) 6권 13절 주석 참고.

311) *Timone di Fliunt, Silli*, fr. 40[Di Marco(ed.), Edizioni Dell'Ateneo, 1989].

312) 'doxastos'는 '추측을 하지 않는'이라고 하면 더 뜻이 분명하겠지만, '의견'(doxa)이라는 말이 그리스 철학에서 갖는 특별한 의미 때문에 '의견을 갖지 않는'이라고 번역했다.

313) 아마 기탁이 장기간에 걸친 것이거나 주는 것과 다름없는 것으로 관행적으로 이해되는 듯하다. 아무튼 줬다 뺏는 것으로 이해한 아리스톤이 '주었다'

했다. 한편 그는 아르케실라오스를 비난하였다. 314) 그는 자궁이 있는 기이한 수소를 보자, "저런, 확실한 것315)에 반대되는 증거가 아르케실라오스에게 주어졌군"이라고 말했다. 〔163〕 한편 그는 "아무것도 파악하지 않는다"316)고 스스로 말하는 아카데미아학파 사람에게 "그럼 당신은 당신 곁에 앉아 있는 사람도 못 보나?"라고 말했다. 그가 그렇다고 하자, "누가 당신을 눈멀게 했는가," — 그가 말했다 — "누가 불빛을 앗아갔나?"317)

그의 저술은 다음과 같은 것들이 전해진다.

《권유》 2권

《제논의 학설에 대하여》

《대화들》

《강의들》 6권

는 의견을 가졌다가 그에 반하는 일이 벌어지자 어리둥절해했다는 것이므로 '현자는 의견을 갖지 않는다'는 주장을 지지하는 아리스톤을 페르사이오스가 논박하게 된 셈이다.

314) 아르케실라오스에 대해서는 4권 22절 참고.

315) 진리의 시금석이 되는 상태. 에피쿠로스는 일차적으로 감각 인상 중에서 '확실성'(enargeia)을 가진 것이 있으며, 이것은 의심할 수 없는 것으로 보았다(〈헤로도토스에게 보내는 편지〉, 52절 참고). 스토아학파에 이 용어가 들어온 것은 에피쿠로스의 영향을 받은 제논의 탓으로 보인다.

316) 아르케실라오스를 필두로 해서 플라톤의 아카데미아는 회의주의 시대로 접어들었다. 이 학풍에서 그들은 스토아학파가 진리의 시금석으로 삼는 '파악'(katalēpsis)이 불가능하다는 입장을 취한다. '파악하다'는 '파악'의 행위이기 때문에 이들은 자신들이 '파악하는 행위' 자체를 일부러 하지 않는다고 공언하는 것이다.

317) 이 구절은 크라티노스(기원전 519~422년)의 단편으로 전해진다.

《지혜에 대한 강론》 7권

《사랑에 대한 강론》

《허영에 대한 비망록》

《비망록》 25권

《회상록》 3권

《교훈담》 11권

《연설가에 반대하여》

《알렉시노스318) 의 항변에 반대하여》

《변증론가들에 반대하여》 3권,

《클레안테스319) 에 반대하여》

《편지》 4권

파나이티오스320) 와 소시크라테스321) 는 편지들만이 그의 것이고 다른 것들은 소요학파의 아리스톤322) 의 것이라고 말한다.

〔164〕 이 사람은 대머리여서 일사병으로323) 죽었다는 이야기가 있다. 우리는 그를 다음과 같이 파행 이암보스 시가324) 로 조롱했다.

---

318) 제논과 논쟁을 벌인 변증론가. 2권 109절 참조.

319) 7권 168~176절 참고.

320) 2권 64절 주석 참고.

321) 1권 38절 주석 참고.

322) 5권 64절 참고.

323) 원문은 '태양에 의해서 열을 받아서'란 말이다.

324) 원문은 'ho iamb ho chōlos'라고 되어 있으니 일반적으로는 'chōliambos' 라고 한다. 이암보스 운율 중에 마지막 운의 '단-장'을 '장-장'으로 바꾸어 엇나가는 느낌을 준다. 그리스의 서정시인 히포낙스(Hipponax)가 처음 사용했다고 한다.

어쩌자고 이마 벗어진 노인네가, 아리스톤이여,

앞머리를 태양이 굽게 했는가?

그리하여 필요 이상으로 많은 열을 찾았으나

실제로는 본의 아니게 차가운 하데스를 발견했구려.

또 다른 아리스톤으로는 이울리스[325] 출신의 페리파토스학파 사람이 있었고, 세 번째 사람은 아테네 사람인 음악가였으며, 네 번째 사람은 비극시인이었으며 다섯 번째 사람은 할라이[326] 출신으로 수사술에 관한 저술을 한 사람이고, 여섯 번째 사람은 알렉산드리아 출신의 페리파토스학파 사람이다.

3. 헤릴로스

〔165〕한편 칼케돈 사람 헤릴로스는 앎이 궁극목적이라고, 즉 앎과 함께 사는 것에 모든 것을 언제나 귀착시키고 무지에 속지 않고 사는 것이라고 말했다. 한편 앎은 인상의 수용과 관련하여 논증에 의해 영향받지 않는 상태라고 그는 말했다. 그런데 그는 언젠가 궁극목적은 없고 상황과 사정에 따라 그것은 바뀌어서, 마치 같은 청동이 알렉산드로스 대왕의 동상이 되기도 하고 소크라테스의 동상이 되기도 하는 것과도 같다고 말한 적이 있다. 한편 그는 궁극목적과 하위목적[327]을 구별했

---

325) 이울리스(Ioulis)는 아테네 남쪽에 있는 퀴클라데스 제도의 케아섬에 있는 도시로 케오스로도 알려졌다.

326) 할라이(Halai)는 로크리스 동쪽, 보이오티아 북쪽 끝에 있는 해안도시다.

327) 이 용어(hypotelis)는 헤릴로스가 고안한 것으로 전해진다.

다고 한다. 후자는 지혜롭지 못한 사람들도 목표로 삼지만, 전자는 지혜로운 사람만이 목표로 삼기 때문이란 것이다. 반면 덕과 악덕 사이에 있는 것들은 차이가 없는 것[328]이라고 그는 말했다. 그의 책들은 몇 줄 되지 않지만, 힘이 넘치고 제논에 반대하는 반박을 포함한다.

〔166〕 한편 그는 소년[329]이었을 때 너무 많은 남자들에게 애정공세를 받았기 때문에 제논은 그들을 쫓아내고자 헤릴로스에게 삭발을 하게 하였고, 그래서 그들은 떠나 버렸다.

그의 책들은 다음과 같다.

《수행에 대하여》
《감정들에 대하여》
《생각들에 대하여》
《입법가》
《산파술에 능한 자》
《대적자》
《교사》
《교정자》
《사정관》
《헤르메스》
《메데이아》
《대화들》
《윤리적인 것들의 입론들》

328) 또는 '중립적인 것'.
329) 동성애의 대상이 되는 13~18세의 나이를 말한다.

4. 디오뉘시오스

변절자[330] 디오뉘시오스는 눈병에 걸린 상황으로 인해 쾌락이 최종 목적이라고 말했다. 그는 그로 인해 심하게 고통을 받고서는 고통이 차이 없는 것이라고 말하기를 기피했기 때문이다.

그는 테오판토스의 아들로서 헤라클레이아 도시의 사람이었다. 디오클레스가 하는 말에 따르면 그는 처음에는 같은 도시의 시민인 헤라클레이데스의 제자였다가 후에 알렉시노스와 메네데모스의 제자가 되었고, 마지막에는 제논의 제자가 되었다.

〔167〕 처음에 그는 문학을 좋아하여 다양한 형식의 시에 손을 댔으며, 이후에 아라토스[331]를 흠모하여 그의 시풍을 받아들이기까지 했다. 그는 제논의 곁을 떠나 퀴레네학파로 전향하고서 매음굴에도 가곤 했고 다른 것들도 거리낌 없이 즐겼다. 그는 80세 가까이 살다 스스로 단식을 하고 죽었다.

그의 책은 다음과 같이 전해진다.

《부동심에 대하여》 2권
《수행에 대하여》 2권
《즐거움에 대하여》 4권
《부와 보은과 보복에 대하여》
《인간의 필요에 대하여》

---

330) 7권 37절 참고.
331) 2권 133절 주석 참고.

디오뉘시오스

《옛 왕국에 대하여》

《칭송받는 사람들에 대하여》

《야만인들의 습속에 대하여》

　지금까지의 이 사람들은 이단적인 사람들이고, 제논을 이어받은 사람은 클레안테스로서 이 사람에 대해서 우리는 이제 이야기해야 한다.

5. 클레안테스

〔168〕 파니아스의 아들 아소스 사람 클레안테스, 이 사람은 안티스테네스가 《철학자들의 계보》에서 말하듯이 원래 권투선수였다. 그런데 어떤 사람들이 말하는 바에 따르면 그는 4드라크마를 가지고 아테네에 와서 제논을 만나 더없이 고귀한 자세로 철학 공부를 했으

며 한결같은 학설을 지켜 나갔다. 한편 너무 가난한 탓에 임금을 받고 일을 맡았던 그는 근면하기로 유명하였다. 그리고 그는 밤에는 정원에 물을 길어 대는 일을 하는 한편 낮에는 논변 연습을 하곤 했다. 그래서 그는 프레안틀레스(물 긷는 사람)라고 불리기도 했다. 한편 사람들은 그가 어떤 수입으로 그렇게까지 신수가 훤하게 살아가는지 해명하도록 재판정에 소환되기도 했다고 전한다. 나중에 그는 그가 물을 길어 대주는 정원사와 그가 보리 빵 굽는 일을 하던 보릿가루 가게 여주인을 증인으로 세워 풀려났다. 〔169〕 한편 아레이오 파고스 의원들은 그의 말을 수긍하고 그에게 10므나를 주도록[332] 결의했으나 제논이 그것을 받지 못하게 했다. 한편 안티고노스 왕도 그에게 3천 드라크마를 주었다고 사람들은 말한다.

언젠가 그는 젊은이들을[333] 어떤 볼거리 장소로 데려가다가 바람에 의해 겉옷이 벗겨져 속옷[334]을 안 입은 것이 보였다. 이런 그에게 아테네인들은 갈채를 보내 존경을 표했다고 마그네시아 사람 데메트리오스는 《이름이 같은 시인들과 작가들에 대하여》에서 말하고 있다. 이뿐만 아니라 다음과 같은 일화 때문에도 그는 사람들의 경탄을 샀다. 안티고노스 왕도 그의 강의에 청중으로 와서 그에게 왜 물 긷는 일을 하는지 물었다고 한다. 그가 말했다고 한다. "내가 물 긷는 일만 할까요? 어떤가요? 땅 파는 일은 안 하나요? 어떤가요?

---

332) 아마 위로금인 듯하다.
333) 정확히는 18세에 이른 젊은이들로 군사교육을 받게 되는 나이에 해당하는 이들이다.
334) '속옷'은 'chitōn'인데, 'himation'이라는 더 무거운 겉옷 안에 받쳐 입는 용으로도 입었고, 키톤만 입기도 했다.

클레안테스

나는 물일과 다른 모든 일을 철학을 위해서 하지 않나요?" 이는 제논
이 그를 이 일을 위해서 훈련시켜 1오볼씩을 바치라고[335] 명했기 때
문이었다. 〔170〕 그리고 어느 날 제논은 그 모아진 잔돈을 지인들
앞에 내놓고 말했다. "클레안테스는 그가 원하기만 하면 다른 클레
안테스도 키울 수 있을 만하다. 하지만 스스로 먹고살 수 있는 수단
을 가진 사람들은 편안히 철학을 할 수 있는데도 다른 사람들에게서
원조받기를 여전히 바란다. 바로 그때부터 클레안테스는 제2의 헤
라클레스라고도 불리게 되었다. 그런데 그는 부지런하기는 했지만
철학에 재능이 없었고 너무나도 둔했다. 그 때문에 티몬도 그에 대
해서 다음과 같이 말한다.

---

335) 원래 이것은 노예가 다른 사람에게 고용되어 돈을 받으면 원주인에게 임금
의 일부를 바치는 것을 이르는 말이었다. 여기서는 제논이 제자들에게 수
업료를 받는 것을 뜻한다.

사람들의 대열을 돌아다니고 있는 숫양336)과 같은 이 사람은 누구인가?
시를 곱씹는 자, 아소스에서 온 돌, 넙데데한 겁쟁이.

그리고 그는 같이 공부하는 자들로부터 조롱을 받고도 참았으며
당나귀라는 소리를 듣고도 선선히 받아들이며, 자신만이 〔171〕 제
논의 짐을 나를 수 있다고 말했다. 그리고 언젠가는 겁쟁이라는 비
난을 받고는 "그렇기 때문에 나는 잘못을 덜 저지른다"고 말했다. 한
편 그는 자신의 삶을 부자들의 삶보다 높이 평가하면서 저들이 공놀
이를 하는 사이에 자신은 거칠고 척박한 땅을 일구는 일을 한다고 말
했다. 종종 그는 자기 자신도 꾸짖곤 했다. 그것을 듣고서 아리스톤
은 "누구를 꾸짖는 겐가?"라고 말했다. 그러자 그가 웃더니 "나이 들
어 백발인데 지각이 없는 자입니다"라고 말했다. 한편 그는 아르케
실라오스가 해야 할 일을 하지 않는다고 어떤 사람이 말하자, "그만
하게. 비난하지 말게. 말로는 비록 그가 마땅한 것을 반박하고 있지
만, 실제로야 그걸 실행하고 있으니 말일세"라고 한다. 그러자 아르
케실라오스는 "나는 아첨에 넘어가지 않소"라고 말한다. 그에게 클
레안테스는 "그렇소, 내가 하는 아첨의 말은 그대가 이야기하는 것
과 행동하는 것이 다르다는 것이죠"라고 했다.
〔172〕 어떤 사람이 자기 아들에게 어떤 훈계를 해야 할지 묻자 그는,

《엘렉트라》에 나오는 말이죠. 조용히. 조용히. 발걸음을 사뿐하게. 337)

---

336) 방울을 달고 양들의 대열을 이끌어가는 길잡이 숫양을 말하는 듯하다.
337) 에우뤼피데스, 《오레스테스》, 140행. 클레안테스나 디오게네스 라에르티
오스가 에우뤼피데스의 다른 작품 《엘렉트라》와 혼동한 것으로 보인다.

라고 말했다. 어떤 라코니아 사람이 노동이 훌륭한 것이라고 말하자 그는 기뻐하며 말했다.

그대의 혈통은 훌륭하네, 나의 아들이여.

한편 헤카톤은 《교훈담》338) 에 전하길, 잘생긴 젊은이가 "배를 두드리는 사람이 배가 부른 것이라면, 허벅지를 두드리는 사람은 허벅지 벌리기질339) 을 한 것이다"라고 말하자, "자넨 허벅지 벌리기를 간수하게, 젊은이. 유사한 발음이 꼭 유사한 사물을 의미하는 것은 아니라네"라고 말했다고 한다. 언젠가 그는 젊은이와 대화하면서 그 젊은이가 이해하는지 물었다. 그 젊은이가 고개를 끄덕이자 그는 "그런데 왜 나는 자네가 이해하는지를 이해하지 못하는 걸까?"라고 말했다.

〔173〕 소시테오스340) 가 극장에서 그 자리에 와 있는 클레안테스를 향해,

클레안테스의 멍청함에 소몰이를 당하는 자들

---

338) 6권 4절 주석 참고.

339) 허벅지로 번역한 'mēros'와 '허벅지 벌리기'로 번역한 'diamērismos'가 비교적 뜻이 분명한 데 착안해서 동사형의 'mērizein'을 '허벅지를 벌리다'로 번역했다. 이곳에서만 사용된 동사로서 명사들을 이용해 장난삼아 동사를 만든 것으로 보았다. 여기서 '허벅지 벌리기'는 그리스 동성애에서 항문 대신 허벅지를 사용한 것을 이르는 것으로 보았다.

340) 소시테오스(Sōsitheos)는 기원전 3세기에 활동한 알렉산드리아 출신의 비극시인이다.

이라 말했을 때, 그는 변함없는 자세를 지켰다. 이에 감탄한 청중들은 그에게 갈채를 보내는 한편 소시테오스를 내쫓아 버렸다. 그런데 소시테오스가 비난에 대해 후회하자 그를 용서하며 클레안테스는 디오뉘소스와 헤라클레스가 시인들에게서 허튼소리를 들어도 화내지 않는데 자신이 항간의 비방을 참지 못한다면 이상하지 않느냐고 말했다. 또 그는 소요학파 사람들은 자신들이 아름다운 소리를 내면서도 자신들의 소리를 듣지 못하는 뤼라와 처지가 비슷하다는 말을 하곤 했다.

한편 그는 제논을 따라서 성품은 용모에 근거해 파악 가능하다고 그가 확언하자 재치 있는 어떤 젊은이들이 그에게 시골에서 튼튼하게 자란 톳쟁이를 데려와 그의 성품에 대해서 밝혀 보라고 요구했다고 한다. 그는 곤경에 처해 그 사람에게 가라고 시켰다고 한다. 그런데 가면서 그가 재채기를 하자 클레안테스는 말했다고 한다. 〔174〕 "그가 연약하다는 것을 알겠소." 한편 그는 혼자 살며 혼잣말하는 사람에게 "그대는 하찮은 사람과 이야기를 나누는 것이 아니오"라고 말했다. 누군가가 그에게 노인이라고 비난하자 그는 "나 역시 떠나고 싶소. 하지만 내 자신이 모든 면에서 건강하고 글을 쓸 수 있고 기억할 수 있는 것을 면밀히 살펴볼 때면, 난 다시 머문다오"라고 말했다. 사람들은 이 사람이 돈이 없어 파피루스를 살 수 없어서 제논에게서 들은 것들을 도자기 조각과 황소의 어깨뼈에 적었다고 말한다. 바로 이와 같은 사람이었기에 입에 올릴 만한 다른 많은 제논의 제자들 중에서 바로 그가 그 학파를 계승한 것이라고들 말한다.

그는 아주 아름다운 책들을 남겼는데, 다음과 같다.

《시간에 대하여》

《제논의 자연학설에 대하여》 2권

《헤라클레이토스 해설집》 4권

《감각에 대하여》

《기술에 대하여》

《데모크리토스에 반대하여》

《아리스타르코스에 반대하여》

《헤릴로스에 반대하여》

《충동에 대하여》 2권

〔175〕《옛 학설》

《신들에 대하여》

《거인족에 대하여》

《결혼에 대하여》

《시인에 대하여》

《마땅한 것에 대하여》 3권

《훌륭한 숙고에 대하여》

《호의에 대하여》

《철학의 권유》

《덕들에 대하여》

《타고난 재능에 대하여》

《고르기포스341)에 대하여》

《질투에 대하여》

---

341) 사람 이름으로 보이나 이 인물에 대하여 남아 있는 전거가 없는 듯하다.

《사랑에 대하여》

《자유에 대하여》

《사랑의 기술》

《명예에 대하여》

《평판에 대하여》

《정치가》

《심의에 대하여》

《법률에 대하여》

《소송에 대하여》

《지도(指導)에 대하여》

《이성에 대하여》 3권

《궁극목적에 대하여》

《아름다운 것들에 대하여》

《행위에 대하여》

《앎에 대하여》

《왕정에 대하여》

《우정에 대하여》

《향연에 대하여》

《남자와 여자의 덕은 같다는 것에 대하여》

《지혜로운 자가 궤변을 하는 것에 대하여》

《필요한 것들에 대하여》342)

《강의집》 2권

---

342) 혹은 '사용에 대하여'라고도 번역할 수 있다.

《쾌락에 대하여》

《고유한 것들에 대하여》

《당혹스러운 것들에 대하여》

《변증술에 대하여》

《식(式)에 대하여》343)

《술어들에 대하여》

이 책들이 그의 것이다.

〔176〕그는 다음과 같이 죽음을 맞았다. 그는 잇몸이 부었다. 의사
들이 금해서 그는 이틀 동안 음식을 멀리했다. 그러자 다소 호전되어
의사들이 그에게 모든 것을 평소대로 하도록 허용했다. 그러나 그는
단식을 중단하지 않고 이미 자신이 갈 길이 준비되어 있다고 말하고는
남은 시간 동안 음식을 멀리하여, 어떤 사람들의 말에 따르면 그는 제
논과 같은 나이에 죽었으며 19년간 제논의 제자로 살았다고 한다.

그래서 우리 역시 그에 대해 이렇게 말장난을 해봤다. 344)

나는 클레안테스를 찬양하지만, 하데스를 더 찬양한다네.

하데스는 그가 늙은 것을 보고는 삶의 그토록 많은 시간 동안

물을 길었던 그가 죽은 자들 사이에서 휴식을

취하지 못하는 것을 참지 않았기에.

---

343) 3단논법의 추론 형식을 말한다.

344) 뒤에 나오는 시에서 '찬양하다'라는 말(아이노)과 하데스의 원 발음(아이데
스)이 비슷한 것에 착안해서 시를 쓴 것을 두고 하는 말로 보인다.

6. 스파이로스

〔177〕 우리가 앞에서 이야기했던 대로 제논 이후에 보스포로스 사람 스파이로스도 클레안테스에게서 듣고 배웠고, 이 사람은 여러 논의들에 대하여 충분한 진전을 거둔 후에 그의 곁을 떠나 알렉산드리아로 가서 프톨레마이오스 왕조의 필로파토르 왕345)에게 갔다. 어느 날 현자가 의견을 갖는지에 대한 논의가 벌어져 스파이로스가 현자는 의견을 갖지 않는다고 말하자 왕은 그를 시험하고 싶어서 밀랍으로 된 석류 몇 개를 곁에 두게 시켰다. 그가 속아 넘어가자 왕은 그가 거짓 인상에 동의했다고 크게 외쳤다. 스파이로스는 왕에게 그가 동의한 것은 그것들이 석류라서가 아니라 그것들이 석류인 것이 이치에 맞는다고 말함으로써 성공적으로 대답했다. 파악 가능한 인상과 이치에 맞음은 다른 것이라는 말이었다. 한편 그는 프톨레마이오스가 왕이 아니라고 말한다고 해서 그를 비난하는 므네시스트라토스에 대해, "현명하지도 않다면 왕이 아니라는 뜻"이며, "프톨레마이오스는 그런 분이시고 왕이시라"고 말했다.

〔178〕그는 다음과 같은 책들을 썼다.

《우주에 대하여》 2권
《요소들에 대하여》
《씨앗에 대하여》
《운에 대하여》

---

345) 필로파토르(Philópător) 왕은 프톨레마이오스 왕조의 4대 왕으로, 기원전 222~205년에 재위하였다.

《가장 작은 것들에 대하여》

《원자들과 모상들에 반대하여》

《감각기관들에 대하여》

《헤라클레이토스에 대하여》 5권

《강연집》

《윤리학 체계에 대하여》

《마땅한 것에 대하여》

《격정에 대하여》

《감정들에 대하여》

《왕정에 대하여》

《스파르타의 정치체제에 대하여》

《뤼쿠르고스와 소크라테스에 대하여》 3권

《법에 대하여》

《예언술에 대하여》

《사랑에 대한 대화들》

《에레트리아학파 철학자들에 대하여》

《닮은 것들에 대하여》

《정의(定義)에 대하여》

《상태에 대하여》

《모순에 대하여》 3권

《이성에 대하여》

《부에 대하여》

《평판에 대하여》

《죽음에 대하여》

《변증술에 관하여》 2권

《술어들에 대하여》

《애매성에 대하여》

《편지들》

7. 크뤼시포스

〔179〕 크뤼시포스는 아폴로니오스의 아들로서 솔리스 사람이거나 알렉산드로스가 《철학자들의 계보》에서 말하는 바에 따르면 타르소스 사람으로 클레안테스의 제자이다. 이 사람은 이전에는 장거리 달리기 선수로서 훈련하다가 나중에 제논의 강의를 들었으나(또는 디오클레스와 대부분의 사람들에 따르면 클레안테스의 강의를 들었으나), 그가 아직 생존해 있을 때 그의 곁을 떠나 철학 분야에서 비범한 사람이 되었다. 그는 자질이 뛰어나고 어느 부분에서나 대단히 날카로웠기 때문에 대부분의 문제에서 제논과 생각을 달리했으며 클레안테스와도 생각을 달리하여 종종 그에게 자신이 필요한 것은 학설들의 가르침이고 그것들의 증명은 자신이 스스로 발견하겠노라고 말하곤 하기까지 했다. 하지만 그는 클레안테스에게 대들 때마다 후회하고서는 줄곧 이런 말을 인용했다.

> 나는 다른 점에서는 본래 복받은 사람이라네,
> 클레안테스와 관련해서만 빼면. 나는 이 점에서 행복하지 못하네. 346)

크뤼시포스

〔180〕 한편 그는 변증술에 관하여 아주 빛나는 사람이 되어 대다수의 사람들이 만약 신들 사이에 변증술이 있다면, 그것은 크뤼시포스의 것과 다르지 않을 것이라고 여길 정도였다. 한편 그는 소재는 넘쳤지만 화법(lexis)은 성공적이지 못했다. 또한 그가 누구와 견주어도 부지런했던 것은 그의 저작들을 보면 분명하다. 그 숫자는 705권이 넘기 때문이다. 하지만 그는 동일한 학설을 자주 손보고 떠오른 생각을 전부 적고 더 자주 수정하고 증거가 되는 것들을 숱하게 인용했기 때문에 그 저작은 여러 배로 부풀려졌다. 그래서 언젠가 그의 저작들 중 하나에 에우뤼피데스의 《메데이아》 거의 전부를 인용해서, 어떤 사람이 손으로 그 책을 잡았을 때, 무엇을 갖고 있는지를 묻는 사람에게 그 사람은 "크뤼시포스의 《메데이아》"라고 말했다.

---

346) 에우뤼피데스, 《오레스테이아》, 540~541행을 개작한 것이다.

〔181〕 그리고 아테네 사람 아폴로도로스는 《학설 입문》에서 에피쿠로스 자신의 힘으로 쓰이고 인용된 말이 없는 저작들이 크뤼시포스의 저작들보다 엄청나게 많다는 것을 비교하려는 생각에서 정확하게 다음과 같이 말한다. "만약 크뤼시포스의 저작들에서 남의 것을 인용한 것들을 전부 제한다면, 그의 파피루스는 허공347) 으로 남을 것이므로." 그리고 이건 아폴로도로스가 한 말이지만 늘 그를 시중들던 노파의 말에 따르면 디오클레스는 자신이 매일 500행을 썼다고 말했다고 한다. 한편 헤카톤은 그가 철학의 길에 들어선 것은 아버지로부터 물려받은 그의 재산이 왕의 것으로 귀속되었기 때문이라고 한다.

〔182〕 한편 그가 체구가 빈약한 것은 케라메이코스에 있는 그의 인물상을 보면 분명하다. 그 인물상은 가까이 있는 기마상에 거의 가렸다. 그래서 그를 카르네아데스는 가려진 자라고 말했다. 이 사람은 대중과 더불어 아리스톤의 강의에 들어가지 않았다고 해서 어떤 사람에게 비난을 받자 "만약 내가 대중에게 신경 썼더라면 철학을 하지 않았을 것이다"라고 말했다. 한편 크뤼시포스에게 도전하여 그에게 궤변을 던지는 변증론가에게 그는 "늙은이를 더 문제가 될 만한 것들로부터 주의를 산만하게 하는 것은 그만두고 우리 젊은이들에게 그런 것들을 던지시지요"라고 말했다. 그런가 하면 어떤 사람이 그와 차분히 대화를 시도하다가 사람들이 무더기로 다가오는 것을 보고 논쟁적이 되자 그가 말했다.

347) '여백'이라 번역하는 것이 자연스럽겠지만 에피쿠로스가 원자론의 철학자로서 운동이 허공 속에서 가능하다고 주장한 사람인 점을 염두에 두고 한 말장난이라 그대로 살려 번역했다.

아아 형제여, 그대의 눈이 발광을 하는구려.

방금 전에는 제정신이더니 바로 광증을 뒤쫓아 가니.

〔183〕그는 술이 취해서 다리는 비틀거리더라도 평정을 유지하였
기에 그의 여종이 "크뤼시포스님은 다리만 취해요"라고 말했다. 그
는 워낙 자신만만해서 어떤 사람이 "내 아들을 어떤 분에게 맡길까
요?"라고 묻자 "나에게 맡기시오. 만약 나보다 누가 더 낫다는 생각
을 내가 한다면, 난 그의 문하에서 철학을 공부하고 있을 테니까"라
고 말했다고 한다. 이로부터 사람들은 그에게

　　그만이 지혜롭고, 다른 이들은 그림자처럼 쏘다닌다. 348)

라거나

　　크뤼시포스가 아니었더라면, 스토아는 없었을 것이다.

라고 이야기되었다고들 말한다.

　한편 소티온이 8권349)에서 말하는 바에 따르면 마지막에 그는 아
카데미아에 참여해 아르케실라오스와 라퀴데스350)와 함께 철학을
했다고 한다. 〔184〕그 이유 때문에 그는 일상어법351)을 반대하는
논변을 시도하기도 하고 옹호하는 논변을 펼치기도 했고, 크기와 개

---

348) 호메로스, 《오뒤세우스》, 10권 495행.
349) 《철학자들의 계보》, 8권.
350) 신아카데미아학파의 창시자(4권 59절 이하 참고).
351) 'synētheia'에 대한 번역은 갈린다. '관습'이나 '일상 경험'이란 번역도 있다.

수와 관련해서 아카데미아의 방법(systasis)을 사용했다.

헤리미포스는 이 사람이 오데이온[352]에서 강의하고 있을 때 학생들한테서 제의에 초대받았다고 한다. 거기서 희석되지 않은 달콤한 포도주를 대접받고 어지러움을 느끼고 닷새 후에 인간 세상을 떠났다고 하는데 73년을 살았으며, 아폴로도스가 《연대기》에서 말하는 바에 따르면 143회 올륌피아기였다고 한다.

그를 위해 우리에게는 그를 위한 다음과 같은 시가 있다.

크뤼시포스는 한껏 입을 벌려 포도주를 들이켰고
스토아도 그의 조국도 그의 영혼도 아끼지 않고
하데스의 집으로 갔다.

〔185〕 하지만 어떤 사람들은 그가 웃음 발작을 일으켜 죽었다고 말한다. 당나귀가 그의 무화과 열매를 먹었는데, "이제는 희석하지 않은 포도주를 그 당나귀에 줘서 무화과 열매를 삼키게 하시오"라고 노파에게 말하고서는 너무 웃어서 죽었다는 것이다.

한편 그는 매우 오만한 사람이었던 것 같다. 그만큼의 저술을 썼으면서도 어떤 왕에게도 헌정하지 않은 것은 분명하기 때문이다. 데메트리오스도 《이름이 같은 시인들과 작가들에 대하여》에서 말하듯이 그는 노파 하나만으로 만족해했다. 또한 프톨레마이오스가 클레안테스에게 편지를 해서 그가 직접 오든지 누구를 보내 달라고 했을 때 스파이로스는 거기로 떠났지만 크뤼시포스는 거들떠보지도 않았

---

352) 오데이온(ōdeion)은 페리클레스 때 지어진 음악 공연을 위한 공공건물이다.

다. 한편 그는 자신의 누이의 아들들인 아리스토크레온과 필로크라테스를 불러들여 그들을 훈육했다. 그리고 그는 앞서 언급된 데메트리오스도 보고하듯이 뤼케이온에서 최초로 과감하게 야외 강의를 가졌다고 한다.

〔186〕 또한 다른 크뤼시포스도 있어서, 크니도스 출신의 의사는 에라시스트라토스가 그에게 큰 신세를 졌다고 하는 사람이다. 또 다른 사람은 이 사람의 아들인 프톨레마이오스의 주치의로서 모략을 받아 조리돌림을 당하고 책형을 받았다. 다른 사람은 에라시스트라토스의 제자였고, 또 어떤 사람은 《농사술》이라는 책을 썼던 사람이다.

그 철학자는 다음과 같은 논변들도 묻곤 했다. "입교하지 않은 자들에게 비의를 말해 주는 사람은 불경을 저지르는 것이다. 교리해설자는 입교하지 않은 자들에게 그것들을 이야기한다. 따라서 교리해설자는 불경을 저지른다." 다른 것도 있다. "나라에 있는 것은 집에도 있다. 우물은 나라에 없다. 따라서 집에도 없다."353) 또 다른 것이 있다. "어떤 머리가 있다. 그런데 너는 저 머리를 가지고 있지 않다. 네가 가지고 있지 않은 어떤 머리가 있긴 하다. 따라서 너는 머리를 가지고 있지 않다." 〔187〕 또 다른 것이 있다. "어떤 사람이 메가라에 있다면, 그는 아테네에 없다. 사람은 메가라에 있다. 따라서 아테네에는 사람이 없다." 또다시 "네가 무언가를 지껄인다면, 그것은 너의

---

353) '나라'(polis)라는 말이 갖는 이중적 의미를 가지고 짠 논변이다. '나라'로 번역한 'polis'는 국가체제(공동체)라는 뜻도 있으면서 동시에 '공적 공간'이라는 의미도 있다. 우물은 일반 가정, 즉 사적 공간에 있는 것이라 공적 공간에는 없는 것이기도 하다.

입을 통해서 나온다. 그런데 너는 마차에 대해서 지껄인다. 따라서 마차가 너의 입을 통해 나온다." 또다시 "네가 무엇을 잃어버리지 않았다면, 너는 그것을 가지고 있다. 그런데 너는 뿔을 잃어버리지 않았다. 따라서 너는 뿔을 가지고 있다." 어떤 사람들은 이것이 에우불리데스의 것이라고 말한다.

한편 부끄럽고 입에 올리기 힘든 많은 것들을 써낸다고 크뤼시포스를 헐뜯는 사람들이 있다. 《고대의 자연철학자들》이라는 저술에서 헤라와 제우스에 관한 이야기[354]를 음란하게 개작했는데, 600행쯤에서 그는 누구도 입을 더럽히지 않고는 말할 수가 없는 것들을 이야기하고 있기 때문이다. 왜냐하면 사람들이 말하기를, 〔188〕 그는 이 이야기를 너무도 음란하게 개작하여 비록 그가 그것을 자연학에 관한 이야기로 칭송하고 있기는 하지만 신들보다는 창녀에 적합한 이야기로 개작하였기 때문이다. 심지어 그것은 전문 필사가에 의해 기록된 것이 아니었다. 그것은 폴레몬에 의해서도 휩시크라테스에 의해서도 아니요, 안티고노스[355]에 의한 것 역시 아니었으며 그 자신에 의해 만들어졌다는 것이다.

한편 그는 《국가에 대하여》에서 엄마와도, 딸과도, 아들과도 교합하는 것을 이야기한다. 같은 이야기를 그는 《그 자체로 선택할 만하지 않은 것들에 대하여》의 바로 첫머리에서도 말한다. 한편 《정의에 대하여》 3권 1천 행쯤에서 그는 죽은 사람들조차 먹어 치우라고 시키고 있다. 한편 《삶과 생계에 대하여》 2권에서 그는 자신이

---

354) 호메로스의 《일리아스》, 14권에 헤라가 제우스를 유혹하는 이야기를 말한다.
355) 이 세 사람은 당시의 전문 필사가였던 것으로 보인다.

'현자는 어떻게 생계를 세워야 하는가'를 미리 생각한다고 말하면서 다음과 같이 덧붙이고 있다. 〔189〕 "그런데도 무엇을 위해서 그가 생계를 세워야 하는가? 만약 살기 위해서라면 사는 것은 차이가 없는 것이고, 즐거움을 위해서라면 그것 역시 차이가 없는 것이기 때문이다. 덕을 위해서라면 그것은 행복과 관련해 자족적인 것이다. 생계 수단들 역시 비웃을 만하다. 예컨대 왕에 의지하는 사람들이 있다고 하면, 그는 왕에게 굴종해야 하기 때문이다. 또한 우정에 의지하는 사람들도 있다고 하면, 우정이 수입을 위해 파는 상품이 될 것이기 때문이다. 또한 지혜에 의지하는 사람들이 있다고 하면 지혜는 보수를 받고 하는 일이 될 것이기 때문이다." 이상이 그에 대한 사람들의 비난이다.

하지만 그의 책들은 명성이 대단하기 때문에, 나로서는 그 책들의 유형별 목록을 여기에 기록해 두는 것이 좋다고 생각했다. 그것은 다음과 같다.

(1) 말에 관한 논제들
《말에 관한 입론들》
《철학자의 탐구대상들》
《변증술에 따른 정의: 메트로도로스에게》 6권
《변증술에 따른 용어들에 대하여: 제논에게》 1권
〔190〕 《변증술: 아리스타고라스에게》 4권

(2) 사물에 대한 말에 관한 논제들

1집

《판단에 대하여》 1권

《단순하지 않은 판단에 대하여》 1권

《연언명제에 대하여: 아테나데스에게》 2권

《부정명제에 대하여: 아리스토고라스에게》 3권

《한정명제에 대하여: 아테노도로스에게》 1권

《결여성에 따라 표현된 명제에 대하여: 테아로스에게》 1권

《부정명제에 대하여: 디온에게》 3권

《부정명제의 차이에 대하여》 4권

《시간에 따라 표현된 명제에 대하여》 2권

《완료시제의 명제에 대하여》 2권

2집

《참된 선언명제에 대하여: 고르기피데스에게》 1권

《참된 결합명제에 대하여: 고르기피데스에게》 4권

〔191〕《선택: 고르기피데스에게》 1권

《귀결에 대한 논의에 반대하여》 1권

《3항 명제에 대하여: 다시 고르기피데스에게》 1권

《가능성 명제에 대하여: 클레이토스에게》 4권

《필론의 〈의미에 관하여〉에 반대하여》 1권

《거짓된 것은 어떤 것인가에 대하여》 1권

3 집

《명령에 대하여》 2권

《질문에 대하여》 2권

《심문에 대하여》 3권

《질문과 심문에 대한 요약》 1권

《대답에 대한 개요》 1권

《탐구에 대하여》 2권

《대답에 대하여》 4권

4 집

《술어에 대하여: 메트로도로스에게》 10권

《능동술어와 수동 술어에 대하여: 필라르코스에게》 1권

《자동사에 대하여》 1권

《파쉴로스에게: 술어에 대하여》 4권

5 집

〔192〕《5개의 격에 대하여》 1권

《주어에 따라 규정되는 언명에 대하여》 1권

《파생의미에 대하여: 스테사고라스에게》 2권

《일반명사에 대하여》 2권.

(3) 어휘와 그에 따른 문장에 대한 말에 관한 논제에 대한 것

1집

《단수와 복수 언명에 대하여》 6권

《어휘에 대하여: 소시게네스와 알렉산드로스에게》 5권

《변칙적인 어법에 대하여: 디온에게》 4권

《음성과 관련된 곡물 논변에 대하여》 3권

《부정확한 어법에 대하여》 1권

《부정확한 어법의 문장에 대하여: 디오뉘시오스에게》 1권

《관용적 어법에 어긋나는 문장들》 1권

《어법 : 디오뉘시오스에게》) 1권

2집

《연설과 이야기되는 말의 요소에 대하여》 5권

《이야기되는 말의 배치에 대하여》 4권

[193] 《이야기되는 말의 배치와 요소에 대하여: 필리포스에게》

《문장의 요소에 대하여: 니키아스에게》 1권

《관계사에 대하여》 1권

3집

《분할을 거부하는 사람들에 반대하여》 2권

《다의성에 대하여: 아폴라스에게》 4권

《논식적인 다의성에 대하여》 1권

《가언 논식적인 다의성에 대하여》 2권

《다의성에 대하여: 판토이데스에게》 2권

《다의성 입문에 대하여》 5권

《에피크라테스의 다의성 요약》 1권

《다의성 입문을 위한 자료집》

(4) 추론과 논식에 대한 말에 관한 논제

1 집

《논증과 논식의 기술: 디오스쿠로데스에게》 5권

《논증에 대하여》 3권

〔194〕《논식의 구성에 대하여: 스테사고라스에게》 2권

《논식 명제들의 비교》 1권

《환위 가능한 추론과 가정적 추론에 대하여》 1권

《아가톤에게 반대하여, 또는 연이은 문제들에 대하여》 1권

《어떤 전제들이 하나 또는 그 이상의 다른 명제들과 결합하여
 결론을 도출할 수 있는지에 대하여》 1권

《추론에 대하여: 아리스타고라스에게》 1권

《여러 식에서 동일한 논증을 얻어내는 것에 대하여》 1권

《동일한 논증이 3단논법과 비3단논법에서 얻어질 수 있다는 것에
 대한 반박에 답하여》 2권

《3단논법의 분석에 대한 반박에 답하여》 3권

《필론의 〈식에 대하여〉에 대한 반박: 티모스트라토스에게》 1권

《논리학 문집: 티모크라테스와 필로마테스에게. 그들의 〈논증과
 식에 대하여〉에 대한 비판》 1권

[195] 2집

《결론을 이끌어내는 논증에 대하여: 제논에게》1권

《논증적이지 않은 첫 번째 3단논법들에 대하여: 제논에게》1권

《3단논법의 분석에 대하여》1권

《중언부언하는 추론에 대하여: 파쉴로스에게》2권

《3단논법에 대한 정리들에 대하여》1권

《초보적인 3단논법에 대하여: 제논에게》1권

《식의 입문에 대하여: 제논에게》3권

《잘못된 격에 따른 추론들에 대하여》5권

《비논증적인 3단논법에서의 환원에 따른 3단논증》1권

《식에 대한 고찰: 제논과 필로마테스에게》1권(이것은 위서로 보인다)

3집

《뒤집어지는 논증에 대하여: 아테나데스에게》1권(위서)

《중간 것과 관련된 뒤집어지는 논증》3권(위서)

〔196〕《아메이니아스의 선언적 3단논법에 반대하여》1권

4집

《가언에 대하여: 메레아그로스에게》3권

《법률에 관한 가언적 논증: 다시 멜레아그로스에게》1권

《입문을 위한 가언적 논증》2권

《헤뒬로스의 가언적 3단논법의 해법》2권

《알렉산드로스의 가언적 3단논법의 해법》3권(위서)

《사례제시에 대하여: 라오다마스에게》1권

5집

《거짓말쟁이에 대한 입문에 대하여: 아리스토크레온에게》 1권

《입문을 위한 거짓 논증》 1권

《거짓말쟁이에 대하여: 아리스토크레온에게》 6권

6집

《거짓이면서 참이기도 하다고 생각하는 사람들에게 반대하여》 1권

〔197〕《거짓말쟁이 논변을 나눔을 통해 해결하는 사람들에 대한 반론: 아리스토크레온에게》 1권

《부정명제는 나누어서는 안 된다는 것에 대한 증명》 2권

《부정명제들의 나눔에 반대하는 논변들에서 이루어지는 것들에 대하여: 파쉴로스에게》 3권

《옛사람들에 따른 해법: 디오스쿠리데스에게》 1권

《거짓말쟁이의 해법에 대하여: 아리스토크레온에게》 3권

《헤뒬로스의 가언적 3단논법의 해법: 아리스토크레온과 아펠라스에게》 1권

7집

《거짓말쟁이 논변의 전제가 거짓이라 주장하는 자들에게 반대하여》 1권

《부정하는 자에 대하여: 아리스토크레온에게》 2권

《연습을 위한 부정하는 자라는 논변》 1권

《'조금씩'이라는 논변에 대하여: 스테사고라스에게》 2권

《통념들에 대한 논변들과 침묵시키는 논변들에 대하여: 오네토르에게》 2권

〔198〕《가려진 사람에 대하여: 아리스토불로스에게》2권

《의식하지 못한 자에 대하여》2권

8집

《'아무도 아니다'에 대하여: 메네크라테스에게》8권

《무한정명제와 한정명제로 이루어지는 논변들에 대하여: 파쉴로
스에게》2권

《'아무도 아니다' 논변에 대하여: 에피크라테스에게》1권

9집

《궤변에 대하여: 헤카르케이데스와 폴리스에게》2권

《변증술의 난문들에 대하여: 디오스쿠리데스에게》5권

《아르케실라오스의 〈방법〉에 반대하여: 스파이로스에게》1권

10집

《관습에 대한 비판: 메트로도로스에게》6권

《관습을 변호하여: 고르기피데스에게》7권

(5) 논리적 논제에 대하여

이전에 언급된 네 가지 분야에 포함되지 않으면서 열거된 주제들
에 대한 논리적 탐구. 산재해 있으며 묶음을 이루지 않는 39권을
비롯해 논리학 관련 전체는 311권.

① [199] 윤리적 개념들의 분절에 관한 윤리적 논의

1 집

《윤리 이론의 윤곽: 테오포로스에게》 1권

《윤리적 명제들》 1권

《교설을 위한 설득력 있는 전제들: 필로마테스에게》 3권

《훌륭한 사람에 속하는 것들의 정의들: 메트로도로스에게》 2권

《저열한 사람에게 속하는 것들의 정의들: 메트로도로스에게》
  2권

《중간층에 대한 정의들: 메트로도로스에게》 2권

《종개념에 따른 것에 속하는 것들에 대한 정의들: 메트로도로스에
  게》 2권

《다른 학문들에 따른 것들의 정의들: 메트로도로스에게》 2권

2 집

《닮은 것들에 대해서》 3권

《정의들에 대하여》 7권

3 집

《정의들에 대한 올바르지 못한 반론들에 대하여: 라오다마스에
  게》 7권

〔200〕《정의들에 대해서 설득력 있는 것들: 디오스쿠리데스에
  게》 2권

《유개념과 종개념에 대하여: 고르피데스에게》 2권

《구별들에 대하여》 1권

《대립되는 것들에 대하여: 디오뉘시오스에게》2권

《구별들과 종개념과 유개념과 〈대립자들에 대하여〉에 대한
  설득력 있는 것들》1권

4집

《어원에 관한 것들에 대하여: 디오클레스에게》7권

《어원들에 대하여: 디오클레스에게》4권

5집

《격언들에 대하여: 제노도토스에게》2권

《시에 대하여: 필로마테스에게》1권

《시들을 어떻게 들을 것인가에 대하여》2권

《비평가들에 반대하여: 디오도로스에게》1권.

② [201] 윤리적 논제: 관련된 공통의 논의와
    이로부터 구성되는 학문들과 덕들

1집

《삶의 회복에 대하여: 티모낙스에게》1권

《우리는 어떻게 각각의 것을 부르고 관념을 갖게 되는지에
  대하여》1권

《관념들에 대하여: 라오다마스에게》2권

《통념들에 대하여: 퓌토낙스에게》3권

《현자는 판단하지 않으리라는 것에 대한 반증》1권

《파악, 인식, 무지에 대하여》4권

《이성에 대하여》2권

《이성의 사용에 대하여: 렙티나스에게》1권

2집

《옛사람들은 논증과 더불어 변증술도 인정한다는 것에 대하여:
  제논에게》2권

〔202〕《변증술에 대하여: 아리스토크레온에게》4권

《변증술에 대한 반박들에 대하여》3권

《연설술에 대하여: 디오스쿠리데스에게》4권

3집

《성질에 대하여: 클레온에게》3권

《기술과 기술 아닌 것에 대하여: 아리스토크레온에게》4권

《덕들의 차이에 대하여: 디오도로스에게》4권

《덕들이 어떤지에 대하여》1권

《덕들에 대하여 : 폴리스에게》2권

③ 좋은 것들과 나쁜 것들에 대한 윤리적 논제

1집

《좋은 것과 즐거운 것에 대하여: 아리스토크레온에게》10권

《즐거움이 궁극목적이 아니라는 것에 대한 증명》4권

《즐거움이 좋은 것이 아니라는 것에 대한 증명》4권

《이른바 〈 … 356) 을 위하여〉에 대하여》

---

356) 사본이 훼손되었다.

피타고라스학파

1. 피타고라스

〔1〕탈레스로부터 시작되는 이오니아학파 철학과 그 학파에서 활동한 중요한 인물들에 대해서는 상세하게 설명했으니, 이제는 이탈리아학파 철학에 대해서도 다루어 보기로 하자. [1] 이탈리아학파 철학은 보석 세공사인 므네사르코스 아들, 피타고라스로부터 시작되는데, 헤르미포스[2]에 따르면, 이 사람은 사모스섬 사람이었다. 또는 아리스톡세노스에 따르면 그는 아테네인들이 튀레니아 주민을 몰아내고 차지한 섬들 가운데 하나에서 태어난 튀레니아인[3]이었다. 그

---

1) 1권 서론 13절과 15절 참고.
2) 헤르미포스는 이 책의 내용을 전해주는 중요한 출전이다. 8권에서도 9번이나 언급되고 있다.
3) 튀레니아(Tyrrēnia)인은 비그리스어를 사용하는 민족으로 이탈리아의 에트루리아 민족과 같을 것으로 본다. 그 지역의 점유자들은 오늘날 토스카나(Toscana)라고 부른다. 이 튀레니아인들은 멀리 떨어진 동쪽으로부터 이탈리아로 이주해온 것으로 생각된다. 여기서 말하는 '하나의 섬'은 에게해 북

러나 어떤 사람들은 그가 마르마코스의 아들이고, 마르마코스는 히파소스의 아들이고, 히파소스는 에우튀프론의 아들이고, 에우튀프론은 플리우스[4]의 망명자였던 클레오뉘모스의 아들이고, 그리고 마르마코스는 사모스섬에 살았기 때문에 피타고라스가 사모스 사람으로 불렸다고 말한다.

〔2〕거기서 그는 레스보스섬으로 가서 숙부인 조일로스의 추천을 받아 페레퀴데스[5]와 함께했다고 한다. 그리고 그는 은제 술잔 3개를 준비해 이집트로 가져가 신관들마다 선물했다고 한다. 그에게는 형제들도 있었는데, 에우노모스[6]가 큰형이고 튀레노스가 둘째형이

동쪽 렘노스(Lēmnos)섬을 가리키는 것으로 추정된다. 아테네인들은 실제로 렘노스섬에서 비그리스인들은 축출했다. 포르퓌리오스는 그의 저작 《피타고라스의 생애》, 1절과 2절에서 피타고라스의 출신에 대한 상이한 보고를 해주고 있다. 흔히는 피타고라스의 아버지 므네사르코스가 사모스 사람이라고 하지만, 네안테스(Neanthēs)에 따르면 그는 튀레 출신의 쉬로스(시리아) 사람으로 사모스에 기근이 심했을 때 장사하러 사모스에 왔다가 정착해 시민이 되었다는 것이다. 여기서 아들 피타고라스를 얻었다. 나중에 피타고라스는 튀레로 보내져서 점성술에 능했던 칼다이오스들에게 맡겨졌다고 한다. 거기서 그들의 이론을 받아들인 다음, 이오니아로 돌아가서 쉬로스인 페레퀴데스 밑에서 공부했다는 것이다. 그런 다음 당시에 사모스에 거주하던 나이가 든 헤르모다마스에게 배웠다고 한다. 네안테스는 다른 보고도 전해준다. 피타고라스의 아버지가 튀레니아 사람으로 렘노스섬에 거주하던 사람이었다는 것이다. 므네사르코스가 사모스에 장사하러 왔다가 눌러앉아 사모스 시민이 되었다고 한다. 그는 젊은 아들을 데리고 함께 이탈리아로 배를 타고 떠났다는 것이다. 한편 아폴로니오스는 피타고라스에 관한 책에서 그의 어머니가 사모스의 창건자 안카이오스의 후손인 퓌타이스라고 말하고 있다. 여기다가 아폴로니오스는 피타고라스가 아폴론과 퓌타이스의 후손이라고 말해진다고 덧붙이고 있다. 어떤 시인은 피타고라스가 페레퀴데스와 헤르모다마스 및 아낙시만드로스에게 배웠다고 말하기도 한다.

4) 플리우스(Phlious)는 펠로폰네소스 반도 북동쪽에 있는 도시다.
5) 페레퀴데스에 대해서는 1권 116~122절에서 논의되었다.

살바토르 로사(Salvator Rosa), 〈지하세계에서 나오는 피타고라스〉
(*Pythagoras Emerging from the Underworld*), 1662.

었다. 또한 그에게는 자몰시스[7] 라는 노예가 있었는데, 헤로도토스
가 보고하는 바에 따르면,[8] 게타이인[9] 들은 그를 '크로노스'라 믿고
그에게 희생제의를 바쳤다고 한다.

　이미 말한 것처럼 피타고라스는 쉬로스의 페레퀴데스의 제자였
다(*akouein*). 그런데 그가 죽은 후 피타고라스는 사모스섬으로 돌아
가 크레오필로스[10] 의 후손인 헤르모다마스[11] 의 제자가 되었으나

---

6) 포르퓌리오스는 에우노스토스(Eunostos) 라고 말하고 있다.
7) Zalmoxis(잘목시스)로 된 사본도 있다. 자몰시스에 대해서는 1권 1절 참고.
8) 《역사》, 4권 94~95항목. 헤로도토스는 그 진실성을 의심한다.
9) 트라키아 부족 중 하나이다.
10) 크레오필로스(Kreōphylos)는 호메로스의 동시대인으로 전해지는 사모스 또
　　는 키오스 출신의 전설적인 그리스 서정시인이다.
11) 달리 알려진 바가 없다.

(*akouein*) 그는 이미 고령이었다. 피타고라스는 아직 젊었고 또 배우고 싶은 열망(*philomathē*)으로 고국을 등지고 여행을 떠나 그리스뿐만 아니라 이민족의 모든 비의(*teletē*)에도 입문했다.

〔3〕이렇게 해서 그가 이집트에 머물러 있었을 때, 폴뤼크라테스12)가 편지를 통해 그를 아마시스13)에게 추천했다. 또한 그는 안티폰14)이 《덕에서 으뜸가는 자들에 대해서》에서 말하는 것에 따르면 이집트 말을 통달했다고 하며, 또한 칼다이오스들과 마고스15) 들과도 함께 지냈다. 그다음에 그는 크레타에서 에피메니데스16)와 함께 이다의 동굴17)로 내려갔을 뿐만 아니라, 이집트에서는 내밀한 성소에 들어가기도 했다. 그래서 신들에 관한 은밀한 비전들을 배웠다. 그다음에 그는 사모스섬으로 돌아갔고, 그리고 조국이 폴뤼크라테스에 의해 참주 지배를 받고 있는 것을 발견하고는, 이탈리아의 크로톤으로 떠났다. 그곳에서 이탈리아의 그리스 정착민들을 위해 법률을 제정해서, 그의 제자들(*mathethēs*)과 더불어 큰 평판을 얻었다. 거의 300명에 달하는 그의 제자들은 나랏일을 최선으로(*arista*) 관리했기 때문

---

12) 폴뤼크라테스(Polykratēs)는 사모스의 참주였다(기원전 535~522년).

13) 아마시스(Amasis)는 이집트의 왕이다. 아마시스와 폴뤼크라테스는 동맹을 맺었다 나중에 적이 되었다(헤로도토스, 《역사》, 3권 39항목 참고).

14) 이 안티폰과 소피스트 안티폰(Antiphōn)을 혼동해서는 안 된다. 이 안티폰은 단지 3절의 내용만을 전하는 책의 저자이다.

15) 칼다이오스와 마고스에 대해서는 1권 1절의 주석을 참고.

16) 에피메니데스(Epimenidēs)는 반전설적인 인물로 크레타 출신 종교사상가다. 아테네에 역병이 돌 때 아테네를 방문하여 정화의식을 도입시켰다고 한다(1권 109~115절 참고).

17) 이다(Ida)의 동굴은 제우스의 출생지로 아버지 크로노스를 피해 양육되었다고 하는 전설상의 동굴로 크레타에 있다.

에, 그 정치체제(politeia)는 사실상 '최선자지배정'(aristokratia)이라 할 정도였다. 〔4〕 폰토스 사람 헤라클레이데스[18]는 이 사람이 자신에 대해서 자주 다음과 같이 말하곤 했다고 한다. 그는 언젠가 아이탈리데스[19]로 태어났으며 헤르메스의 아들로 여겨졌다. 그런데 헤르메스는 그에게 불사(不死)를 제외하고 원하는 것은 무엇이든 선택하라고 말했다. 그래서 그는 〔자신에게〕 일어났던 일들에 대한 기억을 살아서도 죽어서도 간직하게 해 달라고 청했다. 그리하여 그는 생시에는 모든 것을 똑똑히 기억해 두었고, 죽었을 때에는 같은 기억을 보존했다. 나중에 그는 에우포르보스[20]로 환생했고, 메넬라오스에 의해 부상을 당했다. 에우포르보스는 자신이 언젠가 아이탈리데스로 태어났고 헤르메스에게서 선물을 받았으며, 〔자신의〕 영혼의 전회와 관련해서도 어떻게 영혼이 옮겨 다니게 되었고, 얼마나 많은 식물들과 동물들 속에 있게 되었는지,[21] 그리고 하데스에서 자신의 영혼이 얼마나 많은 일을 겪었으며 남은 영혼들이 무슨 일을 견디어내고 있는지 말했다.

---

18) 플라톤의 학생이었다고 하며 플라톤, 아리스토텔레스, 피타고라스의 입장을 종합한 이론을 제시한 듯하다.

19) 아이탈리데스(Aithalidēs)는 헤르메스 신과 뮈르뮈돈 왕의 딸 에우폴레메이아의 사이에서 태어난 영웅이다. 아르고스호의 모험에 참가했으며 전령 역할을 맡았다. 그는 아버지로부터 모든 것을 기억하는 재능을 타고났으며 지상과 지하에서 번갈아 살도록 허용되었다고 한다.

20) 1권 25절에 언급되듯이 이 사람은 트로이 전쟁에 참전한 트로이 쪽의 영웅으로서 부등변삼각형 등에 관한 발견을 한 것으로도 전한다. 그는 아킬레우스의 무장을 한 파트로클로스에게 부상을 입혔으나 파트로클로스가 헥토르에게 죽은 후 그의 시체를 차지하려다 메넬라오스에게 죽임을 당하였다(《일리아스》, 17권 9~109행).

21) 아래의 77절 참고.

〔5〕에우포르보스가 죽었을 때, 그의 영혼은 헤르모티모스22) 속
으로 옮겨갔는데, 이 사람 자신도 그 증거를 제시하고 싶어서 브랑
키다이 가문 사람들23)에게 가서 아폴론 신전으로 들어서서는 메넬
라오스가 바친 방패를 보여 주었다. (왜냐하면 헤르모티모스는 메넬라
오스가 트로이에서 출항할 때 방패를 아폴론에게 바쳤다고 말했기 때문이
다.) 그 방패는 이미 썩어서 상아로 된 장식만 남아 있었다. 24) 그런
데 헤르모티모스가 죽었을 때, 그는 델로스의 어부인 퓌로스로 태어
났으며, 또다시 모든 것을, 즉 어떻게 그가 예전에 아이탈리데스였
다가, 에우포르보스가 되고, 그다음 헤르모티모스가 되었다가 퓌로
스가 되었는지를 기억했다. 그리고 퓌로스가 죽자, 그는 피타고라
스로 태어났고 언급된 모든 것을 기억했다고 한다.

〔6〕그나저나 어떤 사람들은 피타고라스가 저술을 하나도 남기지
않았다고 말하는데 이는 잘못된 것이다. 어쨌든 자연학자 헤라클레이
토스25)가 거의 외치듯이 분명하게 이렇게 말하고 있기 때문이다. "므

---

22) 다소 전설적인 철학자이긴 하지만, 헤르모티모스(Hermotimos)는 기원전
6세기경에 활동한 클라조메나이 출신의 철학자다. 아리스토텔레스의 《형이
상학》, 984b15에 따르면 그는 아낙사고라스 이전에 지성(nous)이 변화의
근본적 원인이라고 했다.

23) '브랑키다이'(Branchidai)는 '브랑코스'(Branchos)의 자손들이라는 뜻이다.
이들은 역사 이전의 시대에서부터 밀레토스 근처 디뒤마(Didyma)에 있는
아폴론 신전을 관리하던 사제 집안이었다. 그런데 페르시아 전쟁 당시 다레
이오스 황제가 기원전 493년에 디뒤마를 파괴하였고 크세륵세스는 이들을
중앙아시아 소그디아나(Sogdiana)란 지역으로 데려가 그곳에서 살게 하였
다. 이 마을이 이들의 이름에 따라 '브랑키다이'라고 불리기도 하였다. 1권
72절에 나오는 '브랑키다이'라는 지명은 이곳을 가리키거나 이 사제 집안이
원래 있었던 디뒤마의 이름으로 불린 것으로 보인다.

24) 아래의 45절 참고.

네사르코스의 아들 피타고라스는 어느 누구보다도 탐구(historiē)에 더 힘썼고, 그 저술들(syngraphai)에서 발췌해서 자신의 지혜, 즉 박식(polymathiē), 술책(kakotechniē)을 만들었다."[26] 헤라클레이토스가 이렇게 말한 것은 피타고라스가 《자연에 대하여》란 저술의 서두를 다음과 같이 시작하기 때문이다. "내가 숨 쉬는 공기에 맹세하고, 내가 마시는 물에 맹세컨대, 나는 다음의 이론(logos)에 대한 비난을 결코 참지 않을 것이다." 피타고라스가 쓴 책으로는 3권이 있는데, 《교육에 대하여》, 《정치에 대하여》, 《자연에 대하여》가 그것이다.[27]

〔7〕그러나 피타고라스 책으로 통용되는 것은 타라스 출신의 피타고라스학파 사람인 뤼시스[28]의 작품이다. 그는 테베로 망명해서 에파메이논다스[29]를 가르쳤다. 사라피온의 아들 헤라클레이데스는 《소티온 요약집》에서[30] 피타고라스가 또한 운문으로 된 《우주

---

25) 에페소스 출신의 헤라클레이토스에 대해서는 9권 1∼17절에서 논의되고 있다.
26) 딜스는 피타고라스 이전에 문자로 기록된 책들(syngraphai)의 존재를 의심하면서 이 단편(〈단편〉, 129 D)을 위작이라고 생각했으나 이후의 연구 성과들에 힘입어 현재는 거의 대부분의 학자들이 이 단편을 헤라클레이토스 자신의 것으로 받아들인다. 피타고라스가 발췌해서 자기 것인 양 삼았던 저작들이 무엇인지는 분명하지 않지만 당시의 이오니아 지방에는 현재 확인할 수 있는 아낙시만드로스, 아낙시메네스, 페레퀴데스의 단편들을 포함해서 상당수의 산문 저작들이 유통되었다는 점이 어느 정도 밝혀지고 있다.
27) 이 세 작품을 피타고라스의 3부작(tripartitum)이라 부른다.
28) 뤼시스(Lysis)는 기원전 5세기 중엽에 활동한 것으로 추정된다. 그는 크로톤에서의 피타고라스주의자들의 대학살을 피했던 것으로 보인다(8권 39절 참고).
29) 기원전 4세기 테베의 정치가요 장군으로 매우 출중한 사람이다. 테베를 스파르타의 압제로부터 벗어나게 했으며 테베를 강력한 도시로 만들었다.
30) 헤라클레이데스(Herakleidēs)는 렘보스 출신으로 소티온의 《철학자들의 계보》 축소판을 저술했다.

에 대하여》도 썼다고 말한다. 두 번째로 그는 《성스러운 말》이라는, 다음과 같이 시작하는 시를 썼다고 한다.

오, 젊은이들이여, 조용히 이 모든 내 말들을 경외하라.

세 번째는 《영혼에 대하여》, 네 번째로는 《경건에 대하여》, 다섯 번째로는 (코스 사람 에피카르모스[31]의 아버지) 《헤로탈레스》, 여섯 번째로는 《크로톤》을 썼고, 또 그 밖의 책도 썼다고 말하고 있다. 그런데 《비의론》(Mystikos logos)은 히파소스[32]의 작품으로서, 피타고라스를 비방하기 위해 쓰인 것이며, 또 크로톤 사람 아스톤에 의해 쓰인 다른 많은 책도 피타고라스의 저작으로 간주되었다고 그는 말한다.

〔8〕 그리고 아리스톡세노스는 피타고라스가 자신의 윤리적 교설 대부분을 델포이의 여사제 테미스토클레이아에게서 받아들였다고 말한다.[33] 또 키오스 사람 이온은 《트리아그모이》[34]에서, 피타고라스가 몇 편의 시를 지어 이를 오르페우스[35]의 작품으로 돌렸다고 말하고 있다. 그리고 《코피다스》[36]도 그의 작품으로 알려져 있는

---

31) 기원전 5세기 초에 활동했던 코스의 에피카르모스(Epicharmos)는 초기의 희극시인이다. 디오게네스는 8권 78절에서 훨씬 뒤에 살았음에도 피타고라스의 학생이었다고 말한다.

32) 히파소스(Hippasos)는 기원전 5세기경에 활동한 메타폰티온 출신의 피타고라스학파 철학자다. 무리수의 발견 또는 무리수와 관련된 피타고라스학파의 금기와 관련된 일화로 잘 알려진 인물이다. 아래의 84절에서 언급된다.

33) 아래의 21절 참고.

34) '셋이 한 벌로 된 것들'(Triagmoi)이라는 뜻이다. 피타고라스의 가르침을 전하는 내용으로 알려져 있다(DK36B, 1~4 참고).

35) 신화상의 반신의 음악가로 신비적 철학자이다. 그의 전설에서 유래한 신비적 숭배인 오르페우스교가 잘 알려져 있다.

데, 그것은 다음과 같이 시작되고 있다. "누구 앞에서나 … † 부끄러움을 모르는 모습을 드러내지 말라.†"37)

그런데 소시크라테스가 《철학자들의 계보》에서 말하는 바에 따르면, 피타고라스는 플리우스의 참주 레온이 '그대는 누구인지'라고 물었을 때, '지혜를 사랑하는 사람'(philosophos) 38) 이라고 말했다. 그리고 그는 "인생은 축제(panēguris) 와 같다. 그래서 어떤 사람들은 상을 놓고 경쟁하기 위해서 축제에 가고, 어떤 사람들은 장사를 하러 가지만, 가장 훌륭한 사람들은 구경꾼(theatai) 으로 간다. 그렇듯이 인생에서는 노예와 같은 사람들은 명성과 이득의 사냥꾼으로 자라지만, 지혜를 사랑하는 사람들은 진리의 사냥꾼으로 자라게 된다"고 말했다는 것이다. 이것은 이 정도로 해두자.

〔9〕 그런데 앞서 말한 피타고라스의 세 책들에는 다음과 같은 피타고라스의 일반적인 계율이 실려 있다. 그는 자기 자신을 위해 기도하는 것을 금하고 있는데, 우리가 우리 자신에게 도움이 되는 것(sympheron) 을 알지 못하기 때문이라는 것이다. 그는 '술에 취하는 것'을 '해로운 것'으로 대체해서 부르고, 또 마시는 것이나 먹는 것에 대해서도 적절함(symmetrion) 을 넘어서는 안 된다고 말함으로써, 모든 종류의 포식을 거부하였다. 그리고 성행위에 대해서는 이렇게

---

36) 앞뒤로 사본 훼손이 있기 때문에 정확하지 않으나 코피다스(Kopidas) 는 '협잡꾼' 내지는 '거짓말쟁이'라는 뜻인 듯하다. 헤라클레이토스는 그를 두고 사기꾼의 원조(kopidōn archēgos) 라고 비난한다(DK22B81). 8권 6절을 참고하라.

37) 이 구절 앞뒤로 사본이 훼손되어 훼손 기호 †로 표기하였다.

38) '철학'이란 말을 만들어냈다는 대목인 1권 서론 12절 및 키케로의 《투스쿨룸의 대화》, 5권 3장 참고.

말하고 있다. "성행위는 겨울에 하고, 여름에는 하지 말 것. 가을이나 봄에는 비교적 덜하지만, 어떤 계절에도 그것은 부담스럽고 (barys) 건강에 좋지 않은 것이다."[39] 그런데도 누군가가 언제 성행위를 해야만 하느냐는 질문을 하자, 그는 이렇게 대답했다고 한다. "그대가 자신을 더 허약하게 만들고 싶을 때."

〔10〕한편 그는 인간의 생애를 다음과 같이 나누기도 한다. "소년이 20년, 청년이 20년, 장년이 20년, 노년이 20년. 그리고 이 연령대는 네 계절과 대칭을 이룬다(symmetrios). 즉, 소년(pais)은 봄, 청년(neaniskos)은 여름, 장년(neaniēs)은 가을, 노년(gerōn)은 겨울이다." 그런데 그가 보기에 청년은 아직 소년이고, 장년이 어른이다.

또한 티마이오스가 말하는 바에 따르면,[40] 피타고라스는 "친구의 것은 공동의 것이고, 우정이란 동등함(isotēs)이다"라고 말한 첫 번째 사람이다. 그리고 그의 제자들은 만들어진 자신들의 재산을 공동으로 소유했다. 제자들은 5년 동안 침묵을 지키고, 스승의 강의를 듣기만 할 뿐, 승인받기까지는 결코 피타고라스를 보는 일이 없었다.[41] 그 이후에야 그들에게는 그의 집에 들어가 그를 직접 보는 것이 허용되었다. 그들에게는 사이프러스 나무 관(棺)을 사용하는 것이 금해졌는데, 그 이유는 제우스의 왕홀(王笏)[42]이 그 나무로 만들어졌기 때문이었다. 이것은 헤르미포스가 《피타고라스에 대하여》 2권에서

---

39) 아래의 26절 참고.
40) FGrHist 566 F 13b (F. Jacoby, *Die Fragmenu der griechischen Historiker*, Berlin 1923-30, Leiden 1940-58).
41) 아래의 15절 참고. 피타고라스는 밤에 강의했다고 한다.
42) 권위를 상징하는 지팡이를 말한다.

전하는 것이다.

〔11〕 사실 그는 매우 위엄 있어 보였다고 전해지기도 하고, 그의
제자들은 그와 관련해서 그를 휘페르보레아 사람들에게서 온 아폴
론43)이라고 생각하고 있었다. 또 언젠가 그의 맨몸이 일부 드러났
을 때, 허벅지가 황금으로 된 것이 보였다는 이야기도 있다. 게다가
그가 네소스강44)을 건넜을 때, 그 강이 그에게 인사했다고 말하는
사람이 많이 있었다는 이야기도 있다.45)

티마이오스가 《역사》 10권에서 말하는 바에 따르면, 그는 남자
와 결혼해서 살아가는 여인들이 '코레'(Korē, 처녀), 다음에 '뉨페'
(Numphē, 신부), 그다음에 '메테르'(Mētēr, 어머니)로 불리므로46)
신들의 이름을 가진다고 말했다고 한다. 또 안티클레이데스47)가

---

43) 휘페르보레아는 그리스인들이 가장 최북단이라고 생각했던 곳으로 이곳에
사는 민족이 숭배하는 신이 바로 휘페르보레아 사람들("북풍 저 너머의 사
람들")에게서 온 아폴론(Apollōn ex Hyperboreios)으로서, 아폴론이 현시
된 여러 모습 중 하나다. 이곳은 파라다이스로 간주된다. 아폴론 신은 겨울
에 이곳에서 살았다고 한다.

44) 이 강이 어디 있는 강인지는 알 수 없다. 트라케에 있는 네스토스강이 네소스라고
도 불렸다. 강에 얽힌 이 일화는 다른 저자들에 의해서도 전해지는데, 저자마다
이름이 달라 포르퓌리오스는 카우카소스, 아폴로니오스는 '사모스 근처의 강',
여기 디오게네스 라에르티오스와 이암블리코스는 네소스(Nessos)라고 했다.

45) DK14A7 참고. 그의 허벅지를 본 사람은 아바리스(Abaris)였다고 한다(이암
블리코스, 《피타고라스의 생애》, 91~92, 134~135절; 포르퓌리오스, 《피
타고라스의 생애》, 28절). 또 다른 보고에 따르면 강 이름이 메타폰티온에
있는 코사스(Kosas)라고 한다.

46) '처녀'란 뜻의 '코레'는 데메테르 여신의 딸인 '페르세포네'를 가리키는 이름
이다. '신부'라는 뜻의 '뉨페'는 제우스의 딸들을 가리키는 말이며, '어머니'
란 뜻의 메테르는 레아 여신이거나 곡식과 다산을 상징하는 데메테르 여신
을 가리킨다.

《알렉산드로스에 대하여》 2권에서 말하는 것처럼, 기하학의 기본 원리들을 맨 먼저 발견한 것은 모이리스[48]이지만, 이것을 그 정점에 이르기까지 이끌어간 사람은 역시 피타고라스였다고 한다.

[12] 그러나 피타고라스는 기하학의 수론적 형식에 관한 연구에 대부분의 시간을 보냈다고 한다. 그는 또한 하나의 현을 토대로 한 음정의 기준(kanon)을 발견했다고 한다. 또한 그는 의술도 게을리하지 않았다고 한다. 그런데 산술가(logistikos)인 아폴로도로스[49]에 의하면, 그는 직각삼각형의 빗변의 제곱이 〔직각을〕 둘러싼 변들의 제곱과 같다는 것을 발견하고서 100마리의 황소를 제물로 바쳤다[50]고 한다. 그리고 이와 같은 발견을 담고 있는 다음과 같은 에피그람시가 있다.

피타고라스가 널리 알려진 그 결과에 다다랐네, 그 도형을 발견하고서 그 일을 기리기 위해 그는 그 유명한 황소 제사를 거행했노라.

그런데 파보리누스가 《회상록》 3권에서 말하는 것에 따르면, 피

---

47) 안티클레이데스(Antikleidēs)는 기원전 3세기 초에 활동한 아테네 출신의 역사가다.
48) 헤로도토스가 《역사》, 2권 101과 148에서 말하는 이집트의 왕(파라오)을 가리키는 것으로 보인다. 모이리스(Moiris)는 자신의 이름으로 불리는 호수를 팠고, 그 가운데 피라미드를 지었다고 하며 헤파이스토스 신전의 입구를 건설했다고도 한다.
49) 기원전 4세기경 활동한 퀴지코스 출신의 아폴로도로스(Apollodōros)를 말하는 것으로 추정된다.
50) 'hekatombē'란 문자 그대로는 100마리의 황소를 제물로 바치는 제사이나, 딱히 100마리를 바쳤다기보다 많은 황소를 바쳤다는 의미로 보는 것이 적절하다.

타고라스가 또한 운동선수들에게 고기를 먹도록 한 최초의 사람이고, 또 이것을 처음으로 에우뤼메네스[51]에게 시도했다는 것이다. 같은 파보리누스가 《잡다한 것들의 역사》 8권에서 말하는 것처럼, 그 이전에는 말린 무화과나 연질 치즈, 그리고 밀로써 운동선수들의 체력을 길렀다고 한다.

〔13〕 하지만 어떤 사람들은 에우뤼메네스에게 이런 방식의 식사를 하게 한 것은 피타고라스란 이름을 가진 어느 훈련담당자[52]이고, 이 사람은 아니라고 말한다. 왜냐하면 피타고라스 이 사람은 우리와 같이 영혼(psychē)에 관한 공통의 정당함(dikaios)을 지닌 동물들을 먹는 것은 말할 것도 없고 죽이는 것조차 금하기 때문이라는 것이다. 하지만 물론 이것은 표면상의 이유이고, 그가 영혼을 지닌 산 것에 손대는 것을 금지한 것의 진실은 사람들을 소박한 삶에 만족할 줄 알도록(eukolia) 훈련시키고 습관을 들여, 불을 쓰지 않고 조리한 것을 차리고 순수한 물을 마심으로써 사람들이 가장 쉽게 구한 것을 식량으로 하도록 하는 데 있었다. 왜냐하면 그렇게 함으로써 몸의 건강도 영혼의 예민함도 월등해지기 때문이라는 것이다. 그리고 당연히 그

---

51) 에우뤼메네스(Eurymenēs)는 사모스 출신의 격투기 선수로서 기원전 532년에 62회 올림픽에서 우승한 것으로 알려져 있다. 그는 체구는 작았으나 피타고라스의 음식 양생방식 덕분에 덩치가 큰 사람들을 제치고 우승했다고 전해진다.

52) 원래 'aleiptēs'란 말의 뜻은 '올리브기름을 발라주는 자'란 뜻이다. '안마사'란 번역도 맞는 말이겠으나, 훈련을 마치고 온 아이들이나 선수들에게 올리브기름을 발라주며 마사지를 해주는 이 일은 전체 훈련 과정 중의 일부였다는 점을 부각시키기 위해 '훈련담당자'란 번역을 택했다(R. N. Calvert, *The History of Massage: An Illustrated Survey from around the World*, Healing Art Press, p. 50 참고).

는 델로스에 있는 아버지 아폴론 신의 제단에만 — 그 제단은 '뿔의 제단'53) 의 뒤쪽에 있었다 — 경배를 드렸다고 한다. 그 이유는 아리스토텔레스가 《델로스의 정치체제》에서 말하고 있는 것처럼 그 제단에는 불을 사용하지 않은 밀과 보리, 포파논54) 만을 놓았으며, 짐승 제물은 전혀 놓지 않았기 때문이다. 55)

〔14〕 또한 이 사람은 영혼이 필연의 선회 (*kuklon anankēs*) 를 전전할 때에 따라 각기 다른 동물과 얽인다고 밝혔던 최초의 사람이라고들 말한다. 또한 음악가인 아리스톡세노스가 말하는 것에 따르면, 그는 그리스인들에게 측량단위 (*metra*) 와 중량단위 (*stathma*) 를 최초로 도입한 사람이라고도 한다. 또한 파르메니데스가 말하는 것처럼, 56) 그는 헤스페로스57) 와 포스포로스58) 가 같다고 말한 최초의 사람이라고 한다.

이만큼이나 그는 놀라움의 대상이 되어서, 사람들은 〈그의〉 제자들을 "신의 〈온갖〉59) 목소리"로 불렀으며, 그 자신도 책 속에서 "자신은 207년 동안이나 하데스에서 있다가, 인간 세상으로 돌아왔다"60) 고

---

53) 플루타르코스에 따르면 테세우스는 델로스에 들러 이 제단을 맴돌면서 춤을 추었다고 한다 (《비교열전》, 〈테세우스〉, 21절 참고) .

54) 제의 때 바치던 둥근 케이크다.

55) 이암블리코스, 《피타고라스의 생애》, 25, 30장 참고.

56) "파르메니데스가 최초로 말한 것"(Casaubon) 으로 보기도 한다(DK28A, 40a, 9권 23절에는 파르메니데스가 발견한 것으로 되어 있다.

57) 헤스페로스(*Hesperos*) 는 개밥바라기 (금성) 를 뜻한다.

58) 포스포로스(*Phōsphoros*) 는 샛별을 뜻한다.

59) 원문이 파손되었다.

60) 이것은 피타고라스의 영혼의 윤회를 언급하는 것이다. 트로이의 영웅 에우포르보스가 죽고 나서 207년 만에 피타고라스가 태어났다는 것이다. 207년

말한다. 그렇기 때문에 〔제자들은 물론이고〕 심지어 레우카니아,[61] 페우케티아,[62] 메사피아[63] 및 로마 사람들도 그를 충실하게 신봉했으며, 또 그의 말을 들으려고 찾아왔던 것이다.[64]

〔15〕그러나 필롤라오스[65]가 등장하기 전까지는 피타고라스의 학설 그 어떤 것도 알려질 수 없었다. 이 사람이 그 유명한 3권의 책을 세상에 내놓았던 유일한 사람이었다.[66] 플라톤은 이 책을 구입하기 위해 〔필롤라오스에게〕 100므나의 돈을 보냈다.[67] 그리고 피타고라스의 밤 강의에는 600명 이상의 사람들이 그를 만나 보러 모였다. 그리고 어떤 사람들이 그를 볼 수 있는 자격이라도 허락받으면, 그들은 무언가 큰 영예라도 만난 듯이 친지에게 편지를 썼다. 게다가 파보리누스가 《잡다한 것들의 역사》란 책에서 말했다시피, 메타폰티온[68] 사람들은 그의 집을 '데메테르의 신전'이라 부르고, 그의 좁은 길을 '무세이

은 216년(6의 세제곱)으로 수정되어야 한다는 것이 부르케르트의 주장이다 (p. 140, n 110). 이것은 피타고라스의 3부작과 동일시된다.

61) 레우카니아(Leukania)는 이탈리아를 지역별로 나누는 명칭 중 하나이다. 가장 남부를 '칼라브리아', 그 위 지방을 레우카니아(루카니아)라고 한다.

62) 페우케티아(Peuketia)는 이탈리아 남부 아풀리아 지방의 도시다.

63) 메사피아(Messapia)는 이탈리아 남동부 지역이다.

64) 이 네 지역 사람들은 비그리스어를 말한다. 피타고라스 당시 로마 사람들은 숫자상으로 소수이고 아직 힘을 갖추지 못한 특정 지역에 살고 있었다.

65) 크로톤 사람으로 소크라테스와 동시대(기원전 470~390년)에 활동했던 피타고라스주의자이다. 아래의 84~85절 참고.

66) 앞서 6절에서 언급되었다.

67) 3권 9절 참고. 8권 84절에서도 다시 언급된다. 1므나는 100드라크마에 해당한다.

68) 메타폰티온(Metapontion)은 타라스만에, 타라스로부터 40km 정도 떨어진 거리에 위치한 도시다. 피타고라스가 나중에 옮겨간 도시이다.

온'69) 이라 불렀다. 아리스톡세노스가 《교육에 관한 여러 규정》이란 책 10권에서 말하는 것에 따르면, 다른 피타고라스학파 사람들 역시 모두가 그가 이야기하는 말 전부를 들을 수 있었던 것은 아니라고 말하곤 했다. 70)

〔16〕 또한 아리스톡세노스의 책에는 피타고라스학파의 한 사람이었던 크세노필로스71)가 어떻게 하면 자기 아들을 가장 잘 교육할 수 있느냐는 질문을 어떤 사람에게서 받았을 때, 그가 '좋은 법질서가 있는 도시에 살게 된다면'이라고 말했다는 이야기도 쓰여 있다. 피타고라스는 이탈리아 땅에서 다른 많은 사람들을 고귀하고 훌륭한 인간으로 키워냈는데, 그중에서도 특히 잘레우코스72)나 카론다스73)와 같은 입법자를 키워냈다. 그는 우정을 낳는 사람으로서 충분한 재능을 갖춘 사람이었다. 특히 누군가가 자신이 상징 (*symbola*)74) 으로

---

69) '무사(*mousa*)의 성소'를 의미한다.

70) 학파 내에서 피타고라스가 직접 말하는 계율('들은 것들', *akousmata*)을 들을 수 있었던 자들을 akousmatikoi라 했다. 그들은 '들은 말들'을 외부로 발설해서도 안 되고, 그것을 엄격히 지켰다.

71) 크세노필로스(Xenophilos)는 기원전 4세기경에 활동한 칼키스 출신의 피타고라스학파 철학자이자 음악이론가이다.

72) 잘레우코스(Zaleukos)는 기원전 7세기경 활동했던 이탈리아 로크리의 입법가이다.

73) 카론다스(Charōndas)는 시켈리아 카타니아의 입법가다. 그가 살았던 연대는 불분명하나 대략 기원전 5세기 이전 사람으로 추정되어 앞의 잘레우코스와 마찬가지로 카론다스가 피타고라스의 제자였다는 디오게네스의 주장은 연대 추정상 무리가 있어 보인다.

74) symbola는 akousmata('들은 것들')와 같은 말이다. 이 두 말은 종교적으로는 주문(*epōdai*)의 기능을 지닌다. 일종의 암호(*passwords*)로, 행위에서는 계율로 작동한다.

삼는 것을 공유하고 있다는 것을 알게 되면, 그는 즉시 그 사람을 동료로 맞아들여 자신의 친구로 삼았기 때문이다.

〔17〕그가 상징으로 삼았던 것은 다음과 같은 것이다.

"칼로 불을 헤집지 말 것."

"저울대를 뛰어넘지 말 것."

"1코이닉스[75]의 곡물 위에 앉지 말 것."

"심장은 먹지 말 것."

"짐은 내려놓은 것을 돕되, 짐을 지는 것을 돕지 말 것."

"침구는 언제나 묶어 둘 것."

"반지에 신의 상을 두르지 말 것."

"재 속에 냄비 자국의 자취를 없게 할 것."

"관솔가지로 (횃불 아래에서) 밑을 닦지 말 것."[76]

"태양을 향해 소변을 보지 말 것."

"큰길로 걸어가지 말 것."

"함부로 오른손을 내밀지[77] 말 것."

"제비와 한 지붕 아래 살지 말 것."

---

75) 코이닉스(*chonix*)는 곡물을 측정하는 단위이다.

76) 이 구절은 해석이 어렵다. 피타고라스의 계율을 말 그대로 받아들일지 상징으로 받아들일지가 갈리는 해석 지점이기도 하다. 여기 나오는 단어들이 이중적이고 애매하기 때문이다. 예컨대 부르케르트(Burkert)는 관솔가지(*dadion*)를 '횃불'로 해석하는데, 이것이 제의에서 중요하게 사용되기 때문이라고 한다. 아울러 '밑'(*thakos*)은 '의자'라고 해석한다. 그럴 경우 이 말은 '횃불로 의자를 정화하라'는 뜻이 된다. W. Burkert, *Lore and Science in Ancient Pythagoreanism*, 1972, p. 173, n. 56.

77) 오른손을 내미는 것은 선의의 맹세이다.

"갈고리 발톱의 새는 기르지 말 것."

"자른 발톱이나 자른 머리카락 위에 오줌을 누거나 그 위에 서지 말 것."

"예리한 칼은 끝의 방향을 바꿀 것."

"여행을 떠나려고 할 때에는 경계에서 뒤돌아보지 말 것."

〔18〕 그런데 그에게는 '칼로 불을 헤집지 말 것'은 권력자들의 분노나 들끓는 격정을 충동질하지 말라는 뜻이다. '저울대를 뛰어넘지 말 것'은 즉 '동등한 것과 정의로운 것을 넘어서지 말라'는 것이다. '1코이닉스의 곡물 위에 앉지 말라'는 것은 〔현재뿐 아니라〕 장래의 일도 같은 정도로 생각하라는 의미이다. '1코이닉스의 곡물'이란 하루치의 양식이기 때문이다. '심장을 먹어서는 안 된다'는 말로 그는 슬픔이나 괴로움으로 영혼을 녹아내리게 해서는 안 된다는 것을 나타내려고 한 것이다. '여행을 떠나려 할 때에는 경계에서 되돌아보지 말 것'이란 말로 그는 삶에서 떠나가려는 사람들에게 사는 데 욕심을 부려서도 안 되고, 이 세상의 쾌락에 이끌려서도 안 된다는 것을 충고하려는 것이었다. 78) 그 밖의 나머지 것도 위에서 말한 것에 따라서 이해할 수가 있으니, 시간을 질질 끌 필요는 없다. 79)

〔19〕 그런데 그는 음식 가운데 무엇보다도 특히 노랑촉수80) 와 멜라누로스81)를 먹는 것을 금했으며 또 동물의 심장이나 콩82) 도 삼가

---

78) 신플라톤적 생각이라 할 수 있다. 세상적인 것에서 벗어나 철학적 삶에 몰두하라는 것이다.

79) 그 밖의 상징은 아래의 34~35절에서도 이어진다.

80) 원어인 'erythinos'가 정확히 어떤 물고기를 가리키는지는 알 수 없다. 다만 '빨갛다'란 어원에 비추어서 붉은색 계통의 물고기일 것으로 보인다. 지중해의 어류다.

도록 했다. 한편 아리스토텔레스는 그가 어떤 때에는(*eniote*) 돼지의 자궁이나 성대83)도 삼가도록 했다고 말한다. 84) 또 어떤 사람들은 그가 벌꿀 내지 벌집, 또는 빵만으로 만족하고 낮에는 포도주를 즐기는 일이 없었다고 전한다. 곁들여서는 대개 삶은 야채나 생야채를 먹었고 해산물을 먹는 일은 매우 드물었다고 한다. 그리고 그의 의복은 흰색의 깨끗한 것이었고, 침구는 흰 양털로 된 것이었다. 왜냐하면 직물이 아직 그 지방에는 이르지 않고 있었기 때문이다. 또 그는 변을 보고 있거나, 성교를 하는, 또는 취한 모습을 한 번도 보인 적이 없었다. 〔20〕 더욱이 그는 남을 비웃는 일을 자제했고, 남의 환심을 사려고 하는 조롱이나 속된 이야기와 같은 것들을 모두 자제했다. 또 노예이건 자유인이건, 누구 한 사람 분노에 사로잡혀 벌을 준 적도 없었다. 꾸짖는다는 것은 '똑바르게 하는'(*pedartan*) 것이라고 그는 늘 말했다. 또 그가 행한 점술은 징조나 새를 통한 것이었고, 유향을 사용하는 경우 외에는 제물을 불로 태우는 점술을 사용한 적은 거의 없었다. 또 그는 희생제물로 영혼이 없는 것(무생물)을 사용했지만, 어떤 이들은, 그가 수탉과 어린 염소 및 이른바 젖먹이 어린 돼지를 사용했을 뿐이고, 새끼 양은 전혀 사용하지 않았다고 말한다. 그렇지만 아리스톡세노스는 피타고라스가 영혼을 지닌 다

---

81) 우리말 명칭은 없고, 영어로는 'blacktail angelfish'라고 한다. 말 그대로 꼬리가 검은 바닷물고기다. 지중해의 어류다.

82) 콩에 대해서는 아래의 24절과 34절 참고.

83) 바닷물고기의 일종인데, 원어는 다르지만 노랑촉수로 번역한 'erythinos'와 유사한 물고기인 것으로 보인다.

84) 시간의 부사 '어떤 때에'를 바로 이어지는 문장에 연결해서 읽어도 될 듯하다.

른 모든 것을 먹는 것을 인정했고, 다만 경작용 황소와 숫양을 삼가게 했을 뿐이라고 한다. 〔21〕 한편 같은 사람인 아리스톡세노스는 앞서 말한 바와 같이[85] 피타고라스가 자신의 교설을 델포이의 여사제 테미스토클레이아에게서 얻은 것이라고 말한다.

한편 히에로뉘모스[86]는 피타고라스가 하데스에 내려갔을 때 헤시오도스의 영혼이 청동 기둥에 묶여 비명을 지르고 있는 반면에, 호메로스의 영혼은 나무에 매달려 뱀들이 그 주위를 둘러싸고 있는 것을 보았는데, 이것은 그들이 신들과 관련하여 불경하게 말한 것에 대한 벌이었다는 것이다. [87] 또한 자신의 아내들과 동침하려고 하지 않는 사람들도 벌을 받고 있는 것을 피타고라스가 보았다고 한다. 게다가 그와 같은 일 때문에 그는 크로톤의 사람들에게 존경을 받았다고 히에로뉘모스는 말한다. 그리고 퀴레네 사람 아리스티포스[88]가 《자연학자들에 대해서》에서 말하는 바에 따르면, 그가 피타고라스로 이름이 붙여진 것은 그가 '퓌티오스의 신[89] 못지않게 진리를 말했기'[90] 때문이라는 것이다.

〔22〕 그는 번번이 제자들에게 집에 들어갈 때 다음과 같은 말을 하라고 훈계했다고 전해진다.

---

85) 앞의 8절 참고.
86) 기원전 3세기경에 활동한 로도스 출신의 스토아학파 역사가. 1권 26절 참고.
87) 이 두 시인은 신을 강력한 존재로 그리고 있으나, 복수심에 불타고, 음모를 꾀하기도 하며, 익살스러운 측면으로도 묘사했다.
88) 2권 83절 참고. 여러 명의 아리스티포스가 있었는데 누구인지 명확하지 않다.
89) '퓌티오스'(Pythios)는 아폴론 신의 별칭으로 괴물 퓌톤을 물리치고 얻었다.
90) 피타고라스 중에서 '퓌타'(Pytha)는 '퓌티오스'(Pythios)에서 '아고라'(agora)는 '크게 말하다'의 '아고레우에인'(agoreuein)에서 따온 말장난이다.

어디에서 나는 길을 벗어났는가, 나는 무슨 짓을 한 것인가.

또 내가 반드시 해야만 할 어떤 일을 나는 완수하지 못했는가?[91]

또한 그는 신들에 대해서는 도살된 피가 흐르는 희생제물을 바치는 것을 금하고 피로 물들이지지 않은 제단에서만 엎드려 경배할 것을 권했다고 한다.[92] 또한 신들에게 서약하지 말 것을 권했다. 왜냐하면 자기 자신을 신뢰할 만한 자로 만드는 데 힘써야 하기 때문이라는 것이다. 또 시간상으로 앞서가는 것이 더 존경받을 만한 자격을 가졌다는 생각으로 연장자를 존경하라고 했다. 왜냐하면 우주(kosmos)에는 일출이 일몰보다 먼저 있는 것처럼, 인생에는 처음이 끝보다 먼저 있고, 생명에서는 탄생이 사멸보다 먼저 있기 때문이라는 것이다.

〔23〕 신령보다는 신들을, 인간보다는 영웅을 존경하고, 인간들 가운데서는 무엇보다도 부모를 존경할 것. 서로 사귈 경우에는 친구들을 적으로 만들지 말고, 적이 친구가 되도록 행동할 것(ergazesthai). 또 무엇 하나 내 것이라고 생각하지 말 것. 법을 돕고 불법과 싸울 것. 농작물을 파괴하거나 훼손하지 말고, 인간에게 해를 끼치지 않는 동물에게도 그렇게 하지 말 것. 존중(aidō)과 배려(eulabeia)는 웃음에 사로잡히는 것도 아니고 화난 표정을 짓는 것도 아니다. 과도하게 고기 먹는 것을 피하고, 도보여행 도중에는 긴장과 이완을 반복할 것이며, 기억력을 훈련하고, 화가 나 있을 때에는 무언가를 말하거나 행하지 말며, 〔24〕 점술은 모두 존중할 것.

---

91) 서사시의 운율인 헥사메터(율보격)로 된 구절이다.
92) 13절에서 아폴로 제단을 언급했다.

뤼라에 맞춰 노래를 불러 신들과 훌륭한 인물들을 기리고 그들에게 합당한 감사를 표할 것. 또 그는 콩이 헛배를 부르게 하는 특성 때문에 생명의 숨결에 최대한으로 참여한다는 이유를 들어93) 콩을 멀리할 것을 지시했다. 94) 그리고 그 밖에도 콩은 섭취하지 않는 것이 위를 더욱 편안하게 한다는 것이었다. 그리고 그로 인해 수면 중의 꿈도 평온하고 험하지 않게 꾸게 된다는 것이었다.

한편 알렉산드로스는 《철학자들의 계보》에서 말하길, 자신이 《피타고라스주의자들에 대한 기록》95)에서 다음과 같은 학설도 발견했다고 한다. 〔25〕 만물의 원리(근원)는 하나(monas) 96)이다. 그리고 하나에서 한정되지 않은 둘(dyada)이 생긴다. 그 둘은 마치 질료인 것

---

93) 고대에 콩에는 죽은 자의 영혼이 들어 있다거나 영혼은 콩과 같은 식물의 낟알이 패거나 꽃이 필 때, 새로운 육체에 들어간다는 속설이 있었다고 한다(Walter Burkert, *Lore and Science in Ancient Pythagoreanism*, 1972, pp. 183~184 참고).

94) '콩을 먹지 말라'는 것은 아마도 종교적 이유와 연관되어 있는 것 같다. 특히 영혼의 윤회에 방해된다는 점과 밀접한 관련성을 맺고 있는 듯하다. 이에 대한 몇 가지 사례가 아래에서 제시되어 있다. 생긴 모습과 연관해서는 34절과 35절 참고. 피타고라스의 죽음과 관련해서는 39~40절 및 45절 참고

95) 이것은 특정한 사람의 저술이라기보다는 피타고라스학파에서 전승되는 기록물인 것으로 보인다. 사실 '기록'으로 번역한 'hypomnēmata'는 '기억을 떠올린 것', '회상된 것'이라는 뜻이다. 피타고라스학파에는 학파의 발견들을 외부로 유출하지 않는다는 침묵서약이 강한 전통으로 있었다. 따라서 이들은 학파의 발견들을 문자로 저술해 놓기보다는 구술 전통에 따라 암기하여 다른 사람에게 암송으로 전달해 주는 방식을 택했을 것이다. 따라서 알렉산드로스가 참고한 이 《피타고라스주의자들에 대한 기록》은 암송으로 전달된 것이거나 암송한 내용을 기록한 기록물이라 볼 수 있을 것이다. 하지만 실상은 여기에 밝혀 놓은 대부분의 이론들이 아리스토텔레스의 《형이상학》과 플라톤의 《티마이오스》에서 온 것으로 보인다.

96) '단위'라고 옮길 수도 있다.

으로서, 97) 원인98)이 되는 하나의 바탕에 있게 된다. 99) 그리고 하나와 한정되지 않은 둘에서 수들이 생긴다. 100) 또 수들에서는 점들101)이 생긴다. 점들에서는 선들이, 선들에서는 평면들이 생긴다. 평면들에서는 입체들이 생긴다. 102) 이것들에서는 감각이 되는 물체들이 생긴다. 그리고 감각이 되는 물체들의 원소들은 넷으로 불, 물, 흙, 공기 등이다. 103) 이 원소들은 서로 변화해서 완전히 바뀌며, 이것들로부터 영혼이 있고, 지성을 가진, 구형이고, 중심이 되는 지구를 둘러싸고 있는 우주가 생겨나며, 지구 자체는 구형이며 두루두루 사람이 살고 있다고 한다. 104) 그런데 지구에는 대척점 (antipous) 도 있으며 우리에게 아래가 대척점에 있는 사람들에게는 위라고 한다. 105)

---

97) '한정되지 않은 둘'이 질료와 같다는 것은 아리스토텔레스가 《형이상학》, 987b20, 1087b4 이하에서 플라톤의 학설로 소개하는 것이다.

98) 작용인을 말한다.

99) '바탕에 있게 되다'는 'hypostēmi'를 번역한 말로, 원뜻은 '어떤 것을 바탕에서부터 지지한다' 또는 '바탕으로 있다'는 것이다. 아리스토텔레스는 'hypokeimenon' (바탕에 놓인 것) 이라는 용어로 '기체' (substratum) 를 표현하는데, 앞의 동사의 명사형인 'hypostasis'도 '기체'의 의미를 갖는 말이다. 다만 이 용어는 아리스토텔레스보다는 플로티노스와 같은 신플라톤주의에서 '기체' 또는 '실체'의 의미로 사용되었고, 기독교 신학에서는 삼위일체의 '위격'에 해당하는 말로 사용되었다.

100) 아리스토텔레스는 그의 《형이상학》, 987b25 이하에서 피타고라스학파와 플라톤이 이런 생각을 공유했다고 전한다. 홀과 짝, 한정된 것과 한정되지 않은 것과 같은 대립쌍으로 우주의 원리를 설명한다 (986a20 이하 참고). 한정된 1과 한정되지 않은 2로부터 수가 생긴다는 것에 대해선 1081a14 참고.

101) 원래 'sēmeion'은 '징표'라는 말인데, '점'을 뜻하기도 한다.

102) 아리스토텔레스의 《형이상학》, 1077a25 이하에서 이와 유사한 설명을 찾아볼 수 있다.

103) 플라톤의 《티마이오스》, 53e6~55c6에 이와 유사한 우주론이 펼쳐진다.

104) 이와 비슷한 지구에 대한 설명은 플라톤의 《파이돈》, 108c~110b에도 나온다.

〔26〕또 빛과 어둠은 우주 가운데서 균등한 영역을 차지하고 있고, 온과 냉, 건과 습도 마찬가지이다. 이것들 중 온이 우세해지면 여름이 되고, 냉이 우세해지면 겨울이 된다. 또 건이 우세해지면 봄이 되고, 습이 우세해지면 가을이 되는 것이다. 그런데 이것들이 균등하면 그때가 연중 가장 좋은 시기이고, 계절 가운데서 생장의 봄은 건강에 좋은 계절인데 반해서 쇠락의 가을은 건강에 좋지 않은 계절이다. [106] 그뿐 아니라 하루 중에도 아침은 활기차게 하는데 반해서 저녁은 쇠락하게 한다고 한다. 그렇기 때문에 건강에 더 좋지 않은 것이다. 그리고 지구를 둘러싼 공기는 움직임이 없어서 건강에 좋지 못하며 그 안에 있는 모든 것은 죽을 수밖에 없는 것이다. 이에 반해 가장 최상층에 있는 공기는 끊임없이 움직이고 있어 깨끗하고 건강에 좋으며 그 속에 있는 모든 것은 죽지 않으며, 그렇기 때문에 신적이라고 하는 것이다.

〔27〕또 태양이나 달, 그 밖의 별들은 신이다. 왜냐하면 그것들에서는 열이 우세한데, 열이야말로 생명의 원인이기 때문이다. 또 달은 태양에 의해서 빛나고 있다고 한다. 또 인간이 열을 공유하고 있는 한 신들과 동족이다. 이런 까닭에 또 신은 인간을 배려하는 것이다. 또 운명(*heimarmenē*)이란 전체에서나 부분에서나 우주의 질서를 잡아 주는 운영(*dioikēsis*)의 원인이라고 한다. [107]

태양으로부터의 광선은 차갑고도 짙은 에테르를 통과해 간다고

---

105) 저자는 '대척점'이란 말을 처음 사용한 사람은 플라톤이라 말한 바 있다(3권 24절 참고).
106) 플라톤, 《파이돈》, 86b~c 및 《향연》, 188a 참고.
107) 스토아에 따르면 운명은 '존재하는 것들의 연속적 원인'이며 '원인들의 질서 잡힌 상호의존성'이다.

한다. 그런데 그들은 차가운 에테르를 공기라 부르고, 짙은 에테르를 바다나 습한 것으로 부른다. 또한 이 광선은 바다 밑까지 들어가며, 그로 인해 만물에 생명을 부여하는 것이다. 〔28〕 그리고 열을 나누어 갖는 것은 모두 살아 있다고 한다. 이런 까닭에 식물도 생물이라고 하는 것이다. 하지만 모든 것이 영혼을 지니고 있는 것은 아니다. 영혼은 에테르에서 떨어진 조각인데, 에테르에는 뜨거운 것과 차가운 것이 있으며, 영혼이 차가운 에테르까지도 나누어 갖고 있다는 점에서 영혼은 생명과 다르다고 한다. 또 영혼이 떨어져 나온 에테르도 불사이므로 영혼 역시 불사이다. 이에 반해서 생물은 서로들에서 씨앗들(*spermata*)로부터 생겨나는 것이지, 흙으로부터의 〔자발적〕 생성이란 있을 수 없다고 한다. 한편 씨앗(*sperma*)은 뇌로부터 나온(*stagōn*) 〔작은〕 물방울이고 이 물방울은 그 자체 안에 따뜻한 증기를 담고 있다. 그리고 이 물방울이 뇌에서 자궁 안으로 옮겨오게 되면 장액(*ichōr*), 108) 분비물(*hygos*), 혈액(*haima*)이 배출되고 그런 것들에서 살과 힘줄, 뼈와 머리카락, 그리고 몸 전체가 구성된다. 한편 그 증기로부터는 영혼과 감각이 구성된다는 것이다.

〔29〕 그런데 이 물방울이 최초로 응고되어 형태를 취하게 되는 것은 40일 이내이고, 그런 다음 조화의 비율(*logos*)에 따라 7개월 또는 9개월 또는 가장 길게는 10개월 안에 태아는 완전히 형성되어 태어난다고 한다. 한편 태아는 자기 자신 안에 생명을 위한 모든 이성(*logos*)을 지니고 있으며, 이 이성은 조화의 비율에 따라 연속적으로 연결되어 있기 때문에, 각각의 것들은 정해진 때에 나타난다고 한다. 109)

---

108) 플라톤, 《티마이오스》, 83c 참고.

또 감각은 공통적으로 그렇기는 하지만 종적으로 보면 특히 시각
은 몹시 따뜻한 증기이다. 그리고 이 증기 때문에 공기나 물을 통해
서 우리는 사물을 보는 것이라고 말한다. 왜냐하면 따뜻한 것은 찬
것으로부터 저항을 받기(antereidesthai) 때문이다. 만일 눈 안에 있
는 증기가 차가웠다면 같은 성질의 공기를 만났을 경우에는 흩어지
고 말았을 것이기 때문이다. 하지만 실제로 어떤 계율에서 피타고라
스는 눈들을 "태양의 입구들"로 부른다. 그리고 청각이나 그 밖의 감
각에 대해서도 그는 동일한 견해를 내세우고 있다.

〔30〕 한편, 인간의 영혼은 지성(nous)과 이성(phrenes)과 감정
(thymos) 110)의 세 부분으로 나뉜다고 한다. 지성과 감정(생명의 원
리)은 다른 동물에게도 있지만 이성은 인간에게만 있다고 한다. 111)
그리고 영혼의 장소는 심장에서 뇌까지라고 한다. 그리고 심장 안에
있는 영혼의 부분은 감정이고, 뇌 안에 있는 영혼의 부분은 이성과
지성이다. 그리고 감각들은 이들 부분에서 나온 물방울들이다. 112)
또 영혼의 이성적 부분은 불사이지만, 그 밖의 부분은 사멸한다. 또
영혼은 혈액에 의해 길러진다. 113) 그리고 영혼의 이성(logos)은 숨

---

109) 우리가 스토아적인 해석을 취한다면 이렇게 이해할 수 있다. 생명은 그 시
작으로부터 씨앗에 들어 있는 이성(logos spermatikos)에 의해 질서지어진
다는 것이다.

110) 플라톤적인 nous는 아니다. 다른 동물에게도 있으니까. 감정은 생명의 원리
를 포함한다. 영혼의 3분설이 피타고라스 자신의 생각인지 여부에 대한 논란
은 Walter Burkert, *Lore and Science in ancient Pythagoreanism*, p. 74 이하
참고. 영혼 3분설은 피타고라스의 3가지 삶의 방식과 관련된다.

111) "원숭이와 개들은 생각할(noein) 수 있지만 말할(phrazein) 수는 없다."(아
에티오스) 이 점은 nous와 phrenes의 차이를 잘 보여 준다.

112) '증류된 것'이라고도 볼 수 있다.

(*anemos*)이라고 한다. 영혼도 그 이성도 눈에 보이지 않는 것인데, 그것은 에테르가 눈에 보이지 않기 때문이다. 114)

〔31〕 영혼을 묶는 끈은 정맥, 동맥, 힘줄(신경)이다. 115) 하지만 영혼의 힘이 강해 그 자체로 안정되어 있을 때는 영혼의 비율(*logos*)과 활동(*ergon*)이 묶는 끈이 된다고 한다. 그러나 영혼이 지상으로 내던져지면116) 영혼은 그 육신과 비슷한 형태를 하고 공중을 방황하게 된다고 한다. 117) 한편 헤르메스는 영혼들의 관리자이며, 이런 이유로 그는 (지하세계로의) '영혼의 호위자', '지하세계의 문지기', '지하세계의 인도자'라고 일컬어진다고 한다. 왜냐하면 바로 이 헤르메스가 육지에서도 바다118)에서도 그들의 몸으로부터 떨어져 나온 영혼들을 정해진 곳으로 보내기 때문이다. 그리고 정결한(*katharos*) 영혼들은 가장 높은 곳119)으로 인도되는 반면, 부정한 영혼들은 정결한 영혼들에게도 다가가지 못하고, 서로에게도 다가가지 못하며, 에

---

113) 스토아에 따라서 영혼도 물질적 실체이다.

114) 영혼은 에테르로부터 생긴 것이니까.

115) 영혼은 혈관을 흐르는 피와 힘줄로부터 생겨난다. 정맥, 동맥, 힘줄이라고 번역했으나 당시 의학이론에서는 정맥만이 피가 흐르는 혈관이다. 이 용어들을 현대적 의미로 이해할 필요는 없다. 정맥과 동맥, 신경의 구분은 기원전 3세기에 알렉산드리아에서 활동한 에라시스트라토스에 의해서였다. 그는 "체내의 모든 조직에 정맥, 동맥, 신경이 분포되어 있으며, … 음식은 기계적으로 액즙으로 환원되고, … 동맥은 오직 기(氣, *pneuma*)만 운반한다. … 신경에는 (뇌에서 오는) 아주 미세한 형태의 기가 들어 있다"라고 했다(데이비드 린드버그, 《서양과학의 기원들》, 이종흡 역, 나남, 2009, 208~209쪽).

116) 여기서 '지상으로'는 '육체 바깥으로'라는 뜻이다.

117) 자살, 살해, 사고로 죽게 되면 영혼은 육신과 비슷한 유령으로 떠돈다는 것이다.

118) 바다에서 사는 것들을 가리키는 것 같다.

119) 천체들이 있는 영역.

리뉘스들120) 에 의해 끊어지지 않은 끈으로 묶이게 된다고 한다.

〔32〕 또한 공기는 온통 영혼으로 충만해 있다고 한다. 그리고 이런 영혼들이 '신령'이라든가 '반신'121) 으로 불린다고 한다. 그리고 이들에 의해 꿈과 질병이나 건강의 징후가 인간들에게 보내지는 것이고, 또한 인간뿐만 아니라 무리지어 사는 가축과 그 밖의 다른 사육된 동물들에게도 보내지는 것이다. 또한 이들122) 을 위해서 정화의식과 속죄의식, 모든 형식의 점술과 기원 및 그와 비슷한 관행들이 이루어진다고 한다.

그러나 피타고라스는 인간에게 가장 중요한 것은 영혼을 좋은 것 쪽으로 설득하느냐, 나쁜 것 쪽으로 설득하느냐는 것이라고 말한다. 그리고 인간들은 좋은 영혼이 붙어 있을 때 행복할 수 있지만, 123) 〈나쁜 영혼이 붙어 있을 때〉 인간들의 영혼은 정지하지도 않고, 똑같은 흐름을 견지하지도 않는다124) 고 그는 말한다.

---

120) 복수의 여신들. 뱀의 머리칼을 가진 지하세계의 신성이다.
121) '신령'과 '반신'은 '신적 존재'와 '영웅'으로도 각기 번역되는 'daimōn'과 'hērōs'의 역어이다. 이들은 각기 헤시오도스의 《일과 나날》에서 현재의 인간이 다섯 번째로 태어나기 전에 맨 처음 만든 황금시대의 종족과 네 번째 시대의 종족이다. 이들은 모두 현재에는 지나간 시대의 죽은 영혼들로서 존재하기에 '신령'과 '반신'으로 번역했다(헤시오도스, 《일과 나날》, 105절 이하 참고).
122) 신령과 반신으로 불리는 영혼들을 말한다.
123) 행복하다(eudaimonein) 를 eu (좋은) 와 daimōn (신령) 으로 나누고, daimōn 을 psychē (영혼) 와 동일한 것으로 보는 일종의 말장난을 하고 있는 셈이다. 앞서 32절에서 영혼이 신령으로 불린다는 말을 하고 있기는 하다. 데모크리토스는 "영혼은 신령(daimōn) 의 거처"라고 말한 바 있다(DK68B171).
124) 앞 문장과 맥락이 맞지 않아 빠진 글자가 있지 않은가 의심되는 구절이다. 기간테(M. Gigante) 에 따라 〈…〉 부분을 덧붙여서 읽었다. 이런 경우에는 행복하지 않다는 것이다.

〔33〕정의로운 것은 서약과 같은 것이며, 125) 그 때문에 제우스는 서약의 신으로 불린다고 한다. 또한 덕은 조화이고, 건강과 모든 좋은 것도, 신도 조화라고 한다. 126) 그렇기 때문에 또 우주는 조화에 따라서 성립된다고 한다. 우정이란 조화가 있는 동등함이라고 한다. 한편 신들과 반신 (영웅) 들에게 바치는 경배는 같은 것이어서는 안 되고, 신들에 대해서는 언제나 불경한 말을 삼가며 흰옷을 입고 몸과 마음을 깨끗하게 하고서 경배를 드려야 하고, 반신들에 대해서는 정오가 지난 뒤에 경배를 드려야 한다. 그리고 정결함(*hagneia*) 이란 정화의식과 목욕재계, 그리고 성수 뿌리기를 통해 이루어지며, 또 시체와의 접촉과 여인과의 잠자리 및 모든 종류의 오염된 것으로부터 스스로를 깨끗이 하는 것을 통해 이루어지며, 질병으로 죽은 짐승의 살코기와 성대와 멜라누로스, 127) 알과 알에서 태어나는 동물, 콩 등을 먹는 것을 금함으로써, 그리고 신전에서 입회제의(*teletē*) 를 집행하는 사람들이 또한 금하는 그와 같은 다른 것들을 삼감으로써 이루어진다.

〔34〕아리스토텔레스는 《피타고라스주의자들에 대하여》128) 에서 피타고라스는 콩을 삼가라고 명했다고 말한다. 이는 그것이 생식기를 닮았기 때문이거나 하데스의 문을 닮았기 때문이다. 식물 중 유일하

---

125) 정의는 서약의 힘 내지 가치를 가진다는 것이다. 앞의 22절 참고.

126) 조화(*harmonia*) 에 대해서는 아래의 85절 참고.

127) 8권 19절에도 나온 바닷물고기들이다. 해당 주석 참고.

128) 이암블리코스, 《피타고라스의 생애》, 82~86절 참고. 도란디는 원래 사본에 있던 《콩에 관하여》 대신에 《피타고라스학파에 대하여》라고 고친 딜스의 수정을 받아들이지 않고, 《콩에 관하여》라고 했으나 사본이 훼손되었다고 본다.

게 마디가 없기(*agonatos*) 때문이다. 129) 또는 콩이 몸을 망가뜨리거
나 우주의 형태와 닮았기 때문이다. 130) 또는 과두정과 관계가 있기
때문이다. 적어도 과두정에서는 콩으로 추첨을 해서 관직자들을 뽑
는다. 다른 한편 피타고라스는 (식탁에서) 떨어진 것을 주워 먹지 말
라고 명했는데, 이는 무절제하게 식사하는 버릇을 들이지 않기 위해
서이거나, 그것들이 누군가의 죽음과 관련이 있기 때문이다. 아리스
토파네스도 《영웅들》131)에서 "식탁에서 떨어진 어떤 것이든 먹지
말라"라고 말하면서, 떨어지는 것은 반신들의 것이라고 했다. 그리
고 피타고라스는 흰 수탉에 손을 대지 말라고 명했는데, 이는 그것이
달132)의 신에게 축성된133) 것이며 탄원자이기 때문이다. 그런데 탄
원은 좋은 것들에 속한다. 달의 신에게 축성된 것이란 수탉이 시간을
알려 주고, 흰 것은 좋은 본성에 속하고 검은 것은 나쁜 본성에 속하
기 때문이다. 그는 축성된 물고기들에 손을 대지 말라고 했다. 왜냐
하면 자유인과 노예에게 같은 것이 할당되어서는 안 되듯이 신들과

---

129) 이것은 마디가 없는 똑바른 줄기를 언급하는 것이다. 이것이 도대체 어떻
    게 하데스의 문과 연관되는지는 불분명하다. 어떤 편집자는 이 두 생각 사
    이에 뭔가 빠진 부분이 있는 것으로 생각한다.

130) 8권 24절 참고.

131) 현존하지 않는 작품으로 단편적으로만 남아 있다.

132) 어원적으로는 연결되어 있으나 일차적으로 이 '달'(*Mēn*)은 'moon'이 아니라
    'month'이다.

133) '축성(祝聖)된'은 'hieros'를 번역한 말이다. 가톨릭에서는 '축성'을 '사람이
    나 물건을 하느님께 봉헌하여 성스럽게 하는 것'이라는 뜻으로 사용한다.
    축성 의식은 고대 종교에서 보편적으로 이루어졌던 의식이었다. 간략하게
    '신성한'이라고 해도 당장의 문맥에는 통하겠지만, 일상에서 사용하던 사물
    을 의식을 통해서 신에게 봉헌함으로써 성스럽게 한다는 전체 맥락을 드러
    내기 위해 다소 까다로운 용어를 선택했다.

인간들에게도 같은 것이 할당되어서는 안 되기 때문이다.

〔35〕 그는 한 덩어리의 빵을 부수지 말라고 했다. 이는, 지금도 여전히 이방인들이 그렇듯, 옛날에 친구들은 빵 한 덩어리를 두고 왕래했기 때문이다. 그는 친구들을 모이게 하는 한 덩어리의 빵을 나누어서도 안 된다고 했는데, 어떤 이들은 그것이 하데스에서의 심판과 관련 있다고 하고, 어떤 이들은 그것이 전쟁에서 겁내게 만든다고 하며, 또 어떤 이들은 우주가 그것으로부터134) 시작되기 때문이라고 한다.

또 도형들 중에서 가장 아름다운 것은 입체 중에서는 구(球)이고 평면 중에서는 원이라고 그는 말한다. 또 노년과 쇠퇴하는 모든 것은 닮았다고 말하고 성장과 젊음은 같은 것이라고도 했다. 그리고 형태가 유지되는 것이 건강이고, 형태가 파괴되는 것은 질병이라고 했다. 소금에 대해서는 정의를 기억하게 하려는 목적으로 식탁에 두어야만 한다고 말한다. 왜냐하면 소금은 자신을 받아들이는 것 모두를 보전해 주기 때문이고, 게다가 그것은 가장 순수한 것, 즉 태양135)과 바다로 만들어진 것이기 때문이다.

〔36〕 이것들 역시136) 알렉산드로스는 《피타고라스주의자들에 대한 기록》 가운데 발견했다고 말하는 것들이며, 그것에 이어지는 사항은 아리스토텔레스가 말하는 것이다.137) 그런데 피타고라스의 위엄 있

---

134) '그것으로부터'(*apo toutou*)가 무엇을 의미하는 것일까? '한 덩어리의 빵'일까? 아니면, '나누는 것'을 의미할까? 12세기경 이탈리아에서 만들어진 B 사본에는 topos(장소)로 나와 있다. 어쩌면 앞서 25절에서 언급한 하나에서 둘이 생기는 것을 말하는 것일 수 있다.

135) 사본은 hydatos(물)로 나온다.

136) 앞의 24절에도 알렉산드로스가 발견한 것들이 인용되어 있다.

137) 힉스는 디오게네스 라에르티오스가 피타고라스학파에 관해 글을 쓰면서 참

는 태도에 대해서는 티몬도 《실로이 시집》(조롱시집)에서 피타고라스를 집요하게 물고 늘어지면서도 빠뜨리지 않고 다음과 같이 말한다.

피타고라스, 인간들이 주는 명성의 사냥으로 기울어진
사기꾼, 위엄 있는 분위기 잡기를 좋아하는 친구.

피타고라스가 다른 때에는 다른 사람으로 태어났다는 것에 대해 크세노파네스는 이렇게 시작되는 비가에서 증언한다.

이제 다시 나는 다른 이야기로 넘어가서〔그대에게〕그 길을 보여 줄 것이다.
크세노파네스가 피타고라스에 대해 이야기하는 바는 다음과 같다.

그리고 언젠가 그는, 호되게 맞고 있는 강아지의 곁을 지나가다가 불쌍히 여겨 이런 몇 마디 말을 했다고 한다.
"그만하라. 매질하지 마라. 내 친한 사람의 영혼이니까. 울음소리를 듣고 그를 알아보았다."138)

〔37〕이것은 크세노파네스의 시구절이다. 그러나 크라티노스139)는 《피타고라스교의 여신도들》에서 그를 조롱하고 있다. 《타라스의 사람들》에서도 이렇게 말한다.

고했던 책이 아리스토텔레스의 위서로 알려진 《피타고라스의 생애》였다고 보고, 그 책의 내용에 대한 디오게네스 라에르티오스의 평가가 지금의 이야기라고 이해한다.
138) DK21B7 참고.
139) 크라티노스(Kratinos)는 기원전 4세기의 중기 희극작가로 피타고라스주의자들을 고기를 먹지 않고 극단적인 절제하는 삶을 산 것으로 묘사하고 있다.

그들에게는 관습이 있어서, 외부로부터 어떤 초심자가 들어오는 것을 받아들이는 경우에는, 그들이 가진 학설의 힘을 시험해 보려고, 대립명제들과 개념정의들140)과 동수음절의 문장들141)과 논점에서 벗어난 논의142)와 거창함143)을 이용해 교묘하게 혼란에 빠뜨리고 교란시킨다. 144)

한편 므네시마코스145)는 《알크마이온》에서 이렇게 말한다.

피타고라스 교도들이 했듯이 우리는 록시아스146)에게 희생제의를 바친다. 영혼을 지닌 것은 전혀 먹지 않고.

---

140) 'peras'에 대해서는 다른 번역들도 많다. '결론'(*conclusion*), '필연적인 결론'(*forced conclusion*) 등이 있다.

141) 'parisosis'는 이소크라테스가 잘 사용한 문장법으로 음절을 기준으로 같은 수의 음절을 가진 문장들을 말한다.

142) 궤변으로 단순하게 이해하는 번역도 있다.

143) 'megethos'는 보통 '숭고함'이라 번역하는 말이다. 하지만 아리스토텔레스의 《수사학》, 1409a36에 등장하는 맥락과 희극의 용도를 생각해 '거창함'이라고 옮겼다. 《수사학》에서 이 말은 '한눈에 들어올 수 있는 규모'라는 맥락에서 '규모'의 의미로 쓰였다.

144) 이 단편에 나오는 용어들에 대하여 크라티노스가 어떤 이해를 갖고 있었는지는 분명치 않다. 이 용어들은 이소크라테스와 아리스토텔레스가 사용했던 용어들이기는 하다. 따라서 이 용어들이 수사학적 의미와 더불어 희극의 용어일 수도 있다(Phillip Sidney Horkey, *Plato and Pythagoreanism*, pp. 13~14, n. 36 참고).

145) 므네시마코스(Mnēsimachos)는 기원전 4세기 중반에 활동한 아테네의 희극 작가이다.

146) 록시아스(Loxias)는 아폴론 신의 별칭이다. 이 이름은 '기울어진'이란 뜻의 'loxos'와 어근이 같은데, 'loxos'는 태양이 천구에서 연중 이동하는 경로가 적도를 기준으로 기울어졌기 때문에 붙은 이름이기도 하다. 우리말로는 황도라고 한다. 한편, 예언의 신으로서 아폴론의 신탁이 늘 애매하기 때문에 '간접적이다', '애매하다'라는 의미를 함축한 'loxos'가 아폴론의 별칭이 되었다는 설도 있다.

〔38〕 그리고 아리스토폰147) 은 《피타고라스 교도들》에서 다음과 같이 말한다.

A: 그의 말로는 자신이 죽은 자들의 거처148) 로 내려가 그들을 낱낱이 보았는데, 피타고라스 교도들은 다른 죽은 자들보다 월등히 달랐다고 한다네. 왜냐하면 그들만이 그들의 경건함(eusebeia) 으로 인해 플루톤149) 이 그들과 함께 식사를 하고 있었기 때문이라는 것이지.
B: 참 비위가 좋은 신이라는 소리군. 오물을 뒤집어쓴 자들과 함께 있는 것을 즐거워하신다면 말이지.

게다가 같은 희곡에서 아리스토폰은 다음과 같이 말하기도 한다.

그들은 채소를 먹고, 이것에다가 물을 마실 뿐이다.
씻지도 않고 이가 들끓는 넝마를 걸친 그들을
오늘날 그 누구라도 견뎌내지 못할 것이다.

〔39〕 한편, 피타고라스의 최후는 다음과 같은 방식이다. 150) 그가 제자들(synēthēs) 과 함께 밀론151) 의 집에서152) 모임을 갖고 있었

---

147) 아리스토폰(Aristophōn) 은 기원전 337~294년에 살았던 아테네의 희극작가다. 몇몇 후기 피타고라스주의자들은 퀴니코스(견유) 학파처럼 행동했다고 한다.
148) '죽은 자들'이라 번역한 말은 'hoi katō'를 번역한 것으로 직역은 '지하세계의 사람들'이다. 그리스인들은 사람이 죽으면 땅 밑에 있는 하데스(죽음의 신인 하데스가 관장하는 지역) 로 간다고 믿었기 때문에 '지하세계의 사람들'은 죽은 자들을 가리키는 표현이다.
149) 플루톤(Ploutōn) 은 지하세계의 신, 하데스의 다른 이름이다.
150) 아래에서 죽음에 관련된 세 종류의 이설을 전해주고 있다.
151) 이 밀론이 크로톤의 시민으로서 피타고라스의 추종자인 것은 분명하지만,

180

을 때, 입문의 자격이 없다고 판정받은 자들 가운데 누군가가 질투심으로 말미암아 그 집에 불을 지르는 일이 벌어졌다. 하지만 어떤 사람들은 크로톤의 시민들 자신이 참주제의 수립을 경계해 그 일을 벌였다고 말했다. 그래서 피타고라스는 도망가다가 붙잡혔다고 한다. 그러니까 콩이 가득 심겨 있는 어떤 지역에 그가 있게 되자, 그 콩밭을 가로질러 가지 않으려고 그 자리에 멈추어 서서 "콩을 밟기보다는 차라리 이곳에서 붙잡히자. 말로만 떠드느니 죽임을 당하는 것이 낫다"고 말했다고 한다. 이렇게 해서 그는 추격자의 손에 목이 베였다고 한다. 그리하여 또한 그의 동지들(hetairos) 대부분도 살해되었는데, 대략 40명에 달했다. 하지만 극소수는 도망갔고, 그중에는 타라스 사람 아르키포스153)와 앞서 말한154) 뤼시스도 포함되어 있었다.

[40] 그러나 디카이아르코스155)는 피타고라스가 메타폰티온에

그가 전설적인 레슬링 선수인 밀론인지는 논란이 많다. 8권 13절에는 피타고라스가 운동선수를 훈련시키고 그들에게 최초로 육식을 시켰다는 보고가 나오는데, 이어서 디오게네스 라에르티오스는 이런 것은 육식을 금한 피타고라스와 어울리지 않으며, 동명이인이며 동향 사람인 체육담당관과 혼동되었을 가능성을 언급했다. 이와 연관하여 보면 레슬링 선수 밀론과의 일화도 이런 착각에서 기인했을 가능성이 많다(C. Riedweg, *Pythagoras: His Life, Teaching and Influence*, 2005, p. 10 및 관련 주석 참고).

152) 이곳에 사본 훼손이 있어서 도란다는 'toutou'(이 사람의)만 남겨 두었는데, 문맥에 맞지 않아 생략했다.

153) 본문의 이 맥락을 통해 알 수 있는 것 외에는 달리 알려진 바가 없다. 다만 맥락을 통해 뤼시스와 더불어 아르키포스도 피타고라스의 최후에 대한 증언을 남긴 사람으로 볼 수 있다.

154) 7절을 말한다.

155) 디카이아르코스(Dikaiarchos)는 아리스토텔레스의 뤼케이온의 학생으로 지리학자, 수학자, 철학자였다.

있었던 무사의 여신들 신전으로 숨어들어 40일간 곡기를 끊은 뒤에 죽었다고 전한다. 반면에 헤라클레이데스156)는 《사튀로스의 〈철학자들의 생애〉 요약집》에서 피타고라스가 델로스섬에서 페레퀴데스를 매장한 뒤에 이탈리아로 돌아가157) 크로톤 사람 퀼론158)이 성대한 잔치를 벌이는 것을 보고는 메타폰티온로 물러가 더 이상 살기를 바라지 않고 곡기를 끊어 삶을 마쳤다고 전한다. 다른 한편 헤르미포스는 말하길, 아크라가스159)인과 쉬라쿠사이인 사이에서 전투가 벌어졌을 때, 피타고라스는 제자들과 함께 원정을 나가 아크라가스군의 선두에 서서 싸웠다고 한다. 그러나 그들이 퇴각하게 되었을 때, 그는 콩밭이 있는 지역을 피해 돌아가다가 쉬라쿠사이군에게 목이 베였다고 한다. 또 35명에 달하는 나머지 사람들은 기존의 정권에 맞서려고 기도했다가 타라스에서 화형에 처해졌다고 한다.

〔41〕그리고 헤르미포스는 피타고라스에 대해 다음과 같은 다른 일화를 전한다. 그가 이탈리아에 도착해서는 지하에 방을 만들고, 어머니에게는 지상에서 일어나는 일들을 서판에 적되, 날짜까지 적어 자신이 지상에 올라올 때까지 그 서판을 자신에게 내려보내 달라고 명했다는 것이다. 그의 어머니는 그대로 했다고 한다. 시간이 지나서 피타고라스는 뼈만 앙상하게 남은 마른 모습으로 지상에 올라왔다고 한다. 그는 민회로 가서 자신이 하데스에서 돌아왔노라고 알렸다. 심

---

156) 기원전 2세기경에 활동한 정치가 역사가였다. 렘보스 출신이다.
157) 이 일화는 1권 118절에서 이미 언급되었다.
158) 피타고라스에 반대했던 귀족으로 보인다. 어떤 보고에 따르면 퀼론이 피타고라스에게서 공부하려고 하자 그의 참주적 본성 때문에 거부했다고 한다.
159) 이탈리아의 시켈리아섬에 있는 도시. 엠페도클레스의 출생지이기도 하다.

지어 그는 자신에게 일어난 일들을 사람들에게 들려주었다. 한편 그가 한 이야기에 마음이 동한 사람들은 눈물을 흘리고 울부짖으며 피타고라스를 신과 같은 사람으로 믿었고, 그래서 그의 가르침을 조금이라도 배우게 하려는 생각에 자신들의 부인까지도 그에게 맡겼다고 한다. 그 부인들이 '피타고라스교의 여신도'(Pythagorikai) 라 불리게 되었다는 것이다. 이것은 헤르미포스가 전하는 이야기다. [160]

〔42〕 한편 피타고라스에게는 부인도 있었다. 이 여인은 테아노이고 크로톤 시민인 브론티노스[161]의 딸이었다. 그러나 어떤 사람들은 그녀가 브론티노스의 아내이고, 피타고라스의 여제자였다고 한다. 뤼시스가 히파소스에게 보낸 편지에서 말하는 바에 따르면, 그에게는 다모라는 딸도 있었다. 그 편지에서 뤼시스는 피타고라스에 대해서 다음과 같이 이야기한다.

그런데 많은 사람들이 당신이 대중에게 철학을 공개적으로 강의하고 계신다고 말하더군요. 그것은 피타고라스께서 적절치 않다고 생각하셨던 일입니다. 적어도 그분은 자신의 딸인 다모에게 비망록을 맡기시면서 가족 이외에는 어느 누구에게도 넘겨서는 안 된다고 엄명하셨지요. 한편 그녀는 그 문헌을 많은 돈을 받고 팔 수도 있었는데 그러길 원하지 않았죠. 그녀는 가난과 부친의 명을 황금보다도 더 귀하게 생각했던 것이죠. 여인이었는데도 말이죠.

---

160) 피타고라스의 노예였던 자몰시스(혹은 잘목시스)에 관련된 일화도 이와 동일하다(헤로도토스, 《역사》, 4권 95절).

161) 달리 알려진 바가 없으며 아래의 83절에서 그 이름이 다시 언급된다.

〔43〕 그들 사이[162]에는 테라우게스라는 아들도 있었다. 이 아들이 부친의 뒤를 이었고, 또 어떤 사람들에 따르면 엠페도클레스[163]를 가르쳤다고 한다. 어쨌든 엠페도클레스가 이렇게 말한다고 히포보토스가 전하고 있다.

테라우게스여, 테아노와 피타고라스의 평판 자자한 아들이여.

테라우게스의 저술은 하나도 전해지지 않지만 그의 어머니인 테아노의 저술은 몇 개가 전해진다. 그뿐 아니라 그녀가 여자는 남자와 성관계 후 며칠이 지나면 정화되느냐는 질문을 받고 "자기 남편과 관계하고 나서는 당장이라도, 그러나 다른 남자라면 언제까지라도 정화되지 않는다"라고 말했다는 이야기가 전해진다. 또 그녀는 자기 남편 곁으로 가려는 여인에게는 옷과 함께 부끄러움까지도 버리되, 잠자리에서 일어나면서는 옷들과 동시에 다시 거둬들이라고 충고한다. 그리고 "어떤 옷들을 말씀하시나요?"라는 질문을 받고서는 "그것에 의해 내가 여자로 불리게 되는 것"이라고 그녀는 말했다.

〔44〕 어쨌거나 사라피온의 아들 헤라클레이데스가 말하듯이, 피타고라스가 생애주기[164]에 대한 자신의 도식에 맞게, 80세에 세상을 떠났다는 것은 사실이다. 그러나 대부분의 사람들이 말하는 바로는 그는 90세까지 살았다. 그리고 나에게는 그에 대해 다음과 같은 내용의 장난스럽게 지은 시가 있다.

---

162) 피타고라스와 그의 부인 사이.
163) 아래의 51~77절에서 논의되고 있다.
164) 피타고라스가 나누고 있는 생애주기에 대해서는 8권 10절 참고.

당신만이 영혼을 지닌 것들에 손을 대지 않았던 것은 아니고,

우리도 그렇게 한다.

실상 영혼을 지닌 것에 접촉한 사람은 도대체 누구였겠는가, 피타고라스여.

하지만 조리거나 굽거나 소금에 절이게 되면,

이미 그때에는 영혼을 갖지 않은 것이 되었기 때문에 우리는 먹는 것이다.

다른 시도 있다.

그렇기 때문에 피타고라스는 이처럼 현명한 사람이었으니,

자기 자신은 고기를 건드리지 않으면서, 그것이 부정의하다고 말하고는,

다른 사람은 먹일 정도였던 것이다. 감탄할 만한 지혜이다. 자기 자신은

부정의를 저지르지 않는다고 말하고는, 다른 사람들은 부정의를 저지르

도록 만들고 있으니 말이다.

〔45〕 그리고 또 다른 시도 있다.

만일 그대가 피타고라스의 흉중을 알고 싶다면,

에우포르보스[165]의 방패 손잡이를 보라.

왜냐하면 이 사람은 "내가 그 이전에 한 인간이었다"라고 말하고 있기

　때문이다.

그러나 이 사람이 자기가 있지 않았을 때에 누구였다고 주장한다면,

　있었을 때는 그 누구도 아니었던 것이다.

그리고 그의 생의 끝 모습에 대한 또 다른 시도 있다.

아아! 피타고라스는 왜 그토록 콩을 두려워했을까?

왜 그는 자기 제자들과 뒤섞여 죽었는가?

거기에 콩밭이 있었다. 그는 콩을 짓밟지 않으려고

아크라가스 사람들에게 붙잡혀 삼거리에서 죽었다. 166)

그는 60회 올림피아기167) 무렵에 전성기였다. 그리고 그의 교단 (systēma) 은 9세대, 또는 10세대 후까지 지속했다. 〔46〕 왜냐하면 아리스톡세노스가 보았던, 피타고라스주의자들 가운데 마지막 인물들은 트라케 출신의 칼키스 사람인 크세노필로스, 플리우스 사람인 판톤, 168) 그리고 역시 플리우스 사람들인 에케크라테스169) 와 디오클레스170) 및 포륌나스토스171) 였기 때문이다. 이들은 타라스 사람들인 필롤라오스172) 와 에우뤼토스의 제자들이었다. 173)

한편 서로 그다지 멀리 떨어지지 않은 같은 시기에 피타고라스라는 사람은 넷이 있었다. 한 사람은 크로톤 사람으로 참주적인 성향을 가졌다. 다음은 플리우스 사람으로 운동선수(sōmaskētēs) 이고 (어떤 사람들의 말에 따르면 체력담당관이었다), 세 번째는 자퀸토스174) 사

---

166) 40절의 내용에 비추어 보면 여기서 피타고라스가 아크라가스 사람들에게 죽었다는 언급은 디오게네스 라에르티오스의 착각을 보인다.

167) 기원전 540~537년.

168) 달리 알려진 바가 없다.

169) 에케크라테스(Echekratēs) 는 플라톤의 《파이돈》편에 심미아스, 케베스와 함께 등장하는 인물이다.

170) 달리 알려진 바가 없다.

171) 달리 알려진 바가 없다.

172) 필롤라오스(Philolaos, 기원전 470~385년) 는 플라톤의 《파이돈》, 61d, e 에서 언급된다.

173) 3권 6절에 따르면 플라톤이 20대 후반이었을 때 이들을 만났을 것이다.

람이다. 〈네 번째가 바로 이 사람으로,〉 이 사람이 철학의 비의[175]를 밝혔고, 그것들의 선생이라고 사람들은 전한다. 또 '그 사람이 말하길…'(*to Autos epha*)이라는 어구도 이 사람에 대한 것으로, 이 어구는 일상생활에서 격언처럼 통용되기에 이르렀다.

〔47〕하지만 어떤 사람들은 레기온[176]의 조각가인 다른 사람도 피타고라스였으며, 최초로 비례(*rhythmos*)와 균형(*symmetria*)을 추구한 사람으로 여겨졌다고 한다. 그리고 다른 한 사람은 사모스의 조각가였다고 한다. 또 다른 한 사람은 악덕 연설가였다고 한다. 또한 사람은 의사로서 해총[177]에 관한 책을 저술하고, 호메로스에 관한 몇 개의 글을 묶어낸 사람이었다고 한다. 그리고 또 다른 사람은 디오뉘시오스[178]가 알려주는 것처럼 도리아인의 역사를 체계적으로 기록한 사람이었다고 한다.

그러나 파보리누스 역시《잡다한 것들의 역사》8권에서 인용하여 전하는 바에 따르면 에라토스테네스는, 마지막 사람은 최초로 기술적으로 권투를 익힌 사람으로서 48회 올륌피아 경기[179]에 긴 머리를 하고 보라색 망토를 걸치고 출전했다고 말한다. 이 사람은 소년

---

174) 자퀸토스(Zakynthos)는 이오니아 해안에 있는 그리스의 섬으로 펠로폰네소스 반도 북서쪽 방향에 있다.

175) '비의'로 번역한 'apporheton'은 '숨겨져 있는 것'이란 뜻으로, 피타고라스학파에서 외부로 유출하지 않고 침묵으로써 지킨 학설들(*esōterika*)을 말하기도 한다.

176) 레기온(Rhēgion)은 이탈리아 반도 남서쪽 끝에 위치한 도시다.

177) 해총(*skilla*, *squill*)의 학명은 'Urginea Maritima'로 백합과 다년생 초목 또는 그것을 말린 생약을 가리키는데 강심제 등의 용도로 쓰였다고 한다.

178) 1권 38절에 나오는 디오뉘시오스와 동일인물로 보는 견해도 있으나 확실치 않다.

179) 기원전 588~585년경에 개최되었다.

부 시합에서 제외되어 조롱을 받자, 곧바로 성인부 시합에 참가해 승리를 거두었다고 한다. 〔48〕테아이테토스180)가 쓴 다음의 비문 시도 이 점을 분명히 밝힌다.

외지인이여, 피타고라스라는 어떤 사람을, 긴 머리를 한 유명한
사모스 출신의 권투선수 피타고라스를 당신이 들어보았다면,
내가 그 피타고라스요. 하지만 내 업적을 엘리스 사람181) 누군가에게
    묻는다면,
그 사람이 믿을 수 없는 말을 한다고 당신은 말할 것이네.

이 사람이182) 처음으로 수학의 전 영역에 걸쳐 정의(horoi)를 사용했으며, 소크라테스와 그 추종자들은 그것을 더 많은 분야에 적용했고, 183) 또 그들 다음으로는 아리스토텔레스와 스토아학파 사람들도 그렇게 했다고 파보리누스는 말한다. 게다가 피타고라스가 최초로 하늘을 우주(kosmos) 184)라고 이름 붙이고 땅이 구형이라고 말했다고 한다. 185) 하지만 테오프라스토스가 하는 말로는 파르메니데스가 그랬다고 하고, 186) 제논187)이 하는 말로는 헤시오도스가 그랬다고 한다. 188) 〔49〕이 사람에게 퀼론이 대적했던 것은 소크라테스에

---

180) 4권 25절 참고. 플라톤의 대화편에 등장하는 테아이테토스가 아니다.
181) 올림픽 경기가 열리는 올림피아는 엘리스 지역에 있었다.
182) 앞서 이야기한 권투선수가 아니라, 이 장의 주인공인 철학자 피타고라스이다.
183) 아리스토텔레스의 《형이상학》, 1078b18 이하에도 같은 내용이 있다.
184) 3권 70절 주석 참고.
185) 플라톤, 《고르기아스》, 508a 참고.
186) 9권 21절 참고.
187) 키티온 출신의 제논에 대해서는 7권 1~160절에서 논의된다.

대해서 안틸로코스가 대적했던 것과 같다고 알려져 있다. 189) 한편 운동선수인 피타고라스에 대해서는 이런 비문시도 전해진다.

이 사람은 아직 성년에 이르지 않았을 적에 소년들과 권투 경기를 하기 위해 올륌피아로 갔다. 사모스 사람이고 〈크로테오스의 아들인〉 피타고라스는.

한편 그 철학자는 다음과 같은 편지도 썼다.

피타고라스가 아낙시메네스에게190)
나의 벗이여, 당신 역시 태생이나 명성에서 피타고라스보다 조금도 더 뛰어나지 않았다면 밀레토스를 떠나 이주했을 것입니다. 그러나 실제로 는 부친으로부터 물려받은 훌륭한 명성이 당신을 만류했으며, 내가 아낙 시메네스와 같은 처지였다면 그 명성은 나 역시 만류했을 것입니다. 그 러나 당신들과 같이 더없이 능력 있는 분들이 나라를 버린다면, 나라는 질서를 잃게 되고 메디아인들191)의 위협은 더욱더 증대할 것입니다. 〔50〕게다가 또 하늘에 있는 것들에 대한 연구가 언제나 아름다운 것도 아니고, 조국의 수호자가 더 아름답습니다. 그리고 나 역시 내 자신의 이 야기192)에만 온통 매달려 있지 않고 이탈리아 사람들이 서로 다투는 전 쟁에도 관여하고 있습니다.

---

188) 헤시오도스, 《신통기》, 127행.
189) 2권 46절 참고. 거기서는 안틸로코스가 렘노스 사람으로 나온다. 퀼론에 대해서는 40절을 참고.
190) 아낙시메네스가 피타고라스에게 보낸 편지는 2권 5절에 나온다. 이 편지는 그것에 대한 화답이다. 이 편지들은 가짜로 추정된다.
191) 페르시아인들을 말한다.
192) 원어는 'mythos'라서 '이야기'라고 했으나, '학설'이나 '생각'으로 이해할 수 도 있다.

피타고라스에 대해서는 상세하게 이야기했으므로, 큰 평판을 받는 피타고라스학파 사람들에 대해서 이야기해야만 한다. 그리고 그 사람들 다음으로는 몇몇 사람들에 따라 '학파에 속하지 않는다'[193]고 일컬어지는 철학자들에 대해 이야기해야 한다. 그러고 나서 전에도 말한 방식에 따라서[194] 말할 만한 가치가 있는 철학자들의 계보를 에피쿠로스까지 이어가 보기로 하자.

우리는 [피타고라스학파인] 테아노와 테라우게스에 대해서 충분히 논했다. 이제는 엠페도클레스에 대해서 먼저 이야기해야만 한다. 어떤 사람들에 따르면 그는 피타고라스의 제자였기 때문이다.

2. 엠페도클레스

[51] 히포보토스[195]가 말하는 것처럼, 엠페도클레스[196]는 아크라가스[197] 출신으로 [그의 할아버지] 엠페도클레스[198]의 아들인 메톤의

---

193) 원래 의미는 '흩어져 있는'(sporadēn)이란 뜻이다. 여기서 이 말은 디오게네스가 1권 13~15절에서 분류한 철학계보 안에 속하지 않는 철학자들을 지시한다. 주로 헤라클레이토스와 크세노파네스를 두고 하는 말이다. 이 두 사람은 9권에 들어서야 비로소 이야기되기 시작한다.

194) 1권 15절 참고.

195) 히포보토스(Hippobotos)는 기원전 200년경에 활동한 철학사가였다. 《철학분파에 대하여》, 《철학자들의 명부》를 저술했다.

196) 기원전 490~430년.

197) 시켈리아에 있는 그리스 도시들 중에서 가장 크고 번영했던 도시다.

198) 당시에는 아들의 이름을 자신의 아버지의 이름을 따서 명명하는 것이 관례였다. 아리스토텔레스 아들 니코마코스가 그렇고, 의술의 아버지인 히포크라테스 경우도 그러하다.

아들이다. 이와 동일한 것을 티마이오스도 그의 《역사》199) 15권에서
말했으며, 〈이외에도〉 이 시인의 할아버지인 엠페도클레스가 저명한
사람이었다고 말하고 있다. 헤르미포스 또한 티마이오스와 비슷한 말
을 한다. 이와 마찬가지로 헤라클레이데스도 《질병에 대해서》200) 에
서 엠페도클레스는 빛나는 가문 출신이고 그의 할아버지는 경주용 말
을 보유하고 있었다고 말한다. 또한 에라토스테네스도 《올림픽 경기
의 승리자들》에서 메톤의 아버지가 71번째 올림피아 경기201) 에서 승
리했다고 말하면서 그 증거로 아리스토텔레스를 끌어들인다.

〔52〕 문법가 아폴로도로스는 《연대기》에서 "그가 메톤의 아들이
었고, 글라우코스는 그가 그 당시 막 건설이 완료된202) 투리오이로
갔다고 말한다"고 전하고 있다. 그다음 몇 줄 아래에서 그는 "그가
고향에서 추방되어 쉬라쿠사이로 가서 그들과 더불어 아테네인들에
맞서 싸웠다고 전하는 사람들은203) 완전히 잘못 알고 있는 것으로
나는 생각된다. 왜냐하면 그 당시에 그는 살아 있지 않았거나 〔살아
있더라도〕 아주 굉장히 늙었을 것이라서, 그랬을 것 같지 않기 때문
이다"라고 말한다. 사실 아리스토텔레스는 그가 (게다가 헤라클레이
토스도) 60세에 죽었다고 말한다. 204) 한편 71회 올림피아 대회 경

---

199) '그리스와 시켈리아 역사'에 관한 책이다.
200) 폰토스 출신의 헤라클레이데스(Herakleidēs)로 아래의 67절, 68절 참고.
201) 기원전 496년.
202) 기원전 444년경. 글라우코스(Glaukos)는 레기온 출신으로 기원전 400년
    경에 활동했다. 《시와 음악의 기원에 대하여》라는 저작을 썼다. 투리오이
    (Thourioi)는 쉬바리스의 파괴된 도시지역에 그리스인들이 건설한 도시다.
    남부 이탈리아의 타란토만에 위치한다.
203) 아테네와 쉬라쿠사이 간의 전투는 기원전 425년과 415년 두 차례 있었다.

마 시합에서 승리한 사람이 이 사람과 이름이 같은 그의 할아버지라서, 아폴로도로스는 이와 동시에 이 사람의(toutou) 연대까지 표시하고 있다.

〔53〕 그러나 사튀로스는 《철학자들의 생애》에서 엠페도클레스가 엑사이네토스의 아들이었고, 그 자신은 엑사이네토스라 불리는 아들을 남겼다고 말한다. 그리고 같은 올륌피아 대회에서 엠페도클레스는 경마 시합에서 승리했으며 그의 아들은 레슬링 경기나, 또는 헤라클레이데스[205]가 《요약집》에서 기술하는 것처럼 경보 시합에서 승리한 것으로 말한다. 한편 나는 파보리누스의 《회상록》에서, 엠페도클레스가 신탁을 받으러 가는 사절(使節)에게 꿀과 보릿가루로 만든 황소의 상을 희생제물로 바쳤다는 것[206]과 칼리크라티데스라는 형제가 있었다는 것을 찾아냈다. 그렇지만 피타고라스의 아들인 테라우게스는 필롤라오스에게 보낸 편지에서[207] 엠페도클레스가 아르키노모스의 아들이라고 말한다. 〔54〕 그러나 그가 시켈리아의 아크라가스 출신이라는 것 때문에 그 자신이 《정화 의례들》의 첫머리에서 다음과 같이 말하고 있는 것이다. [208]

---

204) 헤라이클레이토스 죽음에 대해서는 9권 3절 참고. 아래의 74절 참고.
205) 렘보스의 헤라클레이데스는 《사튀로스의 〈철학자들의 생애〉 요약집》(8권 40절)과 소티온의 《철학자들의 계보》(8권 7절) 축소판을 저술했다.
206) 이 희생제물과 연관을 맺는 DK31B128 참고.
207) 이 편지에 대해서는 55절과 74절 참고. 테라우게스(Tēlaugēs)가 엠페도클레스의 선생이었다는 것에 대해서는 43절 참고. 디오게네스는 아래의 55절에서 이 편지를 다시 언급하면서 그 진실성을 의심하고 있다.
208) 인용시에서 보듯 엠페도클레스는 직접 아크라가스 출신이라고 밝히고 있지 않다. 다만 인과적 설명만을 주고 있을 뿐이다.

엠페도클레스

벗들이여, 황금색 아크라가스[209] 강변의 크나큰 도시,
도시의 가장 높은 곳에 사는 사람들이여[210]

그의 출신 가문에 대해서는 이 정도로 해두자.

한편 티마이오스는 《역사》 9권에서 엠페도클레스가 피타고라스
의 학생이었다고 말하는데, 덧붙여서 말하길 당시에 그는 피타고라
스의 교설을 표절(logoklopia) 한 것으로 유죄가 입증되어 플라톤과 마
찬가지로 선생의 강의에 참여하는 것이 금지되었다고 한다. 생존연
대상 이런 사실은 성립될 수 없다. 그리고 그가 다음과 같이 말할 때,
그 자신은 피타고라스를 상기시키고 있는 것이다.

---

209) '황금색 아크라가스'는 도시의 별명으로 아크라가스를 흐르는 강이거나 도시
    의 가장 높은 요새를 가리킨다.
210) DK31B112, 1～2.

그 사람들 가운데 예사롭지 않은 앎을 지닌 한 사람이 있었네.

그 사람은 진정으로 생각(*prapides*)의 위대한 부를 소유하고 있다네. 211)

하지만 어떤 사람들은 그의 이 말이 파르메니데스를 언급하는 것이라고 말한다.

〔55〕 네안테스가 말하는 것에 따르면, 212) 필롤라오스와 엠페도클레스 시대에 이르기까지는 모든 피타고라스주의자들이 피타고라스의 강의에 참가하는 것이 허용되었으나, 엠페도클레스가 자신의 시를 통해서 학파의 교설(教說)을 세상에 공표했기 때문에, 그들은 그 어떤 시인도 강의에 참석하는 것을 허용하지 않는 규율을 제정했다고 한다(플라톤도 그와 똑같은 일을 겪었다고 네안테스는 말한다. 플라톤 역시 강의에 참여하는 것이 금지되었기 때문이라는 것이다). 그렇지만 네안테스는 엠페도클레스가 피타고라스학파 사람들 중 누구에게 배웠는지는 말하지 않았다. 왜냐하면 테라우게스의 것으로 유포된 편지에 적혀 있는 내용에 엠페도클레스가 히파소스와 브론티노스213) 양자와 연관되었다고 하는데, 네안테스는 이것을 믿을 만하지 못한 것으로 생각했기 때문이다.

테오프라스토스는 엠페도클레스가 파르메니데스의 숭배자가 되어 자신의 시에서 그를 모방했다고 말한다. 왜냐하면 파르메니데스 역시 《자연에 대해서》란 학설을 시의 형태로 내놓았기 때문이라는 것이다.

---

211) DK31B129, 1~2.
212) 퀴지코스 출신의 네안테스의 언급에 대해서는 아래의 58절, 72절 참고.
213) 히파소스는 84절에서, 브론티노스는 83절에서 언급되고 있다. 42절에는
  피타고라스의 장인인 브론티노스가 언급되는데 다른 사람으로 보인다.

〔56〕그러나 헤르미포스에 따르면, 그는 파르메니데스가 아니라 크세노파네스214)의 숭배자였으며, 그와 함께 지내기도 했고 그의 시작술도 모방했다고 한다. 그리고 피타고라스학파 사람들을 만난 것은 나중 일이라고 한다. 한편 알키다마스215)는 그의 《자연에 대해서》에서 말하기를, 제논216)과 엠페도클레스 둘 다는 동일한 시기에 파르메니데스의 학생이었는데, 나중에 그들은 그를 떠났으며, 제논은 자신의 방식에 따라서 철학을 했지만, 엠페도클레스는 아낙사고라스217)와 피타고라스의 학생이 되었다고 한다. 엠페도클레스는 피타고라스에게서는 삶의 태도와 몸가짐에서의 위엄을 배우려고 애썼고, 아낙사고라스에게서는 자연 연구를 배우려 애썼다고 말한다.

〔57〕아리스토텔레스는 《소피스트》218)에서 엠페도클레스가 수사술의 최초의 고안자이고 제논은 변증술의 최초의 고안자라고 말한다. 또 그는 《시인들에 대해서》219)에서 엠페도클레스가 호메로스적 시풍을 지녔고 풍부한 비유와 다른 여러 시적 고안을 사용함으로써 시적 표현에 아주 능했다고 말한다. 그 밖에도 그는 '크세륵세스의 건너

---

214) 콜로폰의 크세노파네스에 대해서는 9권 18~20절에서 논의된다. 앞의 36절에서 디오게네스는 피타고라스를 풍자하는 시를 인용한 바 있다.

215) 기원전 4세기에 활동한 알키다마스(Alkidamas)는 고르기아스의 제자였으며, 이소크라테스의 반대하는 입장에서 같은 시기에 아테네에서 연설술을 가르쳤다.

216) 이 사람은 파르메니데스가 창시한 엘레아학파의 제논이다. 스토아학파의 제논과는 구별된다. 이 사람에 대해서는 9권 25~29절에서 논의된다.

217) 2권 6~15절 참고.

218) 지금은 상실된 작품이다.

219) 지금은 상실된 작품이다.

기 (*diabasis*) 에 대한 시'[220] 와 '아폴론에 대한 송가'와 같은 다른 여러 시를 썼다고 하는데, 이 두 작품은 나중에 그의 누이 중 하나가 (또는 히에로뉘모스[221] 에 따르면 그의 딸이) 불태워 버렸다고 한다. 그런데 송가는 의도치 않게 태운 것이지만, 페르시아 전쟁에 관한 시는 마무리되지 않았기 때문에 고의적으로 태워 버린 것이라고 한다.

〔58〕 아리스토텔레스는 엠페도클레스가 비극과 정치학에 대한 책을 썼다고 뭉뚱그려서 말한다. 하지만 사라피온의 아들 헤라클레이데스는 비극은 다른 사람의 것이라 말한다. 한편 히에로뉘모스는 그의 43편의 비극 작품을 자신이 읽었다고 말했지만, 네안테스는 엠페도클레스가 젊은 시절에 비극을 썼으며 그 자신은 그것들 중에 7편만을 읽었다고 말한다.

사튀로스는 《생애들》에서 그는 또한 의사였으며 탁월한 연설가였다고 말한다. 어쨌든 레온티니 사람 고르기아스는 그의 학생이었는데, 연설 (수사술) 에서 발군의 실력을 발휘하고 《연설술 교본》을 남긴 사람이었다. 고르기아스에 대해 아폴로도로스는 《연대기》에서 그가 109세까지 살았다고 말한다. 〔59〕 사튀로스에 따르면, 고르기아스[222] 이 사람은 엠페도클레스가 마법을 행하는 곳에 자신도 함께 있었다고 말한다. 그뿐 아니라, 엠페도클레스 자신도 시를 통해서 마

---

220) 제목이 보여 주듯이 기원전 480년에 그리스를 침공하기 위해 페르시아 군인들이 헬로스폰토스 해협을 건너는 것을 가리킨다. 엠페도클레스는 당시 청소년이었을 것이다.

221) 히에로뉘모스 (Hierōnymos) 는 로도스 출신으로 기원전 3세기에 활동한 소요학파 철학자이다 (1권 26절 각주 참조).

222) 소피스트이자 수사술의 교사였다 (기원전 485~380년).

법의 능력과 그 밖에 다른 더 많은 것을 가지고 있다고 주장했다고 말하고 있다. 그 점을 시 가운데서 다음과 같이 말한다.

> 그대는 질병과 노령을 막을 수 있는 모든 치유책을
> 알게 될 것이네. 그대만을 위해서 나는 이 모든 일을 이루어낼 터이니.
> 그대는 대지에 휘몰아치며 돌풍으로 들판을 휩쓸어 버리는
> 모진 바람의 기운을 잠재울 것이네.
> 게다가 이번에는, 그대가 원한다면 그 보상으로 미풍을 불러올 수도 있
>   을 것이네.
> 어둑한 장대비를 변화시켜 인간을 위해 적절한 때에 가뭄이 들게 하고,
> 게다가 가뭄을 변화시켜, 하늘에서 떨어져 내리는, 수목을 기르는 물줄
>   기를 만들 수도 있을 것이네.
> 그리고 그대는 하데스로부터 죽은 자의 기운(menos)을 불러낼 수 있을
>   것이네. 223)

[60] 티마이오스도 그의 18권의 책에서 엠페도클레스가 여러 가지 방면에서 사람들을 놀라게 할 만했다고 말한다. 언젠가 계절풍 (etēsiōn)이 맹렬하게 불어 곡물에 피해를 입히기 시작했을 때, 그는 당나귀의 가죽을 벗겨서 자루를 만들도록 명령한 다음, 바람을 붙잡기 위해 그 자루들을 언덕 위와 산등성 주위에 늘어놓았고, 이로 인해 바람이 잦아들었기 때문에 '바람을 제지하는 자'로 불리게 되었다는 것이다. 또한 헤라클레이데스는 《질병에 대해서》에서 엠페도클레스가 기절한 여인에 대한 대처법을 파우사니아스에게 가르쳐 주었

---

223) DK31B111, 1~2, 4~10(《소크라테스 이전 철학자들의 단편 선집》, 417~
    418쪽). 아마도 이 시의 인용은 사튀로스에게서 나온 것으로 보인다.

다고 말한다. 파우사니아스는, 아리스티포스224)와 사튀로스가 보고하듯이 엠페도클레스의 애인(erōmenos)이었고, 그의 〈자연에 대해서〉란 시도 다음과 같이 써서 이 사람에게 바쳤다는 것이다.

〔61〕 여보게, 현명한 앙키토스의 아들 파우사니아스여, 내 말을 들어보게나. 225)

게다가 그는 파우사니아스에 대해서 다음과 같은 비문시도 지었다.

의사로 불린 파우사니아스, 앙키토스의 아들,
아스클레피오스의 후손인 이 사람을 고향 게라226)가 키웠네.
이 사람은 질병의 고통으로 가엾게 사그라져 가는 무수한 자들을,
페르세포네의 가장 깊숙한 성소227)에서 되돌아오게 한 것이네. 228)

어쨌든 헤라클레이데스는 기절한 여인에 대해 이렇게 전해 준다. 엠페도클레스가 숨을 쉬지도 않고 맥박이 멈춘 상태의229) 그녀의 몸

---

224) 이런 얘기들은 《옛사람들의 애정행각에 대하여》에서 나왔을 것이다. 이 책의 저자는 자신의 책의 신뢰성을 높이기 위해 쾌락주의자인 아리스티포스란 이름을 사용했다. 그래서 그를 '짝퉁아리스티포스'라고 부르기도 한다.
225) DK31B1. 파우사니아스(Pausanias)는 엠페도클레스를 가장 존경한 제자로서 시켈리아섬 케라 사람으로 의사였다고 전해지지만 아버지 앙키토스와 함께 자세한 것은 알려진 것이 없다. 크란츠에 의하면 파우사니아스는 그의 스승 사후에 스승의 시를 세간에 전한 인물이다.
226) 게라(Gela)는 시켈리아 남쪽 해안의 작은 도시다.
227) 즉, 죽은 자의 영혼이 머무는 하데스를 가리킨다. 페르세포네는 데메테르 여신의 딸이자 하데스의 부인이다. 여기서 그녀는 지하세계를 대표하고 있다.
228) DK31B156.
229) BPF 사본에는 asēpton(부패되지 않고)으로 나와 있다.

을 30일간이나 유지해 주었다는 것이다. 230) 이런 이유 때문에 헤라클레이데스는 그를 의사이자 점쟁이라 말하는 것이고, 동시에 엠페도클레스의 다음과 같은 이러한 시구로부터도 그 점을 포착해내는 것이다.

〔62〕벗들이여, 황금색 아크라가스 강변의 크나큰 도시,
도시의 가장 높은 곳에 사는 사람들이여
오직 선한 일들에 마음을 쏟고,
이방인들을 환영하는 항구이자, 악에 물들지 않는 사람들이여.
안녕하신가! 나는 그대들에게 불멸하는 신이요,
더 이상 죽을 운명의 인간이 아니로다.
마치 나에게 걸맞다고 그들이 생각하는 대로,
나는 머리에 장식 끈과 화려한 화관을 두른 채
만인에게 존경을 받으며 이곳저곳을 돌아다니네.
내가 그들의 풍요로운 시내 가운데로 가면
남자들과 여자들에게서 나는 신처럼 추앙받는다네.
숱한 사람들이 나를 뒤따르며,
어디에 이득을 구할 지름길이 있는지 물어오네.
어떤 이들은 신탁을 구하고, 어떤 이들은
오랫동안 심한 고초를 겪은지라,
온갖 질병들을 치유할 확실한 말을 듣기를 청하네. 231)

---

230) 이 여인이 완전하게 회복되었다는 이야기의 결말은 67절에 가서야 매듭지어지고 있다.
231) DK31B112.

〔63〕아크라가스에는 족히 80만 명에 이르는 거주자가 있었기 때문에, 엠페도클레스가 아크라가스를 '대'(大, megan)〔도시〕라고 불렀다고 포타밀라〔혹은 헤라클레이데스232)〕는 말한다. 그로 인해 그들이 사치스러운 생활을 하고 있었기 때문에, 엠페도클레스는 다음과 같이 말했다고 한다. "아크라가스인들은 마치 내일이면 죽을 것처럼 사치스럽게 살고 있으나, 집은 또 영원히 살 것처럼 짓고 있다."

또 음송가(吟誦家) 클레오메네스가 올림피아에서 《정화제례》라는 바로 그 시를 낭송했다고 전해지는데, 파보리누스 또한 《회상록》에서 그렇게 말한다. 아리스토텔레스가 또한 말하는 것에 따르면, 그는 자유인다운 사람이었으며 어떤 권력도 혐오했던 사람이었는데, 크산토스233)가 엠페도클레스에 대한 자신의 책에서 말하는 것처럼, 적어도 그가 자신에게 주어졌던 왕권을 거절했다고 한다면, 그가 간소한 삶을 더 좋아했기 때문에 이 점은 명백하다는 것이다.

〔64〕티마이오스도 이와 동일한 견해를 말했으며, 동시에 엠페도클레스가 민주정적 인간이었다는 이유를 내세운다. 티마이오스는 다음과 같이 설명한다. 그가 권력자들 중의 한 사람으로부터 식사 초대를 받았을 때, 연회가 진행된 후에도 여전히 포도주가 나오지 않자,

---

232) 티마이오스를 말하는 주체로 보고 티마이오스를 삽입해 읽기도 한다(D. L. libros, 1705). 이어지는 논의로 읽게 되면 헤라클레이데스를 주어로 볼 수도 있다. 'phēsi'(말하다) 다음에 'Potamilla'로 된 사본이 있는데, 여백주석의 변형으로 보는 학자도 있다(H. Diels). 실제로 13세기에 만들어져 피렌체에 소장되어 있는 F 사본에는 'potamon all'로 되어 있다. 어쨌든 포타밀라에 대해서는 알려진 바가 없다.

233) 뤼도스(Lydos) 사람으로 엠페도클레스 당대에 살았다. 역사가였으며 《엠페도클레스의 생애》를 저술한 것으로 알려져 있다.

다른 손님들은 잠자코 있었는데, 그는 불편한 심기를 내보이며 포도주를 내오라고 명령했다. 그러자 초대한 주인이 민회(boulē)의 관리를 기다리고 있다고 말했다. 그 사람이 오자, 그가 향연의 좌장(symposiarchos)[234]이 되었는데, 이는 분명 초대한 주인이 정한 일이었다. 그런데 그 사람은 참주정의 기미를 드러내기 시작했다. 왜냐하면 그는 손님들에게 포도주를 마시든가, 아니면 머리에 쏟아붓도록 명령했기 때문이다. 그때는 엠페도클레스가 잠자코 있다가, 그다음 날 그는 초대한 주인과 향연의 좌장을 법정으로 끌어내어 그 두 사람의 유죄선고를 받아내서 사형에 처한 것이다. 이리하여 이것이 그의 정치활동의 시작이 되었다.[235]

〔65〕또 한번은 의사인 아크론[236]이 자신이 의사들 중에서 최고(akrotēs)라는 이유로 조상의 기념비를 세우기 위한 장소를 민회에 요구했을 때, 엠페도클레스는 연설자로 앞에 나가서 그것을 제지시켰다. 그때 그는 평등에 관해 여러 가지를 논의했으며, 특히 다음과 같은 질문을 아크론에게 던졌다. "하지만 우리는 그 묘비에 어떤 문구를 새겨야만 할까요? 이런 것을 새길까요?

---

234) 향연을 이끄는 사람인 symposiarchos는 포도주와 물을 섞는 비율을 결정하고 술이 돌아가는 순번을 결정한다.

235) 음식에 뒤이어 포도주가 나오고, 향연의 좌장은 추천에 의해 결정되는 것이 관례였다. 사적인 자리에서 일어난 비민주적 행태를 공적으로 비난하고 법적으로 처리함으로써 엠페도클레스는 파당에 반대하는 민주정적인 입장을 내세우게 된 셈이다.

236) 아크론(Akrōn)은 엠페도클레스 당대의 의사로 그의 제자였다고 하며, 아테네에도 체류했다고 한다. 이 사건은 아크론이 다시 고향으로 돌아왔을 때 벌어진 것으로 추정된다. 기원후 10세기에 편찬된 《수다》(Souda) 사전에도 이 내용이 실려 있다.

아크라가스의 최고의 의사, 아크로스의 아들인 아크론이 묻힌 곳은, 최고로 장엄한 고향의 최고의 낭떠러지 밑이니."237)

그러나 누군가는 시구 2행은 다음과 같이 표현되어 있다고 한다.

가장 높은 산꼭대기에 가장 높은 묘지가 놓여 있으니.

누군가는 이것이 시모니데스238)의 것이라고 말한다.

〔66〕 나중에 엠페도클레스는 세워진 지 3년밖에 되지 않는 '천인회의체'(athroisma) 239)를 해산시켜 버렸다. 이로 인해 그가 부유한 사람이기만 한 것이 아니라 인민의 주장을 배려하는 사람임을 보여주었다. 어쨌든 티마이오스는 《역사》 1권과 2권에서(그 책에서 그는 엠페도클레스에 대해 여러 번 언급하고 있다) 엠페도클레스가✝ 공적인 삶에 나설 때에는✝ 240) 상반되는 견해241)를 주장하는 것으로 보이며, 그의 시 몇몇 대목에서는 오만하고 이기적인 면모를 보인다고 말

---

237) '아크라가스'(Akragas), '최고'(akros), '아크로스'(Akros), '아크론'(Akrōn), '장엄한'(akrotatēs), '최고의'(akros)는 모두 'akra'(극단, 끝)를 어간으로 갖는 말이다. 즉, 같은 어간의 말을 이용한 말장난이 섞인 조롱의 시다. 영어의 eminent에는 '유명한'과 '높이 솟은'이란 의미가 있어 좋은 번역어일 수 있다.
238) 케오스의 시모니데스(Simonidēs)는 서정시인으로 유명한 사람들의 비문시를 종종 썼다고 한다.
239) 이것은 부유한 시민으로 구성된 과두정적 정치체제 모습이다.
240) 원문이 파손되었다.
241) 다른 편집본에는 '공적인 삶에 나설 때에는' 다음에 '시작(詩作)을 할 때와'라는 말을 넣었다. 그러나 도란디는 이 부분이 원문이 훼손되었다고 보았다. 시의 경우를 제외한다면, 상반되는 견해란 그의 권력과 불평등에 대한 증오라는 측면에서 앞서 언급된 '부자이면서도 인민을 사랑하는 모습'으로 이해할 수도 있다.

한다. 242) 하여튼 다음과 같이 그는 말한다.

안녕하신가! 나는 그대들에게 불멸하는 신으로, 더 이상 죽을 운명이 아
닌 자로서 돌아다니네 ….

그리고 계속 이어진다.

그가 올림피아에 체류하고 있었던 그 무렵에, 그가 지나친 경의
(敬意)를 요구했기에, 모임에서 엠페도클레스만큼이나 그 정도로
입방아에 오른 인물은 달리 없었다.

〔67〕 하지만 나중에 그가 돌아와 아크라가스에 정착하려 했을
때,243) 그에게 적의를 품었던 자들의 자손들은 그의 귀향에 대해 반
대했다. 이런 까닭에 그는 펠로폰네소스로 물러가 그곳에서 죽은 것
이다. 한편 티몬은 이 사람마저도 결코 그냥 내버려 두지 않고 다음
과 같이 말함으로써 그를 공격하였다.

---

242) 딜스는 이 부분을 수정해서 다음과 같이 보충해 읽고 있다. "엠페도클레스
는 정치적 활동에서와 시작(詩作)에서 상반되는 견해를 주장하고 있다고
말한다. 왜냐하면 정치활동에서는 적절함과 공정함을 가진 것으로 여겨지
고, 시에서는 오만함과 이기심을 가진 것으로 여겨지기 때문이라는 것이
다." 비뇨네(Bignone)는 "성스러우며 인민을 사랑하는 자이기 때문이다"
로, 뮐(Muehll)은 "정치활동의 생활에서 적절함과 공정함을 가지고 있으
니까"로 수정해 읽기도 한다.
243) 원문이 파손된 부분이다. 'oikizomenou …'(… 에 정착하다; BPF 사본)(Ja.
de Waele), 'stasiasantos'(내분이 일어나다; 기간테 552), 'oiktizomenou'
(애통해하다, 동정하다; 아펠트), 'apooikizomnou'(추방하다; 비뇨네) 등으
로 수정 보충해 읽는다. 여기서는 도란디가 택한 '정착하다'에 맞춰 번역했다.
다른 예들로는 "아크라가스 시민들이 '그를 추방한 것에 대해' 애통해했을 때",
"그가 다른 곳으로 이주해갔을 때", "아크라가스 시민들이 내란에 빠졌을 때"
등의 번역이 가능하다.

엠페도클레스, 통속적인 시를 큰 소리로 외쳐대던 그 역시

그가 할 수 있는 한 모든 것들을 세세히 나누었으나,

그가 정한 원리에는 그것을 설명하는 다른 원리가 필요했던 것이네.

그의 죽음에 관해서는 여러 가지 이야기가 있다. 헤라클레이데스
는 기절한 여인에 관한 것을, 다시 말해 엠페도클레스가 죽은 여인
을 살려서 돌려보냈기 때문에 어떻게 유명하게 되었는지를 상세하
게 말한 다음에, 그가 페이시아낙스244)의 땅 근처에서 희생제의를
행하고 있었다고 말한다. 그의 친구들 가운데 몇몇이 그 희생제의에
초대되었고, 그중에는 파우사니아스도 있었다.

〔68〕 이어서 축연이 끝나자 다른 사람들은 뿔뿔이 흩어져서 휴식
을 취했는데, 어떤 자들은 그 땅에 인접한 나무 밑에서 쉬었으며, 어
떤 자들은 자신이 원하는 자리를 찾아 쉬었지만, 엠페도클레스 자신
은 축연을 하느라 누워 있던 그 장소에 여전히 머물러 있었다. 날이
밝아 모두가 일어났을 때, 그의 모습만을 찾을 수 없었다. 그를 찾으
려고 종들에게 물어보았지만 그들도 알지 못한다고 말했다. 그러던
차에 그들 중에 누군가가 한밤중에 괴이할 정도로 큰 목소리가 엠페
도클레스를 부르는 것을 듣고서 일어나 보니 하늘에서 빛이 비치고
횃불이 빛나는 것을 보았으며 그 밖에는 아무것도 없었다고 말했다.
간밤에 일어났던 일에 대해 얘기를 들은 사람들은 경악했으며, 파우
사니아스는 내려와 그를 찾아보도록 명하고 몇 사람을 내보냈다. 하
지만 나중엔 파우사니아스는 엠페도클레스에게 그의 바람에 상응한

---

244) 달리 알려진 바가 없다.

일이 일어난 것이고, 이제 그가 신이 된 것으로 간주해서 그에게 희생제의를 바쳐야만 한다고 말함으로써 애써 그를 수색하지 않도록 명령을 내렸다는 것이다.

〔69〕 헤르미포스가 말하길, 엠페도클레스가 의사들이 포기했던 아크라가스의 여성 판테이아를 치료해 주었고, 그 때문에 그가 희생제의를 수행했다는 것인데, 그 제의에 초대된 사람이 약 80명에 달했다고 한다. 그리고 히포보토스가 보고하길, 엠페도클레스는 일어나자마자 아이트나245) 화산으로 갔고, 이윽고 분화구가 있는 곳에 이르자 그 불속으로 뛰어들어 모습을 감추었는데, 이는 신이 되었다는 자신에 대한 소문을 확실히 하고자 했기 때문이라는 것이다. 이것은 나중에야 신고 있던 신발 한 짝이 불꽃에 휩싸여 올라옴으로써 비로소 그 진실이 알려지게 되었는데, 청동제 신을 신는 것이 그의 습관이었기 때문이라는 것이다. 파우사니아스는 이러한 이야기에 반대했다고 한다. 246)

〔70〕 에페소스의 디오도로스247)는 아낙시만드로스248)에 관한 저술에서 엠페도클레스가 비극풍의 과장된 언행을 하거나 위엄 있는 옷을 걸침으로서 아낙시만드로스를 흉내 내려 했다고 말한다. 셀리누스249) 인들이 인근의 강에서 나오는 고약한 냄새로 인해서 전염병에

---

245) 아이트나(Aitna)(이탈리아어)는 활화산으로 이탈리아 시켈리아 동쪽 해안에 있는 화산이다. 신화에 따르면, 이 산은 제우스가 뱀 모양의 거인인 Typhōs(튀포스)를 묻은 곳이다. 그 괴물의 분노로 움직일 때마다 불을 내뿜는다는 것이다.

246) 헤라클레이데스의 대화에 등장하는 파우사니아스이다.

247) 이 사람에 대해서는 알려진 바가 없다.

248) 아낙사고라스(Anaxagoras)와 혼동한 것일 수 있다.

걸렸고, 그래서 주민들은 목숨을 잃고 여자들은 유산으로 괴로움을 당하고 있을 때, 엠페도클레스는 자신의 돈을 들여 이웃하는 두 강을 그 강으로 끌어들이는 것을 생각해냈고, 실제로 강의 흐름을 합류시킴으로써 신선한 물이 흐르게 했다고 한다. 결국 이렇게 해서 전염병이 사라지게 되었고, 셀리누스의 시민들이 강가에서 축제를 벌이고 있을 그때에, 엠페도클레스가 나타났으며, 거기에 모여 있던 사람들은 일어나 엎드려 경배하고 신에게 그렇게 하는 것처럼 그에게 기도를 바쳤다고 한다. 그래서 그들이 품은 믿음을 확실하게 하기 위해 기꺼이 불속으로 뛰어든 것이라고 디오도로스는 전한다.[250]

〔71〕 하지만 티마이오스는 이 이야기와 상반되는 이야기를 한다.[251] 그는 엠페도클레스가 펠로폰네소스로 떠나서 결코 다시는 돌아오지 않았다고 단언한다. 바로 이런 이유로 해서 그는 그의 생애의 종말도 알 수 없다고 말한다. 헤라클레이데스에 대해서도 그는 그의 책 14권에서 그의 이름을 거명하면서 반박한다. 그는 페이시아낙스가 쉬라쿠사이의 시민이고 아크라가스에는 땅을 가지고 있지 않았다고 말한다.[252] 게다가 이러한 이야기가 널리 퍼져 있었다면, 파우사니아스는 자신의 친구[253]를 기념하기 위해서 신에게 그러는 것과 같은 무언가 작은 조각상이나 사당이라도 세웠을 것이라고 티마이오스는 말한다. 파우사니아스는 그럴 만큼 충분히 부유한 사람

---

249) 셀리누스(Selinous)는 시켈리아의 남서쪽 해안도시다.
250) 이 결론은 히포보토스(69절)를 따르고 있다.
251) 이런 허황된 이야기에 대해 역사가인 티마이오스는 비판을 가하고 있다.
252) 8권 67절 참조.
253) 엠페도클레스를 가리킨다.

이었으니까. "도대체 어떻게 해서 그는", 티마이오스는 말을 계속하는데, "가까운 곳에 있었는데도 결코 한 번도 언급한 적이 없었던 분화구 속으로 뛰어들었을까? 그렇다면 그는 펠로폰네소스에서 죽은 것이 틀림없다. 〔72〕 또 그의 무덤이 발견되지 않는 것도 전혀 놀라운 일이 아니다. 다른 많은 사람들의 무덤도 마찬가지로 발견되지 않으니까 말이다." 티마이오스는 이와 같은 정도로 말한 다음, 덧붙여서 "그러나 헤라클레이데스는 늘 그와 같은 불가사의한 이야기를 들려주는 사람인데, 가령 인간은 달에서 떨어진 것이라는 이야기도 하고 있으니까"라고 말한다.

히포보토스는 얼굴을 가린 엠페도클레스의 조각상이 이전에는 아크라가스에 놓여 있었으나, 나중에는 로마의 원로원 앞에 가리개를 없앤 채로 조각상이 있었다고 하는데, 이는 로마인이 그 장소로 옮긴 것이 분명하다고 그는 말한다. 채색된 그의 몇 개의 인물상이 오늘날에도 여기저기에 전해진다. 피타고라스주의자들에 대해 말하는 퀴지코스의 네안테스[254]는 말하기를, 메톤[255]의 죽음 이후에 참주정의 싹이 돋아나기 시작하자, 곧바로 엠페도클레스는 아크라가스의 시민들에게 내분을 멈추고 정치적 평등을 실천하도록 설득했다는 것이다.

〔73〕 게다가 그는 상당한 재산이 있었기 때문에 결혼지참금이 없

---

254) 네안테스(Neanthēs)의 생애는 불확실하나, 《그리스 역사》(Hellēnika)와 퀴지코스의 역사와 신화에 대한 책을 저술한 것으로 알려져 있다.

255) 메톤(Metōn)은 엠페도클레스의 아버지(51절)로 아크라가스의 참주 트라쉬다이오스(Thrasydaios)가 전복된 후(기원전 472~471년), 정권을 잡은 대단히 높이 평가받는 정치가였다.

는 도시의 많은 처녀들에게 지참금을 주어 시집보냈다고 한다. 파보리누스가 《회상록》에서 언급하는 것처럼, 재산 덕분에 그는 자주색 옷을 걸치고 그 위에 황금의 허리띠를 두를 수 있었다고 한다. 그는 또 청동제 신발을 신고 델포이식 화관을 썼다. 또 그는 숱이 많은 머리칼을 가졌으며, 그의 뒤로는 노예들이 따르고 있었다. 그는 늘 근엄했으며 한결같이 그 표정을 유지했다고 한다. 이와 같은 모습으로 사람들 앞으로 걸어갔으며, 시민들이 그를 만나면 그들은 이 모습을 왕과 같은 표식으로 인정했다고 한다. 그러나 나중에 그가 어떤 제전 (祭典)에 참석하기 위해 메세네로 마차를 타고 가다가 떨어져서 허벅다리 뼈가 부러지고 말았다는 것이다. 이로써 병을 얻게 되어 77세에 죽음을 맞이하게 되었다. 그의 무덤도 메가라에 있다는 것이다. 256)

〔74〕 그러나 그가 죽은 나이에 대해서 아리스토텔레스의 설명은 다르다. 그가 60세에 죽은 것이라고 아리스토텔레스는 말하기 때문이다. 257) 어떤 사람들은 그가 109세에 죽었다고 말하기도 한다. 그는 84번째 올림피아기에 전성기였다. 258) 트로이젠259)의 데메트리오스260)는 《소피스트들에 대한 논박》에서 호메로스가 말한 것을 빌려서261) 그에 대해서 이렇게 말한다.

---

256) 메세네는 펠로폰네소스 반도에 있는 곳이라서 역시 그의 무덤도 본토의 메가라에 있다는 것이 이 부분의 맥락이다. 이상은 네안테스가 전하는 말이다 (M. R. Wright, *Empedocles: The Extant Fragments*, pp. 16~17 참고).
257) 8권 52절 참고.
258) 기원전 444~441년.
259) 트로이젠 (Troizēn)은 그리스 펠로폰네소스 반도 동북쪽의 도시다.
260) 데메트리오스 (Dēmētrios)는 정확히 알려진 인물이 아니고 이곳에서만 유일한 저서 이름이 전해진다.

그는 높이 솟은 층층나무에서 늘어뜨린 올가미를 묶어

거기에 목을 매었고, 그의 영혼은 하데스로 내려간 것이네.

그러나 앞서 말했던 테라우게스의 간단한 편지에는[262] 늙은 나이로 해서 바다에 미끄러져 빠져죽은 것으로 전해진다. 이런 것들이 그의 죽음에 관한 것이고, 이런 정도로 해두기로 하자.

또한 나의 《팜메트로스》(모든 종류의 운율)에는 그에 대한 시가 실려 있는데, 그것은 조롱 삼아 지은 것이고 다음과 같다.

〔75〕 그대 엠페도클레스여,

언젠가 활활 타오르는 불길로 육신을 정화하고자,

불멸하는 크라테르[263]에서 나오는 불을 다 마셔 버린 것이네.

허나 그대가 자발적으로 끊임없이 유동하는 아이트나 속으로 스스로를
    던졌다고는 말하지 않겠네.

외려 그대는 사람들이 알아채지 않기를 바라면서 마지못해 그곳에 떨어
    진 것이네.

또 다른 하나의 시는 다음과 같다.

참으로 언젠가 마차에서 떨어져,

오른쪽 허벅지 뼈가 부러졌기에 죽었다고 하는 엠페도클레스의 죽음 이
    야기가 있다고 한다.

---

261) 《오뒤세이아》, 11권 278행 참고.

262) 8권 55절 참고.

263) 'krētēr' 혹은 'kratēr'는 '분화구'란 뜻도 있지만, 포도주와 물을 혼합하는 아가
    리가 큰 자기그릇을 말하기도 해서 '마셔 버렸다'란 의미로 볼 수 있다.

하지만 만일 그가 불의 크레테르 속으로 뛰어들어 영생을 마신 거라면,
이 사람의 묘지를 여전히 메가라에서 볼 수 있으니, 어찌된 일인가.

〔76〕 그의 학설은 다음과 같은 것이다. 원소는 4개로 불, 물,
흙, 공기이다. 그 밖에 이것들을 결합되게 하는 '사랑'(Philia)과 그
것들을 분리되게 하는 '불화'(Neikos)가 있다. 그는 다음과 같이
말한다.

> 빛나는 제우스와 생명을 가져오는 헤라, 아이도네우스[264] 그리고
> 그녀의 눈물로 죽어야만 하는 생명의 샘을 흐르게 해주는 네스티스.[265]

여기서 제우스는 불을, 헤라는 흙을, 아이도네우스는 공기를, 네
스티스는 물을 말한다. "그리고 이것들은 끊임없이 자리를 바꾸어
(diallassonta) 결코 멈추는 일이 없는 것"[266]이라고 말해서, 그는 이
와 같은 질서는 영원한 것처럼 생각한다. 여하튼 계속해서 이렇게
말한다.

> 어느 때에는 사랑(Philotēs)에 의해 그것들 전부가 하나로 합쳐지나,
> 다른 때에는 다시 불화의 미움에 의해(Neikeos echthei) 제각각 따로따로
> 떨어지는 것이네.

---

264) 하데스 신에 대한 다른 이름이다.
265) DK31B6 참고. 네스티스(Nestis)는 하데스의 부인 페르세포네에 대한 숭
  배를 말한다.
266) DK31B6 참고.

〔77〕 또 그는 태양은 불이 거대하게 모인 것이고 달보다 크다고 말하고, 달은 고리 형태이고, 하늘 그 자체는 수정과 같은 것이라고 말한다. 그는 또 영혼은 모든 종류의 동물과 식물 속으로 들어간다고 생각한다. 어쨌든 그는 다음과 같이 말한다.

나는 이미 한때 소년이었고 소녀였으며,
덤불이었고 새였고 바다에서 뛰어오르는 햇살에 드러난(*empuros*)
   물고기였으니. 267)

그의 《자연에 관하여》(*Peri physeōs*)와 《정화의례들》(*Katharmoi*)
은 5천 행에 달하고, 《의술론》은 600행에 달한다. 비극들에 관해서
는 앞에서268) 이야기했다.

3. 에피카르모스

〔78〕 에피카르모스269)는 헬로탈레스의 아들로 코스 사람이며, 이 사람 역시 피타고라스의 학생이었다. 그가 직접 자신의 책에서 말하는 것처럼, 그는 생후 3개월 되었을 때 시켈리아에 있는 메가라로

---

267) DK31B117 참고. 다른 사본처럼 emporos로 읽으면, '물 위로 나아가는' 물고기.
268) 8권 58절.
269) 시켈리아 출신의 희극시인(기원전 550~460년)이다. 디오게네스는 그의 희극이 플라톤에게 영향을 준 것으로 서술하고 있다(3권 9~17절 참고). 또한 플라톤이 이 사람의 것을 표절했다고 말하고 있다.

에피카르모스

보내졌고, 그곳에서 다시 쉬라쿠사이[270] 로 보내졌다. 그리고 그의 조각상에는 이런 비문시가 새겨져 있다.

커다란 태양이 별들보다 빛을 더 강하게 발하는 것처럼,
또 바다가 강들보다도 더 큰 힘을 지니고 있는 것처럼,
그런 정도로 에피카르모스는 지혜에서 다른 사람들을 능가한다고 나는 말하네.
쉬라쿠사이인들의 조국이 이렇게 화관을 씌워 준 그 사람은.

그는 자연학과 도덕교훈 및 의술 이론을 설명하는 《회상록》을 남겼다. 《회상록》 대부분에다 난외주(parastichis)를 했는데, 이는 저작물들이 그 자신의 것임을 분명히 보여 준다. 그는 90세에 생을 마감했다.

---

270) 시켈리아의 동쪽 해안에 있는 크고 번영한 도시다. 애초에는 코린토스의 식민지였다.

4. 아르퀴타스

〔79〕 타라스 사람인 아르퀴타스는 므네사고라스의 아들이거나, 아리스톡세노스가 말하는 대로 헤스티아이오스의 아들인데, 이 사람 역시 피타고라스주의자였다. 플라톤이 디오뉘시오스[271]에게 막 죽임을 당하려 했을 때, 그에게 보낸 편지로 플라톤을 구한 것이 바로 이 사람이었다.[272] 또한 그는 흠잡을 데 없는 탁월성으로 말미암아 여러 사람들에게 경탄을 자아내게 했다. 그렇기 때문에 그는 시민들 중에서 일곱 번이나 장군으로 선출되었다. 다른 사람들은 법률이 금지하고 있었기 때문에 1년 이상 장군직에 머물 수 없었던 것이다.

그가 이전에 플라톤에게 다음과 같은 식으로 편지를 썼기 때문에, 플라톤 역시 이 사람에게 2통의 편지를 썼다.

아르퀴타스가 플라톤의 건강과 행운을 기원하며,
〔80〕 당신이 우환(arrōstia)에서[273] 회복된 것은 참으로 잘된 일입니다. 그 소식을 당신이 직접 편지에 쓰기도 하셨고, 라미스코스 일파도 그 소식을 전해 주었습니다. 그런데 기록물들과 관련해서는 우리가 관심을 갖고 레우카니아로 올라가,[274] 그곳에서 옥켈로스[275]의 자손[276]을 만났습니

---

271) 쉬라쿠사이의 지배자 디오뉘시오스 2세를 가리킨다. 플라톤은 기원전 360년 대에 그의 궁전을 두 번 방문했다. 이번은 두 번째 방문 기간이다. 디오뉘시오스는 플라톤을 감옥에 가뒀다. 3권 21절에는 여기서 언급된 편지가 나온다.
272) 위서로 의심받는 플라톤의 《아홉째 편지》와 《열둘째 편지》에 같은 내용이 담겨 있다. 이 편지에 대해서는 3권 22절 참고.
273) 이 말은 질병으로 옮길 수도 있다. '허약함'이나 '낙담'을 의미하기도 한다. 어쩌면 플라톤이 시켈리아에서 겪었던 어려운 상황을 언급하는 것일 수도 있다.
274) 타라스는 해안지대이고 레우카니아는 내륙이라 '올라가다'란 표현을 썼다.

다. 거기서 《법률에 대해서》, 《왕권에 대해서》, 《경건에 대해서》, 《우주의 생성에 대해서》와 같은 책들을 수중에 넣을 수 있었기 때문에, 이런 것들을 당신에게 보냈습니다. 그러나 나머지 것들은 당장은 아직 찾아내지 못했습니다만, 찾게 되면 곧장 당신이 받게 될 것입니다.

이것은 아르퀴타스가 써 보낸 것이다. 이에 대해서 플라톤은 아래와 같은 형식으로 답장을 보냈다.

플라톤이 아르퀴타스에게 잘 지내기 (*eu prattein*) 277) 바라며,
〔81〕 그대가 보내온 기록물들을 흡족한 마음으로 기꺼이 잘 받아 보았습니다. 그 저자에게278) 최상의 경탄을 보냅니다. 그는 저 옛 선조들에 값할 만한 사람으로 생각됩니다. 사실상 그 선조들은 뮈라279) 사람들이었던 것으로 말해지고 있습니다. 이들은 라오메돈280) 시대에 이주했던 트로이인들 가운데 일부였으며, 훌륭한 사람들이었다는 것은 전해지는 이야기가 보여 주는 그대로이기 때문입니다. 그대가 편지에 썼던 나의 비망록은 아직 충분히 마무리되지는 않았지만, 있는 그 상태 그대로 그대에게 보냈습니다. 그것의 보관에 대해서는 우리 두 사람이 다 동의하는 것이므로, 어떤 권고를 해드릴 필요는 전혀 없겠습니다. 잘 지내시기를. 281)

---

275) 이 문맥에서는 기원전 5세기에 활동한 피타고라스학파 철학자로 보이지만, 사실 본문의 편지 자체가 위서로 훨씬 나중에 쓰인 듯하다. 현재 전하는 옥켈로스(Okkelos)의 저작 내용으로 미루어 기원전 1세기경의 인물로 추정된다.
276) 뒤에 나오는 옥켈로스의 저작들을 말하는 것으로 보인다.
277) 이 인사법은 플라톤의 관례적 방식이다.
278) 옥켈로스를 말한다.
279) 뮈라(Myra)는 오늘날의 터키 남쪽에 위치한 뤼키아에 있는 작은 항구도시다. 강을 끼고 있는 비옥한 도시로 알려져 있다.
280) 라오메돈(Laomedōn)은 트로이의 왕으로 프리아모스의 아버지이다.

아르퀴타스

　이것들이 그들 사이에서 주고받은 편지들이다.

　〔82〕 한편 4명의 아르퀴타스가 있었다. 첫 번째는 지금 이야기하
는 바로 그 사람이다. 두 번째는 뮈틸레네 출신 음악가, 세 번째는
《농업에 대해서》라는 책을 쓴 사람이고, 네 번째는 에피그람 시인
이다. 어떤 사람은 다섯 번째로 건축가를 말하는데, 《기계에 대해
서》란 책이 그의 것이라고 이야기된다. 그 책은, "나는 이것들을 카
르케돈 사람인 테우크로스[282]에게 배운 것"이라고 시작한다. 또한
음악가인 아르퀴타스에 대해서는 이러한 얘기도 전해진다. 그의 말
소리가 잘 들리지 않는다고 해서 질책당했을 때, 그는 "이 악기가 나
를 위해 경연에 참여하여 말해 줄 테니까"라고 대답했다는 것이다.

　아리스톡세노스는 피타고라스주의자인 아르퀴타스가 장군직에

---

281) 플라톤, 《열둘째 편지》, 359c5~e2. 이것은 위서로 간주된다.
282) 달리 알려진 바가 없다.

머무는 동안에는 결코 패한 적이 없다고 말한다. 그는 시기를 받아 단 한 번 장군직에서 떠났는데, 그 즉시 군대가 적의 손안에 떨어졌다고 아리스톡세노스는 말한다.

〔83〕그는 맨 처음으로 역학의 문제들을 수학적 원리에 적용해서 체계적으로 다루었던 사람이고, 또한 맨 처음으로 기하학의 도형에다 역학운동을 응용했던 사람이다. 그는 정육면체의 부피를 두 배로 하기 위해서 반원통의 절단면을 통해 2개의 등비중항(*duo mesas ana logon*)의 선을 잡아내려 탐구하려 했을 때 그렇게 했던 것이다. 283) 플라톤이 《국가》에서 말하는 것처럼, 그는 기하학에서 맨 처음으로 정육면체의 부피를 두 배로 하는 것을 발견한 사람이다. 284)

5. 알크마이온

크로톤 사람 알크마이온은 피타고라스의 청강자였다. 285) 그는 대개 의학에 대한 것을 말했는데, 그렇지만 "인간사의 대부분은 쌍(*duo*)을 이루고 있다"286)고 말하는 경우에서처럼, 때때로 자연학적 원리

---

283) 직선자와 컴퍼스만을 사용하는 이 방법은 고대 수학자들에게 상당한 당혹감을 안겨준 것이었다. 현재 이것은 풀 수 없는 것으로 알려져 있다. Heath, T. L., *History of Greek Mathematics* I, pp. 246~249 참고.
284) 플라톤은 《국가》, 528b에서 아직 자신의 시대에는 입체기하학이 성립되지 않았다고 말한다. 아리스토텔레스의 《분석론 후서》, 78b38에는 입체기하학(*stereometria*)이란 말이 나온다.
285) 알크마이온(Alkmaiōn)은 피타고라스주의자로 알려졌으나 이 점을 의심하기도 한다. 여기서 디오게네스는 그를 '청강자'로 내세운다.

216

알크마이온

에 대해서도 말하곤 했다. 파보리누스가 《잡다한 것들의 역사》에서 말하는 바에 따르면, 그는 자연학의 원리에 대한 논고를 편찬한 최초의 사람으로 여겨진다. 그리고 그는 달과 일반적으로 그것보다 〈위쪽에 있는 것들은〉[287] 영원한 본성을 가졌다고 말했다.

그가 자신의 책 첫머리에서 밝히는 바대로, 그는 페이리토오스의 아들이었다. "크로톤 사람으로 페이리토오스의 아들 알크마이온은 브로티노스, 레온 그리고 바튈로스에게 이런 말을 했다.[288] '보이지 않는 것들에 대하여, 죽어야만 하는 것들에 대해서 신들만이 명확한 지식을 가지고 있지만, 인간에게는 징표로부터만 판단(추정)하는

---

286) 아리스토텔레스, 《형이상학》, 986a31 참조.
287) 원문이 파손된 부분으로 딜스가 삽입한 것이다. 젤러(Zeller)는 'kai holon ton ouranon'(하늘에 있는 전체)을 삽입한다.
288) 브라티노스는 55절에서 언급된 사람과 동일인물로 간주되지만, 42절에서 언급된 피타고라스의 장인은 아니다. 다른 두 사람은 알려진 바가 없다.

히파소스

것이 있을 뿐이다'" 등등. 그는 또한 영혼은 불사이고, 영혼은 태양처
럼 연속적으로 운동한다고 주장했다. 289)

6. 히파소스

〔84〕 히파소스290)는 메타폰티온 사람이며 또한 피타고라스주의자
였다. 그는 우주의 변화에는 시간이 한정되어 있으며, 또 전체는 한
정된 것으로 영원한 운동을 하는 것이라고 말한다.

데메트리오스가 《이름이 같은 사람들》(Homōnymoi)에서 말하는
것에 따르면, 그는 아무런 저술을 남기지 않았다. 히파소스란 이름

---

289) 아리스토텔레스, 《영혼론》, 405a29-b1 참고.
290) 55절에서 언급된 엠페도클레스의 선생인 듯하다.

을 가진 사람은 두 사람인데, 한 사람은 지금 이 사람이고, 또 다른 한 사람은 《라케다이몬의 정치체제》 다섯 권을 썼던 사람이다. 그 사람 자신 역시 라케다이몬 사람이었다.

7. 필롤라오스

크로톤 사람인 필롤라오스[291]는 피타고라스주의자였다. 플라톤은 이 사람에게서 피타고라스학파의 책들을 구입하라고 디온에게 편지를 썼다.[292] 그런데 그는[293] 참주의 자리에 오르려 한다는 의심을 받았기 때문에 죽었다.

내가 그를 위해 지은 시는 다음과 같은 것이다.

나는 모든 것 중에서 무엇보다도 의혹에 신경 쓰라고 말하겠네.
설령 그대가 실제로 행하지 않았어도 행하는 것으로 여겨진다면 그대에게
불행한 일일 테니까.

---

291) 8권 46절에는 타라스 사람으로 나오지만, 크로톤 출신이 맞는 것 같다.
292) 이 일화는 플라톤의 시켈리아 1차 방문 이후에 일어났을 것이다. 이때 젊은 플라톤이 늙은 필롤라오스를 만난 것 같다(3권 6절 참고). 3권 9절과 8권 15절 참고.
293) 문법상으로 주어는 필롤라오스가 맞는데, 내용상으로는 디온이 맞는 것으로 보인다. 디온은 참주 디오뉘시오스 2세에 대항해 싸웠고, 그 자신 역시 참주가 되려 한다는 소문에 시달렸으며, 결국 암살당한 사건으로 유명하기 때문이다. 또 필롤라오스가 정치적 야심을 가지고 있었다는 아무런 증거도 없다. 그래서 이 문장과 이어지는 시는 디오게네스 라에르티오스의 오해에 기인한다고 보는 의견이 많지만, 확실치는 않다.

필롤라오스

그래서 그의 조국 크로톤은 일찍이 필롤라오스까지도 없애 버린 것이네.
그가 참주의 저택을 갖길 원한다고 여겨졌기 때문이네.

〔85〕 모든 것이 필연(*anangkē*)과 조화(*harmonia*)에 의해 생긴다
고 하는 것은 그의 견해인 것으로 보인다. 그는 지구가 원을 따라
운동하는 것이라고 최초로 말한 사람이다. 어떤 사람들은 그렇게 말
한 사람이 쉬라쿠사이 사람인 히케타스라고 말하기도 한다. 294)

필롤라오스는 한 권의 책을 썼다고 하는데, 헤르미포스에 따르면
철학자 플라톤이 시켈리아에 있는 디오뉘시오스295)의 궁정에 갔을

---

294) 히케타스(Hiketas)는 기원전 400~335년경에 살았던 피타고라스학파 철학
자다. 키케로는 《초기 아카데이마학파》(2권 39, 123절)에서 히케타스가
이 설을 최초로 주장했다고 말한다.
295) 디오뉘시오스 1세이거나 2세일 수 있다. 플라톤은 이 두 사람을 다 만났다
(3권 18~23절 참고).

때 필롤라오스의 친척에게서 알렉산드리아 은화 40므나로 이 책을 샀고, 이것에서 《티마이오스》를 고쳐 적은 것(*metagegraphenai*)이라고 어떤 작가가 말했다는 것이다.[296] 다른 이들은 플라톤이 디오뉘시오스에게 간청해서 필롤라오스의 학생들 중 한 젊은이를 감옥에서 석방시켜 줌으로써 그 보답으로 이 책을 수중에 넣은 것으로 말한다.[297]

데메트리오스는 그의 저서인 《이름이 같은 사람들》에서 필롤라오스가 피타고라스학파 사람들 가운데 《자연에 관하여》[298]라는 작품을 세상에 내놓은 첫 번째 사람이라고 말하는데, 그 시작은 다음과 같다.

우주(*kosmos*)에서 본성(*physis*)은 한정되지 않은 것들(*apeira*)과 한정하는 것들(*perainonta*)로 짜맞추어졌다(*harmochthē*). 우주 전체도 그 속에 있는 모든 것들도 그렇다.[299]

---

296) 플라톤은 종종 그의 비판가들에 의해 표절자로 비난받았다고 한다(3권 9~17절 참고).

297) DK14A17에도 플라톤이 필롤라오스의 책을 구입한 경위에 대해 언급되어 있다.

298) 필롤라오스의 저서로 DK44B1, 44B2, 44B11에서는 《자연에 관하여》가, 그리고 44B17, 44B18, 44B19에서는 《박코스의 여신도들》이 언급되어 있다. 그런데 이 둘은 분리된 2권의 책이라기보다는 같은 책에 대한 두 이름인 것으로 보인다. C. A. 허프맨(1993), 417~418쪽 참조.

299) DK44B1.

8. 에우독소스300)

[86] 아이스키네스의 아들이고 크니도스 사람인 에우독소스는 천문학자, 기하학자, 의사이자 입법가였다.301) 칼리마코스가 《서판》 (*Pinax*)에서 말하는 바에 따르면, 그는 기하학을 아르퀴타스에게서, 또 의술을 시켈리아 사람 필리스티온302)에게서 배웠다. 소티온은 《철학자들의 계보》에서 그가 또한 플라톤의 학생이었다고 말한다. 그는 23세 무렵 궁핍한 처지에 소크라테스학파303)의 명성에 이끌려 의사인 테오메돈과 함께 아테네를 향해 돛을 올려 출항했다. 그는 테오메돈에게 생계를 지원 받았다. 어떤 사람들은 심지어 에우독소스가 그의 애인(*paidika*)이었다고 말한다. 그리고 페이라이우스 항에 상륙한 뒤로, 그는 매일같이 아테네로 올라가서 그곳에서 소피스트들의 강의를 청강하고 나서 항구로 되돌아오곤 했다. 304)

[87] 그렇게 2개월간 그곳에서 지낸 뒤 그는 고향으로 돌아왔다.

---

300) 기원전 407~357년.
301) 크니도스는 소아시아 남서쪽 해안에 있는 도시. 여기서 언급되는 아이스키네스는 2권 60~64절에 나오는 사람과는 다른 사람이다. 에우독소스는 피타고라스 주의자는 아니었다.
302) 기원전 4세기경에 이탈리아의 로크리스에서 활동한 필리스티온(Philistiōn)을 말하는 것으로 보인다. 그는 불, 물, 공기, 흙으로 세계가 구성된다는 엠페도클레스의 이론을 지지했다.
303) 어떤 소크라테스학파를 말하는가? 그의 출발 동기는 퀴니코스학파(견유학파)였지만, '즐거움을 좋은 것'(88절)이라는 윤리적 견해를 보면 퀴레네학파에 가까운 것 같기도 하다. 아테네에 도착해서 소피스트들의 강의를 들은 것을 보면 논리를 중시하는 메가라학파에도 관심이 있었던 것 같다.
304) 가난했기 때문에 머물 곳이 없었을 것이다. 항구에서 도심까지의 거리는 10km가 넘는다.

에우독소스

그리고 이번에는 친구들의 기부를 받아 아게실라오스305) 로부터 넥
타나비스306) 왕 앞으로 보내는 소개장을 지닌 채, 의사인 크뤼시포
스307) 와 함께 이집트로 돛을 올려 출항했다. 넥타나비스가 그를 신
관들에게 추천해 주었다. 거기서 그는 턱수염 (hupēnē) 308) 과 눈썹을
다 밀어 버리고 1년하고 4개월을 지냈다. 어떤 사람에 따르면 거기
에서 《8년 주기》309) 라는 책을 저술했다고 한다. 그는 그곳에서 퀴

---

305) 스파르타의 왕으로 생애 끝 무렵에 이집트에서 용병으로 장군을 지냈다고 한다.
306) 당시 이집트의 왕. 플루타르코스의 《비교열전》, 〈아게실라오스〉 참고.
307) 아래의 89절 참고.
308) 도란디 판은 'hēbēn'(陰毛)으로 읽는다. 털을 깎는 것은 이집트 승려의 성
      스러운 의무였다.
309) 천문이나 역법에 관한 책으로 추정된다. 농경사회에서 매우 중요한 '계절
      의 변화'는 태양과 관계가 있지만, 달은 조류와 관계가 있고 규칙적으로 형
      태가 변하므로 중요한 신으로 간주되었다. 시간을 기록하는 데 따르는 큰
      문제는 음력과 양력을 조화시키는 것이었다. 우리에게 알려진 것은 기원전
      432년 아테네인 메톤이 수정한 것이다. 메톤 주기는 19년을 한 주기로 하

지코스와 프로폰티스310) 로 가서 철학 관련 강의를 하며 지냈다. 또한 마우솔로스311) 도 방문했다.

이렇게 한 다음에 자신의 주변에 아주 많은 제자들을 데리고 아테네로 돌아왔다. 누군가가 말하는 바에 따르면, 이것은 플라톤을 괴롭히려는 목적이었다고 하는데, 이는 플라톤이 처음에 그를 학생으로 받아들이지 않았기 때문이라는 것이다. 312)

[88] 어떤 사람들은 플라톤이 향연을 베풀었을 때 많은 손님이 참석했기 때문에, 에우독소스는 침상313) 을 반원형으로 배열하는 방식

지만, 3, 5, 8, 11, 13, 16, 19년째 되는 해마다 한 달씩 모두 7달이 추가된다. 현재의 수치로 계산하면 19태양년은 6,939.6018일이고, 235삭망월은 6,939.6882일이 되어 태양(계절) 과 달(삭망) 의 관계가 거의 완전하게 순환한다. 메톤은 19태양년을 6,940일로 계산해, 이것을 큰달(30일) 125개월, 작은달(29일) 110개월, 계 235개월 6,940일로 배분했다. 이 방법은 평년(12개월) 12년과 윤년(13개월) 7년의 총 235개월로 짜는 것이므로, 19년 7윤법이라고도 한다. 메톤 주기가 도입되기 전인 기원전 432년 이전에는 그리스에서 옥타에테리스라는 8년 주기가 사용되었다고 한다. 이것은 1년 12달을 30일짜리와 29일짜리로 번갈아 배치해 전부 354일로 구성하는 방식이었다. 기원전 6세기 후반에 그리스인들은 8년에 걸쳐 3회의 윤달을 삽입하는 역법으로 거의 통일되었다.

310) 에게해와 흑해 사이에 있는 마르마라(Marmara) 바다를 말한다.

311) 카르의 통치자(총독, *satrapēs*) 마우솔로스(Mausōlos, 기원전 377~353년) 의 영혼을 위로하기 위해 당대의 뛰어난 건축기술로 만들어진 크고 화려한 모습을 가진 영묘이다. 그의 여동생이자 부인인 아르테미시아가 그를 추념하기 위해 만들었다고 한다. 이 묘는 현재 소아시아의 남동쪽 해안에 위치하는 보드룸이라는 작은 도시에 위치한다. 영묘가 건설될 당시 이 지역 할리카르나소스는 그리스의 도시였다. 그 때문에 마우솔로스의 영묘는 할리카르나소스의 영묘(Mausōleion tēs Halikarnassou) 라고 불린다(2권 10절 참조).

312) 이에 대한 명확한 전거는 전해지는 바가 없다.

313) 그리스인들은 보통 '클리네'(*klinē*) 라고 불리는 침상에 비스듬히 누워서 식사도 하고, 술도 마셨다.

224

을 도입했다고 말한다. 아리스토텔레스의 아들 니코마코스는 에우독소스가 즐거움(hedonē)을 좋은 것(to agathon)이라고 주장했다고 말한다. 314) 그런데 그의 고향에서는 그를 큰 영예로 받아들였는데, 그에 대한 〔민회에서 내려진〕 결의(psēphisma)가 이 점을 명확하게 보여 준다. 315) 하지만 그는 또한 그리스인들 사이에서도 크게 주목받는 인물이 되었는데, 이는 헤르미포스가 《7현인에 대해서》 4권에서 말하는 것처럼, 그가 자신의 동료 시민들을 위해 법률을 제정해 주었고, 또 천문학과 기하학 및 그 밖의 다른 중요한 책의 저자였기 때문이다. 그리고 그는 악티스, 델피스, 그리고 필티스라는 세 딸을 두었다.

〔89〕 에라토스테네스는 《바톤316)에 반대해서》라는 작품에서, 그가 또한 《개들의 대화들》317)을 저술했다고 말한다. 하지만 다른 사람들은 이집트인들이 이 책들을 자신들의 언어로 쓴 것이고, 에우독소스는 그것을 번역해서 그리스인에게 내놓았다고 말한다. 또 〈에리네오스의 아들이고,〉 크니도스 출신의 크뤼시포스318)는 신들과 우주 그리고 기상학에 관해서는 그의 학생이었고, 의술에 관해서는 그 자신이 시켈리아 사람인 필리스티온의 학생이었다. 크뤼시포스는 또한 아주 훌륭한 비망록을 남겼다. 그의 아들은 아리스타고라스

---

314) 이 언급에 관해서는 아리스토텔레스의 《니코마코스 윤리학》, 1101b27, 1172b9 참고. 《니코마코스 윤리학》의 저자를 '니코마코스'로 잘못 말하고 있다(키케로, 《선과 악의 목적에 대하여》, Ⅴ 12 참고).
315) '결의'가 무엇인지는 알 수 없다.
316) 아마 견유학파의 역사가일 것이다.
317) '개들'은 퀴니코스학파(견유학파) 철학자들을 언급하는 것이다(6권 13절 참고).
318) 7권 186절 참고.

였으며, 아리스타고라스의 아들이 아에틀리오스의 학생인 크뤼시포스였다. 이 크뤼시포스319)에게서 눈의 치료에 관한 책이 전해지는데, 이는 그가 자연학적 문제들에 대한 고찰에 전념했기 때문이다.

〔90〕 에우독소스란 이름을 가진 세 사람이 있었다. 첫 번째는 지금 이 사람 본인이고, 다른 사람은 로도스 사람으로 역사가이며, 세 번째 사람은 시켈리아 사람인 아가토클레스의 아들인 희극작가이다. 이 사람은 아폴로도로스가 《연대기》에서 말하는 바에 따르면, 도시의 디오뉘시아 축제에서 세 번이나 우승하고, 레나이아 축제에서 다섯 번이나 우승했다고 한다. 320) 우리는 또한 에우독소스가 그의 《세상 여행기》(gēs periodos)에서 언급한 크니도스 출신의 또 다른 의사를 찾을 수 있는데, 321) 이 사람은 온갖 형태의 체조를 함으로써 사지(四肢)를 항시 지속적으로 움직이도록 권고했고, 이와 동일한 방식으로 감각기관도 움직이도록 권고했다는 것이다.

바로 그 동일한 사람〔아폴로도로스〕은, 크니도스의 에우독소스가 103회 올륌피아기322) 무렵에 전성기를 맞이했고, 또 곡선의 특성에 관한 이론도 발견했다고 말한다. 323) 그는 53년을 살다 세상을 떠났다.

---

319) 따라서 이 사람은 에우독소스의 학생이었던 크뤼시포스의 손자이다.
320) 아테네의 축제에서는 연극 경연대회가 함께 열렸다. 도시의 디오뉘소스 축제는 Elaphēbolion(3월경)에 열렸다. 레나이아(Lēnaia)는 아테네의 작은 축제로 Gamēliōn(1, 2월)에 열렸다. Lēnaia는 Lēnos(포도 압착기)에서 왔다.
321) 문장의 맥락이 불분명하다. 크니도스 출신의 또 '다른 의사'가 에우독소스라는 이름을 가진 네 번째라는 것인지, 아니면 크뤼시포스라는 이름을 가진 또 다른 의사인지가 불분명하다.
322) 기원전 368∼364년.
323) 83절에서 언급된 정육면체의 부피를 두 배로 하기 위한, 이른바 '델로스의 문제'를 풀기 위해 사용되었다.

그가 이집트에서 헬리우폴리스 출신의 코누피스(Chonouphis) 324) 와 함께 있었을 때, 아피스325) 가 그의 겉옷을 핥았다고 한다. 파보리누스가 그의 《회상록》에서 말한 것에 따르면, 그런 까닭에 신관들은 그는 유명하게 될 것이지만, 일찍 죽을 것이라고 말했다고 한다.

〔91〕 내가 그를 위해 지은 시도 있는데 다음과 같은 것이다.

멤피스에서 에우독소스가 어느 때인가 자신의 운명을,
아름다운 뿔을 가진 황소에게서 미리 알게 되었다는 이야기가 있네.
그놈은 아무 말도 하지 않았네. 황소에게 어찌 말이 있으리오?
자연은 어린 아피스에게 말할 입을 주지 않았던 것이네.
허나, 에우독소스 곁에 비스듬히 선 채로 그의 옷을 핥은 것이네.
이것으로 명확하게 알린 것이네.
'네가 곧 목숨을 잃을 것이라'는 것을.
이런 까닭에 이 운명이 빠르게 그를 덮쳐온 것이네.
그가 플레이아데스의 별들이 53번이나 하늘에 오르는 것을 바라다본
　다음에326)

이 사람은 그 명성이 빛났기 때문에 에우독소스 대신에 '엔독소스'327) 라고 불렸다.

---

324) 그리스인들과 생각을 공유하던 이집트의 '현자'.

325) 아피스(Apis) 는 이집트 멤피스에서 경배하는 신성한 소이다.

326) 에우독소스가 53년을 살았음을 의미한다. 플레이아데스 성단(Pleiades star cluster) 은 황소자리에 위치한 항성들로 이뤄졌다. 지구에서 가장 가까운 성단 중의 하나이며, 밤하늘에서 육안으로 가장 확실히 볼 수 있다.

327) '엔독소스'(Endoxos) 는 '평판이 좋은 사람'을 의미한다.

이제 유명한 피타고라스학파 사람들에 대해 충분하게 이야기했으므로, 우리는 이른바 '독자적인'(*sporadēn*, 산산이 흩어진) 철학자들328)에 대해서 상세하게 논의해 보기로 하자. 첫째로 우리는 헤라클레이토스에 대해서 말해야만 한다.

---

328) 어떤 특정한 학파나 유파(1권 13~15절의 디오게네스 라에르티오스의 분류)에 속하지 않는 개별적인 철학자들을 말한다.

9권

독자적인 철학자들

1. 헤라클레이토스

〔1〕 에페소스 사람 헤라클레이토스는 블로손의 아들이거나, 혹은 어떤 사람들이 말하듯이 헤라콘의 아들이다. 그는 69번째 올림피아기[1] 중에 전성기를 누렸다. 그의 책으로부터도 분명하듯이, 그는 그 누구보다도 오만하고 방자했다. 그는 그의 책 가운데서 다음과 같이 말한다. "박식이 분별력을 갖게끔 가르치지는 못한다. 〔만약 가르쳤다면〕 그것은 헤시오도스와 피타고라스에게, 게다가 크세노파네스와 헤카타이오스에게도 가르쳤을 것이기 때문이다. [2] 지혜로운 것은 하나인데, 모든 것들을 통해서 모든 것들을 조종하는 예지(gnome)를 숙지하는 것이다. [3] 호메로스는 경연에서 쫓겨나고 두들

---

1) 기원전 504~501년.
2) DK22B40.
3) DK22B41.

겨 맞을 만하다. 그리고 아르킬로코스[4]도 마찬가지다."[5]

〔2〕한편 그는 또 "타오르는 불보다 차라리 오만(hybris)을 꺼야 한
다"[6]든가, "민중(demos)은 성벽을 지키기 위해서 싸우는 것처럼, 법
(nomos)을 지키기 위해서도 싸워야 한다"[7]고 말하곤 하였다. 그는
또 자신의 친구인 헤르모도로스[8]를 국외로 추방했다는 이유로 에페
소스 사람을 공격하였다. 그중에서 그는 다음과 같이 말한다. "유년
기를 지난 에페소스 사람은 모두 죽어 마땅하고, 나라는 미성년자에
게 맡기는 것이 좋다. 그들은 헤르모도로스라는 자신들 중에서 가장
쓸모 있는 인물을 추방하고서는, '우리 가운데 어느 한 사람이 가장
쓸모 있는 사람이 있어서는 안 된다. 누군가 그런 사람이 있다면 다른
곳에서 다른 사람들과 그러라고 하라'고 말했다."[9] 한편 또 그는 에
페소스 사람들을 위해 법률을 제정해 달라는 부탁을 받고는 그 나라
가 이미 나쁜 정체의 지배를 받고 있다는 이유로 거들떠보지 않았다.

〔3〕한편 그는 아르테미스 사원으로 물러가서 아이들과 더불어 공
기놀이를 하며 지냈다. 에페소스 사람들이 그 주위에 둘러서자, "더
없이 못된 자들이여, 왜 놀라는가? 당신들과 함께 시민의 삶을 사느
니보다는 이것을 하는 것이 더 낫지 않은가?"라고 말했다.

그리고 결국 그는 사람들을 싫어하여 산속에 은둔했고 풀과 나뭇

---

4) 아르킬로코스(Archilochos)는 기원전 7세기 무렵에 활동한 그리스 음송시
  인으로 팔로스섬 출신이다.
5) DK22B42.
6) DK22B43.
7) DK22B44.
8) 이 책 이외의 곳에서는 달리 알려진 바가 없다.
9) DK22B121.

헨드릭 테르브뤼헌(Hendrick ter Brugghen),
〈헤라클레이토스〉(*Heraclitus*), 1628.

잎을 먹으며 살았다. 하지만 이로 인해 수종에 걸리자 도시로 내려왔
고, 의사들에게 폭우로부터 가뭄을 만들어낼 능력이 있냐고 수수께끼
처럼 물었다. 하지만 그들이 이해하지 못하자 그는 외양간으로 가서
자신을 쇠똥에 묻고 쇠똥의 열기로 몸이 마르기를 바랐다. 그러나 그
렇게 해도 아무런 효험을 보지 못했고, 60세의 나이로 생을 마감했다.

내가 그를 위해 지은 시도 있는데, 다음과 같다.

〔4〕 나는 자주 헤라클레이토스를 의아하게 생각했다.
그는 어떻게 그처럼 불운하게 사는 삶을
끝끝내 버텨내고 나서 죽은 것일까.
몹쓸 병으로 그의 몸에 물이 차서
눈에서 빛이 꺼지고 어둠을 가져왔으니.

그러나 헤르미포스는 그가 의사들에게 자신의 창자를 줄여서[10] 수분을 배출해 줄 수 있는 사람이 있는지 물었다고 말한다. 하지만 의사들이 안 된다고 해서 그는 자신을 태양 아래 두고 하인들에게 똥을 바르게 했다고 한다. 바로 이렇게 그는 드러누워서 그 이튿날 죽어 광장에 매장되었다고 한다. 하지만 퀴지코스 사람 네안테스는 그가 똥을 떼어내지 못해 그 자리에 머물러 있었고, 모습이 변해 개들이 알아보지 못하고 먹어 버리게 되었다고 한다.

〔5〕 그는 어려서부터 놀라웠다. 어렸을 때 그는 자신이 아무것도 모른다고 말하곤 했지만, 장성한 뒤엔 모든 것을 알고 있다고 주장했기 때문이다. 또한 그는 누구에게도 가르침을 받지 않았다. 그는 자기 자신을 탐구했으며[11] 모든 것을 자기 자신에게서 배웠다고 말했다. 그러나 소티온은 어떤 사람들이 그가 크세노파네스로부터 가르침을 받았다고 말했다고 전한다. 또 아리스톤은 《헤라클레이토스 관하여》에서 그가 수종에서는 치유가 됐는데 다른 질병으로 죽었다는 말을 전한다. 이 이야기는 히포보토스도 말한다. 그의 것이라고 여겨지는 책은 내용으로 봐서 《자연에 관하여》이지만, 우주에 관한 논의, 정치에 관한 논의, 신에 관한 논의, 세 가지로 논의가 나뉜다. 〔6〕 한편 그는 그 책을 아르테미스 신전에 봉헌했고, 어떤 사람들이 말하듯이, 능력 있는 자들만이 그것에 접근할 수 있고, 대중이 쉽사리 경멸하지 못하도록 그는 공들여 그것을 아주 불분명하게 썼다. 한편 이 사람에 대해서는 티몬도 다음과 같이 말해 이 사람의 모습을 그렸다.

---

10) '딜스의 수정제안인 'keinōsas'를 따르면 '줄여서'를 '비워서'라고 옮길 수 있다.
11) DK22B101.

그들 가운데 외치는 자 있어, 대중을 꾸짖는 자 헤라클레이토스가,
수수께끼를 말하는 자, 헤라클레이토스가 일어선 것이다.

한편 테오프라스토스는 그가 자신의 우울증12) 때문에 어느 부분은 반밖에 완성하지 않은 채로 어느 부분은 그때그때 내용이 다르게 책을 썼다고 말한다. 반면에 안티스테네스는 《철학자들의 계보》에서 그의 관대함에 대한 증거를 말한다. 그가 자신의 동생에게 '왕위'13)를 양보했다는 것이다. 이 책으로부터 헤라클레이토스주의자라 불리는 신봉자들도 생겨날 정도로 이 책은 평판을 얻었다.

〔7〕그런데 그의 학설은 개략적으로 다음과 같은 것이었다. 모든 것은 불로 구성되어 있고 불로 다시 분해된다. 또 모든 것은 운명에 따라서 생기고, 있는 것들은 반대의 길을 달림으로써 조화를 이룬다는 것이다. 그리고 모든 것은 영혼과 신령으로 가득 차 있다. 한편 그는 우주 안에서 구성되는 모든 사태에 대해서도 말했고, 또 태양은 그 크기가 눈에 보이는 대로라고 말했다.14) 한편 "그대는 가면서 모든 길을 다 밟아 보아도 영혼의 한계를 찾을 수 없을 것이다. 그렇게도 그것은 깊은 로고스를 가지고 있다"15)라는 말도 전해진다. 또 그는 "나쁜 생각16)은 신성한 병17)이고,18) 시각은 사람을 속인다"고

---

12) 7권 118절 주석 참고.
13) 만일 이 보고가 사실이라면 헤라클레이토스는 에페소스에서 가장 귀족적인 가문, 에페소스의 창건자인 안드로클로스 가문의 장남이었을 것이다. '왕위' 라고 번역된 바실레이아(basileia)는 이미 당시에 실제적 군주권을 뜻하지 않았고 단지 이 가문의 계승자에게 세습적으로 부여된 상징적 칭호였다.
14) DK22B3.
15) DK22B45.

말하곤 했다. 또한 그는 자신의 책에서 때때로 명석하고도 분명하게 말했기 때문에 아주 아둔한 사람도 쉽게 알 수 있었고, 영혼의 고양을 느낄 수도 있었다. 또 그의 표현의 간결함과 무게는 달리 비길 데가 없었다.

〔8〕 그리고 세부적인 그의 학설은 다음과 같다. 불이 원소이고, 모든 것은 불의 교환물로서, 희박과 농축에 의해 이루어진다. 19) 하지만 이 점에 대해서 그는 전혀 분명한 설명을 내놓지는 않는다. 또 모든 것은 대립에 따르고, 20) 전체는 강처럼 흐르며, 21) 모든 것은 한정되어 있고, 세계는 하나이다. 그리고 세계는 영원한 시간에 걸쳐서 일정한 주기에 따라 번갈아 불에서 태어나 또다시 불로 돌아간다. 그리고 이것은 운명에 따라서 이루어진다. 22) 한편 반대되는 것 중에서 생성에 이르는 것은 전쟁이나 다툼으로 불리고, 23) 반면에 모든 것이 불이 되는 상태로 이끄는 것은 화평이나 평화로 불리며, 변화는 "오르막이자 내리막인 길"24)이며, 세계는 이 변화에 따라서 생겨난다.

---

16) 'oiēsis'은 '자만심'으로 번역할 수도 있다. '생각'과 '자만심' 양쪽에 걸치는 번역어로 '의견', 즉 진리가 아닌 개개인이 일상의 삶을 살면서 반성 없이 축적한 생각을 고려할 수도 있다.

17) '신성한 병'(*hieran noson*)은 간질병을 뜻한다.

18) DK22B46.

19) DK22B30, 90 참고.

20) DK22B8, 53, 80 참고.

21) DK22B12, 91 참고.

22) DK22B30 참고.

23) DK22B67, 80 참고.

24) DK22B60에서 헤라클레이토스는 오르막길과 내리막길은 같은 길이라고 말한다. 디오게네스 라에르티오스의 이 표현은 같은 길이라 불린 이 두 길을

〔9〕사실 불은 응축되어 습한 것이 되고, 이것이 엉기면서 물이 되며, 물이 더욱 응고되면 흙으로 전환한다. 그리고 이 과정이 '내리막길'이다. 역으로 또 흙이 용해되면, 그것에서 물이 생기고, 이 물에서 나머지 것이 생긴다. 이것은 그가 거의 모든 것을 바다로부터의 증발로 돌리기 때문이다. 그리고 이 과정이 '오르막길'이다. 그런데 증발은 바다만이 아니고 땅에서도 생긴다. 바다로부터의 증발물은 밝게 빛나는 순수한 것인데, 땅으로부터의 증발물은 어둡다. 그리고 불은 밝게 빛나는 증발물에 의해서 자라고, 습한 것은 다른 한쪽의 어두운 것에 의해서 자란다. 그러나 이런 것들을 둘러싸고 있는 것25)이 어떤 것인지에 대해서 그는 명확하게 말하지 않는다. 그러나 둘러싸고 있는 것 안에는 사발과 같은 것이 있어 그 우묵한 부분을 우리 쪽으로 돌리고 있으며 그 안에 밝게 빛나는 증발물이 모여 불길을 만들고 있고, 그리고 그런 것들이 별들이다. 〔10〕한편 태양의 불길은 가장 밝게 빛나고 가장 뜨겁다. 그 밖의 별들은 지구에서 멀리 떨어져 있고, 그 때문에 반짝임도 열도 태양만 못한 것이고, 달은 지구에 더 가깝게 있지만 순수한 장소를 통해 이동하지 못하기 때문에 그런 것이다. 이에 반해서 태양은 투명하고 섞이지 않은 것 안에서 움직이고, 우리로부터 적절한 간격을 둔다. 그렇기 때문에 태양은 우리에게 더 많은 열과 빛을 준다. 또 태양과 달은 사발과 같은 것이 위로 방향을 돌릴 때, 식26)을 일으킨다. 또 달의 1개월 단위의 형태는 사발

하나로 합친 이름인 셈이다. 원어의 조어법에 더 충실하게 번역하자면 '오르내리는 길'이라고 할 수 있다.
25) '하늘'을 말한다.
26) 월식과 일식을 같이 일컫는 말이다.

과 같은 것이 그 안에서 조금씩 돌아감으로써 생기는 것이다.

또한 낮과 밤, 월, 년, 해, 비와 바람 및 이와 비슷한 현상은 여러 가지로 다양한 증발물에 의해서 이루어진다.

〔11〕 밝은 증발물이 태양의 원형 고리에서 불타올라 불길이 되면 낮을 만들어내고, 반대인 증발물이 그곳을 장악했을 경우에는 밤을 이루어낸다. 또 밝은 증발물로부터 열이 증대하면 여름을 가져오고, 어두운 증발물로부터 습기가 많아지면 겨울을 가져온다. 그 밖의 것들에 대해서도 그는 이와 같은 방식에 따라서 원인 설명을 한다. 하지만 땅이 어떤 것인가에 대해서는 아무런 설명을 하지 않고, 사발과 같은 것에 대해서도 아무런 말도 하지 않는다. 이 정도가 자연에 대한 그의 학설이었다.

한편 아리스톤이 말하는 바에 따르면, 에우뤼피데스가 헤라클레이토스의 책을 가져왔을 때, 소크라테스가 그 책을 읽고서 했다는 말은 '소크라테스에 대하여'[27]에서 이미 말했다. 〔12〕 그렇지만 문법학자인 셀레우코스의 말로는 어떤 크로톤 사람이 《잠수부》라는 책에서 크라테스라는 사람이 헤라클레이토스의 그 책을 최초로 그리스 본토로 가져왔다고 보고했다고 한다. 그 사람은 그 책에 빠져 죽지 않을 델로스섬의 잠수부가 필요하다고 말했다고 한다. 그리고 어떤 사람들은 그 책에 《무사여신들》이란 제목을 달고, 또 다른 사람들은 《자연에 대해서》란 제목을 달지만, 디오도토스[28]는 그것을 "삶의 규율을 위한 정확한 길잡이"라 부르며, 다른 사람들은 "†성품의 방식에 대한

---

27) 2권 22절.
28) 달리 알려진 바가 없다.

규범, 모든 것 중 하나의 질서†"[29] 라고 부른다. 한편 헤라클레이토스는 왜 침묵하느냐는 질문을 받고, "당신들이 떠들라고"라는 대답을 했다고 전해진다. 다레이오스[30] 도 간절히 그와 친교 맺기를 열망하여 그에게 다음과 같이 편지를 써 보냈다.[31]

〔13〕 에페소스의 현자 헤라클레이토스께,
휘스타스페스[32] 의 아들인 왕 다레이오스가 인사를 전합니다.

당신은 《자연에 대해서》라는 이해하기도 어렵고 설명하기도 어려운 책을 내놓으셨습니다. 그중의 몇 부분을 당신의 어법에 맞춰 해석한다면, 그 책에는 지극히 신적인 운동에 놓여 있는 우주 전체와 우주 안에서 일어나는 모든 것에 대한 관조의 힘이 담겨 있는 것으로 보입니다. 그러나 대부분의 것에 대해서는 판단을 유보하고 있어서 방대한 영역의 책들에 익숙한 사람들조차 당신이 쓴 것들에 대한 올바른 해석의 문제에서는 완전히 곤혹스러워하고 있습니다. 그리하여 휘스타스페스의 아들 다레이오스 왕은 당신의 강의와 헬라스의 교양[33] 에 참여하고자 합니다. 그러니 즉시 나의 곁으로, 나의 왕궁으로 오십시오.

〔14〕 사실 그리스인들은 대부분 현자들을 구별할 줄 몰라서, 진지하게 듣고 배워야 하는 것들을 위해 현자들이 훌륭하게 밝혀 보인 것들을 간과

---

29) 원문에 대한 논란이 심한 곳이다. 도란디는 이 구절의 양쪽에 원문 훼손의 표시를 해두었다.

30) 당시 페르시아의 왕이다.

31) 이것과 헤라클레이토스의 답장은 당연히 후대의 위작으로 보인다. 브리송, 앞의 책 주석 참고.

32) 휘스타스페스(Hystaspēs)는 아들인 다레이오스가 페르시아를 건국하기 전에 기원전 550년을 전후해서 박트리아와 페르시스를 다스렸던 총독이다.

33) 원어인 'paideia'는 고대 그리스에서 실제적 기술을 제외한 학문과 시가, 음악 등을 이르는 말이다.

합니다. 그러나 내 궁에서라면 당신에게 모든 특권이 제공될 것이며, 매일같이 진지하게 훌륭한 말씀을 해주실 수 있고, 당신의 충고에 걸맞은 영예로운 생활이 있을 것입니다.

에페소스의 헤라클레이토스가 휘스타스페스의 아들, 다레이오스 왕에게 인사드립니다.
　이 지상에 사는 모든 인간은 진리와 정의로부터 떨어져 못난 어리석음으로 인해 만족을 모르는 탐욕과 명성에 대한 욕망에 몰두하고 있습니다. 그러나 나는 모든 종류의 사악함을 잊었으며 질투와 친밀한 관계에 있는 온갖 것들로 가득 찬 상태를 두려워하고 있으므로 페르시아의 땅으로 갈 수 없을 것입니다. 내 뜻에 맞는다면 적은 것으로도 만족하기 때문입니다.

　그는 왕에 대해서도 이런 사람이었다.
　[15] 그런데 데메트리오스는 《이름이 같은 시인들과 작가들에 대하여》에서 그가 아테네인으로부터 상당한 평판을 받고 있었음에도 그들을 얕보고, 또 에페소스 사람들로부터는 경멸을 받고 있었음에도 자신의 고국을 선택했다고 말한다. 팔레론 사람 데메트리오스도 《소크라테스의 변론》에서 그에 대해서 그렇다고 한다. 그의 책에 대해 해설한 주석가들은 대단히 많다. 안티스테네스, 폰토스 사람 헤라클레이데스, 클레안테스, 스토아학파인 스파이로스가 그들이다. 그 밖에도 헤라클레이토스주의자라고 불린 파우사니아스,[34] 니코메데스와 디오뉘시우스가 있다. 또 문법학자 중에 디오도토스는 그의 책이 자연을 다룬 것이 아니고 정치체제(*politeia*)에 대해 다룬 것이고, 자연에

---

34) 달리 알려진 바가 없다.

관한 부분은 단지 그것을 예증하는 것으로 있을 뿐이라고 말한다.

〔16〕 한편 히에로뉘모스는 이암보스 시를 쓰는 스퀴티노스[35]가 헤라클레이토스의 문장을 운문으로 바꾸려고 시도했다고 전한다. 또한 헤라클레이토스를 위한 수많은 비문시가 전해지는데, 그중에는 다음과 같은 것이 있다.

> 나는 헤라클레토스이다. 문자를 모르는 자[36]들이 무엇 때문에 나를 들었다 났다 하는가.
> 내가 그동안 애쓴 것은 당신들을 위해서가 아니라 나를 이해하는 사람들을 위해서다.
> 나에게는 한 사람이 3만 명과 같으며. 헤아릴 수 없는 자들은 한 사람만도 못하다.
> 이것을 나는 페르세포네의 집에서도 소리쳐 말할 것이다.

또 다른 것은 이와 같은 것이다.

> 에페소스 사람 헤라클레이토스의 책은 그 배꼽까지[37] 서둘러 펼쳐서는 안 된다.

---

35) 스퀴티노스(Squitinos)는 테오스 출신 시인으로 기원전 5~4세기경에 활동했다.
36) 직역은 '무사여신들을 모르는 자들'이고, '무사여신들'은 'mousike', 즉 시가술을 관장하는 여신들이다. 따라서 '문예를 모르는 자들'이란 번역도 가능하다. 다만 '무사여신들을 모르는 자들'이 곧 '무식한 자들'이라는 뜻으로도 쓰였다는 점에서 같은 맥락의 뜻으로 보아 이렇게 번역했다.
37) 고대 그리스의 책들은 두루마리 형태로, 배꼽이란 둥글게 말린 중심을 이야기하므로 배꼽까지 펼치면 두루마리 전체를 펼친 셈이 된다.

그 오솔길은 다 걷기 매우 어렵지.

빛이 없는 밤의 캄캄함과 어둠이 있네. 하지만 입교자가 그대를 이끈다
면, 그 길은 태양보다도 더 빛나게 될 것이다.

〔17〕 한편 헤라클레이토스들은 다섯이었다. 첫 번째 사람은 바로
이 사람이다. 두 번째 사람은 서정시인으로, 12신에 대한 찬가를 지
었다. 세 번째 사람은 할리카르나소스 출신의 비가 운율의 시를 쓰
는 시인으로, 칼리마코스가 그에 대해서 다음과 같은 시를 썼다.

누군가가 말해 주었다. 헤라클레이토스, 그대의 죽음을. 나를
눈물짓게 했네. 그러나 나는 기억했네. 우리 두 사람이 대화하는 사이,
몇 번의 해가 졌는지를. 하지만 그대
할리카르나소스의 나의 벗이여, 오래오래 전에 잿더미가 된 이여.
하지만 그대의 노래는 살아 있네. 거기에는 모든 것의
약탈자인 하데스도 결코 손을 대는 일이 없네.

네 번째 사람은 레스보스 사람으로, 마케도니아의 역사를 쓴 사람
이다. 다섯 번째는 풍자꾼38)으로 키타라 연주자에서 이 직업으로 바
꾼 사람이다.

---

38) 번역어가 마땅치 않아 '풍자꾼'이라고 했으나 본래 이 말은 '심각하면서 웃기
는 사람'(spoudogeloios)이라는 뜻으로 철학과 같은 심각한 주제를 희극의 형
태에 담는 작가를 말한다. 아리스토파네스의 《개구리들》이나 플라톤의 《에
우튀데모스》와 같은 몇몇 작품이 그 사례이다.

2. 크세노파네스

〔18〕 콜로폰 사람인 크세노파네스는 덱시오스의 아들이거나, 또는 아폴로도로스에 따르면 오르토메네스의 아들이다. 티몬은 그를 칭찬했다. 그가 이렇게 말한 것은 분명하니까. "크세노파네스는 거만하지 않은 사람으로 호메로스류의 기만을 비꼬는 풍자작가다." 이 사람은 조국에서 추방되어 시켈리아의 장클레[39]에서 〈지냈고〉[40] 카타네[41]에서도 지냈다. 그런데 그는 어떤 사람들에 따르면 누구의 제자도 아니었다고 하고, 어떤 사람들에 따르면 아테네 사람인 보톤[42]의 제자였다고 하고, 어떤 사람들이 하는 말에 따르면 아르켈라오스[43]의 제자였다고 한다. 그리고 소티온이 말하듯이 그는 헤시오도스와 호메로스에 맞서서 신들에 대해 그들이 한 말들을 풍자하면서, 서사시 운율과 비가조 운율, 이암보스 운율로 시를 썼다. 그러나 그스스로도 자신의 시들을 음송했다. 그는 탈레스와 피타고라스에 반

---

39) 장클레(Zanklē)는 기원전 8세기경에 세워진 그리스 식민도시다.
40) 딜스는 훼손된 이 부분이 크세노파네스가 엘레아에 거주했고 엘레아학파를 창시하는 데 관여했음을 언급하는 구절일 것으로 추정한다. 이 자전적 서술은 고대로부터 논란거리였던 크세노파네스와 엘레아학파 간의 관계에 관한 문제에 연루되어 있다.
41) 카타네(Katanē)는 장클레와 마찬가지로 기원전 8세기경에 시켈리아에 세워진 그리스 식민도시다.
42) 아테네 사람으로서 소크라테스의 제자였던 크세노폰이 크세노파네스와 이름이 비슷해서, 크세노폰의 수사학 선생이었던 아테네 사람 보톤(Botōn)을 크세노파네스의 선생으로 착각했으리라는 견해도 있다.
43) 아낙사고라스의 제자이자 소크라테스의 선생이었던 아르켈라오스(Archelaos)를 역시 크세노폰과 크세노파네스의 비슷한 이름 때문에 크세노파네스의 선생으로 착각한 것으로 보인다. '아르켈라오스'에 대해서는 2권 16절 이하 참고.

대하는 견해를 내세웠다고 하며, 에피메니데스도 공격했다고 한다. 그는 그 자신도 어디에선가 말하는 바처럼 매우 오래 살았다.

〔19〕 그리스 땅 전역에 나의 생각을 펼치며 지내온 지
어언 예순하고도 일곱 해가 지났다.
태어난 때로부터 치면 여기에다가 스물다섯 해를 더해야 한다.
만일 내가 이 점들에 관하여 진실하게 이야기할 수 있다면. 44)

한편 그는 있는 것들의 요소(stoicheion)는 넷이며 우주는 무한하지만 변하지는 않는다45)고 말한다. 구름은 태양에서 증기가 올라가 그것들을 주변46)으로 밀어올릴 때 생긴다. 신의 실재는 구형으로 인간과 전혀 닮은 점이 없다. 신은 전체가 보고 전체가 듣지만47) 숨을 쉬지는 않는다. 48) 또한 신은 전체가 다 같이 지성이며 분별이고 영원한 것이다. 49) 생겨나는 모든 것은 사멸하며 영혼은 생기(pneuma)라는 점을 밝힌 사람은 그가 처음이다.

그는 또한 여럿은 지성보다 못하다50)고 말했다. 또한 그는 참주와 만나는 것은 가능한 한 적게, 또는 가능한 한 기쁘게 만나야 한다

---

44) DK11B8.
45) 세계들의 수적 무한함은 변화를 통해 만들어지는 무한함이 아니란 뜻이다.
46) 공기.
47) DK21B24.
48) 신적인 호흡에 대한 부정은 보통 피타고라스주의자들의 생각을 비판하는 것으로 간주된다. 그들은 우주가 허공을 호흡한다고 주장했다(아리스토텔레스 《자연학》, 4권 213b22~DK58B30 참고).
49) DK21B24~25 참고.
50) '여럿은 지성을 결여하고 있다'라는 번역도 가능하다.

크세노파네스

고 했다. 〔20〕 한편 엠페도클레스가 그에게 지혜로운 자를 발견할
수가 없다고 말하자, "그럴 법하오. 지혜로운 자를 알아보는 사람은
지혜로워야 하니까"라고 말했다. 소티온은 모든 것은 파악되지 않는
다고 처음 말한 이가 그라고 말하지만, 소티온이 헷갈린 것이다.

한편 그는 콜로폰의 건설과 이탈리아의 엘레아로의 식민이주에
대해서 2천 행의 시를 썼다. 또 그는 60회 올륌피아기에 절정기였
다. 51) 한편 팔레론의 데메트리오스가 《노년에 대하여》에서, 스토
아학파 사람인 파나이티오스가 《쾌활함에 대하여》에서 말하길, 아
낙사고라스처럼52) 그도 자신의 손으로 아들들을 묻었다53)고 한다.

---

51) 기원전 540~537년.

한편 그는 파보리누스가 《회상록》 1권에서 말하는 바에 따르면, 노예로 팔렸다가 피타고라스학파 사람들인 파르메니스코스와 오레스타데스[54]에 의해 해방되었다고 한다. 다른 크세노파네스로는 레스보스 사람으로 이암보스 시인이 있었다.

　그리고 이상의 사람들은 독자적인 철학자들이다.

3. 파르메니데스

〔21〕 엘레아 사람이며 퓌레스의 아들인 파르메니데스는 크세노파네스의 제자였다(테오프라스토스는 《요약집》에서 이 사람이[55] 아낙시만드로스에게서 배웠다고 말한다). 그러나 비록 그가 크세노파네스에게서 배운 것은 사실이지만 이 사람을 추종하지는 않았다. 소티온이 말한 바에 따르면, 그는 디오카이타스의 아들이며 피타고라스학파 사람인 아메이니아스[56]와도 교류했는데, 이 사람은 가난하긴 하나 아름답고 훌륭한 사람이었다. 그는 오히려 이 사람을 추종했고 이

---

52) 2권 13절 참고.

53) 오래 살았다는 뜻이다.

54) 두 사람 다 이암블리코스의 피타고라스학파 명단에 나오는 이름들이며, 파르메니스코스는 아마도 파르미스코스의 오기인 듯하다.

55) 누구를 가리키는지 분명치 않다. 연대를 근거로 삼을 때 보통은 크세노파네스를 가리키는 것으로 본다(9권 18절 참조). 그래서 딜스는 이 문장을 필경사의 외곽주석(*scholion*)으로 간주한다. 괄호로 묶은 것은 그 때문이다. 그러나 문맥상 파르메니데스의 스승에 관해서 이견이 있음을 언급하고 있는 것으로 읽으면, 파르메니데스를 가리킨다고 보는 것이 더 그럴듯하다.

56) 달리 알려진 바가 없다.

파르메니데스

사람이 죽었을 때, 파르메니데스는 빛나는 가문 출신인 데다가 부자이기도 했으므로, 이 사람을 영웅으로 모시는 사당을 세워 주었다. 또 그가 평온함으로 삶의 방향을 돌리게 된 것도 크세노파네스에 의해서가 아니라 아메이니아스에 의해서였다.

한편 이 사람이 처음으로 땅이 구형이며 중간에 놓여 있다고 밝혔다. 또 그는 두 원소, 즉 불과 흙이 있는데, 〔22〕 전자는 기술자의 지위를, 후자는 질료의 지위를 갖는 것으로 보았다. 57) 인간의 생성은 맨 처음에 태양에서 비롯되었고, 뜨거운 것과 차가운 것이 원인으로서, 만물이 그것들로부터 생겨났다고 그는 생각했다. 또한 테오프라스토스가 《자연학》에서 거의 모든 사람들의 학설을 밝히면서 기록하고 있듯이, 그는 영혼과 지성이 같은 것이라고 밝혔다. 또

57) 파르메니데스의 의견(doxa)의 길에 관한 이러한 해석과 관련해 특히 아리스토텔레스의 《형이상학》, 986b18 이하와 테오프라스토스의 단편 DK28A7 참고.

한 그는 철학이 이중적이라고 말했다. 그렇기 때문에 그는 어디선가 이렇게 말하기도 한다.

자, 그대는 모든 것을 배워야 한다.
설득력 있는 진리의 흔들리지 않는 심장과,
가사자들의 의견들을. 그 속에는 참된 확신이 없다. 58)

그 역시 헤시오도스와 크세노파네스와 엠페도클레스처럼 시를 통해 철학을 했다. 한편 그는 이성이 기준이라고 말했다. 또한 감각은 정확하지 않다고도 했다. 적어도 그는 다음과 같이 말하기 때문이다.

그리고 습관이 그대를 많은 경험을 담은 이 길로 가도록,
즉 주목하지 못하는 눈과 잡소리 가득한 귀와 혀를 사용하도록 강제하지
   못하게 하라.
다만 나로부터59) 말해진, 많은 싸움을 담은 논박을 논변으로 판가름하
   라. 60)

[23] 그렇기 때문에 그에 대해서 티몬은 이렇게 말한다.

고매한 파르메니데스의 구구한 의견이 없는 힘을 보았네.
그는 모든 인상(phantasia) 대신에 사유(nōsis)를 끌어올렸으니.

플라톤도 이 사람에 대해 《파르메니데스, 또는 형상에 대하여》라

---

58) DK28B1, 28~30행에 해당한다.
59) 이 '나'는 파르메니데스의 철학시 중 서시에 등장하는 '여신'을 가리킨다.
60) DK28B7, 3~5.

는 대화편을 썼다.

그는 69회 올림피아기[61]에 절정기였다. 또한 파보리누스가 《회상록》 5권에서 말하는 바에 따르면 그는 최초로 헤스페로스와 포스포로스[62]가 같은 것임을 발견했다고 여겨진다. 하지만 어떤 사람들은 그건 피타고라스라 여긴다. 하지만 칼리마코스는 문제의 시[63]가 피타고라스의 것이 아니라고 말한다. 또한 스페우시포스가 《철학자들에 대하여》에서 말하는 바에 따르면 그는 자신의 나라의 시민들을 위해 법을 제정해 주었다고도 전해진다. 또한 파보리누스가 《잡다한 것들의 역사》에서 말하는 바에 따르면 그는 아킬레우스 논증[64]을 처음으로 제기했다고 한다.

또 다른 파르메니데스로는 자신의 기술에 대해 글을 쓴 연설가 파르메니데스가 있었다.

4. 멜리소스

[24] 이타게노스의 아들 멜리소스는 사모스 사람이다. 이 사람은 파르메니데스에게서 배웠다. 그러나 그는 헤라클레이토스의 이론도

---

61) 기원전 504~501년.

62) 이 두 별은 우리말 명칭도 '개밥바라기'와 '샛별'로 다른데, 여기서도 알 수 있듯이 고대에는 다른 별이라고 여겼다는 맥락이 전제되어 있다.

63) 칼리마코스, 《단편》, 442 참고. 본문의 문제의 시는 칼리마코스의 단편을 모은 편집본에도 실리지 않았고 현재 전해지지 않는데, 샛별과 개밥바라기가 같은 것이라는 내용의 시였으리라 추정된다. 이 시의 출처를 둘러싸고 고대부터 논쟁이 있었던 것으로 보인다.

64) 제논이 창안한 논증으로 알려진 거북이와 아킬레우스의 경주를 말한다.

멜리소스

접했다. 그때 그는 마치 히포크라테스가 압데라 사람들에게 데모크
리토스를 소개했듯이 헤라클레이토스를 모르는 에페소스 사람들에
게 그를 소개하기도 했다. [65] 한편 그는 정치가가 되어 시민들로부
터 명성을 얻었다. 이로부터 그는 해군 지휘관으로 뽑혀 자신의 공
적으로 더욱더 많은 존경을 받았다.

그는 우주는 무한하고 불변하며 부동이고 자신과 닮은 하나이며
꽉 찬 것이라 여겼다. [66] 또한 그는 운동은 없는데 있다고 여기는 것
이라고 하였다. 하지만 또한 그는 신들에 대해서는 주장을 해서는 안
된다고 말했다. 신들에 대한 앎은 불가능하다고 여겼기 때문이다.

한편 아폴로도로스는 그가 84회 올림피아기[67]에 절정기였다고
말한다.

---

65) 각기 자신의 고향에서 이해받지 못한 사람들을 타향 사람이 알려 주었다는
말이다.
66) DK30B7, 10 참고.
67) 기원전 444~441년.

5. 제 논

[25] 제논은 엘레아 사람이다. 아폴로도로스는 《연대기》에서 그가 태어나기는 텔레우타고로스의 자식으로 태어났지만 파르메니데스와 양자의 연을 맺었다고 말한다. 한편 파르메니데스는 퓌레스의 아들이라고 한다. 그와 멜리소스에 대해 티몬은 이렇게 말한다.

> 모든 것의 비난자이자 혀가 둘 달린[68] 제논의
> 결코 소진되지 않는 대단한 기력, 그리고
> 수많은 철학적 공론에 강하고 지는 적이 많지 않는 멜리소스.

제논은 파르메니데스의 제자이자 그의 소년애인이 되었다. 플라톤이 《파르메니데스》에서 말하듯이 그는 키도 훤칠했다. 같은 사람이 《소피스트》와 《파이드로스》에서 그에 관해 기록했고 그를 엘레아의 팔라메데스[69] 라고 부른다. 엠페도클레스가 연설술의 창시자이듯이 그는 변증술의 창시자라고 아리스토텔레스는 말한다.[70]

그 사람은 철학에서도 정치에서도 대단히 훌륭하였다. [26] 적어도 그의 책은 많은 통찰로 가득하였다. 한편 헤라클레이데스가 《사튀로스의 〈철학자들의 생애〉 요약집》에서 말하는 바에 따르면 그는

---

68) 제논의 이율배반적 논변들을 빗댄 표현이다.

69) 팔라메데스(Palamēdēs)는 트로이 전쟁에 참전했다고 알려진 그리스의 전설적인 영웅이다. 지적으로 탁월하여 여러 발명을 하였고, 트로이 전쟁에 참여하도록 영웅들을 설득할 정도로 언변도 뛰어났다고 알려져 있다.

70) 디오게네스 라에르티오스는 8권 57절에서 이 보고가 아리스토텔레스의 유실된 작품 《소피스트》에서 나왔다고 말한다.

참주 네아르코스를 — 어떤 사람들은 디오메돈이라고 한다 — 몰아내려 계획했으나 다 함께 붙잡혔다. 그는 공모자들과 그가 리파라71) 로 운반하던 무기에 대해서 말하라는 문초를 받았을 때, 참주를 고립무원의 처지로 만들고자 참주의 친구들의 이름을 댔다. 그러고서 그는 그들 중 몇몇에 대해서 참주에게 귀에 대고 말할 것이 있다고 하고서는 참주의 귀를 물고서 창에 찔려 죽을 때까지 놓아주지 않아 '참주 살해자' 아리스토게이톤72) 과 같은 일을 당했다고 한다.

〔27〕 한편 데메트리오스는 《이름이 같은 시인들과 작가들에 대하여》에서 그가 참주의 코를 물어뜯었다고 말한다. 다른 한편 안티스테네스는 《철학자들의 계보》에서 참주의 친구들의 이름을 대고 나서 참주에게서 "다른 사람이 있느냐"는 질문을 받고서는 "그건 나라의 배신자인 당신이오"라고 말했다고 한다. 곁에 선 사람들에게 그는 말하길, "너희들의 비겁함이 놀랍다. 내가 견디고 있는 지금 이것들 때문에 참주의 노예 노릇을 하고 있다니"라고 했다고 한다. 그러고는 마지막에는 자신의 혀를 깨물어 참주에게 뱉었다고 한다. 한편 시민들은 이에 고무되어 그 자리에서 참주를 돌로 쳐 죽였다고 한다. 거의 같은 이야기를 대다수의 사람들이 이야기한다. 그런데 헤르미포스는 그는 돌절구에 던져져 으스러져 죽었다고 말한다.

〔28〕 그래서 우리는 그에 대해서 다음과 같이 이야기했다.

---

71) 리파라(Lipara) 는 시켈리아 북쪽 해안에 있는 섬이다.
72) 아리스토게이톤(Aristogeitōn) 은 기원전 6세기경 아테네 사람으로서 페이시스트라토스의 참주직을 물려받은 그의 아들 힙피아스를 살해하려고 계획하다 발각되어 사형당한 인물이다.

제논

제논이여, 그대는 아름다운 것을 원한 것이니, 참주라는 자를 죽여
노예 처지의 엘레아를 해방시키고자 원했소.
하지만 그대는 꺾였소. 참주가 그대를 붙잡아 절구에 으스러뜨렸으니.
하지만 나의 이 말이 무엇이란 말이오? 그것은 당신의 육체이지 당신이
    아니었으니.

한편 제논은 다른 점에서도 훌륭했지만 특히 헤라클레이토스와
같은 정도로 대단히 중요한 것들을 하찮게 여기는 사람이었다. 이
사람은 이전에는 휘엘레였다가 나중에 엘레아라 불리게 된 포카이
아 사람들의 식민도시인 자신의 조국이 비록 보잘것없으나 오로지
훌륭한 사람들을 양육할 줄 알기에 아테네인들이 자랑스러워하는
나라 아테네보다 엘레아를 사랑하여 그들의 나라에 한 번도 가질 않
고 그곳에서 끝까지 살았기 때문이다.
    〔29〕이 사람은 아킬레우스 논변도 ─ 파보리누스는 파르메니데

스라고 말한다 — 숱한 다른 논변들도 처음으로 제기했다. 그의 주
장은 이렇다. 세계는 있으며 허공은 존재하지 않는다. 모든 것의 본
성은 온, 냉, 건, 습으로부터 발생하며 이것들은 서로 변환한다. 인
간은 흙으로부터 탄생했으며 영혼은 앞에 열거된 것들이 어떤 것도
우세하지 않은 상태에서 그것들로부터 혼합된 것으로 성립한다.

이 사람은 비난을 받으면 화를 낸 것으로 사람들이 전한다. 어떤 사
람이 그 이유를 묻자 그는 말하길, "만약 내가 비난을 받으면서 동요
하지 않는 척한다면, 칭찬을 받으면서도 나는 깨닫지 못할 것이오."

8명의 제논이 있다는 사실은 키티온의 제논 편에서 우리가 이야기
했다. 한편 이 사람은 79회 올림피아기[73]에 전성기였다.

6. 레우키포스

〔30〕 레우키포스는 엘레아 사람인데, 어떤 사람들 말로는 압데라 사
람이라고 하고, 어떤 사람들에 따르면 멜로스[74] 사람이라고 한다.
이 사람은 제논에게서 배웠다. 이 사람의 주장은 모든 것이 무한하
고 상호 변환하며 전체는 허공과 꽉 찬 것으로 되어 있다는 것이다.
또한 세계들은 물체가 허공으로 끼어들어가 서로 얽혀서 생겨났다
고 한다. 그리고 그것들의 성장에 따른 운동으로부터 별들의 존재가
생겨났다고 한다. 한편 태양은 달의 둘레를 달보다 더 큰 원을 그리

---

73) 기원전 464~461년.
74) 여기서 도란디의 판본에 따라 '멜로스'로 했으나, 기존 판본은 '밀레토스'로
되어 있다

레우키포스

며 돌고 있다고 한다. 땅은 중심의 둘레를 회오리치며 운행한다고
한다. 또한 그 형태는 악기인 북의 모습이라고 한다. 그는 처음으로
근원은 나뉘지 않는 것75) 이라고 간주했다. 그리고 이것들이 그의
개괄적인 생각이고 세부적인 것은 다음과 같다.

〔31〕 앞에서 이야기한 대로 그는 전체는 무한하다고 말한다. 이
것은 한편으로는 꽉 찬 것으로, 다른 한편으로는 허공으로 이루어져
있으며 그것들이 요소들이라고 한다. 무수한(apeiros) 세계들은 이
것들로부터 나오고 이것들로 분해된다. 한편 세계들은 다음과 같이
생성된다. 무한한 것에서 수가 많고 형태가 다양한 물체들이 조각조
각 거대한 허공으로 운반되어 이것들이 모여 하나의 회오리를 이뤄
이 회오리에 따라 물체들이 서로 충돌하여 다양한 방식으로 원운동
을 하며 닮은 것들이 닮은 것들 쪽으로 따로 골라진다. 그것들이 수

---

75) '원자'의 본래 뜻이 '나뉘지 않는 것'(a-tome)이다.

효가 많아 더 이상 이것들이 균형을 이뤄 회전운동을 하지 못하게 되자 체로 걸러지는 것처럼 미세한(*leptos*) 것들은 바깥쪽 허공으로 옮겨간다. 한편 나머지 것들은 다 같이 남아 엉켜서 서로 운동을 같이 하여 최초의 구형 구조물을 만든다. 〔32〕이 원형의 구조물은 자신 안에 온갖 종류의 물체들을 에워싼 채 피막처럼 떨어져 나온다. 물체들이 중심이 밀쳐내는 것에 따라 맴돌면서 둘러싸는 피막은 얇아지고, 회오리가 스쳐감에 따라, 함께 있는 물체들은 지속적으로 함께 흐른다. 그렇게 해서 물체들이 중심으로 옮겨진 후 함께 남아서 땅이 생겨난다. 그리고 피막처럼 둘러싸고 있는 것 자체는 바깥의 물체들이 유입됨에 따라 다시 자라난다. 그리고 이것은 회오리에 의해 움직이면서 뭐든 접촉하는 것들을 자신에게 덧붙여 갖는다. 그것들 가운데 일부는 서로 얽혀서 구조물을 만들어내는데, 처음에는 축축하고 진흙덩이지만, 회오리 전체와 함께 돌면서 마르게 되고 결국은 불붙어서 별들의 존재를 형성한다.

〔33〕한편 태양의 궤도는 가장 바깥쪽이고 달의 궤도는 땅과 가장 가까우며 다른 것들은 이 사이에 있다. 그리고 모든 별들은 회전운동의 속도 때문에 불이 붙으며 태양은 별들에 의해서도 가열된다. 반면에 달은 불을 조금 나눠 가진다. 태양과 달의 식은 … 76) 일어나며 황도대의 경사는 땅이 남쪽으로 기울어져 있음에 의해 생긴다. 반면에 북쪽 지방은 언제나 눈이 오고 추우며 얼어붙어 있다. 그리고 일식은 드물게 일어나는데 월식은 꾸준하게 일어나는 이유는 그것들의 궤도가 다르기 때문이다. 또한 세계의 생성이 있듯이 세계의

---

76) 원문이 훼손되었다.

성장과 쇠퇴와 소멸 역시 있으며, 이것은 어떤 필연에 의한 것이지만[77] 그것이 어떤 것인지는 그가 명확히 하고 있지 않다.

7. 데모크리토스

〔34〕데모크리토스는 헤게시스트라토스의 아들이다. 그러나 어떤 이들은 아테노크리토스의 아들이라고도 하고, 어떤 이들은 다마시포스의 아들이라고 한다. 그는 압데라 사람이거나, 아니면 어떤 이들이 말하듯이 밀레토스 사람이다.[78] 이 사람은 어떤 마고스[79]들과 칼다이오스[80]들에게 배웠는데, 이는 헤로도토스도 이야기하듯이,[81] 크세륵세스 왕이 데모크리토스의 아버지에게 환대받고 그의 지도자로서 그들을 남겨 두었기 때문이다. 그는 이들로부터 소년 시절에 신학과 천문학을 배웠다. 나중에 그는 레우키포스와 만났으며, 어떤 이들에 따르면 아낙사고라스와 만났는데, 아낙사고라스보다 40살 젊었을 때였다. 반면에 파보리누스는 《잡다한 것들의 역사》에서 다음과 같이 말한다. "데모크리토스가 아낙사고라스에 대

---

77) 레우키포스, 《단편》, DK67B2 참고. "어떤 것(chrēma)도 아무렇게나 생겨나지 않는다. 오히려 모든 것은 이치(logos)에 따라서 그리고 필연(anangkē)에 의해 생겨난다."(《학설집》, 1권 25장 4절)

78) 레우키포스의 출신에 대한 설명과 동일하다는 점이 눈여겨볼 만하다.

79) 서론, 1절 주석 참고.

80) 위의 주석 참고.

81) 딜스는 이 언급이 《역사》, 7권 109절, 8권 120절을 디오게네스 라에르티오스가 멋대로 해석한 데 기인한다고 지적한다.

해서 말하는 바에 따르면, 해와 달에 관한 그의 견해들은 아낙사고라스 자신의 것이 아니라 오래된 것인데, 그가 몰래 자신의 것으로 삼았다. 〔35〕데모크리토스는 질서 형성과 지성에 관한 그의 말을 조롱했으며, 그에게 적대적이었다. 왜냐하면 그가 자신을 제자로 받아들이지 않았기 때문이다. 그러면 어떻게 어떤 사람들의 말처럼 그가 그의 제자일 수 있겠는가?"

한편 데메트리오스가 《이름이 같은 시인들과 작가들에 대하여》에서, 그리고 안티스테네스가 《후계자들》에서 말하기를, 데모크리토스는 기하학을 배우려고 이집트에 가서 사제들을 만났고, 페르시아로 가서 칼다이오스들을 만났으며 홍해에도 갔었다고 한다. 어떤 사람들은 그가 인도에서 나체 현자들과 교류했으며 에티오피아에도 갔었다고 말한다. 또한 그는 형제 중 셋째로서 재산 배분을 받았다고 한다. 그리고 대부분의 사람들은 그가 여행 때 사용하기 위해서 몫이 적은 은화 쪽을 선택했다고 말하는데, 다른 형제들도 영악하게 이 점을 짐작하고 있었다고 한다. 〔36〕한편 데메트리오스는 그가 100탈란톤이 넘는 자신의 몫을 다 써 버렸다고 한다. 한편 그는 아주 일을 좋아하는 사람이라서 집 둘레 정원에서 일부를 떼어 내 쪽방을 하나 만들고 거기 틀어박혔다고 한다. 언젠가는 그의 아버지가 희생제의에 쓰려고 황소를 끌고 와서 거기 묶어 두었는데, 그는 그의 아버지가 희생제의를 이유로 그를 자리에서 일으켜 세워 황소에 관한 일을 자세히 설명해 줄 때까지 상당한 시간 동안 그것을 몰랐다고 한다. 데메트리오스는 "그는 아테네에도 갔었지만 명성을 하찮게 생각해서 남에게 알려지는 데 열을 내지도 않았으며 소크라테스를 알았지만, 소크라테스에게 그가 알려지지는 않았던 것으로 보인다.

렘브란트(Rembrandt van Rijn),
〈웃는 철학자 데모크리토스로 분한 젊은 렘브란트〉
(*The Young Rembrandt as Democritus*
the Laughing Philosopher), 1628.

왜냐하면 그가 말하기를 '나는 아테네에 갔었지만 누구도 나를 몰랐기에'라고 말하기 때문이다"라고 말한다.

〔37〕 트라쉴로스는 "만약 《연적들》이 플라톤의 것이라면, 데모크리토스는 그 자리에 있던 무명의 사람일 것이다. 그는 오이노피데스[82]와 아낙사고라스의 추종자들과는 다른 사람으로서 그 모임에서 소크라테스와 대화하며 철학자는 5종경기 선수와 닮았다고 소크라테스에게 말했던 인물이었다.[83] 그리고 그는 정말이지 철학에서

---

82) 오이노피데스(Oinopidēs)는 키오스 출신의 수학자이자 천문학자로 기원전 450년 무렵에 아테네에서 주로 활동하였다.

83) 《연적들》(*Anterastai*), 135e~136a에서 각 분야의 전문가만큼 정통하지 않으면서 모든 전문 분야에 대해 피상적 지식을 가진 철학자가 5종경기에서 승리한 선수에 비유된다.

5종선수였다. 그는 자연학과 윤리학을 익혔을 뿐만 아니라 수학적인 것들과 일반교양의 논의들도 훈련했고 기술들에 대해서도 온갖 경험을 갖추고 있었기 때문이다"라고 말한다. 또한 "말은 행위의 그림자다"도 이 사람의 말이다. 한편 팔레론 사람 데메트리오스는 《소크라테스의 변론》에서 이 사람이 아테네에 간 적조차 없었다고 말한다. 이것은 더 대단한 것으로 만약 그가 그 정도의 나라를 경시했다면, 그것은 그가 어떤 지역에서 명성을 얻는 것을 원하는 사람이 아니라 어떤 지역에 명성을 안겨 주기를 선호하는 사람이라는 것이다.

〔38〕 그가 어떤 사람인지는 그의 저술로부터 분명히 알 수 있다. 트라쉴로스는 "그는 피타고라스학파의 찬양자였던 것 같으며, 더구나 피타고라스 본인에 대해서도 동명의 저작에서 그에 대해 경탄하는 글을 썼다. 그는 이 사람으로부터 모든 것을 받아온 것 같고, 만약 시간의 문제가 방해가 되지 않았다면 그로부터 배웠을 것이다"라고 말한다. 그렇지만 그와 동시대를 살았던 레기온 사람 글라우코스는 그가 피타고라스학파의 어떤 사람에게서 배웠던 게 확실하다고 말한다. 그런가 하면 퀴지코스 사람인 아폴로도로스 역시 그가 필롤라오스와 교유하였다고 말한다.

안티스테네스는 그가 다채로운 방식으로 인상을 시험하는 훈련을 해서 때로는 홀로 있거나 무덤에 가서 지내기도 했다고 말한다. 〔39〕 그는 데모크리토스가 여행에서 돌아와서는 모든 재산을 탕진했기에 빈털터리로 살았다고 말한다. 그는 곤궁하여 형제인 다마소스에게 생계를 지원받았다는 것이다. 하지만 그는 미래의 어떤 일을 예언함으로써[84] 유명해져 그 뒤로는 신들린 사람이 갖는 명성을 받을 자격이 있다고 대다수의 사람들에게 여겨졌다. 하지만 선조의 재산을 써 버린 자는 조국에 무덤을 가질 자격이 없다는 법이 있어서 그는 그것을 알고 시기자들과 무고꾼들의 시비에 휘말리지 않을까 싶어서 그의 저작 중에서도 뛰어난 《대우주 체계》를 그들에게 낭독해 주었다. [85] 그리고 500탈란톤의 값을 쳐 받았다. 그뿐 아니라 청동상까지 세워졌다. 그리고 그는 백 세 넘게 살다가 죽을 때는 국비로 장례를 치렀다. 〔40〕 한편 데메트리오스는 그의 친척들이 《대우주 체계》를 낭독하였고, 그들은 100탈란톤의 값을 쳐 받았을 뿐이라고 말한다. 이러한 이야기는 히포보토스도 하고 있다.

아리스톡세노스는 《역사상의 기록들》에서 플라톤이 데모크리토스의 저작들을 모을 수 있을 만큼 모아서 불태워 버리기를 원했으나 피타고라스학파인 아뮈클로스와 클레이니아스[86] 가 그를 만류했다고 한다. 이미 많은 사람들 사이에 퍼져 있어서 소용이 없다는 이유였다. 그리고 그건 분명하다. 왜냐하면 플라톤은 거의 모든 옛사람들에 대해 언급했으면서도 데모크리토스에 대해서는 어디에서도 언급하고 있지 않을 뿐만 아니라 그에 반대하는 주장을 할 필요가 있는 곳에서조차 그렇게 하지 않았기 때문이며, 이는 그가 철학자들 중에서 가장 훌륭한 자와 논쟁하게 되리라는 것을 알았기 때문이었다. 이 사람에게 대해서는 티몬 역시 다음과 같이 칭찬한다.

---

84) 이것은 아마도 날씨나 계절에 대한 예언이었을 것이다. 플리니우스(Plinius)의 《자연사》(*Naturalis Historia*), 13권 273, 341절; 클레멘스(Clemens of Alexandria)의 《학설집》(*Stromata*), 7권 32절.
85) 당시에 자신의 책을 대중 앞에서 읽은 것은 출판과 같은 성격을 갖는다.
86) 이들에 대해서는 달리 알려진 바가 없다.

그와 같은 사람이라 데모크리토스는 대단히 사려 깊고 이야기의 목자이며, 양쪽을 살피는 이야기꾼. 내가 읽는 제일가는 사람들 중에서.

〔41〕 연대와 관련해서 데모크리토스는 《소우주 체계》에서 자신이 말하듯이, 아낙사고라스가 노년이었을 당시에 젊은이였다. 그는 아낙사고라스보다 40세 더 젊었으니까. 그는 《소우주 체계》가 일리아스의 함락 730년 후에 지어졌다고 말한다. 한편 아폴로도로스가 《연대기》에서 말하듯이 그는 80회 올림피아기87)에 태어났을 것이다. 트라쉴로스가 《데모크리토스의 책의 독서에 앞서서 알아 두어야 할 것들》이라는 표제의 책에서 말하는 대로는 그가 77회 올림피아기 세 번째 해88)에 태어났고, 그는 소크라테스보다 한 해 연상이다. 그렇다면 그는 아낙사고라스의 제자인 아르케실라오스와 오이노피데스의 추종자들과 같은 시대 사람일 것이다. 그리고 사실 그가 오이노피데스에 대해 언급하기도 했다. 〔42〕 또한 그는 그와 같은 시대에 가장 유명하던 파르메니데스와 제논학파의 '하나'에 관한 이론에 대해서도 언급하며, 소크라테스와 같은 시대에 태어났다고 일반적으로 동의되는 압데라의 프로타고라스에 대해서도 언급한다.

한편 아테노도로스는 《산책》89) 8권에서 히포크라테스가 그에게 찾아오던 날, 히포크라테스는 다른 사람을 시켜 우유를 가져오라 했다고 한다. 그리고 데모크리토스는 그 우유를 보고서는 그것이 검은 염소의 초유라고 말했다고 한다. 그리하여 히포크라테스는 그의 예

---

87) 기원전 460~457년.
88) 기원전 470/469년.
89) 아리스토텔레스의 학과 '페리파토스'학파의 뜻도 '소요' 즉 '산책'이다.

리함에 경탄했다고 한다. 그뿐 아니라 히포크라테스의 딸이 히포크라테스를 따라왔는데, 첫째 날에는 "안녕, 소녀 아가씨!"라고 인사했다가, 다음 날에는 "안녕하세요, 부인"이라고 인사했다고 한다. 실제로 그 소녀는 밤사이에 처녀성을 잃어버렸던 것이다.

〔43〕 한편 헤르미포스는 데모크리토스가 다음과 같은 방식으로 죽었다고 말한다. 그가 너무 연로해서 임종을 목전에 두고 있었다. 그래서 그의 누이는 테스모포로스[90] 축제 사이에 그가 죽을 참이라서 여신에게 그녀가 마땅한 의무(*kathēkon*)를 다하지 못할 것을 걱정했으나 그는 걱정 말라고 말하고는 자신에게 따뜻한 빵을 매일 가져다달라고 시켰다고 한다. 그래서 그는 이 빵을 코에 대고서 스스로 축제 기간 동안 살아 있었다고 한다. 며칠이 지나자 — 축제 기간은 사흘이었다 — 그는 아무런 고통 없이 명줄을 놓았고 히파르코스가 말하는 것처럼 109세를 살았다.

우리는 그를 위해서 《팜메트로스》에서 다음과 같은 시를 지었다.

그리고 누가 이렇게 타고난 지혜를 가졌을 것이며 누가 모든 것을 아는
데모크리토스가 이룬 만큼의 일을 이룩했겠는가?
그는 죽음이 사흘 동안 곁에 있을 때 집에서 견디며
빵의 따뜻한 기운으로 씻어내고 있었네.

이상이 그 사람의 삶이다.

---

90) 가을에 이루어지는 그리스 전역의 축제이다. 여자들만의 축제였으며 아테네에서는 10월 후반에서 11월 전반에 해당하는 피아노푸시온 달의 11일부터 13일까지 3일간 이루어졌다고 한다.

〔44〕 그의 이론은 다음과 같다. 우주 전체의 근원은 원자와 허공이며, 다른 모든 것들은 관습적으로 믿어지는 것들이다. 세계는 무수하며 생성하고 소멸한다. 어떤 것도 있지 않은 것에서 생성되지 않으며 있지 않은 것으로 소멸하지 않는다. 또한 원자들은 크기와 수에 있어서 무수하고 우주 전체 속에서 회오리치며 이동하고 그렇게 해서 혼합물(synkrima)들인 불, 물, 공기, 흙을 낳는다. 이것들도 어떤 원자들로 이루어진 구조물이기 때문이다. 원자들은 단단한 성질이 있어 영향받지도 변화하지도 않는다. 태양과 달은 그런 미세하고 둥근 입방체들로 합성된 것이고 영혼도 비슷한 방식으로 혼합된 것이다. 영혼은 지성과도 같은 것이다. 우리가 보는 것은 모상들이 우리 눈에 떨어지는 데 따른 것이다.

〔45〕 모든 것들은 필연에 따라 생겨난다. 회오리는 모든 것들의 생성의 원인이기 때문인데, 그는 그것을 필연이라고 부른다. 한편 궁극 목적은 쾌활함인데, 이것은 어떤 사람들이 잘못 배우고 받아들였듯이 쾌락과 같은 것이 아니라 쾌활함에 따라 잠잠하고 고요하게 영혼이 지내는 것이며 어떠한 두려움이나 미신 또는 다른 어떤 상태에도 흔들리지 않는 것이다. 그는 이것을 안녕(euesto)이라고도 불렀고 다른 여러 이름으로도 불렀다. 한편 성질은 인위적으로 있는 것이고 자연적으로는 원자와 허공이 있다. 그리고 이상이 그의 이론이었다.

그의 책들은 역시 트라쉴로스가 플라톤의 책들을 4부작으로 했듯이 그렇게 순서에 따라 기록하였다.

〔46〕 윤리학 저작은 다음과 같다.

1) 《피타고라스》

《현자의 기질에 관하여》

《하데스에 있는 것들에 관하여》

《트리토게네이아》91) (이 말은 아테나에게서 인간적인 모든 것들을
유지해 주는 세 가지가 생겨났다는 것을 뜻한다.)

2) 《남자다움의 미덕에 대하여, 또는 덕에 관하여》

《아말테이아의 뿔》92)

《쾌활함에 관하여》

《윤리학 저술들에 대한 주석들》

《안녕》(남아 있지 않다.)

이상이 윤리학 저작들이다. 자연학 저작은 다음과 같다.

1) 《대우주 체계》(테오프라스토스의 추종자들은 이것이 레우키포스
의 책이라고 주장한다)

《소우주 체계》

《세계에 관한 서술》

《행성들에 관하여》

---

91) 트리토게네이아(Tritogeneia)는 아테나 여신의 별칭이다. 제목으로 보아
아마 이 책은 아테나 여신이 보호하는 실잣기, 베짜기, 도기 제조, 올리
브 경작 등을 포함한 여러 가지 기술에 관한 내용을 담고 있었던 것으로
보인다.

92) 아말테이아(Amaltheia)는 제우스에게 젖을 준 염소이다. 이 염소를 소유한
자가 무엇이든 원하기만 하면 그것이 염소의 뿔에서 나왔다고 하는 데서,
'아말테이아의 뿔'은 풍요의 뿔로 여겨졌다.

2) 《자연에 관하여》1권

　《인간의 본성에 관하여》(또는 《몸에 관하여》) 2권

　《지성에 관하여》

　《감각에 관하여》(어떤 사람들은 이 두 책을 하나로 묶어 필사하여

　　《영혼에 관하여》라는 제목을 붙였다)

3) 《맛에 관하여》

　《색깔에 관하여》

　〔47〕《원자들의 다양한 형태에 관하여》

　《형태의 변화에 관하여》

4) 《확증》(이것은 앞에 기술한 것들을 확정하는 것을 뜻한다)

　《상(像)에 관하여 또는 예견에 관하여》

　《논리적인 것들 또는 규칙에 관하여》1권

　《난제 모음집》

이상은 자연에 관한 것이다. 다음은 4부작으로 배열되지 않은 것들이다.

《천체현상의 원인들》

《대기현상의 원인들》

《지상현상의 원인들》

《불과 불속에 있는 것들의 원인들》

《소리에 관한 원인들》

《씨앗과 식물과 열매들과 관련된 원인들》

《동물들과 관련된 원인들》3권

《잡다한 원인들》

《자석에 관하여》

이상은 4부작으로 배열되지 않은 것들이다. 다음은 수학에 관한
것들이다.

1) 《판단93)의 차이에 대하여, 또는 원과 구의 접촉에 대하여》

　《기하학에 대하여》

　《기하학적인 것들》

　《수들》

2) 《통약 불가능한 선분과 입체에 대하여》 2권

　《천구 투영도》94)

　〔48〕《대년(大年) 또는 천문학, 천문력》

　《물시계(와 하늘의 경쟁)》

3) 《하늘의 기술(記述)》

　《땅의 기술》

　《극지의 기술》

　《광선의 기술》

이 정도가 또 수학에 관한 것들이다. 시가에 관한 것은 다음과 같다.

---

93) 필사본에는 'gnōmēs'(판단)로 되어 있으며, 힉스는 gōniēs(각도)로 본 수정
　제안(Gomperz)을 받아들였다. 어느 쪽으로든 뜻이 불분명하다.

94) 원문 'ekpetasma'는 '펼쳐진 것'이라는 뜻으로, 천구를 펼쳐진 모양으로 만
　든 지도를 말하는 것으로 보인다.

1) 《운율과 선법에 대하여》

   《작시에 관하여》

   《시의 아름다움에 관하여》

   《발음하기 좋은 글자와 발음하기 나쁜 글자에 대하여》

2) 《호메로스에 대하여, 또는 올바른 어법과 희귀어95)에 대하여》

   《노래에 대하여》

   《어구에 대하여》

   《어휘집》

이 정도가 또 시가에 대한 것들이다. 다음은 기술에 대한 것이다.

1) 《예후》

   《섭생에 대하여, 또는 섭생론》

   《의학적 소견》

   《부적절한 시기의 것들과 적절한 시기의 것들에 관련된 원인들》

2) 《농사 기술에 대하여, 또는 측지론》

   《미술에 대하여》

   《병술론(兵術論)과 중무장무기론》

이상이 그와 같은 것이다.

〔49〕하지만 어떤 사람들은 개인적으로 《비망록》에서 다음과 같

---

95) 호메로스의 서사시에 나오는, 데모크리토스가 살던 당시에 사용되지 않았던
   말 등을 뜻한다.

은 것을 저술 목록에 넣는다.

《바뷜론에 있는 신성한 문서에 대하여》

《메로에96)에 있는 것들에 대하여》

《대양의 순항》

《역사에 대하여》

《칼다이오스의 말》

《프뤼기아 사람의 말》

《질병으로 기침하는 사람들과 발열에 대하여》

《법의 원인》

《손으로 만드는 것과 관련된 문제들》

그 밖에 어떤 사람들이 그에게 돌리는 다른 것들은 일부는 그의 저작들에서 편집된 것이고, 일부는 다른 사람의 것이라고 일반적으로 인정된다. 이것들이 그의 책과 관련되는 것들이고 이 정도다.

데모크리토스들은 여섯이 태어났다. 첫째 사람은 바로 이 사람이고, 둘째는 동시대 사람인 키오스 출신의 음악가이고, 셋째는 안티고로스가 언급하는 조각가이고, 넷째는 에페소스의 신전과 사모트라케97) 나라에 대하여 저술을 남긴 사람이고, 다섯째는 명료하고 화려한 문체의 비문시인이고, 여섯째는 페르가몬 출신으로 연설 논변으로 유명했던 사람이다.

---

96) 메로에(Meroē)는 고대 수단의 왕국인 쿠슈 왕국 시대의 후기 수도로서 기원전 6세기에서 기원후 4세기까지 번성했다.

97) 사모트라케(Samothrakē)는 에게해 북쪽에 있는 섬이다.

8. 프로타고라스

〔50〕 프로타고라스는 아르테몬의 아들이거나 아폴로도로스와 데이논이 《페르시아사》 5권에서 말하듯이 마이안드리오스의 아들이고 압데라 사람인데, 이는 폰토스 사람 헤라클레이데스가 《법에 대하여》에서 말하는 바에 따른 것이고 또한 그는 프로타고라스가 투리오이에 법을 제정해 주기도 했다고 말한다. 에우폴리스가 《아첨꾼들》에서 말하는 바에 따르면 그는 테오스 사람이다. 그는

그 안에 테오스 사람 프로타고라스가 있다.

라고 말했다. 이 프로타고라스와 케오스 사람 프로디코스는 논변들을 가르치고 돈을 받았다. 그리고 플라톤은 《프로타고라스》에서 프로디코스가 처음이었다고 말한다. 한편 프로타고라스는 데모크리토스에게서 배웠다. 파보리누스가 《잡다한 것들의 역사》에서 말하는 바에 따르면 그는 '지혜'라고 불렸다.

〔51〕 그리고 그는 최초로 모든 것에는 서로 상반되는 2개의 논변이 있다고 말했다. 심지어 그는 이런 방식으로 논변을 펼쳐 최초로 그것을 실천에 옮기기도 했다. 그뿐 아니라 그는 어떤 책을 다음과 같은 방식으로 시작하기도 했다. "인간은 만물의 척도이다. 있는 것들에 대해서는 있다는, 있지 않은 것에 대해서는 있지 않다는 척도이다."[98] 또한 그는 플라톤 역시 《테아이테토스》에서 말하는 바와

---

98) '있는 것'과 '있지 않은 것' 대신에 '~인 것'과 '~이지 않은 것'으로 번역할 수도 있다.

살바토르 로사(Salvator Rosa),
〈데모크리토스와 프로타고라스〉
(*Democritus and Protagoras*), 1663.

같이 감각 이외에는 영혼은 아무것도 아니며 모든 것이 다 참되다고
말했다. 그리고 다른 책에서는 이렇게 시작한다. "신들에 대해서는
그들이 있는지도 있지 않은지도 나는 알 수 없다. 앎을 가로막는 것
이 여럿이기 때문이니, 불분명함과 인생의 짧음이 그것이다."〔52〕
저술의 이런 서두로 인해 그는 아테네에서 추방당했다. 또한 그의
저술들은 포고자99) 의 지휘하에 소장자들로부터 낱낱이 수합되어
아고라에서 불태워졌다.

———————————

99) 관청의 명령을 포고하는 사람이다.

이 사람은 최초로 100므나의 수입을 받아냈다. 또한 그는 최초로 시제의 구별을 하고 적절한 시점 파악(chairos)[100] 능력을 강조하고 논변 시합을 개최하고 논쟁을 벌이는 사람들에게 소피스트 논변 (sophisma)을 전수한 사람이다. 또한 그는 의미 내용은 제거하고 말 (onoma)을 가지고 대화했고 피상적으로 보면 오늘날 쟁론가 족속들을 낳은 사람이다. 그 점에서 티몬도 그에 대하여

또한 쟁론하는 것을 잘 알고 있던 사교성 좋은 프로타고라스

라고 말한다.

〔53〕이 사람은 또한 소크라테스식의 논변 유형을 처음으로 도입한 사람이었다. 그리고 플라톤이 《에우튀데모스》에서 말하는 바대로[101] 이 사람은 반론이 있을 수 없다는 것을 증명하려는 안티스테네스의 논변을 처음으로 논변에 사용했다. 또한 그는 변증론가인 아르테미도로스[102]가 《크뤼시포스에 반대하여》에서 말하듯이 최초로 입론에 대한 변증론적 추론[103]을 고안하고 도입한 사람이었다. 그리고 아리스토텔레스가 《교육에 대하여》에서 말하듯이 그는 최초로 그 위에 짐을 얹어 나르는 이른바 어깻바대를 발견했다. 왜냐하면 에피쿠로스도 어디선가 이야기하듯이 그는 짐꾼이었기 때문이다. 이렇게 해서 그는 장작들이 묶인 상태를 본 데모크리토스로부터 칭송받았

---

100) 연설술 또는 궤변을 사용하기 좋은 시점을 말하는 듯하다.

101) 플라톤, 《에우튀데모스》, 286c2.

102) 아르테미도로스(Artemidōros)는 기원전 3세기에 활동한 철학자이다.

103) 다른 사람이 세운 주장(입론)을 질의응답을 통해 논박하는 방법을 말한다.

다. 또한 그는 최초로 글을 기원문, 의문문, 응답문, 명령문 등 넷으로 나눈 사람이었다. 〔54〕 한편 다른 사람들은 서술문, 의문문, 응답문, 명령문, 보고문, 기원문, 소환문104) 등 일곱으로 나누었다. 프로타고라스는 이것들이 글의 기본형이라고 말했다. 한편 알키다마스는 글을 긍정문, 부정문, 의문문, 호소문 네 종류로 말한다.

그가 자신의 논의들 중에서는 《신들에 대하여》를 처음으로 강론했는데, 그것의 첫머리는 위에서 인용하였다. 그는 아테네에 있는 에우뤼피데스의 집에서 강론했거나, 어떤 사람들 말대로 메가클레이데스105)의 집에서 강론했다. 다른 사람들은 그곳이 뤼케이온이었고 제자인 테오도테스의 아들 아르카고라스가 그를 대신해 읽었다고 한다. 한편 그를 고발한 자는 400인회106)의 한 사람인 폴뤼젤로스의 아들 퓌토도로스라고 한다. 그러나 아리스토텔레스는 에우아틀로스라고 말한다.

〔55〕 남아 있는 그의 책들은 다음과 같다.

《레슬링에 대하여》
《학문들에 대하여》
《정치체제에 대하여》
《명예욕에 대하여》
《덕들에 대하여》
《원초의 질서에 대하여》

---

104) 시에서 신의 이름을 부르며 시작하는 문장의 형태를 이르는 것으로 보인다.
105) 달리 알려진 바가 없다.
106) 400인회는 기원전 411년에 있었던 아테네의 과두정부를 이른다.

《하데스에 있는 사람들에 대하여》

《사람들에게 옳지 못하게 행위하는 사람들에 대하여》

《훈계집》

《보수(報酬)를 위한 소송》

《반박 논변》 2권

이것들이 그의 책들이다. 한편 플라톤도 그에 대해 대화편을 썼다.
한편 필로코로스는 그가 시켈리아로 항해하고 있을 때 그의 배가
침몰했다고 말한다. 그리고 이것을 에우뤼피데스가 《익시온》에서
암시한다. 어떤 사람들은 그가 그 여행 중에 죽었고, 90세에 가깝게
살았다고 한다. 〔56〕 그러나 아폴로도로스는 그가 70세를 살았고
소피스트로서 40년을 활동했으며 84회 올륌피아기[107]에 전성기였
다고 한다.

그리고 우리에게는 다음과 같은 그를 위한 시가 있다.
그대 프로타고라스여, 나는 소문을 들었으니, 그대는 아테네를
떠나던 도중에 나이가 들어 죽었노라고.
케크롭스의 나라는 그대를 추방하기로 결정했으니까. 하지만 그대는
팔라스[108]의 도시를 아마 벗어났겠지만 플루테우스[109]를 벗어나지는
  못했네.

---

107) 기원전 444~441년.
108) 아테나 여신의 별칭이다.
109) 하데스의 별칭인 플루톤의 다른 표현이다.

한편 언젠가 그가 학생인 에우아틀로스에게 수업료를 요구했을 때, 에우아틀로스가 "하지만 나는 아직껏 소송에서 이기지 못했습니다"라고 말하자, 그는 "하지만 내가 이기면, 내가 이겼기 때문에 나는 받아야만 하네. 하지만 자네가 이기면 자네가 이겼으니까"라고 말했다고 한다. [110]

한편 다른 프로타고라스는 천문학자였고, 그를 위해 에우포리온 도 만가를 지었으며 세 번째 사람은 스토아학파 철학자였다.

9. 디오게네스

〔57〕 아폴로테미스의 아들인 디오게네스는 아폴로니아 사람으로서 자연학자이며 대단히 유명한 인물이다. 안티스테네스에 따르면 그는 아낙시메네스에게서 배웠다. 한편 그는 아낙사고라스와 같은 시대 사람이다. 이 사람에 대해서 팔레론 사람 데메트리오스는 《소크라테스의 변론》에서 그는 아테네에서 엄청난 질시를 받아 거의 목숨

---

110) 원래 이 이야기를 전하는 로마의 작가 아울루스 겔리우스(Aulus Gellius, 기원후 125~180년)가 《아티카의 밤》(Noctes Attikae), 5권 10절에서 말하는 바로는, 이 제자는 프로타고라스에게서 배우기 시작하면서 수업료는 첫 번째 재판에서 이기면 주겠다고 조건을 걸었고, 프로타고라스는 이를 수락했다고 한다. 그런데 이 제자가 도통 재판을 맡지 않자 수업료를 받기 위해 프로타고라스가 직접 재판을 걸었다는 것이 이 이야기의 시작이다. 한편 원래 겔리우스가 전하는 온전한 형태에는 프로타고라스의 말을 그대로 받아치는 에우아틀로스의 논변도 실려 있다. 겔리우스는 양쪽의 논변을 들은 재판관들은 판단이 곤란하다고 생각해 결정을 먼 후일로 미루어서 결과적으로는 프로타고라스가 재판에 진 셈이 되었다고 전한다.

을 잃을 뻔했다고 말한다.

그의 사상은 다음과 같다. 공기가 요소이고 우주는 무수하며 허공도 무수하다. 또한 공기는 빽빽해지거나 성겨져서 우주를 낳는 산출자이다. 어떤 것도 있지 않은 것에서 생겨나지 않고 있지 않은 것으로 소멸하지 않는다. 지구는 구형이고 중심에 굳게 고정되어 있으니 열에 의한 회전운동과 냉에 의한 응고에 따른 구조물이라는 것이다.

그의 저작의 시작은 이렇다. "모든 논의를 시작하면서 그 서두는 논쟁의 여지가 없는 것을 제공해야 하며 그 설명은 단순하고도 기품이 있어야 한다고 나는 여긴다."

10. 아낙사르코스

[58] 아낙사르코스는 압데라 사람이다. 이 사람은 스뮈르나 사람인 디오게네스에게서 배웠다. 이 사람은 키오스 사람인 메트로도로스에게서 배웠고, 메트로도로스는 자신이 아무것도 모른다는 사실조차 모르는 사람이라고 말한 사람이었다. 한편 메트로도로스는 키오스 사람인 네사스111)에게서 배웠고, 어떤 사람들은 그가 데모크리토스에게서 배웠다고 말한다. 그는 알렉산드로스를 수행하기도 했고 140회 올림피아기112)에 전성기였으며 퀴프로스의 참주 니코크레

---

111) 달리 알려진 바가 없다.
112) 기원전 340~337년.

온을 적대시하여, 언젠가 향연에서 알렉산드로스가 그에게 만찬이 어떠냐고 묻자 "왕이시여, 모든 것이 호사스럽습니다. 남은 것은 어떤 총독의 머리를 장만하는 것입니다"라고 말했다고들 한다. 〔59〕 니코크레온에게 한 방 날린 것이다. 니코크레온은 잊지 않고 있다가 왕의 사후에 아낙사르코스가 항해 중에 부득이하게 퀴프로스에 입항하게 되었을 때, 아낙사르코스를 붙잡아 절구에 던지고 쇠절구 공이로 치라고 명했다. 그러나 그는 그 형벌에 개의치 않고 그에게 인구에 회자되는 그 말을 했다고 한다. "아낙사르코스의 자루113)를 가루로 내보시게. 하지만 아낙사르코스를 가루로 내지는 못할 것이네." 한편 니코크레온이 그의 혀를 잘라내라고 명하자 아낙사르코스는 물어 끊어 그에게 내뱉었다는 이야기가 있다. 114) 그리하여 우리에게는 그를 위한 다음과 같은 시가 있다.

가루를 내시오들, 니코크레온이여, 더, 더! 그것은 자루이니.
가루를 내시오들. 하지만 아낙사르코스는 이미 오래전에 제우스의 집에 있다.
그리고 그대를 조만간 쇠빗으로115) 갈가리 빗긴 뒤에 다음과 같은
말을 페르세포네가 할 것이니, "꺼져라, 악덕 방앗간 주인이여."

---

113) 아낙사르코스의 겉을 싸서 담고 있는 몸을 자루로 비유한 것이다.
114) 우리는 이와 같은 죽음의 일화를 엘레아학파의 제논의 경우에서도 봤었다 (9권 27절 참고).
115) 도란디의 편집본에는 '쇠빗으로'(graphois)란 제이콥스(Jacobs)의 추정 대신 이 자리에 뜻이 분명하지 않은 사본 'nephē'를 두었다.

〔60〕이 사람은 부동심(*apatheia*)과 만족할 줄 앎(*eukolia*)[116]으로 인해 '행복한 사람'이라 불렸다. 또한 그는 아주 쉬운 방법으로 다른 사람들을 자제할 수 있게 만들 수 있는 사람이었다. 적어도 그는 자신이 신이라고 믿는 알렉산드로스의 마음을 돌려세웠기 때문이다. 왜냐하면 알렉산드로스가 부상을 당해 그에게서 피가 흐르는 것을 보고, 손으로 가리키며 그에게 말하길,

　　이것은 피이지
　　지복한 신들에게 흐른다고 하는 바로 그 신혈[117]이 아닙니다.

라고 했기 때문이다. 플루타르코스는 그 말을 알렉산드로스 자신이 자신의 친구들에게 했다고 말한다. 그뿐 아니라 다른 곳에서는 아낙사르코스가 알렉산드로스를 위해 건배를 하면서 잔을 보이며

　　신들 중에 어떤 신은 사멸하는 자의 손에 의해 다칠 것이다.

라고 말했다고 한다.

---

116) 부동심과 안빈(安貧)으로 해도 좋겠다.
117) 'ichōr'는 《일리아스》, 5권 340행에 나오며, 천병희는 '영액'(靈液)이라 번역했다.

11. 퓌론

〔61〕 퓌론은 디오클레스도 전하는 바대로 엘리스 사람으로 플레이스타르코스의 아들이다. 아폴로도로스가 《연대기》에서 말하는 것처럼 그는 이전엔 화가였는데, 스틸폰의 아들 브뤼손에게서 배웠거나 알렉산드로스가 《철학자들의 계보》에서 말하는 것처럼 스틸폰에게서 배웠고, 그 후 아낙사르코스에게서 배웠으며 그를 어디든 따라다녀서 인도의 나체 현자들과 교류했고 마고스들과도 교류했다. 압데라 사람 아스카니오스[118]가 말하는 것처럼 그는 파악불가와 판단중지의 형태를 도입해 참으로 고귀하게 철학활동을 한 것으로 보인다. 그는 어떤 것도 아름답지도 추하지도 않고 정의롭지도 부정의하지도 않다고 말하기 때문이다. 또한 마찬가지로 모든 것의 경우에 어떤 것도 진실로 그런 것은 없고 법과 관습에 따라 사람들은 모든 것을 행한다고 말했다. 하나하나의 것이 이렇기보다 저렇다고 할 것이 없기 때문이란 것이다.

〔62〕 그는 삶에서도 시종일관하여 어떤 것에서도 비켜서지 않고 경계하지도 않았으며 어떤 일이 일어나도, 설사 그것이 마차든 벼랑이든 개이든 그와 유사한 어떤 것이든 모든 것을 마주하고 전혀 감각에 의존하지 않았다. 하지만 카뤼스토스 사람 안티고노스가 말하는 바에 따르면 곁을 따르는 제자들이 그를 구했다고 한다. 하지만 아이네시데모스[119]는 그가 판단중지의 원칙에 따라 철학을 하였지만 매

---

118) 달리 알려진 바가 없다.

119) 아이네시데모스(Aisnesidēmos)는 크레타의 크노소스 출신의 회의주의 철학자이다. 기원전 1세기경에 살았으며, 퓌론과 티몬의 회의주의 해결방안을 섹스투스 엠피리쿠스 등에게 전해 준 것으로 알려졌다.

사의 일을 예측할 수 없게 행동한 것은 아니었다고 말한다. 한편 그는 90세 가까이 살았다.

카뤼스토스 사람 안티고노스는 《퓌론》에서 그에 대해 다음과 같이 말한다. "처음에 그는 명성이 없었고 가난했으며 화가였다. 또 엘리스에 있는 체육관에는 [63] 괜찮은 수준의 그의 횃불경기 그림이 보존되어 있다. 그는 또한 은둔해서 고독하게 살며 가족들에게 얼굴을 비추는 일이 드물었다." 그가 이렇게 행동하는 것은 어떤 인도 사람이 아낙사르코스를 비난해 이 사람은 자신이 왕의 궁정에 봉사하고 있는 한, 다른 누군가를 훌륭하게 가르칠 수 없을 것이라고 말한 것을 듣고서였다고 한다. 또한 그는 언제나 똑같은 마음 상태에 있어서, 비록 어떤 사람이 그가 말하는 도중에 그를 내버려 두고 가더라도 자신에게 그 이야기를 끝까지 다 했다고 한다. 하지만 그는 젊어서는 마음이 흔들렸다고 한다. 안티고노스는 그가 누구에게도 알리지 않고 여행을 했으며 자신이 원하는 사람들과 돌아다녔다고 말한다. 그리고 언젠가는 아낙사르코스가 물웅덩이에 빠졌는데 그가 옆을 지나면서도 도와주지 않았다고 한다. 어떤 사람들은 그를 비난했지만, 아낙사르코스 자신은 그의 무차별심[120]과 무심함을 칭찬했다.

[64] 언젠가는 그가 자신에게 말을 걸고 있는 모습이 발견되어 그 이유를 묻는 질문을 받고서는 훌륭해지는 연습을 하는 거라고 말했다. 탐구에 있어 그는 계속해서 말하는 것과 질문에 대해 말하는 것

---

120) 'adiaphoron'은 본래 스토아의 용어로 '차이 없음'으로 번역해왔으나, 문맥을 고려하여 번역하였다.

뤼론

으로 인해 누구에게도 가벼이 여겨지지 않았다. 그 때문에 나우시파
네스조차 젊었을 때는 그에게 사로잡혔던 것이다. 적어도 그는 자세
에서는 뤼론을, 논변에서는 자신을 따라야 한다고 말했기 때문이
다. 또한 그는 에피쿠로스도 뤼론의 삶의 방식에 감탄하여 자기에게
그에 대해 캐물었다고 말하곤 했다. 그는 조국에서 대단히 존경을
받아서 대신관의 자리에까지 앉았으며 그 사람으로 인해 모든 철학
자들에게 세금이 면제되는 법안이 가결되었다고 말했다.

　더구나 그의 초연함(apragmosynē)을 추종하는 많은 사람들이 있
었다. 그로 인해 티몬도 그에 대해 《뤼톤》[121]과 《실로이 시집》에서
다음과 같이 말한다.

---

121) 도란디는 이 뒤에 탈자가 있다고 보았다.

〔65〕노인이여, 퓌론이여, 어떻게 해서, 무슨 수로 그대는
공허한 정신을 가진 소피스트들의 학설들에 매인 신세에서 벗어날 길을
   발견했고,
모든 기만이 하는 설득의 속박을 풀었소?
그대에게는 어떤 바람들이 그리스 땅에 부는지,
어디서들 불어와서 어디로들 가는지 따져볼 관심조차 없소.

또한 그는 《환영》에서 또다시 말한다.

퓌론이여, 나의 심정은 이것을 듣기를 열망하나니,
도대체 어떻게 그대는 인간으로서 그토록 쉽게 평정을 유지하며 사는지,
인간들 사이에서 그대만이 오로지 신들과 같은 방식으로 그들을 인도하
   면서 말이오.

디오클레스가 말하는 바에 따르면, 아테네 사람들은 그가 트라케 사람 코튀스를 살해한 점[122]을 들어 그에게 시민권을 부여하여 그에게 존경을 표했다. 〔66〕한편 에라토스테네스가 《부와 가난에 대하여》에서 말하는 바에 따르면, 그는 산파인 자신의 누이와 순순한 의미에서[123] 같이 살았다. 같이 살면서 그는 때에 따라서는 가금류나 새끼돼지들을 팔러 몸소 시장에 가져가기도 했고 스스럼없이 (adiapheros) 집안 청소를 하기도 했다. 또한 그는 스스럼없이[124] 돼

---

122) 코튀스는 기원전 383년부터 358년까지 트라케의 왕이었다. 그는 기원전
    358년에 플라톤의 제자들인 퓌톤과 헤라클이데스에 의해 살해되었는데, 퓌
    톤을 퓌론으로 착각한 듯하다.
123) 성적인 관계가 아니라는 말이다.

지를 씻기기도 했다고 전해진다. 그리고 그는 필리스타라는 이름의
자신의 누이와 관련하여 다소 분노하여, 자신을 비난하는 사람에게
말하기를, 차이 없음(무관심)125)을 연약한 여인에게 드러낼 일은
아니라고 했다고 한다. 그리고 언젠가 개가 덤벼들었을 때, 그가 겁
내는 것을 탓하는 사람에게 "인간에서 완전히 벗어나기란 얼마나 어
려운가"라고 말했다고 한다. 하지만 그는 "할 수 있는 한 사실에 맞
서 행동으로 대항해야 하지만, 그게 안 되면 말로라도 대항해야 한
다"고 말했다고 한다.

〔67〕한편 그는 그의 염증 부위에 염증치료제를 바르고 부위를 절
개하고 소작하는 중에 이맛살조차 찌푸리지 않았다고 사람들은 전
한다. 한편 티몬 역시 《퓌톤126)에게 보내는 편지》에서 상세하게 그
의 자세에 대해서 분명히 밝혔다. 그뿐 아니라 퓌론과 친했던 아테
네 사람 필론127) 역시 그가 누구보다도 데모크리토스를 가장 많이
언급했으며, 그다음으로는 호메로스도 많이 언급했는데, 그는 호메
로스에 경탄하여 줄곧

　　나뭇잎의 일생과도 같은 인간의 일생이여128)

---

124) 앞 문장과 이 문장의 '스스럼없이'는 'adiaphoros'를 문맥에 맞게 의역한 것
　　이다. 원래 스토아학파에서 '좋고 나쁜 구별이 없는'이란 뜻으로 쓰는 말로
　　스토아학파를 다룬 7권에서는 '차이 없는 것'이라고 번역했다.
125) 앞 문장의 '스스럼없이'를 문맥에 맞게 번역하였다.
126) 달리 알려진 바가 없다.
127) 필론은 퓌론의 제자이다.
128) 《일리아스》, 6권 143행.

라는 구절을 말했다고 한다. 그리고 호메로스는 말벌과 파리와 새에 사람을 비유하곤 했다고 그는 말했다. 한편 그는 다음과 같은 구절 도 인용하곤 했다고 한다.

하지만 벗이여, 그대 역시 죽는다. 왜 그리 애석해하는가?
파트로클로스도 죽어 버렸다. 그대보다 훨씬 뛰어난 그도. 129)

〔68〕 그리고 그는 인간들의 불안정과 헛된 열정, 유치한 짓을 대 상으로 삼는 모든 구절들을 인용하곤 했다고 한다.

한편 포세이도니오스 또한 그와 관련하여 그런 것을 상세히 설명 한다. 그는 자신과 함께 배를 탄 승객들이 폭풍으로 인해 낯빛이 흐 려지자, 그 자신은 평온하게 영혼에 힘을 북돋우며 먹이를 먹고 있 는 돼지를 가리키며 현자란 이와 같은 평정심 가운데 자신을 유지해 야 한다고 말했다고 한다. 하지만 누메니오스130)만은 그가 독단적 인 주장을 하기도 했다고 말한다. 이 사람에게는 다른 제자들도 있 지만, 에우륄로코스131) 같이 유명한 제자들도 있었다. 에우륄로코 스에게는 다음과 같은 단점이 있었다. 언젠가 그가 화가 나서 고기 를 꿴 꼬챙이를 들고 그의 요리사를 아고라까지 쫓아갔다는 것이다. 〔69〕 또한 그는 엘리스에서 질문하는 사람들한테 들볶이자 겉옷을

---

129) 《일리아스》, 21권 106~107행.
130) 누메니오스(Noumēnios)는 기원후 2세기 후반기에 활동한 시리아의 아파 메아 출신의 신피타고라스학파 철학자이다. 신플라톤주의의 선구자격 철학 자이기도 하다.
131) 에우륄로코스(Eurylochos)는 퓌론의 제자로서 기원전 4세기경 활동한 엘리 스 출신의 철학자이다.

벗고 알페이오스강을 헤엄쳐 건넜다. 이렇듯 그는 티몬도 전하듯이, 소피스트들에게 가장 적대적이었다.

한편 퓌론은 대개 자기 자신과 대화를 나누었다. 그래서 티몬은 이 점에 대해서도 이렇게 전한다.

또는 인간들에게서 벗어나 자기 자신과 여가를 갖고 스스로에게 이야기하는, 명성과 분쟁에 개의치 않는 필론은.

이들에 더해서 퓌론의 제자로는 압데라 사람인 헤카타이오스가 있고, 《실로이 시집》을 낸 플리우스 사람인 티몬이 있다. 이 사람에 대해서는 우리가 앞으로 이야기할 것이다. 또한 테오스 사람인 나우시파네스도 퓌론의 제자인데, 어떤 사람들은 에피쿠로스가 이 사람의 강의를 들었다고 전한다. 이 모든 사람들은 선생의 이름으로부터는 퓌론주의자라고 불리고, 그들의 이른바[132] 학설로부터는 난문주의자, 회의주의자, 판단중지주의자, 탐구주의자[133] 라고 불린다. 〔70〕 탐구주의 철학이란 항상 진리를 탐구한다는 점에서, 회의주의 철학이란 언제나 진리를 검토하지만[134] 결코 발견하지는 않는다는

---

132) '이른바'라고 한 이유는 그들은 본래 학설, 즉 적극적인 진리 주장을 부정하기 때문이다. 바로 이것이 역설적으로 그들의 주장이기에 '이런 말을 할 수 있다면' 정도로 이해할 수 있는 '이른바'란 번역어를 사용하였다.

133) 퓌론주의자와 회의주의자만이 이들을 부르는 일반적 호칭이고, 나머지는 '난문(aporia)에 기울어진', '판단을 중지하는', '탐구를 지속하는' 정도의 의미를 갖는 말인데, 번역을 맞추기 위해서 '~주의자'란 말을 붙였다. 뒤따르는 문장이 이 용어들에 대한 설명이다.

134) 회의주의로 번역하는 'skēptikos'는 원래 '탐구하고 검토하다'란 뜻인데, 결과적으로 이들이 진리를 의심하고 부정한다는 점에서 '회의주의'로 번역되었다.

점에서, 판단중지의 철학이란 탐구 이후의 상태에서 이름이 붙은 것이다. 탐구 이후의 상태란 말을 나는 판단중지란 뜻으로 한 것이다. 한편 난문주의 철학이란 독단론자들뿐만 아니라 회의주의자 자신들도 난문에 빠진다는 뜻에서 하는 말이다. 135) 퓌론주의자들이란 퓌론의 이름에서 왔다. 한편 테오도시오스136)는 《회의주의 개요》에서 회의주의자를 퓌론주의자로 불러서는 안 된다고 주장한다. 왜냐하면 다른 사람의137) 생각의 작용을 파악할 수 없다면, 우리는 퓌론의 상태(diathesis)를 알 수 없으며, 알지 못한다면 우리는 퓌론주의자라 불릴 수 없을 것이기 때문이다. 이에 더하여 퓌론은 회의주의를 최초로 발견한 사람도 아니며 어떤 학설도 갖지 않는다는 것이다. 하지만 퓌론주의자는 유사한 삶의 방식을 가진 사람이라고 말할 수 있을 것이다.

〔71〕한편 어떤 사람들은 호메로스가 어느 누구 이상으로 동일한 문제들에 대해서 그때그때 다른 주장을 하였고, 주장을 단정적이거나 독단적으로 하지 않았다는 이유에서 그를 이 학파의 창시자라고 말한다. 또한 7현인들의 말 가운데도 회의주의적인 것들이 있어서, 예컨대 '무엇이든 지나치지 않게'와 '보증, 그 곁에 재앙이' 있다고 한다. 확고하게 확신을 가지고 보증을 서는 사람에게는 재앙이 뒤

---

135) 이 문장이 문맥과 잘 맞지 않아서 여러 편집자들이 편집을 달리하였다. 도란디는 이 문장에서 두 군데의 원문 훼손이 있다고 본다. 도란디의 편집본을 택하되 문맥에 맞게끔 다소 의역했다.

136) 달리 알려진 바가 없다.

137) 원문은 'to kata heteron'이다. Jonathan Barnes, "Diogenes Laertius on Pyrrhonism", *Mantissa: Essays in Ancient Philosophy IV*, 2015, p. 561 참고.

따르는 것이 확실하다는 것이다. 그뿐 아니라 아르킬로코스와 에우뤼피데스도 회의주의자와 같은 태도를 가졌다고 한다. 아르킬로코스는 말하길,

> 레프티네스의 아들, 글라우코스여, 인간들에게 생각이란,
> 즉 사멸하는 자들에게 생각이란 제우스가 매일매일 보내는 하루와 같은
> 것이네.

한편 에우뤼피데스는 말하길,

> 어째서 사람들은 가련한 가사자들이 생각한다고
> 말하는 것일까요? 우리는 당신[138]에게 의지하고,
> 당신이 그때그때 원하는 바를 행하는데 말이죠. [139]

〔72〕 그뿐 아니라 크세노파네스도 엘레아의 제논도 데모크리토스도 그들 나름대로 회의주의자다. 크세노파네스는 말하길,

> 어느 누구도 분명한 것을 알지 못하며, 알게 될 사람도 없을 것이다. [140]

한편 제논은 운동을 부정하여, "운동하는 것은 그것이 운동하는 장소에도 없고, 운동하지 않는 장소에도 없다"[141] 라고 말한다. 다

---

138) 문맥상 제우스신을 말한다.
139) 에우뤼피데스의 《탄원하는 여인들》, 734~736행.
140) DK21B34. 섹스투스 엠피리쿠스는 생략된 부분을 포함해서 더 길게 인용한다. 《학자들에 대한 반박》, 7권 49~52절, 110절과 8권 326절 및 《회의주의 개요》, 2권 18절 참고.

른 한편 데모크리토스는 성질을 부정하는 자리에서 "관습상으로 뜨겁고 관습상으로 차가운 것이지 실제로는 원자와 허공만이 있다"[142] 고 말한다. 그리고 그는 다시 "실제로는 아무것도 우리는 알지 못한다. 진리는 심연에 있기 때문이다"[143] 라고 말한다. 또한 플라톤은 "참인 것은 신들과 신들의 자식들에게 맡기고 나는 그럴듯한 이야기를 탐구하다"[144] 고 말한다. 또한 에우뤼피데스는 말하길,

〔73〕 하지만 누가 사는 것이 죽는 것인지를 알며,
가멸자들에게는 죽는 것이 사는 것임을 믿는가?

뿐만 아니라 엠페도클레스도 말하길,

이렇게 그것들은 인간들에게 보이지도 않고 들리지도 않으며
지성에 의해 파악되지도 않거늘. [145]

그리고 그 위에서는

각자가 마주쳤던 것, 바로 그것만을 믿으면서[146]

---

141) DK29B4.
142) DK68B9, 125 참고.
143) DK68B117.
144) 플라톤, 《티마이오스》, 40d 참고.
145) DK31B2, 7~8.
146) DK31B2, 5.

더하여 헤라클레이토스는 "가장 중요한 것들에 대해서는 경솔하게 추측하지 말자"[147] 라고 말한다. 그리고 나중에 히포크라테스는 자신의 주장에 의심을 품고 인간적 한계를 두고 주장하였다. 그리고 그전에 호메로스는 말하길,

가사자의 말은 꼬여 있는 것이고, 그 안에는 여러 이야기가 있다.

또한

말들의 여러 목초지가 여기저기에

또한

그대가 한 그 말들을 그대가 또한 들었다. [148]

이는 호메로스가 동등효과[149] 와 논변들에 대한 반대주장[150] 에 대해서 말한 것이다.

〔74〕 회의주의자들은 끊임없이 학파들의 모든 학설들을 뒤집어엎지만, 그들 자신은 독단적으로 주장하지 않으며, 그들이 그럴 경우는

---

147) DK22B47.
148) 연이은 세 인용구는 호메로스, 《일리아스》, 248~250행.
149) '동등효과'란 찬성과 반대 양쪽에 대해서 동등한 효과를 갖는 것을 말하며, 회의주의자들은 어떤 명제든 입증될 수도 있고 동시에 반박될 수도 있다고 생각했으며, 따라서 그들은 사태에 대해 판단하지 않는 '판단중지'의 태도를 취하게 된다.
150) 섹스투스 엠피리쿠스는 회의주의를 가능한 모든 종류의 방식의 외양과 사유에 반대하는 성향이라고 정의한다. 그는 이런 정의에 따라 자신의 저술에서 모든 독단적 주장을 반대하는 논변을 펼친다.

다른 학파들의 학설들을 비난하고 설명할 때이지만, 그때에도 그들은 아무것도 규정짓지 않는다. 그들은 주장 자체를 하지 않는다. 151) 그리하여 그들은 심지어 '우리는 아무것도 아님을 규정짓는다'152) 라고 말함으로써 '규정짓지 않는다'란 것조차 제거한다. 그렇지 않으면 그것도 규정이 될 수 있기 때문이다. 153) "하지만 우리가 그들의 적극적 주장들을 제시하는 것은 우리가 경솔함에서 벗어났음을 밝히기 위해서다. 왜냐하면 비록 우리가 그것들을 수긍하더라도 그렇게 해서 경솔함에서 벗어났음을 분명히 할 수 있기 때문이다"라고 그들은 말한다. 그리하여 '우리는 아무것도 아님을 규정짓는다'라는 소리를 통해서 균형의 상태가 분명해진다. 마찬가지로 '더~하지 않다'154) 와 '논변은 모든 논변과 대립된다'155) 및 그와 유사한 소리들을 통해서도 그렇다.

〔75〕 한편 '더~하지 않다'는 어떤 것들이 서로 닮았다고 말할 때에는 긍정적 의미로도 사용된다. 예컨대 '해적은 거짓말쟁이보다 더 나쁘지 않다'가 그런 경우이다. 반면에 회의주의자들은 긍정적 의미로 사용하지 않고, '스퀼라156) 가 키마이라157) 보다 더 존재했던 것은 아

---

151) 이 내용은 섹스투스 엠피리쿠스의 《퓌론주의 개요》, I, 187~208절에서 찾아볼 수 있다.

152) 정상적으로는 전체부정이 되어야 할 문장이지만, 문맥을 고려해서 규정의 대상으로 삼아서 번역했기 때문에 어쩔 수 없이 문장이 어색하다.

153) '우리는 규정짓지 않는다'란 말이 또 다른 규정일 수 있어서 그것을 약화시키기 위해 '우리는 아무것도 아님을 규정짓는다'라고 표현한 것으로 보인다.

154) 《퓌론주의 개요》, I, 188~191절.

155) Ibid., 202~205절.

156) 스퀼라(Skylla)는 그리스 신화 속의 괴물로 여자의 모습이나 몸 아랫부분이 6마리의 개들로 둘러싸여 있으며, 이탈리아 메시나 해협에서 지나가는 선원들을 잡아먹었다고 한다.

니다'158) 처럼 부정적 의미로 사용한다. '더' 자체는 '벌꿀이 건포도보다 더 달다'고 말할 때처럼, 어떤 때는 비교의 표현으로 사용된다. 하지만 어떤 때는 '덕은 해롭기보다는 더 이롭다'159) 라고 말할 때처럼 부정적 표현으로 사용된다. 우리는 그 표현으로써 덕은 이롭지, 해롭지 않다는 것을 가리키기 때문이다.

〔76〕 한편 회의주의자들은 '더~하지 않다'라는 소리 (phonē) 자체도 제거한다. 160) 왜냐하면 섭리는 그것이 있지 않은 것보다 더 있지 않은 것은 아닌 것처럼, 그렇게 '더~하지 않다' 역시 있지 않다보다 더 있지는 않기 때문이다. 이리하여 그 소리161) 는 티몬도 《퓌톤》에서 말하듯이 '아무것도 규정하지 않고 판단을 보류하는 것'을 의미한다. 한편 '모든 논변으로'라는 소리 자체도 판단중지와 결부된다. 사물들이 불일치하고 논변들이 동등효과를 가지면 진리에 대한 무지가 뒤따르기 때문이다. 한편 이 논변 자체에도 그 논변이 대립되어 다른 논변들을 제거한 뒤에 그 논변은 그 논변 자체에 의해 뒤집어지고162) 소멸된다. 이는 설사약이 배출물을 배출하고서는 자기 자신도 배출되고 소멸되는 것과 같은 것이다. 〔77〕 이러한 주장을

---

157) 키마이라(Kimaira) 는 역시 그리스 신화 속의 괴물로, 티폰과 에키드나 사이의 딸이다. 뱀의 꼬리와 사자의 머리, 양의 몸통을 갖고 있다고 한다.
158) '더 존재했던 것은 아니다'란 어색한 번역을 한 이유는 '더~하지 않다'란 형식을 유지하기 위해서다. 풀어서 이해하자면, '스퀼라도 존재하지 않았다는 점에서는 키마이라와 마찬가지다' 정도가 되겠다.
159) 역시 형식을 유지하느라 어색한 번역을 했다. '덕은 해롭기보다는 이롭다' 정도가 무난한 번역이다.
160) 《퓌론주의 개요》, 1권 206~208절 참고.
161) '더~하지 않다.'
162) 고대에 자기논박의 주제는 플라톤의 《테아이테토스》, 170a~171c 참고.

반대하여 독단론자들은 회의주의자들이 논변을 제거하는 것이 아니라 오히려 강화한다고 주장한다.

그리하여 그들은 논변들을 오로지 보조 수단으로 사용했다. 논변을 사용하지 않고는 논변을 제거할 수는 없었기 때문이었다. 우리가 흔히 공간이 있지 않다고 말하면서 결국은 공간을 말해야 하지만 그것이 독단적 방식이 아니고 증명의 방식인 것과 같은 식이다. 어떤 것도 필연에 따라 일어나지 않는다고 말하면서 필연을 말해야 하는 것도 마찬가지다. 그들은 그런 해석 방식을 사용했다. '사물이 나타나는 모습은 본성상 그런 것이 아니고 그렇게 나타나 보일 뿐이다'[163] 가 그런 해석 방식의 예이다. 또한 그들은 생각되는 것들이 분명하다고 해서 자신들이 생각하는 것들을 탐구하지 않고 감각기관들을 통해 그들이 관여하는 것들을 탐구한다고 말하곤 했다.

〔78〕 이리하여 퓌론주의의 논변은 아이네시데모스가 《퓌론주의 개요》에서 말하듯이 감각에 나타나는 것들이거나 생각되는 것들에 대한 기억이다. 이 기억에 따라 모든 것이 모든 것과 결합하고 불일치와 무질서가 심한 것들이 비교를 통해 발견된다. 한편 회의주의적 탐구에 내재하는 모순과 관련해서 그들은 사물들이 설득력을 갖는 방식을 먼저 입증하고 동일한 방식에 따라 사물들과 관련된 믿음을 제거하였다. 그들은 감각과 조화를 이루는 것들과 전혀 변하지 않거나 적어도 거의 변하지 않는 것들, 익숙한 것들과 법에 의해 규

---

163) 'phainesthai'는 기본적으로 '나타나다'라고 번역했다. 그러나 동명사 형태인 'phainomenon'의 경우 이 말이 영어의 'phenomenon'(현상)의 어원이 되고, '현상'이 '감각기관에 나타나는 것'이라는 의미로 철학에서 쓰인다는 점을 감안해 '현상'과 '(감각에) 나타나는 것', 두 번역어로 병행해 번역했다.

정되는 것들 및 즐거움을 주는 것들과 경탄하게 되는 것들이 설득력을 갖는다고 말한다. 〔79〕 그리하여 그들은 설득력을 갖는 것들과 반대되는 것들로부터 양쪽의 설득력이 동등하다는 것을 밝혔다.

한편 나타나거나 생각되는 것들의 일치와 관련된 난제들을 그들은 10가지 방식에 따라 제시했다. 그 방식에 따라 주제들이 바뀌어 나타난다. 그들은 이 10가지 방식을 하나씩 제시한다. 164)

첫 번째 한 가지 방식은 즐거움과 고통과 해악과 이익에 대한 생물들의 차이에 따른 것이다. 165) 이로 인해 동일한 것들로부터 동일한 인상이 발생하지 않는다는 결론이 나오고 이 때문에 이와 같은 다툼을 뒤따라 판단을 중지하는 것이 나온다. 왜냐하면 생물들 중에 어떤 것들은 아라비아의 불사조나 벌레처럼 불속에서 사는 것들이 그렇듯 성적 결합(mixis) 없이 생겨나기 때문이다. 어떤 것들은 인간을 비롯한 다른 것들처럼 성적 결합으로부터 생겨난다. 〔80〕 그리고 구성되는 방식도 각기 다르다. 그 때문에도 감각에서 차이가 나서 매는 가장 날카롭게 보고 개는 냄새를 가장 잘 맡는다. 그러니 그 차이에 대해서는 시각기관이 다르고 인상이 달리 발생한다고 보는 것이 이치에 맞다. 그리고 염소에게는 나뭇가지가 먹기 좋지만 인간에게는 쓰고, 솔방울은 메추라기에게는 영양분이 되지만 인간에게는 치명적이며, 똥은 개에게 먹기 좋지만 말에게는 그렇지 못하다.

두 번째 방식은 종족과 체질에 따른 인간들의 본성에서 비롯되는

---

164) 섹스투스 엠피리쿠스에 따르면 이 10가지 방식은 아이네시데모스의 것이다. 《학자들에 대한 반론》, Ⅶ, 345절 참고.
165) 이하 10가지 방식은 섹스투스 엠피리쿠스의 《퓌론주의 개요》, Ⅰ, 36~163절에도 있다. 다만 개괄적으로만 같고 순서나 서술방식은 다르다.

것이다. 어쨌든 알렉산드로스의 시종인 데모폰은 그늘에서는 더위했고 햇빛에서는 추워했다. 〔81〕 한편 아리스토텔레스가 말하는 바에 따르면 아르고스 사람 안드론은 물이 없는 리비아를 여행하는 중에 물을 마시지 않았다. 그리고 어떤 사람은 의사 일을, 어떤 사람은 농사를, 다른 사람은 무역업을 원한다. 그리고 이것들은 어떤 사람들에게는 해롭고 어떤 사람들에게는 이롭다. 이로부터 판단을 보류해야 한다는 결론이 나온다.

세 번째 방식은 감각 통로의 차이에 기인하는 것이다. 어쨌든 사과는 시각으로는 노랗고, 맛으로는 달콤하며 냄새로는 향이 좋게 드러난다. 그리고 동일한 형태가 거울의 차이에 따라 다른 형태로 관찰된다. 이래서 감각에 나타난 어떤 모습이 다른 모습보다 더한 것은 아니라는 결론이 뒤따른다.

〔82〕 네 번째 방식은 상태와 일반적 변화에 기인하는 것으로, 예컨대 건강과 질병, 잠든 상태와 깨어 있는 상태, 기쁨과 고통, 젊음과 늙음, 용감함과 공포, 결핍과 충만, 미움과 사랑, 열과 한기에 기인하는 것이다. 숨 쉬고 숨이 막히는 것은 물론이다. 그리하여 어떤 상태냐에 따라 발생하는 것들이 다른 것으로 나타난다. 왜냐하면 미친 사람들이라고 해서 본성에 어긋나는 것은 아니기 때문이다. 우리보다 저들이 더한 게 무엇인가? 우리도 역시 태양을 서 있는 것으로 간주하기 때문이다. 한편 스토아학파인 티토레아166) 사람 테온은 잠이 든 채로 돌아다니면서 잠을 잤고, 167) 페리클레스의 노예는

---

166) 티토레아(Tithorea)는 그리스 본토 중부지역, 파르나소스산 언저리 마을로, 테베의 서쪽에 있다.

지붕 꼭대기에서 잠을 잤다.

〔83〕 다섯 번째 방식은 교육방식과 법률과 신화적 믿음과 관습적 협약과 독단적 가정에 기인하는 것이다. 아름답고 추한 것, 참이고 거짓인 것, 좋고 나쁜 것, 신들과 나타나는 모든 것들의 생성과 소멸에 관한 것이 여기에 포함된다. 어쨌든 동일한 것이 어떤 사람에게는 정의롭고 어떤 사람에게는 부정의하다. 또한 어떤 사람에게는 좋고, 어떤 사람에게는 나쁘다. 페르시아 사람들에게는 딸과 결혼하는 것이 이상하다고 생각되지 않는다. 하지만 그리스인들에게는 무도한 짓이다. 또한 에우독소스도 《여행기》 1권에서 말하듯이 마사게타이 사람들은 부인을 공유하지만, 헬라스 사람들은 그러지 않는다. 〔84〕 한편 킬리키아 사람들은 도둑질을 좋아했지만, 헬라스 사람들은 그렇지 않다. 사람들은 또한 신들도 각기 다르게 믿는다. 또한 어떤 사람들은 신들이 예언을 한다고 믿고, 어떤 사람들은 그렇지 않다. 이집트인들은 미라를 만들어 매장하지만 로마인들은 화장하며 파이오니아 사람들은 바다에 던진다. 이로부터 진리에 대한 판단중지가 필요하다.

여섯 번째 방식은 혼합과 공유에서 비롯되는 것이다. 어떤 것도 순수하게 그 자체로 나타나지는 않고 공기와 함께, 불과 함께, 습기와 함께, 입체의 형태로, 열기나 냉기와 함께, 운동하거나 증발하면서, 또는 다른 능력들과 함께 나타난다. 아무튼 보라색도 햇빛에서나 달빛에서 또는 불빛에서 다른 색깔로 나타난다. 우리의 낯빛도 태양도 한낮에는 다른 색깔로 나타난다. 〔85〕 그리고 공기 중에서는 2명이 옮기는 돌도 물속에서는 쉽게 옮겨진다. 실제로 무거운데 물에 의해

---

167) 원문이 중복적이다.

가벼워져서든지 실제로 가벼운데 공기로 인해 무거워져서든지 간에. 그래서 우리는 향유에 든 올리브를 모르듯이 고유한 성질을 모른다.

일곱 번째 방식은 거리와 특정한 위치와 장소와 장소에 있는 것들에서 비롯되는 것이다. 이 방식에 따라 큰 것으로 판단되는 것들이 작게 나타나고 사각으로 판단되는 것들이 둥글게 나타나며 평평한 것으로 판단되는 것들이 돌출된 것으로 나타나고 곧은 것으로 판단되는 것들이 굽은 것으로 나타나고 창백한 것으로 판단되는 것들이 다른 색으로 나타난다. 그래서 어쨌든 태양만큼은 멀리서[168] 나타나는 것이 분명하기 때문이다. 산도 멀리서 보면 흐릿하고 완만하지만, 가까이서 보면 험하다. [86] 태양 역시도 솟을 때는 다르게 나타나지만 중천에 떴을 때는 닮게 나타나지 않는다. 그리고 같은 물체도 숲에서와 벌판에서 다르게 나타난다. 그리고 조각상은 특정한 위치에 따라, 비둘기의 목도 돌리는 데 따라 다르게 나타난다. 그리하여 장소와 위치로부터 벗어나서 그것들을 제대로 파악할 수가 없으니 그것들의 본성은 알려지지 않는다.

여덟 번째 방식은 그것들의 양 또는 열이거나 냉 또는 빠름이거나 느림 또는 무채색이거나 다채로움에 기인하는 것이다. 어쨌든 포도주는 적당히 섭취하면 기운이 나지만 그 이상이면 기운이 빠진다. 음식과 그와 유사한 것들도 마찬가지다.

[87] 아홉 번째 방식은 흔히 볼 수 있는지 낯선 것인지 귀한 것인지에 기인하는 것이다. 어쨌든 지진은 지속적으로 발생하는 지역 사

---

168) 로브판은 'mikros'(작은)로 교정한 쿠엔(Kuehn)을 따랐지만, 도란디는 사본의 'porrōthen'(멀리서)을 택하고 사본 훼손이 있다고 판단했다. 로브판을 따르면 '태양은 작게 나타난다'가 된다.

람들 사이에서는 놀랄 만한 것이 못 되고 태양도 매일 보기 때문에 그렇다. 파보리누스는 아홉 번째를 여덟 번째로, 섹스투스와 아이네시데모스는 열 번째로 놓는다. 그뿐 아니라 섹스투스는 열 번째를 여덟 번째라고 말하고, 파보리누스는 아홉 번째라고 말한다.

열 번째 방식은 무거운 것에 비해 가벼운 것, 약한 것에 비해 강한 것, 작은 것에 비해 큰 것, 아래의 것에 비해 위의 것처럼 다른 것들과 비교에 따른 것이다. 어쨌든 오른쪽은 본래 오른쪽이 아니고 다른 것에 대한 위치에 따라 그렇게 생각되는 것이다. 다른 것이 위치를 바꾸게 되면 그것은 더는 오른쪽이 아니다. 〔88〕 마찬가지로 아버지와 형제도 어떤 것에 대하여 그런 것이고 하루도 태양에 대해 그런 것이며 모든 것이 생각에 대해 그런 것이다. 이래서 어떤 것에 대한 것들은 그 자체로는 알려지지 않는다. 그리고 이것들이 열 가지 방식이다.

한편 아그리파스[169] 일파는 이것들에 다른 다섯 가지 논법(tropos)을 추가로 도입한다. 불일치논법에 기인하는 것과 무한역행논법, 관계성논법, 전제[170] 와 상호관계논법이 그것이다. 불일치논법은 의문거리가 철학자들이나 관습 앞에 놓이면 숱한 다툼과 혼란으로 가득한 사태가 벌어진다는 것이다. 무한역행논법은 탐구대상의 근거를 확정짓지 못한다는 것이다. 믿음의 근거를 다른 것이 다른 것에서 받아오면, 그 일이 그렇게 무한히 계속되기 때문이다. 〔89〕 관

---

169) 아그리파스(Agrippas)는 기원후 1세기경에 활동했을 것으로 추정되는 회의주의자다.

170) 이 방식에 대해서는 섹스투스 엠피리쿠스의 《퓌론주의 개요》, 1권 168절, 173~174절 및 《학자들에 대한 반박》, 3권 8~13절 및 《학자들에 대한 반박》, 8권 70~374절 참고.

계성논법은 어떤 것도 그 자체로 파악되지 않고 다른 것과 더불어 파악된다고 말한다. 그렇기 때문에 그것들은 알 수 없다. 전제에 의한 방식이 성립되는 이유는 어떤 사람들은 사물들의 가장 기본적인 요소들은 믿을 수 있고, 이유를 묻지 않고 바로 받아들여야 한다고 생각하기 때문이다. 하지만 그것은 허튼소리다. 왜냐하면 누군가는 그것과 반대되는 것을 전제로 삼기 때문이다. 한편 상호관계논법은 탐구되는 것을 확정지어 주어야 하는 것이 탐구대상의 신뢰성을 필요로 하는 경우에 성립된다. 예를 들어 어떤 사람이 구멍이 있다는 것을 유출이 있다는 것을 통해서 확신하면서 유출이 있다는 확실성을 위해서 구멍을 이용하는 경우이다. 171)

〔90〕한편 이들은 모든 증명과 기준과 표시172)와 원인과 운동과 배움과 생성과 본래 좋은 것과 나쁜 것을 부정했다. 그 이유는 이렇다. 그 사람들은 모든 증명은 증명되는 것들이거나 증명되지 않는 것들로 구성된다고 말한다. 173) 그래서 증명되는 것들로 구성되는 경우라면, 그로부터 증명이 무한히 요구될 것이다. 174) 반면에 증명되지 않는 것들로 구성되는 경우라면, 모두거나 일부거나 아니면 특히 하나만 의심스러운 것으로 구성되어도, 전체 역시 증명되지 않는 것이 될 것이다. 175) 한편 전혀 증명이 필요하지 않은 것들이 있다고 여기는

---

171) 순환논증의 형태이다.
172) 표시(*sēmeion*)는 스토아학파와 에피쿠로스학파에서 감각할 수 없는 것들을 추론할 수 있는 감각적 기초가 되는 것을 말한다.
173) 섹스투스 엠피리쿠스의 《퓌론주의 개요》, 2권 134~192절 및 《학자들에 대한 반박》, 8권 299~481절 참고.
174) 무한퇴행 방식을 적용한 경우다.
175) 가설의 방식을 적용한 경우다.

사람들이 있다면, 그 인식이 놀라운 것이라고 그 사람들은 말한다. 그것들 자체로 믿음직하다는 바로 그 자체가 우선적으로 증명되어야 한다는 사실을 이해하지 못한다면 그렇다는 것이다. 〔91〕왜냐하면 원소가 넷이라는 것을 원소가 넷이라는 것에 기반해서 확정지어서는 안 되기 때문이다. 이에 더해서 부분적 증명이 신뢰할 수 없는 것으로 불신받는다면, 전반적 증명 역시 그렇게 된다. 증명이 무엇인지를 우리가 인식하려면 기준(kriterion)이 필요하다. 그리고 기준이 무엇인지 인식하려면, 증명이 필요하다. 이것을 볼 때 각각은 파악되지 않고 서로에게로 되돌려 보내진다. 그러면 증명이 인식되지 않는데, 어떻게 불분명한 것들을 파악할 수 있겠는가? 하지만 우리는 그것들이 그렇게 나타나는지가 아니라 실질적으로 그런지를 탐구한다.

한편 그 사람들은 독단론자들이 어리석다고 주장한다. 왜냐하면 전제로부터 추론하는 것은 탐구(skepsis)의 논변이 아니라 가정(thesis)의 논변이기 때문이다. 한편 심지어 불가능한 것들을 지지하기 위해서도 이런 논변들을 시도해 볼 수 있을 것이다. 〔92〕한편 상황에 따르는 것들로부터는 진리를 판단하지 말아야 하고 자연에 어긋난 법을 제정해서도 안 된다고 생각하는 사람들에게 그들은 모든 현상이 상호변환과 상태176)에 따라 다르게 나타난다는 것을 간과하고서 모든 것들의 척도를 규정하는 사람들이라고 그 사람들은 말하곤 했다. 우리는 분명 모든 것이 참이거나 모든 것이 거짓이라고 말해야 하기 때문이다. 하지만 참인 것들도 있고 거짓인 것들도 있다면, 무엇으

---

176) 상호변환과 상태는 앞의 '상황에 따르는 것'과 '자연에 어긋난 법'에 대비되는 말로 보인다.

로 그것들을 가려야 할까? 왜냐하면 감각에 따르는 것들은 모두 감각에 동일하게 나타나기 때문에 감각으로 가리지 못하고, 지성의 경우에도 같은 이유로 가리지 못한다. 하지만 감각과 지성 이외에는 판별(*epikrisis*)을 위한 능력이 보이지 않는다.

그래서 감각적이거나 지성적인 어떤 것에 대해서 확신하는 사람은 먼저 이것들과 관련된 의견들을 확실히 해야 한다고 그 사람들은 말한다. 왜냐하면 어떤 사람들은 이것들을, 어떤 사람들은 저것들을 부정하기 때문이다. 〔93〕 그런데 판정은 감각적인 것이나 지성적인 것을 통해 이루어져야 하는데, 각각은 논란의 여지가 있는 것들이다. 그러니 감각적인 것들이나 지성적인 것들과 관련된 의견들을 판별할 수가 없다. 또한 우리의 생각에 있는 다툼 때문에 어떤 것도 믿어서는 안 된다면, 어떤 것이 정확하게 검토된 것인지를 판정할 수 있는 공통의 척도를 부정하게 될 것이다. 그래서 그 사람들은 모든 것이 동등하다고 간주할 것이다. 더 나아가 그 사람들은 현상을 우리와 공통 탐구하는 사람은 진실한 사람이거나 아니라고 말한다. 그래서 진실한 사람이라면, 그는 자신과 반대되는 현상을 보는 사람에 대해 반대하는 말을 할 수 없을 것이다. 왜냐하면 그 자신이 진실한 사람으로서, 나타나는 것을 말하듯이 반대되는 사람도 그렇기 때문이다. 진실하지 못한 사람이라면 그 자신 역시 자신에게 나타나는 것을 말하는 데 신뢰받을 수 없을 것이다.

〔94〕 설득력이 있다는 것이 곧 진리라고 이해되어서는 안 된다. 동일한 것이 모든 사람을 설득하지도 못하고 동일한 사람들을 계속해서 설득하지도 못하기 때문이다. 한편 설득력은 외적인 것으로부터 생기기도 하고, 말하는 사람의 평판이나 사려 또는 꼬임수거나

주제가 갖는 친숙함이거나 즐거움으로부터 생기기도 한다.

한편 그 사람들은 다음과 같은 논변으로 기준도 부정했다. 기준 역시 판정받은 것이거나 판정받지 않은 것이다. 하지만 만약 판정받지 않은 것이라면, 그것은 신뢰받지 못하는 것이거나 참과 거짓을 맞추지 못하는 것이다. 판정받은 것이라면, 그것은 판정받는 특정한 어느 하나가 될 것이라서 동일한 것이 판정하기도 하고 판정받기도 할 것이며, 판정받은 기준은 다른 것에 의해 판정받을 것이고 다른 것 역시 또 다른 것에 의해 판정받을 것이며 이 과정은 무한히 진행될 것이다.

〔95〕 이에 더해서 기준에 대해서 의견의 일치도 보지 못한다고 그 사람들은 말한다. 어떤 사람들은 인간이 기준이라고 말하는 반면, 어떤 사람들은 지각이 그렇다고 하고 다른 사람들은 이성이 그렇다고 하며, 어떤 이들은 파악인상이 그렇다고 한다는 것이다. 그리고 사람은 자신에 대해서도 다른 사람들에 대해서도 의견의 일치를 보지 못한다. 이는 상이한 법들과 풍습을 보면 분명하다. 반면에 지각은 거짓되고 이성은 일치하지 않는다. 한편 파악인상은 지성에 의해 판정받고 지성은 각기 다채로운 방향을 향한다. 이래서 기준은 인식되지 못하고 이 때문에 진리도 인식되지 못한다.

〔96〕 그 사람들은 표시 역시 없다고 한다. 그 사람들은 말한다. 만약에 표시가 있다면 그것은 감각적이거나 지성적이다. 그런데 감각인 것은 공통적인 반면 표시는 개별적이라서, 표시는 감각적이지 않다. 그리고 감각적인 것은 차이를 갖는 것들177) 에 속하지만, 표시는 어떤 것과 관계되는 것들에 속한다.178) 한편 표시는 나타나

---

177) 종차를 갖는 것들을 말한다.

는 것에 대한 나타나는 표시이거나 나타나지 않는 것의 나타나지 않는 표시이거나 나타나는 것에 대한 나타나지 않는 표시이거나 나타나지 않는 것에 대한 나타나는 표시이거나 … 179) 지성적이지 않기에, 표시는 지성적이지 않다. 하지만 표시는 이것들 중 어떤 것도 아니다. 그래서 표시는 없다. 나타나는 것은 표시가 필요 없으니 표시는 나타나는 것에 대한 나타나는 표시가 아니다. 한편 어떤 것에 의해 드러나게 되는 것은 나타나야 하기에 표시는 나타나지 않는 것의 나타나는 표시가 아니다. 〔97〕 한편 다른 것에게 파악의 수단을 제공하는 것은 나타나야 하기 때문에 표시는 나타나는 것의 나타나지 않는 표시를 뜻하지 않는다. 반면에 어떤 것과 관련되어 있는 것들에 속하는 것으로서 표시는 표시에 의해 표시되는 것과 함께 파악되어야 하기 때문에, 나타나지 않는 것에 대한 표시는 없지만, 만약 표시가 없다면, 불분명한 것들은 전혀 파악될 수 없을 것이다. 왜냐하면 표시들을 통해서 불분명한 것들이 파악된다고 말하기 때문이다.

한편 그 사람들은 원인을 다음과 같이 제거한다. 원인은 어떤 것과 관련되어 있는 것들에 속한다. 왜냐하면 그것은 원인의 결과에 붙어 있기 때문이다. 하지만 어떤 것과 관련되는 것들은 단지 생각되는 것일 뿐이지 실제로는 없다. 그리하여 원인 역시 생각되기만 할 뿐이다. 〔98〕 더 나아가 원인이 있다면, 무엇의 원인이라고 말하

---

178) 표시는 관계의 성질을 갖는다는 말이다.
179) 로브판에서 택한 원문은 '지성적인 것은 … 이거나 … 이기에'로 되어 있으나 '지성적인 것이 나타나는 것'이라는 취지의 텍스트가 불합리하다고 보고 도란디는 반스(Barnes)의 추정을 받아들여 원문에 훼손이 있다고 봤다. 그래서 문장이 완결되지는 않는다.

는 그 무엇을 그 원인이 가져야 한다. 그렇지 않으면 원인은 있지 않을 것이기 때문이다. 그리고 아버지가 관련되어 아버지라 불리는 그것이 없다면, 아버지일 수 없듯이 원인도 그렇다. 그런데 원인이 관련되어 생각되는 것은 없다. 왜냐하면 생성도 소멸도 다른 어떤 것도 없기 때문이다.[180] 그래서 원인은 없다.

게다가 만약 원인이 있다면, 물체가 물체의 원인이거나 물체가 아닌 것이 물체가 아닌 것의 원인이거나 아니면 물체가 아닌 것이 물체의 원인이거나 물체가 물체가 아닌 것의 원인일 것이다. 하지만 이것들 중 어느 것도 참이 아니다. 따라서 원인은 없다. 물체와 물체는 둘다 동일한 본성을 갖기 때문에 물체는 물체의 원인일 수 없다. 그리고 만약 한쪽이 물체인 한에서 원인이라고 칭해진다면, 물체인 나머지 쪽도 원인이 될 것이다. 〔99〕 하지만 양쪽이 공통으로 원인이라고 한다면, 어느 것도 작용을 받는 쪽이 아닐 것이다. 동일한 이유로 물체가 아닌 것이 물체가 아닌 것의 원인일 수 없을 것이다. 한편 물체가 아닌 것은 전혀 물체를 만들지 못하기에 물체가 아닌 것은 물체의 원인일 수 없을 것이다. 다른 한편 생겨나는 것은 작용받는 물질에 속해야 하기 때문에 물체는 물체가 아닌 것의 원인일 수 없을 것이다. 하지만 그것이 물체가 아닌 것이기 때문에 아무런 작용도 받지 않는다면, 어떤 것에 의해서 생겨나지도 못할 것이다. 그래서 원인은 없다. 이것이 함의하는 바는 전체의 근원들이 실재하지 않는다는 것이다. 왜냐하면 그것은 작용하고 행하는 것이어야 하기 때문이다.

---

180) 이 주장에 대한 이유가 제시되지 않은 까닭은 이미 제시한 논변으로 간주하기 때문으로 보인다.

뿐만 아니라 운동도 없다. 움직이는 것은 그것이 있는 장소에서 움직이거나 그것이 없는 장소에서 움직여야 한다. 어떤 것도 그것이 있는 장소에서 움직이지도 않고 그것이 없는 장소에서 움직이지도 않는다. 따라서 그것은 운동하지 않는다. 181) 그래서 운동은 없다.

〔100〕 한편 그 사람들은 배움도 부정한다. 만약 무언가가 가르쳐진다면, 있는 것으로 있는 것이 가르쳐지거나 있지 않은 것으로 있지 않은 것이 가르쳐진다고 그 사람들은 말한다. 하지만 있는 것은 있는 것으로 가르쳐지지 않고(왜냐하면 있는 것들의 본성은 모두에게 나타나고 인지되니까), 있지 않은 것도 있지 않은 것에 의해 가르쳐지지 않는다. 있지 않은 것으로는 아무런 결과물도 나오지 않으며, 따라서 가르쳐짐이란 결과물 역시 나오지 않기 때문이다.

뿐만 아니라 생성도 없다고 그 사람들은 말한다. 있는 것은 있기에 생겨나지 않으며 없는 것도 실체가 되지 않기 때문이다. 그런데 실체가 되지도 못하고 있는 것도 아닌 것은 성공하지 못한다.

〔101〕 또 본성상 좋은 것도 나쁜 것도 없다. 어떤 것이 본성상 좋거나 나쁘다면, 눈이 누구에게나 차갑듯이, 모든 것은 내재적으로 좋거나 나빠야 한다. 하지만 어떤 것도 모두에게 공통으로 좋거나 나쁘지 않다. 따라서 본성상 좋거나 나쁜 것은 없다. 누군가에 의해 좋다고 판단된 모든 것은 그렇다고 말해야 하거나 모든 것이 그렇지는 않다고 말해야 한다. 그리고 동일한 것이, 에피쿠로스에 의해 그렇게 되듯이, 누군가에 의해 좋다고 판단되고, 안티스테네스에 의

---

181) 이 문장에서 '그것이 … 없는 장소에서'는 앞의 9권 72절의 제논 논변에서 가져와서 편집자들이 첨가했다.

해 그렇게 되듯이 누군가에 의해서는 나쁘다고 판단된다. 그렇게 해서 동일한 것이 좋으면서 나쁘다는 결론이 나올 것이다. 하지만 우리가 누군가에 의해 좋다고 판단된 것을 모두 다 좋은 것이라 말할 수 없다면, 그 판단들을 우리가 구분하는 것이 필요할 것이다. 하지만 동등효과 때문에 그것은 가능하지 않다. 그리하여 본성상 좋은 것은 인식되지 않는다.

〔102〕한편 남겨진 저술들로부터 그 사람들의 추론방식 전체를 조망할 수도 있다. 퓌론 자신은 아무것도 남기지 않았지만 그와 함께했던 사람들인 티몬과 아이네시데모스와 누메니오스와 나우시파네스와 그 밖의 다른 사람들은 … 182)

그 사람들을 반박하여 독단론자들은 그 사람들이 파악행위를 하고 있으며 독단적 주장을 한다고 말한다. 왜냐하면 그 사람들은 반박하는 모습을 보이는 가운데 파악행위를 하고 있기 때문이다. 그리고 그때 동시에 그 사람들은 경직되고 독단적인 주장을 한다. 그리고 그 사람들이 '어떤 것도 규정하지 않는다'고 말하고 '어떤 논변에도 논변이 대응된다'고 말할 때, 바로 이것들을 그 사람들이 규정도 하고 이것들을 독단적으로 주장하기도 한다.

그들에 대해 그 사람들은 대답한다. 〔103〕사람으로서 우리가 겪는 것들과 관련하여 우리는 그것들에 동의한다. 그리고 낮이라는 것도 우리가 살고 있다는 것도 사는 동안 나타나는 많은 것도 우리는 인지한다. 하지만 독단론자들이 자신들이 파악했다고 주장하면서 논변으로써 확언하는 것들과 관련해서는 전혀 … 183) 이것들에 대해서 우

---

182) 이 부분의 사본이 훼손된 것으로 편집자들은 보고 있다.

리는 불분명한 것으로 판단을 중지하고 상태만을 인지한다. 왜냐하면 우리는 한편으로는 우리가 보는 것들은 무엇이든 동의하고 이것들을 우리가 무엇이라 생각하는지는 인지하지만, 다른 한편으로 우리가 어떻게 보고 어떻게 생각하는지는 우리가 알지 못하기 때문이다. 그리고 이것이 희게 나타난다는 것을 우리는 서술하여 말하는 것뿐이지 확언하여 정말로 그런지는 말하지 않는다. 〔104〕 한편 '아무것도 규정하지 않는다'는 소리와 이와 비슷한 소리들과 관련해 우리는 독단적으로 말하지 않는다. 왜냐하면 그런 것들은 '우주는 구형이다'라고 말하는 것과 닮지 않았기 때문이다. 한쪽은 불분명한 것이고, 다른쪽은 인정이다. 우리가 아무것도 규정하지 않는다고 말할 때는 바로 그것 자체도 우리는 규정하지 않는다.

다시 독단론자들은 그 사람들이 삶이 구성되는 모든 것들을 내다버릴 때, 그 사람들은 삶조차 제거한다고 말한다. 하지만 그 사람들은 그들이 거짓말을 한다고 말한다. 왜냐하면 자신들은 본다는 것 자체를 제거한다고 말하는 것이 아니라 어떻게 보는지를 모른다고 말하기 때문이라는 것이다. 우리는 나타나는 것을 설정하지만 실제로 그러하다고 설정하지는 않는다. 그리고 우리는 불이 연소한다는 것을 지각한다. 하지만 불이 연소의 본성을 갖는지에 대해서는 판단

---

183) 사본 중에는 이 부분의 사본이 훼손된 경우도 있고, 남아 있는 경우도 있으며, 이 부분을 살리거나 삭제해도 문법적으로 문제가 있다. 도란디의 경우 이 부분에 'all' oude peri (하지만 ~에 대해서는 전혀) 라고 된 사본을 택해서 본문의 번역처럼 문장이 자연스럽게 연결되지 않은 형태가 되었다. 이 부분을 삭제한 사본을 택한다면 문법적으로는 무리가 되지만 '~한 이것들에 관련해서 우리는'으로 문장이 이어질 수 있다. 힉스의 편집과 번역이 이 방식을 따른다.

을 중지한다. 〔105〕 그리고 우리는 누군가가 운동하고 소멸하는 것을 바라본다. 하지만 이것들이 어떻게 해서 일어나는지는 우리가 알지 못한다. 그래서 우리는 나타나는 것들과 공존하는 불확실한 것들에 대답할 뿐이라고 그 사람들은 말한다. 우리가 영상이 돌출되어 있다고 말할 때에도 우리는 그것이 나타나는 것임을 명확히 한다. 하지만 우리가 영상이 돌출되어 있지 않다고 말할 때에는 우리는 더이상 나타나는 것이 아니라 다른 것을 말한다.

이런 근거로 티몬 역시 《퓌톤》에서 자신이 관습을 벗어난 게 아니라고 말한다. 또한 《현상》에서 이렇게 말한다.

하지만 나타나는 것은 그것이 가는 모든 방향에서 힘을 갖는다.

그리고 《지각에 대하여》에서는 "꿀이 달콤하다고 나는 간주하지 않지만 그렇게 나타난다는 데는 내가 동의한다"고 말한다. 〔106〕 아이네시데모스도 《퓌론의 논변》 1권에서 퓌론은 반대논변 때문에 어떤 것도 독단적으로 규정하지 않지만 현상들에는 따른다고 말한다. 이 말을 그는 《지혜에 따라서》에서도 《탐구에 대하여》에서도 한다. 그뿐 아니라 아이네시데모스의 제자인 제욱시스도 《이중논변에 관하여》에서, 라오디케이아 사람인 안티오코스[184]도, 《아그리파스》에서 아펠라스[185]도 현상들만을 그들이 설정한다고 말한다. 아이네시데모스도 말하듯이, 이래서 회의주의자들에 따르면 현상이 기준이다. 엠페도클레스도 이런 식으로 말했다. 한편 데모크리

---

184) 달리 알려진 바가 없다.
185) 달리 알려진 바가 없다.

토스는 현상들 중에 어떤 것들은 있고, 어떤 것들은 없다고 말한다.

〔107〕현상들이 기준이라는 이 말에 반대하여 독단론자들은 동일한 것들로부터 상이한 인상이 발생할 때, 즉 둥글거나 사각인 탑으로부터 상이한 인상이 발생할 때, 회의론자는 어느 한쪽을 선호하지 않는 한, 아무것도 하지 못한다. 하지만 만약 어느 한쪽 인상을 따라간다면, 더 이상 동등효과를 현상들에게 부여하지 못할 것이라고 그들은 말한다. 그들에 대해서 회의론자들은 각기 다른 인상들이 발생할 때, 우리는 각각의 것이 나타난다고 말한다. 그리고 이 때문에 그것들이 감각에 나타날 때, 그것들을 현상들이라고 설정한다고 말한다.

마지막으로 회의론자들은 티몬 일파와 아이네시데모스 일파가 말하듯이 판단중지에는 그림자처럼 평정심이 뒤따른다고 말한다. 〔108〕왜냐하면 우리는 다음과 같은 것들을 선택하지도 않고 우리에게 달린 것들에서 달아나지도 않을 것이기 때문이다. 우리에게 달린 것이 아니라, 배고픔과 갈증과 고통과 같이 필요에 따른 것들에서는 우리가 달아날 수 없다. 이것들은 말로써 벗어 버릴 수 없기 때문이다. 하지만 독단론자들은 회의론자가 명령을 받을 경우 아버지를 도륙하는 것에서 달아나지 않고서 살 수는 없다고 말하는 데 반해, 회의론자들은 탐구의 삶을 살면서 어떻게 판단중지를 하게 될지와 관련해서 독단론적인 주장들에 대해서는 그럴 수 있다고 긍정하지만, 삶과 관련되고 관습의 준수와 관련되어서는 아니라고 말한다. 그 결과 우리는 관습에 따라 무언가를 선택하고 회피하며 법을 이용한다. 어떤 사람들은 부동심이, 다른 사람들은 유연함이 회의론자들이 주장하는 최종목적이라고 말한다.

12. 티몬

〔109〕 니카이아[186] 사람 우리의[187] 아폴로니데스[188]는 테베리우
스 카이사르[189]에게 헌정한 《실로이 시집에 대한 주석》 1권에서 티
몬의 아버지는 티마르코스이고 플리우스 태생이라고 말한다. 그는
어려서 홀로 남겨져 가무단에서 춤을 추다가, 나중에 마음을 바꿔
스틸폰이 있는 메가라로 가기로 결정했다. 그리고 그와 함께 지내다
가 다시 고향으로 돌아와 결혼했다. 이후에 그는 퓌론이 있는 엘리
스로 부인과 함께 가서, 자식들을 낳을 때까지 거기서 지냈다. 그중
맏이에게 크산토스라는 이름을 지어 주고 의술을 가르쳤고, 그의 삶
의 후계[190]를 그 아들에게 넘겨주었다. 〔110〕 (소티온도 11권[191]에

---

186) 니카이아(Nikaia)는 지금의 터키 마르마라 바다 동남쪽 연안의 도시로 니
　　케아 종교회의가 열린 곳으로 유명하다.
187) 이 말의 의미를 두고 여러 논란이 있다. 우선, 티몬의 시집에 대한 주석서
　　를 쓴 것으로 미루어 아폴로니데스 역시 회의주의자였고, 디오게네스 라에
　　르티오스는 여기에 '우리의'라는 말을 붙여 자신도 회의주의자임을 드러냈
　　다는 것이 다수설이다. 한편 디오게네스 라에르티오스가 아폴로니데스의
　　자손이거나 아니면 같은 도시 출신이라는 설도 있다. 또한 디오게네스 라
　　에르티오스가 이 부분을 다른 책에서 복사하면서 부주의하게 '우리의'라는
　　말을 남겨 둔 것으로 아폴로니데스와 '우리의' 관계를 맺는 사람은 원 저술
　　의 저자이지 디오게네스 라에르티오스가 아니라는 설도 있다. 물론 이 부
　　분이 훼손되었을 것이라는 추측도 있다.
188) 아폴로니데스(Apollōnidēs)는 로마의 티베리우스 치세 때의 문법학자이다.
189) 티베리우스 카이사르(Tiberius Caesar)는 기원전 42년~기원후 37년에 살
　　았던 로마제국의 초대황제 아우구스투스의 양자로 2대 황제가 된 사람이다.
190) 아마 이것은 회의주의의 후계자로 그의 맏아들을 지목했다는 뜻으로 보인
　　다. 따라서 아마도 그의 아들은 회의주의학파 의사였을 것이다.
191) 소티온도 티몬의 《실로이 시집》에 대한 책을 쓴 것이 있다고 한다.

서 말하듯이 그의 아들은 유명했었다.) 하지만 먹고살 길이 막연해서 헬레스폰토스와 프로폰티스로 그는 떠났다. 그는 칼케돈에서 소피스트로 활약하여 더욱더 명성을 얻었다. 또한 거기서 그는 돈을 벌어 아테네로 갔고, 테베에 잠시 건너가 있던 때를 빼고는 거기서 죽을 때까지 지냈다. 한편 그는 자신이 이암보스 운율의 시로 증언하듯이, 안티고노스 왕과 필라델포스 프톨레마이오스 왕에게까지 알려졌다.

그는 애주가[192]였으며 철학하는 일을 쉬는 때에는 시를 짓곤 했다고 안티고노스[193]는 전한다. 그는 서사시와 비극, 사튀로스극(희극 30편과 비극 60편) 뿐만 아니라 실로이 시와 외설 시도 지었다. [111] 한편 2만 행에 달하는 그의 산문 작품도 전해진다. 이에 대해서는 카뤼스토스 출신의 안티고노스도 기록하였고, 그 자신 티몬의 생애를 기술하기도 했다. 그의 《실로이 시집》은 3권이 있는데, 거기서 그는 회의론자의 관점에서 비트는[194] 방식으로 독단론자들을 비난하고 조롱한다. 그중 1권은 1인칭 시점이며, 2권과 3권은 대화의 형태로 되어 있다. 그는 콜로폰 사람 크세노파네스에게 각각의 철학자들에 대해 따져 묻는 모습으로 등장하고, 크세노파네스는 그에게 설명해 주는 모습으로 등장하기 때문이다. 2권은 더 이전의 철학자들에 대한 것이고, 3권은 더 나중 철학자들에 대한 것이다. 그래서 어떤 사람들은 3권에 종결부라고 제목을 붙이기도 한다. [112] 1권은

---

192) 텍스트를 고쳐 '애주가'(philopotēs)를 '시를 사랑하는 자'(philopoiētēs)로 읽는 번역자도 있다. 프랑스어판 Vies et Doctrines des Pilosophes Illustres 참고.
193) 앞에 나온 왕의 이름이 아니라 고대 저술가를 말한다(2권 15절 참고).
194) 원어는 '패러디의 방식으로'인데, 우리말로 고쳐 보았다.

티몬

시가 독백 형태라는 점을 제외하고는 같은 주제를 담고 있다. 그것은 다음과 같이 시작한다.

분주한 소피스트인 그대들은 이제 나를 따르라.

그는 안티고노스도 말하고 소티온도 그의 책 11권에서 말하듯이, 90세 가까운 나이에 죽었다. 나는 또 그 사람이 외눈이라고 들었다. 그 자신도 자신을 퀴클롭스[195]라고 불렀기 때문이다. 또 다른 티몬도 있었는데, 그는 인간혐오자였다.

---

195) 퀴클롭스(Kyklōps)는 그리스 신화의 외눈 거인이다.

안티고노스도 말하듯이 그 철학자는 열렬한 정원 애호가였으며 자기 일에 몰두하는 사람이었다. 아무튼 소요학파인 히에로뉘모스가 그에 대해 전하는 이런 이야기가 있다. "스퀴티아 사람들의 경우처럼 달아나는 사람도 추격하는 사람도 화살을 쏘듯이, 철학자들 중에서도 어떤 사람들은 추격하면서 배움을 사냥하고, 어떤 사람들은 티몬이 그러듯이 달아나면서 배움을 사냥한다."

〔113〕 한편 그는 날카롭게 생각도 하고 조롱도 할 줄 아는 사람이었다. 그는 문학 애호가였으며 시인들에게 이야기를 짜 주고 극작을 같이할 정도의 역량을 가진 사람이었다. 그는 알렉산드로스196) 와 호메로스197) 의 극작을 거들곤 했다. 또한 그는 하녀들과 개들로 소란스러워지면 아무것도 하지 않고, 침묵에 침잠하는 데 집중하곤 했다. 한편 아라토스는 그에게 어떻게 해서 온전한 호메로스의 작품을 가질 수 있었냐고 물었다고 한다. 그러자 그는 "고대의 사본을 얻고, 현재의 교정본을 얻지 않으면"이라고 대답했다고 한다. 198) 또한 그의 시는 아무렇게나 방치되어 있었고 때때로 절반은 벌레 먹은 상태였다. 〔114〕 그리하여 그가 연설가 조퓌로스199) 에게 자신의 시를 읽어 줄 때, 아무거나 펼쳐서 펼쳐진 대로 읽기 시작했는데, 중간쯤

---

196) 알렉산드로스(Alexandros) 는 아이톨리아 출신의 비극작가로 기원전 280년 경에 활동했다.

197) 호메로스(Homēros) 는 비잔티움 출신의 비극작가 겸 문법학자로 기원전 3세 기 초에 활동했다.

198) 현대의 교정본보다 오래된 사본을 중시하는 문헌학적 입장을 밝히는 내용 이다.

199) 조퓌로스(Zōpyros) 는 기원전 3세기 초반에 활동한 클라조메나이 출신의 연설가이다.

가다가 찢겨진 데를 발견했는데, 그동안 그는 그것을 몰랐다고 한다. 그는 그 정도로 무심한 사람이었다. 그뿐 아니라 그는 저녁을 걸러도 괜찮다고 할 정도로 털털한 사람이었다. 한편 그는 아르케실라오스가 케르코페스 아고라를 통해 오는 것을 보고는 말했다고 한다. 200) "어떤 일로 우리 자유인들이 있는 여기로 오는 것인가?" 또한 그가 지성이 증언하는 선에서 감각을 받아들이는 사람들에 대해서 늘 인용하는 말이 있다.

자고와 도요201)는 같이 모인다.

한편 그는 이런 식의 농담을 잘했다. 그래서 어떤 일에든 감탄하는 사람에 대해 그가 말했다. "왜 우리가 세 사람인데도 눈은 넷인지에 대해서는 감탄하지 않는가?" 티몬 자신과 그의 제자인 디오스쿠리데스202)는 외눈이었고 그가 상대한 사람은 정상이었다. 〔115〕 언젠가 그는 아르케실라오스한테 '왜 테바이에서 이리로 왔는지' 묻는 질문을 받고 말했다. "적나라하게 당신들을 보고 비웃기 위해서." 비록 그가 아르케실라오스를 《실로이 시집》에서 질책하기는 했지만, 《아르케실라오스의 장례 만찬》이라 제목 붙인 책에서 그에 대한 찬사의 시를 썼다.

---

200) 케르콥스(Kerkōps)는 원숭이 모습을 한 악당으로 헤라클레스에게 잡혔다고 한다.
201) 자고새와 도요새는 '유유상종'이라는 뜻도 있고, 당시에 악명 높은 도둑이던 아타가스와 누메니오스를 가리키기도 한다.
202) 디오스쿠리데스(Dioskouridēs)는 퀴프로스 출신의 회의주의 철학자로 기원전 3세기경에 활동했다.

메노도토스가 말하듯이 그의 제자가 된 사람은 아무도 없어서 그의 학파는 공백기를 갖다가 퀴레네 사람인 프톨레마이오스203)가 그 학파를 다시 열었다. 한편 히포바토스와 소티온이 말하듯이, 그의 제자들은 퀴프로스 사람인 디오스쿠리데스, 로도스 사람인 니콜로코스, 204) 셀레우케이아 사람인 에우프라노르205)와 트로아스 출신인 프라올로스206)였다. 역사가인 퓔라르코스가 하는 말에 따르면, 프라올로스는 어찌나 인내심이 강했는지 배반을 당해 부당하게 벌을 받는 것을, 동료 시민들에게 구차한 소리를 하지 않고 견뎌냈을 정도이다.

[116] 한편 알렉산드리아 사람 에우불로스가 에우프라노르의 제자가 되었고, 프톨레마이오스는 에우불로스의 제자가 되었으며 프톨레마이오스의 제자는 사르페돈와 헤라클레이데스였으며, 헤라클레이데스의 제자는 크노소스 사람인 아이네시데모스였다. 아이네시데모스는 퓌론의 논변을 8권의 책으로 저술하기도 했다. 이 사람의 제자는 동향 사람인 제욱시포스였으며, 안짱다리 제욱시스가 그의 제자였으며, 제욱시스의 제자는 뤼코스의 라오디케이아 사람인 안티오코스였다. 한편 이 사람의 제자는 경험론파의 의사이자 니코메데이아 사람인 메노도토스와 라오디케이아 사람인 테이오다스였다. 메노도토스의 제자는 아리에우스의 아들이자 타라스 사람인 헤로도토스였다. 한편 헤로도토스의 제자는 섹스투스 엠피리쿠스207)

---

203) 프톨레마이오스(Ptolemaios)는 기원후 2세기경에 활동한 것으로 추정된다.
204) 니콜로코스(Nikolochos)는 기원전 1세기경에 활동한 회의주의 철학자다.
205) 에우프라노르(Euphranōr)는 기원전 3세기경에 활동한 회의주의 철학자다.
206) 프라올로스(Praulos)는 기원전 3세기경 활동한 회의주의 철학자다.

였으며, 그는 또한 회의주의에 대한 10권의 책과 그 밖의 대단히 훌륭한 책들을 썼다. 한편 섹스투스의 제자는 키테나스[208] 사투르니노스였다. 이 사람 역시 경험론파였다.

---

207) 원래 원문은 '경험론파의(엠피리코스) 섹스투스'라고 되어 있으나 이미 고유명사로 굳어 있어서 이렇게 번역했다.
208) 사투르니노스의 별칭으로 보이는 이 말이 무슨 뜻인지는, 사본의 훼손으로 알 수 없다.

10권

에피쿠로스

1. 에피쿠로스

〔1〕 에피쿠로스는 네오클레스와 카이레스트라테의 아들로 아테네 시민이자 가르게토스 구민이었으며, 메트로도로스가 《귀족 출신에 관하여》에서 말하는 바로는, 필라이다이 가문 출신이었다. 소티온 의 요약본에서 헤라클레이데스[1] 는 이 사람이 아테네인들에 의해 사모스가 식민지화된 후에 그곳에서 성장했고 18세[2] 에 아테네로 왔는데, 당시 아카데미아에서는 크세노크라테스가 가르치고 있었고 아리스토텔레스는 칼키스에 있었다고 말한다. 다른 저자들 역시 그렇게 말한다. 마케도니아의 알렉산드로스가 죽고 아테네 이주민들이 페르딕카스에 의해 사모스에서 쫓겨나게 되자 그는 콜로폰으로 가

---

1) 렘보스의 헤라클레이데스(기원전 2세기)를 가리키며, 소티온의 《철학자들 의 계보》를 요약한 책(또는 발췌한 책)을 말한다.
2) 기원전 323년.

서 아버지와 함께 지냈으며, [2] 그곳에서 얼마 동안 지내면서 제자들을 모으다가 아낙시크라테스가 최고행정관으로 있던 해[3]에 아테네로 다시 돌아갔다고 한다. 그리고 잠시 동안 다른 철학자들과 연대하여 철학 연구를 했으며, 그 후에 자신의 이름을 딴 학파를 세움으로써 독자적인 사상을 내놓게 되었다. 그는 자신이 14세에 철학을 접했다고 말한다. 에피쿠로스주의자인 아폴로도로스는 《에피쿠로스의 생애》 1권에서 학교 선생들이 헤시오도스의 책에 나오는 혼돈[4]에 관한 것을 그에게 설명해 주지 못하자 그들을 얕잡아 보게 되어 철학을 하게 되었다고 말한다. 그러나 헤르미포스에 따르면 그는 학교 선생으로 시작했지만 [3] 그 후에 데모크리토스의 책을 만나고 나서 철학으로 방향을 바꾸었고 그 때문에 티몬도 그에 대해서 다음과 같이 말했다고 한다.

또 여기 자연학자들 가운데 가장 나중이며 가장 염치없는 자, 사모스에서 온 학교 선생의 아들, 살아 있는 것들 중에 가장 못 배운 자가 있다.

에피쿠로스주의자인 필로데모스가 철학자들을 묶어 그들에 관해 쓴 책의 10권에서 말하는 바에 따르면, 그의 세 형제인 네오클레스, 카이레데모스, 아리스토불로스도 에피쿠로스의 부추김을 받고 철학 연구에 동참했다. 그뿐 아니라, 《유사사례집》에서 뮈로니아노스가 말하는 바로는, 뮈스라는 이름을 가진 그의 노예도 동참했다고 한다.

---

3) 기원전 306~307년.
4) 카오스.

에피쿠로스

에피쿠로스에게 적대적이었던 스토아주의자 디오티모스5)는 에피쿠
로스의 것이라며 50통의 음탕한 편지들을 제시하면서 그를 매우 혹독
하게 비방했다. 크뤼시포스의 것으로 인정되는 편지들을 에피쿠로스
의 것으로 돌리는 사람도 그를 비방했다. 〔4〕 그뿐 아니라 스토아주
의자 포세이도니오스와 그의 추종자들, 그리고 니콜라오스6)와 소티
온7)도 24권으로 된 《디오클레스의 논박들》이란 제목의 책 12권에서
그를 비방했으며, 할리카르나소스의 디오뉘시오스도 그랬다. 그리고
이들은 그가 정화에 관한 글들을 낭송하러 어머니와 함께 오두막집들
을 돌아다녔으며,8) 아버지와 함께 쥐꼬리만 한 보수를 받고 글을 가

---

5) 디오티모스(Diotimos)는 기원전 2세기 후반에 활동한 스토아학파 철학자다.
6) 다마스의 니콜라오스(Nikolāos Damaskēnos)를 가리키며 기원전 1세기 후
   반에 아리스토텔레스 주석가이자 역사가로 활동했다.
7) 이 소티온은 《철학자들의 계보》의 저자인 알렉산드리아의 소티온이 아니라,
   세네카의 스승 소티온일 가능성이 크다.

르쳤다고 말했다. 게다가 그의 형제들 중 하나는 매춘을 했으며 기녀인 레온티온[9])과 함께 살았다고 했다. 그는 원자들에 관해서는 데모크리토스의 주장을, 쾌락에 관해서는 아리스티포스의 주장을 마치 자신의 주장인 양 말했다고 그들은 전한다. 그리고 티모크라테스도 그렇게 말했고, 《에피쿠로스의 젊은 시절에 관하여》에서 헤로도토스도 그렇게 말하듯이, 그는 법적으로 아테네 시민이 아니었으며, 뤼시마코스의 재정담당관이었던 미트라스를 편지들 속에서 '구원자'[10]와 '군주'라고 칭함으로써 그에게 꼴사나운 아첨을 했다고 한다. 〔5〕 그뿐 아니라 그는 이도메네우스, 헤로도토스, 티모크라테스가 자신의 비밀스러운 학설들을 공개했음에도 그들에게 찬사를 보냈으며 바로 그 일로 그들에게 아첨했다고 한다. [11]) 또한 편지들 속에서 레온티온에게 "구원자이자 군주이신 사랑스러운 어린 레온티온이여, 우리가 당신의 편지를 읽고 우리들 사이에 얼마나 우레와 같은 갈채가 넘쳐났던지!"라고 썼다. 그리고 그는 레온테우스의 아내 테미스타에게 "당신들이 나에게 오지 않는다면, 테미스타와 당신들이 저를 어디로 호출하든 그곳으로 제가 직접 발이 닳도록[12]) 달려갈 수 있습니다"라고 썼다. 그리고 그는 한창 나이의 퓌토클레스에게 "나는 앉아서[13]) 그대

---

8) 문맥으로 보아 일종의 탁발과 같은 구걸이었을 듯하다. 베일리(Bailey)의 주석을 참고하길 바란다.

9) 에피쿠로스의 제자이기도 했다.

10) Paiāna는 '구원자', '치유자'라는 뜻으로 아폴론의 별칭이다.

11) 학파별로 비밀스러운 교의가 있는 경우가 있었지만, 에피쿠로스학파의 경우에는 그런 것이 없어 다분히 공격적인 발언이다.

12) 원문의 표현은 'trikylistos'인데 단 한 번 사용된(hapax legomena) 표현이어서 번역이 쉽지 않다. 두루마리를 "세 배 속도로 감는"다는 뜻의 형용사이다.

의 신과도 같은 방문을 염원하며 기다리고 있네"라고 썼다. 그리고 테오도로스가 《에피쿠로스에 대한 반론》 4권에서 말하는 바에 따르면, 테미스타에게 보낸 또 다른 편지에서 그는 자신이 그녀에게 훈계하는 것으로 생각한다고 썼다. 14) 〔6〕 그는 다른 많은 기녀들에게도 편지를 썼지만 특히 레온티온에게 편지를 썼다. 하지만 그녀는 메트로도로스와도 연애를 했다고 한다. 《목적들에 관하여》15) 에서 그는 이렇게 썼다. "맛의 쾌락들을 떼어내고, 성적 쾌락들과 들음에 의한 쾌락들과 형태에 의한 쾌락들을 떼어내면 좋은 것을 무엇이라고 이해해야 할지 나는 알지 못한다." 그리고 퓌토클레스에게 보내는 편지에서 "복된 이여, 돛을 올리고 모든 교양을 피하라"라고 썼다. 에픽테토스는 그를 외설적인 말을 하는 자라 부르며 아주 심하게 욕한다.

그뿐 아니라 메트로도로스의 형제이고 에피쿠로스의 제자이며 당시에 그 학파를 떠났던 티모크라테스도 《유쾌한 것들》이라는 제목

---

13) 에피쿠로스의 점잖은 태도의 일면을 암시한다.

14) 뜻이 분명하지 않은 구절이다. 필사본은 'parainein'으로 되어 있는데, ① 스토아 철학에서 'parainetikē'는 도덕 원리들을 개인적으로 적용하는 윤리학의 분과이므로 필사본이 옳을 수도 있다. ② 'autēi'를 'autēn'으로 고치면 "그는 그녀가 훈계를 한다고 생각한다"가 된다. ③ 만약 이것이 〔3〕에서 언급된 50통의 음탕한 편지들 가운데 하나라면 프로바인(Frobine)의 수정 'autēn perainein'이 옳을 수도 있다. 비뇨네와 아펠트는 이 독법을 받아들인다. ④ 기간테, 이스나디 파렌테(Isnardi Parente)는 'paroinein'("그는 자신이 그녀에게 외설적인 말을 한다")으로 읽는다. 에피쿠로스가 테미스타에게 방탕을 부추긴다는 해석이다. ⑤ 아첨의 말 못지않게 무례한 말이었을 가능성이 있다. 'nomizei autēn parakinein.'("그는 그녀가 미쳤다고 생각한다.")

15) 여기서는 시종 에피쿠로스를 비난하는 자들의 주장이 문제가 된다. 이 인용문은 에피쿠로스의 윤리적인 글들 가운데 하나에서 인용한 것으로, 에피쿠로스의 방탕한 성격을 확인해 주는 것으로 생각된다.

의 책에서 에피쿠로스가 지나친 식도락으로 하루에 두 번 토한다고
말하며, 저 유명한 야간에 하는 철학 연구와 은밀한 결사로부터 자
신은 간신히 벗어날 수 있었다고 서술한다. 〔7〕그리고 그는 에피쿠
로스가 이론의 측면에서 많이 무지했고 생활의 측면에서는 더더욱
그러했으며, 여러 해 동안 가마에서 일어나지 못할 정도로 몸이 비
참한 상태에 있었다고 말한다. 그리고 레온티온에게 보내는 편지와
뮈틸레네의 철학자들에게 보내는 편지에서 그 자신이 직접 말하고
있듯이, 에피쿠로스는 식탁을 차리는 데 매일 1므나를 쓴다고 한다.
그리고 에피쿠로스와 메트로도로스가 교분을 나눈 다른 기녀들도
있는데 그중에는 맘마리온, 헤데이아, 에로티온, 니키디온이 있었
다고 한다. 그리고 37권으로 된 《자연에 관하여》에서 에피쿠로스는
대부분 같은 말을 반복하며, 거기서 그는 다른 사람들에 대해, 특히
나우시파네스에 대해 주로 반박했다고 하는데 그의 말을 그대로 인
용하자면 다음과 같다고 한다. "그들을 보내 버려라. 저 사람은 고
심하는 동안에, 노예들이 대부분 그렇듯이, 입에서 나오는 소피스
트적 허풍을 계속 떨기 때문이다."〔8〕그리고 에피쿠로스 자신이
편지들 속에서 나우시파네스에 대해 이렇게 말했다고 한다. "이 말
에 그는 화가 치밀어 나에게 욕을 하고 나를 경멸조로 선생이라고 불
렀던 것이다." 에피쿠로스도 그를 해파리, 무식자, 사기꾼, 매춘부
라고 불렀다. 그리고 그는 플라톤의 추종자들을 디오뉘시오스의 아
첨꾼들이라 불렀고, 플라톤을 황금의 입을 가진 자16) 라 불렀으며,

---

16) 원문은 'chrysoūn'('황금의', '황금으로 된') 인데, 플라톤의 문체를 비꼬는 말
로 읽었다.

아리스토텔레스를 낭비가 심한 자라 불렀는데, 아리스토텔레스는 물려받은 재산을 말아먹고 나서 군에 복무하며 약을 팔았다고 한다. 그리고 그는 프로타고라스를 데모크리토스의 짐꾼이자 서기라고 불렀으며, 마을에서 글을 가르치는 자라고 말했다. 그리고 헤라클레이토스를 뒤섞는 자[17]라 불렀고, 데모크리토스를 레로크리톤[18]이라 불렀으며, 안티도로스를 산니도로스[19]라고 불렀다. 그리고 견유학파 사람들을 그리스의 적들이라 불렀고, 변증가들을 아주 못쓰게 된 자들이라 불렀으며 퓌론을 무식하고 무교양한 자라고 불렀다.

〔9〕 그러나 이들[20]은 정신 나간 사람들이다. 이 사람이 아무도 능가하지 못할 친절함을 누구에게나 보여 주었다는 충분한 증거들이 있기 때문이다. 그 증거들은 이러하다. 그의 조국은 동상을 세워 그의 명예를 기렸고, 그의 친구들은 나라들 전체로는[21] 셀 수 없을 정도로 그 수가 많았으며, 그의 모든 제자들은 그의 학설의 세이렌적 매력에 단단히 붙들려 있었다. 스트라토니케아[22]의 메트로도로스[23]만은 예외였다. 그는 카르네아데스에게로 떠나갔는데, 아마도 에피쿠로스의 지나친 호의가 부담스러웠기 때문일 것이다. 그리고

---

17) 플라톤은 《테아이테토스》, 181a에서 유전설을 주장하는 헤라클레이토스주의자들을 비꼬는 뜻으로 '흐르는 자들'(*rheontas*)이라 부른다.
18) '허튼소리를 퍼뜨리는 자'라는 뜻이다.
19) '어리석은 아첨꾼'이라는 뜻이다.
20) 에피쿠로스를 비방하는 자들을 가리킨다.
21) 나라를 한 단위로 놓는다는 뜻이다. 즉, 나라들을 모두 합친 수효보다 친구들의 수효가 훨씬 더 많았다는 뜻이다.
22) 스트라토니케아(Stratonikea)는 이오니아의 남동쪽 카르 지방에 있던 도시다.
23) 메트로도로스(Mētrodōros)는 에피쿠로스의 초기 제자였으나 이후에 아카데미아학파 카르네아데스의 제자가 되었다.

다른 학파들은 계보가 거의 모두 끊어졌지만 그의 학파는 계보가 언제나 계속 이어지면서 제자들 가운데서 무수한 수장(首長)들을 차례로 배출하였다. 〔10〕 부모님에 대한 감사와 형제들에 대한 선행, 그리고 가복(家僕)들에 대한 친절도 그 증거이다. 이것은 그의 유서에서도 분명히 드러나거니와 이들이 그의 철학에 동참했다는 사실에서도 분명히 드러나며, 그들 중에 앞서 언급한 뮈스24)가 가장 유명하다. 그리고 일반적으로는 모든 사람들을 향한 그의 인간애가 그 증거이다. 신들에 대한 그의 경건함과 조국에 대한 사랑의 심정은 말로 표현할 수 없을 정도였다. 그는 공정함이 지나쳐서 나랏일에는 아예 손을 대지 않았기 때문이다. 그 당시 그리스에 닥친 위기 상황25)이 매우 어려웠음에도 불구하고 그는 그곳에서 평생을 살았고, 두세 번 이오니아 주변 지역으로 친구들을 만나러 갔을 뿐이다. 그리고 아폴로도로스도 말하고 있다시피, 그 친구들이 도처에서 그에게로 와서 그의 정원에서 그와 함께 살았다. 아폴로도로스는 그가 그 정원을 80므나에 구입했다는 말도 한다. 〔11〕 디오클레스는《개요》26) 3권에서 그들이 매우 간소하고 검소한 생활을 했다고 말한다. "아무튼 포도주 한 코튈레27)로 그들은 만족했으며, 물이 음료의 전부였다"고 그는 말한다. 그리고 그의 말에 따르면, 에피쿠로스는

---

24) 3절에서 언급되었다.

25) 아테네가 포위당한 상태에서 그는 자신의 식량인 콩들을 하나씩 세면서 제자들을 계속 챙겼다고 한다(플루타르코스, 《데메테르》, 34).

26) 디오게네스 라에르티오스는 여기서 4절에서 언급한 마그네시아의 디오클레스에게 의존하고 있다. 이 책은 7권 48절에서 '철학자 편람'이라는 제목으로 처음 인용된다.

27) 약 4분의 1리터.

"친구들의 것은 공동의 것"이라는 피타고라스의 말대로 재산을 공동의 것으로 삼는 것은 적절하지 않다는 생각을 가지고 있었다고 한다. 왜냐하면 그런 일은 서로 신뢰하지 않는 자들이 하는 것인데, 서로 신뢰하지 않는 자들이라면 친구들이 아니기 때문이라는 것이다. 에피쿠로스 자신도 편지들 속에서 물과 간소한 빵이면 족하다고 말한다. 그리고 "나에게 치즈가 든 작은 단지를 보내주게. 내가 원할 때 진수성찬을 들 수 있게"라고 그는 말한다. 쾌락이 인생의 목적이라는 주장을 편 사람이 실은 이런 사람이었다. 아테나이오스도 비문시로 그를 이렇게 찬양한다.

〔12〕 인간들이여, 그대들은 하찮은 일에 애를 쓰고
만족을 모른 채 이득 때문에 싸움과 전쟁을 시작하고 있네.
그러나 자연적인 부(富)28)는 어느 정도 인색한 한계를 유지하지만
공허한 판단들은 끝없는 길을 유지하네.
이것을 네오클레스의 사려 깊은 아들(에피쿠로스)은 무사들로부터 들었거나
델포이의 거룩한 세발솥으로부터 들었네.

우리도 앞으로 나아가는 동안 그의 학설들과 어록들을 통해 이것을 더 잘 알게 될 것이다.

디오클레스의 말에 따르면, 옛 철학자들 중에서 에피쿠로스가 특히 마음에 들어 했던 사람은 아낙사고라스와 — 몇 가지 점에서는 그가 아낙사고라스와 반대되는 말을 하고 있기는 하지만 — 소크라테스의 스승인 아르켈라오스였다. 그리고 그는 제자들을 훈련시켜 자

---

28) 자연에 맞는 부(富)를 뜻한다.

신의 책들을 기억하게 했다고 한다. 29)

　〔13〕 아폴로도로스는 《연대기》에서 이 사람이 나우시파네스30)
와 프락시파네스에게서 배웠다고 말한다. 그러나 에피쿠로스 자신
은 에우륄로코스에게 보낸 편지에서 그것을 부정하고 자기 자신에
게서 배웠다고 말한다. 일부의 사람들과 에피쿠로스주의자인 아폴
로도로스는 레우키포스가 데모크리토스의 스승이었다고 말하지만,
에피쿠로스 자신도 헤르마르코스31) 도 레우키포스 같은 철학자는
존재하지 않았다고 말한다. 그런데 마그네시아32) 의 데메트리오스
는 에피쿠로스가 크세노크라테스33) 에게서도 배웠다고 말한다.

　그런가 하면 그는 독특한 표현을 사용해서 사물들을 표현했는데,
문법학자인 아리스토파네스는 이 용어법이 너무 독자적이라고 비난
한다. 그러나 그는 《연설술에 관하여》에서 명료함 외에 다른 어떤 것
도 요구하지 말아야 한다고 주장할 정도로 명료한 작가였다. 〔14〕 그
리고 그는 편지에서 "안녕하시기를"이라는 통상적 인사말 대신에 "잘
지내시기를"이나 "훌륭하게 사시기를"이란 인사말을 사용한다.

　한편 아리스톤34) 은 《에피쿠로스의 생애》에서 에피쿠로스는 나우

---

29) 〈헤로도토스에게 보내는 편지들〉(35절) 과 〈퓌토클레스에게 보내는 편지
　　들〉(84절) 의 서문이 이것을 확인해 준다.
30) 나우시파네스(Nausiphanēs) 에 관해서는 7절과 8절을 참조하라.
31) 헤르마르코스(Hermarchos) 는 에피쿠로스의 제자이다.
32) 마그네시아(Magnēsia) 는 중부 그리스의 테살리아 남동 지역을 가리키는 이
　　름이다.
33) 에피쿠로스는 청소년기에 아테네에 왔는데, 크세노크라테스가 아카데미아를
　　이끌고 있을 때였다. 그러므로 연대상으로 에피쿠로스가 크세노크라테스에
　　게 배웠을 가능성이 있다.
34) 케오스의 아리스톤.

시파네스의 《삼각대》(Tripous) 35) 에 의거하여 《규준》(Kanon) 을 썼다고 말하며, 에피쿠로스는 이 나우시파네스에게서 가르침을 받았을 뿐 아니라 사모스에서 플라톤주의자인 팜필로스에게서도 배웠다고 말한다. 그리고 에피쿠로스는 12세에 철학공부를 시작했고 32세에 학파를 이끌었다고 한다.

그런데 아폴로도로스가 《연대기》에서 말하는 바에 따르면, 에피쿠로스는 109번째 올림피아기의 세 번째 해에 소시게네스가 최고행정관직에 있던 해의 가멜리온 달36) 제 7일에 태어났는데, 그것은 플라톤이 사망한 지 7년 뒤였다. 〔15〕 그리고 그는 32세에 처음으로 뮈틸레네와 람프사코스에 학파를 세우고 5년을 지냈으며 그 후에 아테네로 옮겨가서 72세까지 살다가 127번째 올림피아기의 두 번째 해37)인 피타라토스가 최고행정관직에 있던 해에 세상을 떠났다. 그리고 그의 학파는 뮈틸레네 사람 아게모르토스의 아들 헤르마르코스가 맡았다. 에피쿠로스는, 헤르마르코스도 편지에서 말하듯이, 요도가 돌에 막혀 14일 동안 앓다가 죽었다고 한다. 〔16〕 그리고 헤르미포스의 말에 따르면 그때 그는 따뜻한 물로 데워진 청동 욕조에 들어가 물을 섞지 않은 포도주를 가져오게 해 한 번에 들이켰다고 한다. 그리고 친구들에게 자신의 가르침을 기억하라고 지시하고서 숨을 거두었다고 한다.

---

35) 'tripous'는 옛 그리스의 무녀가 신탁을 받는 청동 제단(세발솥)을 의미하기도 한다.
36) 아티카 달력으로 8번째 달을 말한다. 따라서 에피쿠로스는 기원전 341년 2월에 태어났다. 그리고 플라톤은 기원전 347/348년에 죽었다.
37) 기원전 271/270년

여기에 내가 그를 위해 지은 시가 있다.

안녕히, 가르침을 기억하라. 에피쿠로스는 마지막으로
친구들에게 이렇게 말하고 숨을 거두었네.
따뜻한 욕조에 들어가서 물을 섞지 않은 포도주를
들이켰네. 그리고서 차가운 하데스(죽음)를 연이어 들이켰네.

앞서 말한 것이 이 사람의 삶이고 방금 이것은 그의 최후이다.
그리고 그는 다음과 같은 유언을 남겼다.

나는 바테 구민(區民) 필로크라테스의 아들 아뮈노마코스와 포타모스 구
민 데메트리오스의 아들 티모크라테스에게 메트로온38)에 등기되어 있는
두 사람 각각에 대한 증여증서에 의거해 나의 전 재산을 다음과 같은 조건
으로 준다. 〔17〕 뮈틸레네 사람 아게모르토스의 아들 헤르마르코스에게,
그리고 그와 함께 철학을 연구하는 자들에게, 그리고 헤르마르코스가 철
학의 후계자로 남길 사람들에게 정원과 그에 딸린 것들을 제공하여 철학
연구에 힘쓰며 살게 해야 한다. 그리고 나는 내 뒤를 따라 철학을 연구하는
사람들에게 이 정원에서 연구하는 삶을 언제든 허락하거니와 이들은 힘을
다해 아뮈노마코스와 티모크라테스를 같이 도와주어야 한다. 정원에서
연구하는 삶이 가장 안전할 수 있는 방식으로 정원을 관리할 수 있도록 말
이다. 저 두 사람의 상속자들에게도 그것을 허락하여 그렇게 하게 하며,
나의 뒤를 따라 철학을 연구하는 자들로부터 그것을 물려받을 사람들도 마
찬가지로 그렇게 해야 한다. 그리고 아뮈노마코스와 티모크라테스는 헤
르마르코스를 포함해서 그와 함께 철학을 연구하는 자들에게 멜리테39)에

---

38) 2권 40절 주석 참고.

있는 집을 제공해 헤르마르코스가 살아 있는 동안에 거주하게 해야 한다.

〔18〕 그리고 내가 아뮈노마코스와 티모크라테스에게 준 것들로부터 생기는 수입 중에서 헤르마르코스와 상의를 거쳐 능력껏 분할하여 일부는 나의 아버지와 어머니, 그리고 형제들을 위한 제사 비용으로 쓰고, 일부는 매년 가멜리온 달의 10일에 관례적으로 거행되는 나의 탄생 기념행사에 쓰도록 하라. 그리고 나와 메트로도로스를 기념하기 위해 정해 놓은, 매월 20일에 열리는, 나의 철학 동료들의 집회에도 마찬가지로 쓰도록 하라. 그리고 내가 해왔던 것처럼 포세이돈 달의 나의 형제들의 기념일 행사도 거행하고, 메타게이트니온 달의 폴뤼아이노스의 기념일 행사도 거행하도록 하라.

〔19〕 그리고 아뮈노마코스와 티모크라테스는 메트로도로스의 아들 에피쿠로스와 폴뤼아이노스의 아들이 철학 연구를 하며 헤르마르코스와 함께 살고 있는 동안 그들을 돌봐 주도록 하라. 그리고 메트로도로스의 딸도 마찬가지로 돌봐 주도록 하라. 그리고 그녀가 나이가 찼을 때 품행이 바르고 헤르마르코스에게 순종하거든, 헤르마르코스가 그의 철학 동료들 가운데서 택한 사람에게 출가시켜 주도록 하라. 그리고 아뮈노마코스와 티모크라테스는 나의 재산에서 생기는 수입에서 헤르마르코스와 상의한 후에 매년 적절하다고 생각되는 만큼의 양육비를 이들에게 주도록 하라.

〔20〕 그리고 아뮈노마코스와 티모크라테스는 자신들 외에 헤르마르코스에게도 수입을 관리할 권한을 갖게 하라. 이는 철학 연구로 나와 함께 늙어왔고 나의 철학 동료들의 지도자로 남아 있는 그의 협력 아래 매사가 이루어지도록 하기 위해서다. 그리고 그의 어린 딸이 적령기에 이르면, 아뮈노마코스와 티모크라테스는 헤르마르코스의 의견을 듣고 나의 재산 중에서 사정이 허락하는 정도만큼 꺼내 그녀의 결혼지참금으로 나누어 주

---

39) 멜리테(Melitē)는 아테네의 구(demos) 중 하나다.

도록 하라. 그리고 니카노르에 대해서도 내가 지금까지 해왔던 것처럼 보살펴 주라. 이는 나의 철학 동료들 가운데서 사적인 일에 도움을 주고 모든 방법으로 유대감을 보여 주며 철학 연구로 나와 함께 늙어가기를 택한 모든 사람들이 나의 힘이 닿는 한 생활에 필요한 것들에 조금도 부족함이 없게 하기 위해서다.

〔21〕그리고 내가 소유한 모든 책들은 헤르마르코스에게 줄 것. 그리고 메트로도로스의 아이들이 성년에 이르기 전에 헤르마르코스에게 사람이 겪을 수밖에 없는 무슨 일[40]이 일어난다면, 아뮈노마코스와 티모크라테스는 그들이 품행이 바른 한에서 생활에 필요한 것들을 모두 얻을 수 있게 내가 남긴 유산의 수입 중에서 힘닿는 데까지 주도록 하라. 그리고 그 밖의 모든 사람들에 대해서도 내가 정해 놓은 대로, 매사가 가능한 범위 내에서 이루어질 수 있도록 보살펴 주도록 하라. 그리고 나는 노예들 가운데서 뮈스, 니키아스, 뤼콘을 자유인으로 해방한다. 그리고 파이드리온도 자유롭게 해방한다.

〔22〕그리고 그는 이미 죽음에 이르러서 이도메네우스에게 다음과 같은 편지를 쓰고 있다.

복된 날이자 삶의 마지막 날을 보내며 나는 그대에게 이 글을 쓴다. 배뇨의 어려움과 이질(痢疾)을 계속 겪는 가운데 도를 넘는 고통이 줄어들지 않는다. 그러나 나는 우리가 함께했던 토론들을 기억하며 여기서 얻는 내 영혼의 기쁨이 이 모든 고통과 맞서고 있다. 그대가 청소년 시절부터 나와 함께 철학 연구를 향해 가졌던 태도에 걸맞게 메트로도로스의 아이들을 보살펴 주게.

---

40) 죽음을 에둘러 표현하고 있다.

그는 이런 유언을 남겼던 것이다.

한편, 그는 수많은 제자들을 거느렸는데 특히 명성이 높은 제자들은 다음과 같다. 아테나이오스와 — 또는 티모크라테스와 — 산데 사이에서 난 아들로 람프사코스 출신의 메트로도로스가 있다. 이 사람은 에피쿠로스를 알게 된 이후로 6개월간 고향을 방문하고 다시 그에게 돌아온 것 말고는 그를 떠난 적이 없었다. 〔23〕 그는, 에피쿠로스가 그의 저술들 서문41)에서, 그리고 《티모크라테스》 3권에서 증언하듯이, 모든 면에서 훌륭한 인물이었다. 그런 인물이었기에 그는 자신의 누이동생 바티스를 이도메네우스에게 출가시켰고, 자신은 아테네의 기녀 레온티온을 내연의 처로 취하였다. 그리고 그는, 에피쿠로스가 《메트로도로스》 1권에서 말하고 있듯이, 고난과 죽음 앞에서도 흔들림이 없었다. 그는 에피쿠로스보다 7년 앞서 53세로 삶을 마쳤다고 한다. 그리고 에피쿠로스 자신도 앞서 말한 유언장에서 분명히 자신보다 먼저 죽었다고 말했으며, 그의 아이들을 보살펴 줄 것을 명령했다. 그리고 앞서 언급한 메트로도로스의 형제이자 경박한 자인 티모크라테스42)도 에피쿠로스의 제자 가운데 한 사람이었다.

〔24〕 메트로도로스가 쓴 책들은 다음과 같다.

---

41) 에피쿠로스는 자신이 쓴 대작들의 각 권마다 헌정사나 짧은 소개말을 덧붙였던 것 같다. 그의 대작 《자연에 관하여》, xxviii권은 헤르마르코스에게 헌정되었고 이것이 우리에게 전해진다.

42) 에피쿠로스에 대한 그의 비방이 6~8절에 나와 있다.

《의사들에 대한 반론》 3권

《감각에 관하여》

《티모크라테스에 대한 반론》

《관대함에 관하여》

《에피쿠로스의 병약함에 관하여》

《변증가들에 대한 반론》

《소피스트들에 대한 반론》 9권

《지혜에 이르는 길에 관하여》

《변화에 관하여》

《부(副)에 관하여》

《데모크리토스에 대한 반론》

《태생의 고귀함에 관하여》

아테노도로스의 아들이며 람프사코스 출신의 폴뤼아이노스[43]도 에피쿠로스의 제자였다. 이 사람은, 필로데모스와 그의 제자들이 말하는 바에 따르면, 공정하고 우의가 있는 사람이었다. 그다음은 에피쿠로스의 후계자인 헤르마르코스다. 이 사람은 아게모르토스의 아들이며 뮈틸레네 출신으로 가난한 부친을 둔 그는, 처음에는 수사학에 몰두했었다. 이 사람에게도 매우 훌륭한 저술들이 있는데, 그것들은 다음과 같다.

---

[43] 이 학파의 4인방 중 한 사람으로 에피쿠로스주의자가 되기 전에는 유명한 기하학자였다. 에피쿠로스가 그에게 보낸 편지에 관해서 세네카가 언급하고 있다(《루킬리우스에게 보내는 도덕 서한집》(*Epistulae morales ad Lucilium*), 18장 9절).

〔25〕《엠페도클레스에 관한 23편의 편지 모음》

《수학에 관하여》

《플라톤에 대한 반론》

《아리스토텔레스에 대한 반론》

그는 중풍으로 죽었으나 유능한 사람이었다.

그리고 람프사코스 출신 레온테우스와 그의 아내 테미스타도 에피쿠로스의 제자였다. 에피쿠로스는 이 테미스타에게도 편지를 썼다. 나아가, 콜로테스[44]와 이도메네우스도 제자였으며 이들도 람프사코스 출신이었다. 이 사람들도 명성이 높았으며, 헤르마르코스의 후계자인 폴리스트라토스도 그중 한 사람이었다. 디오뉘시오스가 그 뒤를 이었고, 다시 바실레이데스가 그 뒤를 이었다. 그리고 '정원의 참주'인 아폴로도로스도 이름이 높았는데, 그는 400권이 넘는 책을 썼다. 그리고 알렉산드리아 출신의 두 프톨레마이오스도 — 한 사람은 흑인이고 한 사람은 백인 — 있다.[45] 그리고 아폴로도로스의 제자이고 시돈 출신으로 책을 많이 쓴 제논도 있다. 〔26〕 그리고 라코니아인이라는 별명을 가진 데메트리오스[46]도 있다. 그리고 《강의 선집》의 저자인 타르소스 출신의 디오게네스[47]와 오리온, 그리고 정통 에피

---

44) 스승에 대한 예찬자인 콜로테스(Kōlōtēs)는 다른 철학적 원칙들로는 삶이 불가능하다는 것을 입증하는 책을 썼다. 플루타르코스는 그를 반박하는 글 (《콜로테스에 대한 반론》)을 썼다.

45) 이 인물들에 대해 알려진 정보가 없다. 그러나 필로데모스는 한 사람의 프톨레마이오스를 언급하고 있기는 하다(《수사학》(Rhetorica), Ⅱ, 127쪽).

46) 데메트리오스(Dēmētrios)는 기원전 150~75년 살았던 중요한 에피쿠로스주의자로 많은 단편들을 보존하였다.

쿠로스주의자들이 '소피스트'라고 불렀던 다른 사람들도 있다.

그런데 에피쿠로스라는 이름을 가진 다른 세 사람이 있었다. 48) 한 사람은 레온테우스와 테미스타의 아들이고, 다른 한 사람은 마그네시아인이며, 네 번째 사람은 무기훈련 사범이었다.

에피쿠로스는 책을 매우 많이 썼으며 책의 권수로는 모든 사람들을 능가했다. 그가 쓴 책들은 약 300권에 달했으며, 그 책들 속에는 외부에서 인용한 것이 전혀 없고 에피쿠로스 자신의 말뿐이다. 카르네아데스의 말에 따르면 크뤼시포스는 책을 많이 쓰는 것에서 에피쿠로스를 이기고 싶어 했는데, 카르네아데스는 그를 "책들의 기생충"49) 이라고 불렀다. "왜냐하면 에피쿠로스가 뭔가를 쓰면 크뤼시포스는 지기 싫어서 같은 분량만큼 썼기 때문이다. 〔27〕 그리고 그 때문에 크뤼시포스는 종종 같은 것을 반복해서 썼으며 머리에 떠오르는 것을 곧바로 썼다. 그래서 서두르는 바람에 쓴 것을 고치지 않고 놓아두었다. 게다가 그는 인용을 너무 많이 한 나머지 책들이 인용들로만 가득 찰 지경이었다. 제논과 아리스토텔레스에서도 발견할 수 있는 것처럼 말이다." 에피쿠로스의 저작들은 그렇게 분량이 많았고 그만큼 훌륭했던 것이다. 그중에서 가장 훌륭한 것들은 다음과 같다.

---

47) 이 에피쿠로스주의자의 생몰연대는 불확실하다. 아마도 기원전 2세기 후반인 듯하다. 여기서 언급된 저작은 디오게네스 라에르티오스에 의해 후반부에 여러 차례 인용되는데, 특히 윤리에 관한 학설을 마무리하는 대목에서 그렇다(119, 136, 138절). 그리고 《퓌토클레스에게 보내는 편지》의 주석에서도(97절) 언급된다. 118절에서는 타르소스 출신 디오게네스의 다른 저작이 언급된다.
48) 19절에서 언급된 메트로도로스의 아들도 에피쿠로스인데 여기에는 빠져 있다.
49) "책들의 기생충"(parasiton tōn bibliōn)을 헤시키오스는 "그 사람(에피쿠로스)의 책들의 기생충"(parasion tōn ekeinou bibliōn)이라고 기록했다.

《자연에 관하여》 37권

《원자들과 비어 있음에 관하여》

《사랑에 관하여》

《자연학자들에 대한 반론들 개요》

《메가라학파에 대한 반론》

《문제들》

《주요학설》

《선택과 기피에 관하여》

《목적에 관하여》

《기준 또는 규준에 관하여》

《카레이데모스》

《신들에 관하여》

《경건에 관하여》

〔28〕《헤게시아낙스》

《삶들에 관하여》 4권

《정의로운 행위에 관하여》

《네오클레스, 테미스타에게》[50]

《향연》[51]

---

50) 이 네오클레스는 에피쿠로스의 아들(1절)을 가리키거나 아니면 그의 형제들
중 한 명(3절)을 가리키는 것 같다. 테미스타는 에피쿠로스의 친구인 람프
사코스의 레온테우스의 아내(5절)이다. 디오게네스 라에르티오스는 앞에서
에피쿠로스가 테미스타에게 보내는 편지를 인용했으며 그녀에게 주는 훈계
의 글을 언급했다(5절).

51) 이 책은 119절에서 언급된다.

《네우뤼로코스, 메트로도로스에게》52)

《시각에 관하여》

《원자 안의 각에 관하여》

《촉각에 관하여》

《운명에 관하여》

《티모크라테스에 대한 반론: 감정에 관한 학설들》

《예지》

《철학에 대한 권유》

《모상에 관하여》

《표상에 관하여》

《아리스토불로스》53)

《음악에 관하여》

《정의와 그 밖의 덕에 관하여》

《베풂과 감사에 관하여》

《폴뤼메데스》

《티모크라테스》 3권

《메트로도로스》 5권

《안티도로스》 2권

《질병에 관한 학설들: 미트레스에 대한 반론》

《칼리스톨라스》

---

52) 디오게네스 라에르티오스는 1권 9절에서 같은 이름을 가진 퓌론의 제자를 언
  급했다(9절, 68행). 메트로도로스에 관해서는 22~24절을 보라.
53) 에피쿠로스의 형제들 가운데 한 사람이다. 3절 참고.

《왕정에 관하여》

《아낙시메네스》

《편지들》

    나는 이 저술들 속에 들어 있는 그의 생각을 그가 쓴 3통의 편지를 인용함으로써 드러내 보이고자 한다. 이 편지들 속에서 그는 자신의 철학 전체를 요약해 준다. 〔29〕 그러나 그의 핵심적 학설뿐만 아니라 인용할 만한 가치가 있다고 생각되는 어떤 언설이 있으면 제시하도록 하겠다. 그렇게 해서 당신이 모든 측면에서 이 사람을 잘 이해하고 판단할 수 있게 하겠다.[54]

    그는 첫 번째 편지를 헤로도토스에게 썼는데, 이것은 자연에 관해서 다룬다. 두 번째 편지는 퓌토클레스에게 썼으며 하늘에 있는 것들에 관해서 다룬다. 그리고 세 번째 편지는 메노이케우스에게 썼으며 거기 주제는 삶에 관한 것이다. 그렇다면 첫 번째 편지에서부터 시작해야 하는데, 그전에 그가 행한 철학의 분류에 관해서 간단히 말해 두기로 한다.

    철학은 규준에 관한 것, 자연에 관한 것, 윤리에 관한 것 이렇게 셋으로 구분된다. 〔30〕 규준에 관한 것은 철학체계로 들어가는 도입부를 이루며 《규준》이라는 한 권의 책에서 다루어진다. 그리고 자연에 관한 것은 자연에 관한 고찰 전체를 포함하며 《자연에 관하여》라는 37권의 책에서 다루어지고, 요약된 형태로는 편지들 속에서 다루어진다. 그리고 윤리에 관한 것은 선택과 기피에 관한 문제

---

54) 사본에 따라 kame로 읽었다. 우제너(Usener)를 따라 kan으로 읽을 경우 "이 사람을 모든 측면에서 잘 이해하고 판단할 줄 알게 하겠다"로 번역할 수 있다.

들을 다루며 《삶에 관하여》라는 책에, 그리고 편지들 속에, 그리고 《목적에 관하여》라는 책에 들어 있다. 그러나 에피쿠로스주의자들은 규준에 관한 것을 자연에 관한 것과 같이 묶는 버릇이 있으며, 전자를 "기준과 원리를 다루는" 부분 내지 "기초적인" 부분이라고 부른다. 그리고 자연에 관한 것은 생성과 소멸에 관하여, 그리고 자연에 관하여 다루는 부분이며, 윤리에 관한 것은 선택해야 할 것과 피해야 할 것에 관하여, 그리고 삶과 목적에 관하여 다루는 부분이다.

〔31〕에피쿠로스주의자들은 변증술을 사족(蛇足)으로 여기고 거부한다. 그들은 자연학자들이 사물들 자체의 소리에 근거하여 나아가는 것으로 충분하다고 보기 때문이다.[55] 그렇기 때문에 에피쿠로스는 《규준》에서 감각과 지각[56]과 감정이 진리의 기준이라고 말하며, 에피쿠로스주의자들은 여기에 사유의 상상적 이해[57]도 포함시킨다. 그리고 에피쿠로스 자신도 헤로도토스에게 보낸 개요에서,[58] 그리고 《주요 학설》에서 그렇게 말하고 있다. 그는 이렇게 말한다.

---

55) 〈헤로도토스에게 보내는 편지〉, 37~38절을 보라.

56) 선개념이라고도 번역할 수 있다. 지각(*prolēpsis*)이란 감각(*aisthēsis*)의 결합에 의해 형성되는 '일반적인 생각'(*general concept*)을 뜻한다(〈헤로도토스에게 보내는 편지〉, 72절 참조).

57) 'tas phantstikas epibolē tēs dianoias'는 '사유에 의한 직관적 이해'(C. Bailey)로 보기도 한다. 이 상상적 포착은 너무 미세하여 감각에 영향을 미칠 수 없는 원자들에 의해 야기된다(본문 64절, 루크레티우스, 《사물의 본성에 관하여》(*De Rerum Natura*), 2권 740행 및 4권 722행; 키케로, 《신들의 본성에 관하여》(*De Natura Deorum*), 1권 54절 참조). 주제 전체와 관련해서는 우제너의 *Epicurea*, Fr. 242~265, 특히 섹스투스 엠피리쿠스의 《학자들에 대한 반박》(*Adversus Mathematicos*)을 참고하라.

58) 〈헤로도토스에게 보내는 편지〉에서는 '상상적 이해'(*phantastikē epibolē*)라는 표현만 볼 수 있다(50절, 51절).

336

"감각은 모두 비이성적[59]이며 어떤 기억도 받아들이지 않는다. 감각은 자신에 의해서 움직이지 않을 뿐 아니라 다른 것에 의해서 움직일 때도 무엇인가를 보태거나 뺄 수가 없기 때문이다. 게다가 감각들을 논박할 수 있는 것은 아무것도 없다. 〔32〕 같은 종류의 감각이 같은 종류의 감각을 논박할 수 없기 때문이다. 왜냐하면 양자는 동등효과를 갖기 때문이다. 다른 종류의 감각이 다른 종류의 감각을 논박할 수도 없다. 왜냐하면 두 감각이 식별하는 대상들이 동일하지 않기 때문이다. 이성(logos)도 감각을 논박할 수 없다. 왜냐하면 모든 이성은 감각들에 의존하기 때문이다. 어느 한 감각이 다른 어느 한 감각을 논박할 수도 없다. 왜냐하면 우리는 모든 감각에 대해 똑같이 주의를 기울이기 때문이다. 게다가 감지작용들[60]이 있다는 사실 역시 감각들의 진리를 보증한다. 보고 듣는 우리의 감각작용은 괴로워하는 것과 마찬가지로 실재한다. 그리고 감각할 수 없는 것[61]들에 관해서는 감각에 나타나는 것들로부터 추리해야만 한다. 우리의 모든 관념들(epinoiai)은 감각들로부터 형성되기 때문인데, 추리가 어느 정도 기여하는 가운데 일치와 비교와 닮음과 결합에 의해서 형성되는 것이다. 그리고 정신이상자들의 망상이나 꿈에 나타나는 것들도 참이다. 왜냐하면 그것들이 움직임을 일으키기 때문이

---

59) '비이성적'(alogos)이란 말은 이성적 추리나 헤아림이 개입하지 않는다는 뜻이다.
60) '감지작용들'(epaisthēmata)이란 감각된 것에 덧붙여지는 인지작용을 뜻한다. 〈헤로도토스에게 보내는 편지〉 52절, 53절에서는 'epaisthēsis'가 '이해'라는 뜻으로 사용된다.
61) '감각할 수 없는 것'은 'adēlon'의 번역이다. 문자 그대로 번역하자면 감각에 '드러나지 않는 것' 정도가 되겠다.

며, 반면에 존재하지 않는 것은 움직임을 일으키지 않는다.

〔33〕그런데 그들이 말하는 지각(prolēpsis)은 일종의 파악62) 내지 올바른 의견(doxa)이나 개념(ennoia), 또는 마음에 축적된 보편적 관념(noēsis)이다. 말하자면 그것은 외부로부터 자주 감각에 나타나는 것에 대한 기억이다. 예를 들어 "이러이러한 것이 사람이다"라고 말할 때, '사람'이라고 말하자마자 우리는 감각들이 인도하는 가운데63) 지각을 통해 그것의 형태를 생각하게 된다. 그러므로 모든 낱말이 가리키는 최초 의미64)는 명증하다. 65) 그리고 우리는 탐구의 대상이 되는 것에 대해 미리 알고 있지 않으면 탐구를 시작할 수 없을 것이다. 이를테면 "저 멀리 서 있는 것이 말인가 소인가"라고 묻는 경우가 그렇다. 이 물음을 던지기 전 어느 시점에 우리는 지각에 의해 말과 소의 형태를 알고 있어야 하기 때문이다. 우리가 지각에 의해 그것의 형태를 미리 인지하고 있지 않으면 어떤 것에도 이름을 붙일 수 없을 것이다. 그러므로 지각은 명증한 것이다. 그리고 판단의 대상66)은 그것에 앞선 명증한 어떤 것에 의존한다. "이것이 사람인지 우리는 어떻게 아는가?"와 같은 말을 할 때, 우리는 그

---

62) '파악'은 'katalēpsis'의 번역이다.

63) 감각들이 감각자료들을 제공한다는 뜻이다.

64) '최초 의미'는 'to prōtos hypotetagmenon'을 옮긴 것이다.

65) '명증한'(enarges)은 에피쿠로스가 즐겨 쓰는 표현으로 가까이 있는 것을 '분명하게 보는' 경우에 보통 사용된다.

66) 판단의 대상(doxaston)은 감각(aisthēsis)에 근거하여 추론된 것이다. 지상의 현상들과 관련해서 우리는 주어진 현상을 확증하거나 부정하는 '명증한 감각자료'(enagēma)를 얻는다. 멀리 있는 천체현상과 관련해서 우리는 확증을 가질 수 없고 모순이 없는 것이 최대한이다.

것에 조회한다. 〔34〕 그리고 에피쿠로스주의자들은 의견을 '가정'이라고 부르며 그것이 참이거나 거짓일 수 있다고 주장한다. 67) 그것이 증거에 의해 확증되거나 반증되지 않는다면 참이지만, 증거에 의해 확증되지 않거나 반증된다면 거짓이기 때문이라는 것이다. 이 때문에 '확증을 기다리는 것'이라는 말이 도입되었다. 이를테면 탑에 가까워지기를 기다려서 가까이에서 그것이 어떻게 보이는지를 아는 것68) 처럼 말이다.

그들은 쾌락과 고통이라는 두 가지 감정이 있다고 말한다. 이 두 감정은 모든 생물에게서 일어나며 쾌락은 친근한(*oikeios*) 것이지만 고통은 낯선 것인데, 이 감정들에 의해 선택과 회피가 결정된다고 한다. 그리고 탐구들 중에서 어떤 것들은 사물에 관한 것이고, 어떤 것들은 순전히 말에 관한 것이라고 그들은 말한다. 이상이 분류69) 와 기준에 관한 개괄적 내용이다.

이제 우리는 그의 편지로 돌아가야 한다.

에피쿠로스가 헤로도토스에게 안부를 묻는다.
〔35〕 헤로도토스여, 자연에 관하여 내가 쓴 글들을 일일이 모두 공부할 수 없는 자들을 위해, 그리고 내가 지은 책들 가운데 더 중요한70) 책들을

---

67) 124절을 보라. 거기서 참된 지각은 거짓 가정과 대립한다. 아리스토텔레스에서 가정(*hypolēpsis*)은 자주 의견(*doxa*)의 동의어로 쓰인다.
68) 멀리서는 둥글게 보이는 사각 탑은 에피쿠로스가 즐겨 드는 '확증을 기다리는 것'(*prosmenon*)의 사례이다.
69) 철학에 대한 분류를 가리키는 것으로 보인다.
70) '더 중요한 책들'로 번역한 'tas meizous biblous'는 '더 분량이 많은 책들'로 번역할 수도 있다. 이것은 《자연에 관하여》라는 제목의 37권으로 된 책을 가리킨다.

자세히 숙독할 수 없는 자들을 위해, 그들이 적어도 학설의 가장 일반적인 원리들만큼은 정확하게 기억할 수 있게 하려고 내가 전체 체계의 요약을 손수 마련해 놓았다. 그건 그들이 자연에 관한 연구를 붙들고 있는 동안, 아주 중요한 부분에서 틈틈이 도움받을 수 있게 하기 위해서다. 그리고 학설 전체의 연구에 충분한 진전을 본 사람들도 전체 체계의 요강을 — 이 요강은 기초 원리들로 개진되어 있다 — 기억하고 있어야 한다. 우리가 자주 필요로 하는 것은 포괄적 이해71)이며 세부적 이해는 그렇게 자주 필요로 하지 않기 때문이다.

〔36〕 그러므로 우리는 끊임없이 기초 원리들로 되돌아가야 하며, 충분히 그것들을 기억 속에 담아 두어야 한다. 사물에 관한 가장 핵심적인 이해를 얻을 수 있을 정도까지 말이다. 더 나아가, 학설의 가장 일반적인 원리들에 대한 요강을 철저히 파악하여 기억함으로써 우리는 세부적인 정확한 지식도 모두 알아내게 될 것이다. 이미 충분히 연구한 사람에게도 자신이 이해한 것들72)을 재빨리 사용할 수 있는 능력은 모든 정확한 지식의 가장 핵심적인 특징이며, 그렇게 할 수 있으려면 그것들 각각을 단순한 원리들과 공식들로 되돌릴 수 있어야 하기 때문이다. 왜냐하면 세부적으로 정확하게 표현될 수 있는 것도 그것을 짧은 공식들로 자신 속에73) 모두 포괄할 수 없을 경우에는, 전체들74)의 긴밀한 연관관계가 압

---

71) 포괄적 이해(tēs athroas epibolēs)에서 'epibolē'는 에피쿠로스가 사용하는 가장 어려운 전문용어들 가운데 하나다. 여기서는 수식어 없이 사용되지만, 38, 51절에서 'dianoia'(epibolē dianoias)와 떨어져서 사용되지 않는다. 'epibolē'는 표상을 향한 (정신이나 감각들의) '투사', 즉 '주의를 기울이는 작용'을 뜻하며 여기에는 이러한 '주시'나 '이해' 작용의 결과로 덧붙여진 관념이 함께한다.

72) 자신이 이해한 것들(tais epibolaîs)이란 '감각이 주시하거나 정신이 주의를 기울인 것들'을 말한다.

73) 내적 정합성을 뜻하는 듯하다.

74) 'tōn hollōn'은 원리들 전체, 또는 학설체계 전체를 뜻한다.

축적으로 이해될75) 수 없기 때문이다.

〔37〕 이런 이유로 이와 같은 방법이 자연탐구에 익숙한 자들 모두에게 유익하기에 나는 자연탐구에 부단히 종사할 것을 권하며, 무엇보다도 그와 같은 삶을 통해 평안을 얻고 있는 나로서는 자네를 위해 이와 같은 하나의 개요를 만들고 전체 학설의 기초 원리들을 개진하게 되었네.

헤로도토스여, 먼저 우리는 말의 배후에 놓이는 것76)을 파악해야 한다. 그래야만 우리가 판단하는 것이나 탐구하는 것이나 문제시하는 것을 그것에 조회하여 판정할 수가 있고, 77) 우리가 설명을 무한정 거듭해도 아무것도 분명해지지 않거나 우리가 하는 말이 공허해지는 일이 없게 된다. 〔38〕 사실, 우리는 각 낱말에 대해 최초로 마음에 떠오르는 생각78)에 주목할 수밖에 없으며, 그 최초의 생각은 더 이상 아무 설명도 필요로 하지 않는

---

75) 사본(eidenai)을 따른다면 "긴밀한 연관관계의 압축은 있을 수 없기 때문이다." 'einai'(있다)를 'eidenai'(알다)로 수정한 판본을 받아들인 본문의 번역과 문장 전체의 의미는 별 차이가 없다.

76) 말의 배후에 놓이는 것(ta hypotetagmena toîs phthongoîs)은 지각(prolēpsis)을 가리킨다.

77) 에피쿠로스에 따르면 마음은 감각자료를 받아들이며 그것으로부터 추리를 행한다. 이 추리는 그 자체로 반드시 타당하지는 않고 감각에 끊임없이 조회함으로써 시험을 받아야 하며, 그것이 확증될 때만 받아들여지고 확증되지 않으면 거부된다(50절 참조). 그러나 감각인상들은 자주 되풀이됨으로써 일반적 관념인 지각(prolēpsis)을 형성하며, 감각인상들로부터 도출되는 이 지각들은 진리의 기준으로서 감각인상들과 동등한 효력을 갖는다. 말(phthongoi)은 지각(proplēsis)의 기호이다.

78) 최초로 마음에 떠오르는 생각(to prôton ennoēma). 에피쿠로스에 따르면, 모든 생각은 감각적 표상에 의해 작동한다. 더 정확히 말해 지각(prolēpsis)이 사유작용에 앞선다는 것이다. 따라서 'ennoēma'는 정신적 표상이다. 우리는 이 최초의 정신적 표상, 즉 한 낱말과 결부된, 외부 대상의 있는 그대로의 모습에 가장 가까운, 심상(心象)을 규칙으로 삼아야 한다. 에피쿠로스는 이 규칙이 철학에서 유비적 언어의 사용에 대항하는 것으로 여겼음이 분명하다.

것일 수밖에 없다. 탐구되고 있는 것이나 문제시되고 있는 것, 그리고 판단되고 있는 것을 조회할 어떤 기준을 우리가 가져야 한다면 말이다. 나아가, 우리는 모든 것을 감각에 근거하여, 그리고 단적으로 직접적인 이해에 — 마음에 의한 이해든 어떤 기준에 의한 이해든 간에 — 근거하여 탐구해야 한다. 확증을 기다리는 것이나 감각할 수 없는 것을 표시해 줄 수단을 얻기 위해서도 역시 마찬가지로 직접적인 느낌에 근거해야 한다.

이 문제를 분명히 했으므로 이제 감각할 수 없는 것들에 대해 살펴봐야 한다. 먼저 무(無)에서는 아무것도 생기지 않는다는 점이다. 그렇게 되면 씨앗들이 전혀 필요가 없어져서 모든 것이 아무것에서나 생겨나게 될 테니까. 〔39〕 그리고 만약에 사라지는 것이 파괴되어 무(無)로 돌아간다면 모든 사물은 소멸해 버렸을 것이다. 사물들이 해체되어 돌아가게 되는 것은 무(無)일 테니까. 게다가 모든 것은 언제나 현재와 같은 상태로 있었을 것이고, 미래에도 그럴 것이다. 그것이 바뀌어서 도달하게 되는 것은 무(無)일 테니까. 모든 것 바깥에서 변화를 일으켜 바로 그 모든 것이 될 수 있는 것은 아무것도 없기 때문이다. 79)

나아가, 모든 것은 〈물체들과 장소〉80)이다. 물체들이 존재한다는 것은 모든 경우에 감각 자체가 증언해 주고 있다. 우리는 이 감각을 표지로 삼아 추리를 통해 감각할 수 없는 것에 대해 판단할 수밖에 없다. 〔40〕 그리고 만약에 허공과 공간, 그리고 만질 수 없는 존재라고 불리는 것이 없다면 물체들은 있을 곳을 갖지 못할 것이다. 그리고 움직이는 물체들은 무엇인가를 통과해 지나가는 것으로 보이는데, 만약에 허공과 공간, 그리

---

79) 이 뒤와 다음 단락 사이에 도란디는 외곽주석(*scholion*)을 넣었지만, 외곽주석을 본문에 넣지 않은 대다수의 편집본과 번역본에 따라 이 번역서에서는 싣지 않았다.

80) '물체들과 장소'는 우제너가 86절에 근거해서 삽입하였다. 도란디는 '장소'(*topos*) 대신에 '허공'(*kenon*)을 삽입했다.

고 만질 수 없는 존재라고 불리는 것이 없다면 물체들은 통과해 지나갈 어떤 것도 갖지 못할 것이다. 그러나 물체들과 장소들 외에는 파악에 의해서든 파악된 것들과의 유비에 의해서든[81] 온전한 자연물[82]의 고유한 속성이나 우연적 속성으로 이야기되는 것들[83]이 아니라 온전한 자연물로 파악된다고 생각할 수 있는 것은 없다. 나아가,[84] 물체들 중에 어떤 것들은 복합체고 어떤 것들은 복합체들을 구성하는 것들이다. 그리고 후자는 나눌 수 없고 변할 수 없는 것들이다. 〔41〕 모든 것들이 파괴되어 무(無)로 돌아가지 않고, 복합체들이 분해될 때 강하게 견디면서 남아 있으려면 말이다. 그것들은 견고한[85] 본성을 가지고 있고 어느 지점에서도, 또는 어떤 방식으로도 분해될 수 없기 때문이다. 따라서 시초가 되는 것들은 나눌 수 없는 물체적 존재들일 수밖에 없다.

더 나아가, 우주는 무한하다. 한계지어진 것은 끝을 갖고, 그 끝은 다른 어떤 것과 비교에 의해 관찰되기 때문이다. 따라서 그것은 끝을 갖지 않으므로 한계를 갖지 않는다. 그리고 그것은 한계를 갖지 않으므로 무한할 것이며 한계지어져 있지 않을 것이다.

---

81) 파악에 의해서든(*perilētikōs*) 파악된 것들과의 유비에 의해서든(*analogōs tois perilēptoís*). 에피쿠로스는 사유작용을 언제나 시각적 이미지(*eidōlon*)를 붙잡는 것(*perilambanein*)으로 이해한다. 이것은 사유를 통해 이루어지는 이해(*prolēpsis*)로 때로는 외부에서 주어지는 일련의 'eidōla'에 의해 이루어지기도 하고(*perilēptikōs*), 때로는 사유가 자체적으로 형성한 'eidōla'의 결합에 의해 이루어지기도 한다(*analogōs tois perilēptoís*).

82) '온전한 자연물'(*holē physis*)이란 그 자체로 존재하는 것을 말한다. 다른 것에 의존해서 존재하거나 다른 것과 관계함으로써 존재하는 것은 물체나 장소의 고유한 속성(*symbebēkos*)이거나 우연적 속성(*symptōma*)이다. 이러한 에피쿠로스의 생각은 플라톤의 형상론과 정반대가 된다.

83) 10권 68절 이하 참고.

84) 이 다음에 도란디가 넣은 외곽주석을 이 번역서에는 싣지 않았다.

85) 'plērēs'(견고한)는 '꽉 차 있는'이란 뜻이기도 하다.

게다가 우주는 물체들의 수효에 있어서, 그리고 허공의 크기에 있어서 무한하다. 〔42〕 만약에 허공은 무한하지만 물체들이 한정되어 있다면, 물체들은 충돌에 의해 자신들을 떠받치고 저지하는 것들을 갖지 못함으로써[86] 어디에도 머물러 있지 않고 이동하여 무한한 허공으로 흩어졌을 것이기 때문이다. 그리고 만약에 허공이 한정되어 있다면 무한한 물체들은 놓여 있을 곳을 갖지 못할 것이다.

여기에 덧붙여, 물체들 중에서 나눌 수 없고 꽉 차 있는 것들은 — 이것들로부터 복합체들이 생겨나고 다시 분해되어 이것들로 돌아간다 — 모양들의 차이가 파악할 수 없을 정도로 다양하다. 원자들의 모양들이 파악할 수 있을 정도로 한정되어 있다면, 한정된 같은 모양들로부터는 그렇게 많은 사물들의 차이들이 생겨날 수는 없기 때문이다. 그리고 각 형태마다 비슷한 원자들은 무조건 무한하지만, 형태들의 차이는 무조건 무한하지는 않고 단지 파악할 수 없을 정도로 다양할 뿐이다. 〔43〕〔그는 계속해서[87] 그 책에서 분할이 무한히 진행되지도 않는다고 말하기 때문이다. 하지만 그는 '성질들이 변하기 때문에'라고 말한다〕.[88]

그리고 〔그것들의 크기를 무조건 무한한 것으로 보지 않는 한〕[89] 원자들

---

86) 원자들은 무게 때문에 지속적으로 떨어지지만, 이따금 빗나가는 운동(paren-klisis) 때문에 원자들 간에 충돌이 발생한다. 계속되는 충돌 결과, 그것들은 모든 방향으로 움직이며 심지어 위로도 움직인다. 그래서 원자들은 아래로 떨어지는 것이 저지되고 복합체들 내에 일정한 자리를 유지하게 된다.

87) 이 부분은 외곽주석(scholion)을 옮긴 것이다. '계속해서'로 번역한 'endoterō'는 직역하면 '더 안에'인데, 이 표현은 이 주석을 붙인 장본인이 두루마리로 된 파피루스 사본을 보았음을 암시한다. '더 안에'는 두루마리 중심에 '더 가까이'를 말하는 것으로 여겨지기 때문이다.

88) 도란디는 '말하다'(legei) 대신에 '멈추다'(lēgein)를 받아들였다. 그의 편집에 따르면 번역은 '하지만 성질들이 변하기 때문에 분할은 멈춘다'가 된다.

89) 대부분의 편집자는 외곽주석으로 보지만, 뮐과 아리게티(Arrighetti)는 원문으로 간주한다.

은 끊임없이 영원히 움직이며, 〔계속해서 그는 원자들은 같은 속도로 움직이는데, 허공은 가장 무거운 것에나 가장 가벼운 것에나 똑같은 물러남을 제공하기 때문이라고 말한다.〕 그것들이 얽힘에 의해 갇히거나[90] 얽힌 것들에 의해 덮일 때,[91] 어떤 원자들은 서로 멀리 떨어져서, 어떤 원자들은 같은 자리에서, 진동을 계속한다.

〔44〕 원자를 하나하나 분리시키는 허공의 본성이 저항의 역할을 하지 못함으로써 원자들을 그런 상태에 있게 만든다. 그리고 원자들에게 있는 견고함이 충돌 후에 원자들을 되튀게 하는데, 원자들이 얽혀 있음으로 해서 충돌 후에 튀어나와 다시 되돌아가는 거리만큼 되튀게 한다. 그리고 이런 움직임들의 시작은 없다. 원자들이 영원하고 허공 역시 그렇기 때문이다.

〔45〕 지금까지 말한 것들을 모두 기억해 둔다면 이 정도의 요약된 설명일지라도 있는 것들의 본성을 이해하기에 충분한 요강을 제공해 준다.

나아가, 세계들은 무수히 많으며, 우리의 이 세계와 닮은 세계들도 있고 닮지 않은 세계들도 있다. 원자들은 무수히 많고, 앞서 밝혀진 것처럼, 아주 멀리까지도 이동하기 때문이다. 또한 세계가 생겨나는 근원으로서, 또는 세계를 형성하는 것으로서 이와 같은 원자들은 하나의 세계를 위해서도 한정된 세계들을 위해서도, 그리고 닮은 세계들만을 위해서도 닮지 않은 세계들만을 위해서도 모두 소모되지는 않기 때문이다. 따라서 세계들의 무한함에 방해가 되는 것은 아무것도 없다.

〔46〕 게다가 단단한 물체들을 닮았고, 그것들과 같은 모양을 한 상(像)들[92]이 있는데, 그것들의 얇음은 감각에 드러나는 사물들의 그것을 훨씬

---

90) 브리거(Brieger)의 수정 (*kekleimenai*) 을 따랐다. 사본 (*keklimenai*) 대로 하면 '기울어지거나'이다.
91) 서로 얽히는 원자들로 이루어진 고체와 얽히지 않는 원자들로 이루어진 액체를 구별하고 있음에 주목하길 바란다.
92) 'typoi'(상들)는 자신을 방출한 사물(단단한 물체)의 윤곽이 각인된 상(像)이다.

넘어선다. 감싸는 것[93] 속에서는 그와 같이 얇은 상들의 결합도, 속이 빈 얇은 상들의 형성에 적합한 조건들이 조성되는 것도, 흐름들이 단단한 것들 속에서 가졌던 일련의 위치와 순서를 유지하는 것도 불가능하지 않기 때문이다. 이 상들을 우리는 모상(模像, *eidōla*)이라 부른다.[94] 더 나아

---

93) '감싸는 것'이 무엇을 가리키는지 명시되지는 않았으나 문맥상 공기를 가리키는 것이 분명한 것 같다.

94) 베일리는 이 다음 문장부터 47절 앞까지 문장의 위치가 잘못되었다고 보고 이를 61절 다음으로 옮겼으며, 47절의 '다음으로 …' 이전까지의 문장 역시 위치가 잘못되었다고 보고 이 부분은 62절 다음으로 옮겼다. 세세한 텍스트의 글자들부터 문장의 배치순서까지 달라지는 이유는 문제되는 이 구절들의 의미가 무엇인지에 대한 생각이 서로 다르기 때문이다. 도란디가 따르는 전통적 순서를 옹호하는 입장의 대표는 롱과 세들리(Long & Sedley)이다. 이들은 이 구절이 저항값이 없는 허공에서 원자가 운동할 때 생기는 문제를 논의하는 것이라고 본다. 그들은 특히 47절의 전반부 내용이 아리스토텔레스가 속도를 물체의 무게와 매질의 저항값의 비례라고 파악하면서 진공을 거부했으나(진공이면 저항값이 0이 되니까), 에피쿠로스는 아리스토텔레스의 전제를 받아들이면서도 그 전제가 일으킬 수 있는 문제점을 해결하는 방법을 논의하는 내용이라고 본다. 그들에 따르면 저항값이 없을 경우 원자의 속도는 이론적으로 무한대가 되겠으니 실제로는 무한대는 아닐지라도 상상할 수 없는 정도의 속도이며, 이럴 경우 가능한 상황은 상상 가능한 (출발지에서 도착지까지의) 거리와 상상할 수 없는 시간의 조합이거나 상상할 수 있는 시간과 상상할 수 없는 거리의 조합인 상황이라고 본다. 텍스트 편집을 달리하는 베일리의 경우는 문제되는 구절이 원자들의 복합물인 물체의 운동과 원자들 개개의 운동이 갖는 문제를 다룬 것이라고 이해한다. 그는 이에 따라 문제되는 구절도 이 문제를 다룬 61절 이하로 옮겼다. 그에 따르면 원자들은 자기들끼리 상호 충돌을 해가며 허공을 통해 각기 다른 방향으로 운동하는 데 반해, 원자들의 복합체인 물체는 단일한 방향으로 운동하는 것으로 보인다. 에피쿠로스는 원자들의 운동과 물체의 운동 모두가 사실이라는 점을 여기서 증명한다는 것이 베일리의 생각이다. 베일리에 따르면 원자들의 복합물인 물체의 운동은 마치 떼를 이루는 벌레들은 각기 자기 방향으로 날아가면서도 벌레 떼는 일정한 방향을 유지하는 것과 같다고 본다. 그래서 문제되는 구절은 진공 속을 물체가 운동한다고 해서 상상할 수 없는 빠른 시간에라도 원자들이 개개의 방향을 동시에 가는 것도 아니고, 원자들이 각기 다른 출발점에서 출발해 일정한 물체의 도착

가 허공을 통한 이동은 저항하는 것들의 어떠한 마주침도 없이 이루어지기 때문에 알아차릴 수 없는 시간에 파악 가능한 어떤 거리에도 도달한다. 저항95)의 있고 없음이 느림과 **빠름**의 모습을 취하기 때문이다. 96)

〔47〕 이동하는 물체 자체는 이성으로만 볼 수 있는 시간97)에는 하나

지에 한꺼번에 당도하는 것도 아닌데, 그 이유는 그렇게 되면 우리가 물체의 이동거리를 파악하는 출발지와 도착지 중 출발지 자체가 실종되어 버리기 때문이라는 것이다. 베일리의 편집 순서에 따라 해당 부분을 정리하면 이렇다.

〔46〕 게다가 단단한 물체들을 닮았고, 그것들과 같은 모양을 한 상(像)들이 있는데, 그것들의 얇음은 감각에 드러나는 사물들의 그것을 훨씬 넘어선다. 감싸는 것속에서는 그와 같이 얇은 상들의 결합도, 속이 빈 얇은 상들의 형성에 적합한 조건들이 조성되는 것도, 흐름들이 단단한 것들 속에서 가졌던 일련의 위치와 순서를 유지하는 것도 불가능하지 않기 때문이다. 이 상들을 우리는 모상(模像, *eidōla*)이라 부른다.

〔47a〕 다음으로, 모상이 그 무엇보다도 얇다는 사실은 감각에 나타나는 어떤 것에 의해서도 반증되지 않는다. 그러므로 그것은 그 무엇도 능가할 수 없는 **빠르기**를 갖는다. 그것들은 모두 자신에게 알맞은 길을 가기 때문이다. 게다가 모상들의 끊임없는 유출에 저항하는 것은 전혀 없거나 아주 적지만, 수많은, 또는 무수한 원자들로 구성된 물체는 곧바로 무엇인가의 저항을 받는다.

〔61〕 …

〔46b〕 게다가 허공을 통한 이동은 저항하는 것들의 어떠한 마주침도 없이 이루어지기 때문에 알아차릴 수 없는 시간에 파악 가능한 어떤 거리에도 도달한다. 저항의 있고 없음이 느림과 **빠름**의 모습을 취하기 때문이다.

〔62〕 …

〔47b〕 이동하는 물체 자체는 이성으로만 볼 수 있는 시간에라도 하나 이상의 여러 장소에 동시에 도달하지도 않으며 — 그런 일은 불가능하기 때문이다 —, 그것(원자)이 무한한 것(허공)의 어느 곳에서든 출발해서 감각 가능한 시간에 한꺼번에 도달할 경우에는, 그것은 우리가 그것의 장소이동을 파악하는 곳으로부터 출발해서 도달하는 것이 아닐 것이다. 사실 그것의 이동은 저항의 가시화된 모습일 것이다. 비록 그 정도에 이르기 전까지는 우리가 이동의 **빠르기**가 상호 감쇄되리라고 받아들이지는 않을지라도 말이다.

이 기초 원리도 굳게 붙잡고 있는 것이 유익하다.

95) 원자들의 충돌로 인한 저항(*antikopē*)을 의미한다.
96) '느림과 **빠름**의 모습(*homoiōma*)을 취한다'는 말은 충돌에 따른 저항의 있고 없음에 따라 이동속도가 느리게 보이거나 빠르게 보인다는 뜻이다.

이상의 여러 장소에 동시에 도달하지 않으며 — 그런 일은 생각할 수 없기 때문이다 —, 만약 그렇다면,[98] 그것이 무한한 것(허공)의 어느 곳에서든 출발해서 감각 가능한 시간에 동시에 도달하는 경우에 그것은 우리가 그것의 이동을 파악하는 장소로부터 출발하지는 않을 것이다. 이동의 빠르기는 저항에 상응할 것이기 때문이다. 감각할 수 있을 정도까지 이동의 빠르기가 저지된다고 볼 수 없을지라도 말이다. 이 기초 원리도 굳게 붙잡고 있는 것이 유익하다. 다음으로, 모상이 그 무엇보다도 얇다는 사실은 감각에 나타나는 어떤 것에 의해서도 반증되지 않는다. 그래서 그것은 그 무엇도 능가할 수 없는 빠르기를 갖는다. 그것들은 모두 자신에게 알맞은 길을 가기 때문이다. 게다가 모상들의 끊임없는 유출에 저항하는 것은 전혀 없거나 아주 적지만, 수많은, 또는 무수한 원자들로 구성된 물체는 곧바로 무엇인가의 저항을 받는다.

〔48〕 이외에도, 모상들의 생겨남은 사유의 속도만큼이나 빠르다는 사실 역시 반증되지 않는다. 원자들의 유출은 물체들의 표면으로부터 끝없이 일어나지만, 계속 채워지기 때문에 물체들은 줄어드는 모습을 드러내 보이지 않는다. 모상들은 원자들이 단단한 물체에 있을 때 취했던 위치와 배열을, 때때로 뒤섞이기도 하지만, 긴 시간 동안 보존한다. 그리고 둘러싸는 것(공기) 속에서는 모상들의 형성이 재빨리 일어난다. 왜냐하면 내부 깊숙한 데서 원자들이 다시 채워질 필요가 없기 때문이다. 그리고 이와 같은 자연물들[99]이 산출되는 다른 방식들도 있다. 사실, 지금까지 말한 내용들 가운데 어떤 것도 감각에 의해 반증되지 않는다. 감각이 어떤 방식으로 외부의 사물들로부터 명확함[100]을 우리에게 가져다주는

---

97) 아주 짧은 시간을 말한다.
98) 이동하는 물체 자체가 하나 이상의 여러 장소에 동시에 도달한다면.
99) '이와 같은 자연물들'(*tōn toioutōn physōn*)이란 모상들을 가리킨다.

지, 그리고 그것이 어떤 방식으로 외부 사물들로부터 공감들101)을 가져다주는지에 우리가 주목한다면 말이다.

〔49〕 또한 우리는 외부의 사물들로부터 무엇인가가 우리에게 들어옴으로써 우리가 보게 되고 생각하게 된다고 여겨야 한다. 왜냐하면 외부의 사물들은 우리와 그것들 사이에 개재하는 공기를 통해서는,102) 그리고 우리로부터 그것들에게로 가는 광선이나 모종의 흐름들을 통해서도, 그것들이 지닌 색깔과 모양의 본성을 우리에게 잘 각인하지 못할 것이기 때문이다. 사물들과 비슷한 색깔과 비슷한 모양을 한 어떤 상(像)들이 사물들 자체로부터 우리의 시각이나 사유에 적합한 크기로103) 들어오는 방식만큼 말이다. 〔50〕 그것들은 빠르게 이동한다. 그렇기 때문에 그것들은 이동해서 단일하고 연속적인 사물의 모습을 산출해내며, 외부 대상에 대한 공감을 그대로 보존하는데, 이는 단단한 물체(stremnios) 내부에서 원자들이 진동함에 따라 그것들104)이 원래의 대상으로부터 감각에 균일하게 와서 부딪침에 따른 결과이다. 그리고 우리가 사유에 의해서나 감각기관에 의해서 포착하는 표상(phantasia)은, 모양의 표상이든 속성들의 표상이든, 그것은 단단한 물체의 모양을 띠며, 모상이 차례로 조밀하게 밀집함에 의해 형성되거나, 모상의 잔유물에 의해 형성된 것이다. 105) 거짓과

---

100) 필사본의 'energeias'(활력)를 채택한 도란디와 달리 대다수의 편집본들이 선택하는 가상디(Gassendi)의 수정제안인 'enargeias(명확함)'를 따랐다.

101) '공감들'(tas sympatheias)이란 사물의 상태에 일치하는 느낌을 말한다. 사물들의 색, 모양 등의 부수적 성질들은 사물을 구성하는 원자들의 위치와 운동에 기인하는데, 외부 대상의 상태에 일치하는 느낌으로서의 공감들(tas sympatheias)은 원자들의 이러한 위치와 운동에 상응하는 것이며, 감각을 통한 상들로부터 주어진다.

102) 데모크리토스의 견해를 가리킨다.

103) 큰 상들은 시각에 영향을 주며, 미세한 상들은 사유에 영향을 준다.

104) 상들(typoi) 내지 모상들(eidōla)을 가리킨다. 46절 참고.

오류는 나중에 확증되지 않거나 반증되는 것에 대해, 확증될 것이라는 판단이나, 반증되지 않을 것이라는 판단을 덧붙이는 데서 언제나 발생한다.

〔51〕 만약에 우리의 감각에 접촉하는 그와 같은 것이 존재하지 않는다면, 수면 중에 생기는 것이든106) 사유(思惟)나 그 밖의 다른 기준들107)에 의한 이해(epibolē)를 통해 생기는 것이든, 우리가 닮은 것으로 받아들이는 표상들과, 실재하며 참되다고 일컬어지는 것들, 이 양자 간의 유사함은 결코 존재하지 않을 것이다. 그리고 만약에 우리들 자신 속에서 표상적 이해와 결부되어 있으나 이것과는 구별되는 다른 종류의 어떤 움직임108)을 또한 경험하지 않는다면, 오류는 발생하지 않을 것이다. 이 움직임으로부터, 만약에 그것이 확증되지 않거나 반증될 경우에, 오류가 생겨난다. 그러나 그것이 확증되거나 반증되지 않을 경우에는 참이 된다.

〔52〕 따라서 우리는 이 견해를 확고히 견지해야 한다. 그래야 감각의 명증함에 따른 기준들이 무너지지 않게 되며, 오류가 진리인 양 확립됨으로써 모든 것이 혼란에 빠지는 일이 없게 된다. 나아가, 청각작용도 말을 하거나 소리를 내거나 잡음을 내거나 어떤 방식으로든 들을 수 있는 조건을 제공하는 것으로부터 흐름이 전달됨으로써 있게 된다. 이 흐름은 닮은 입

---

105) 모상은 공기를 통해 옮겨지는 과정에서 방해물들을 만나기도 하고, 때로는 조각조각 찢어지기도 한다. 그렇게 되면 시각에 도달했을 때 잘못된 감각을 형성한다. 이를테면 사각형 탑이 둥글게 보이는 경우가 그렇다. '모상의 잔유물'은 전체로서의 모상이 아니라 모상의 조각들을 가리키는 것으로 보인다.

106) 수면 중에 본 표상은 참이다. 그것들은 외부에서 우리에게 들어오는 '모상들'에 의해 만들어지며, 따라서 실재하는 것에서 생겨난 것이다.

107) 50절에서 '사유에 의해서나 감각에 의해서 포착하는 표상'에 상응하는 표현이다. 따라서 '다른 기준들에 의한 이해'는 감각들에 의한 이해(포착)를 가리킨다. 감각에 의한 포착(epibolē)이란 '명료한 시각 상'(enargeia)에 주의를 기울임으로써 붙잡는 작용이다.

108) 사유에 의한 이해(epibolē tēs dianoías)와 유사한 판단작용을 가리키며, 이러한 사유작용은 사유를 형성하는 원자들의 자발적 움직임이라 할 수 있다.

자들[109]로 분산되며, 이때 입자들은 서로에 대한 공감(共感)과 고유한 통일성을 보존하는데, 입자들을 방출한 사물에까지 이어지는 이 통일성이 듣는 자에게 대부분의 경우 감지작용[110]을 불러일으킨다. 그러나 그렇지 못할 경우에는 외부 대상이 있음을 분명히 해주는 정도로 그친다. 〔53〕 실로 외부 대상으로부터 어떤 공감이 전달되지 않는다면 그와 같은 감지작용은 생기지 않을 것이다. 그러므로 공기 자체가, 방출되는 소리나 그 비슷한 것들에 의해, 모양을 갖게 된다고 생각해서는 안 된다.[111] 공기가 소리에 의해서 그런 일을 겪는다는 것은 사실과 거리가 한참 멀다. 그보다는 우리가 목소리를 내는 순간 우리 내부에서 부딪침이 일어나면서 바람 비슷한 흐름[112]을 산출하는 일부 입자들이 짜내지게 되는데, 이 짜내짐이 우리에게 들을 수 있는 상태를 제공해 준다고 생각해야 한다.

나아가, 후각도, 청각과 마찬가지로, 만약에 사물로부터 이 감각기관을 자극하기에 알맞은 크기의 어떤 입자들이 전달되지 않는다면, 아무

---

109) '닮은 입자들'(*homoiomeres onkous*)이란 전체의 부분들로서 부분들 서로 간에, 그리고 전체와 닮은 아주 작은 조각들을 말한다. 'homoiomeres'는 아낙사고라스가 모든 사물들은 전체와 닮은 부분들인 미세한 조각들로 구성되어 있다고 주장하면서 사용한 용어다. 청각의 경우에 닮은 입자들로 분산된다고 말하는 이유는 입에서 나가는 소리가 여러 방향에서 들리는 이유를 설명하기 위해서다.

110) 감지작용(*epaisthēsis*)은 단순한 감각(*aisthēsis*)과 구별된다. 누군가가 말할 때 우리는 그의 말소리를 들을 뿐 아니라(감각작용) 그가 무슨 말을 하는지 이해한다(감지작용).

111) 에피쿠로스는 또다시 데모크리토스를 비판한다. 공기는 감각작용의 매체가 될 수 없다는 것이다. 데모크리토스의 청각에 관한 설명은 시각 이론과 같은 노선을 취한다. 그는 "공기는 비슷한 형태의 물체들(*homoioschēmona*)로 조각나서 소리의 입자들과 닮게 된다"고 주장한다(아에티오스, 《학설모음집》, 4권 19장 3절).

112) 필사본의 'pneumatos'(숨결)를 채택한 도란디와 달리 대다수의 편집본들이 선택하는 가상디(Gassendi)의 수정제안인 'rheumatos'(흐름)를 따랐다.

런 감각도 만들어내지 못할 것이라고 생각해야 한다. 그 입자들 중 일부
는 아주 혼란스럽고 후각에 낯선 것들이지만 일부는 질서정연하고113)
친숙한 것들이다. 114)

〔54〕 더 나아가, 원자들은 모양, 무게, 크기, 그리고 원래부터 모양과
연루되어 있을 수밖에 없는 성질들 외에는 감각 대상에 속하는 어떤 성질
도 지니지 않는다고 생각해야 한다. 왜냐하면 모든 성질들은 변하기 때문
이다. 그러나 원자들은 조금도 변하지 않는다. 그 이유는 복합체가 분해되
더라도 단단하고 분해되지 않는 무엇인가 남아 있어야 하기 때문인데, 이
단단하고 분해되지 않는 것으로 인해 복합체의 변화는 무(無)에 이르지도
무(無)로부터 시작하지도 않으며, 대부분의 경우 원자들의 위치가 바뀜
에 따라, 그리고 일부 원자들의 덧붙여짐과 빠져나감에 따라 복합체의 변
화가 가능하게 되는 것이다. 그렇기 때문에 위치가 바뀌는 것들115)은 소
멸하지 않는 것일 수밖에 없고 변화의 본성을 갖지 않는 것일 수밖에 없다.
그리고 그것들은 자신만의 고유한 부분들116)과 형체를 갖는다. 이 부분들
과 형체 역시 그대로 남아 있을 수밖에 없기 때문이다.

〔55〕 우리가 경험하는 사물들은 몸피의 일부가 제거됨에 따라 형체가 변
하더라도 모양은 계속 남아 있는 반면에, 성질들은 모양의 경우처럼 변하
는 사물 속에 남아 있는 것이 아니라 물체 전체로부터 사라진다고 생각된
다. 따라서 어쨌든 무엇인가 남아 있고 그것이 무(無)로 소멸되지 않는다
는 것은 필연적 사실이므로, 남아 있는 것들이 복합체들의 차이를 만들기
에 충분한 것이다.

---

113) '평정하다'라고 번역하는 'atarachos'의 부사형이다.
114) 후각에 낯설고 혼란스러운 입자들은 나쁜 냄새를 만들어낸다.
115) 원자들을 가리킨다.
116) 'onkoi'(부분들)는 53절에서는 '입자들'로 번역하였다.

게다가 감각에 나타나는 사실들에 의해 반증되지 않으려면, 원자들이 온갖 크기를 다 갖는다고 생각해서는 안 된다. 그러나 다양한 크기들이 어느 정도 있다고는 생각해야 한다. 이 사실이 덧붙여질 때 느낌과 감각에 주어지는 것들이 더 잘 설명될 것이기 때문이다. 〔56〕 그리고 성질들의 차이를 설명하기 위해 모든 크기의 원자들이 있을 필요도 없다. 그뿐 아니라 그렇게 되면 눈으로 볼 수 있는 원자들도 우리의 감각에 도달해야 할 터인데, 그런 일이 일어난다고 관찰되고 있지 않을뿐더러 원자를 어떻게 눈으로 볼 수 있을 것인지 생각할 수도 없다.

여기에 덧붙여서, 한정된 물체 안에 부분들이 무한정 들어 있다고 생각해서도 안 되고, 한량없이 작은 부분이 들어 있다고 생각해서도 안 된다.117) 따라서 우리가 모든 것들을 약화시키지 않으려면,118) 그리고 우리가 복합체들을 이해하는 과정에서 있는 것들을 잘게 부수어 남는 것이 없을 때까지 소모해 버리지 않으려면, 더 작은 부분으로 무한히 분할하는 것을 거부해야 할 뿐만 아니라, 한정된 물체들 안에서 더 작은 부분으로 무한히 나아갈 수 있다고 생각해서도 안 된다.

〔57〕 왜냐하면 어떤 것 안에 부분들이 무한정 들어 있다고 말하거나, 크기가 아무리 작은 부분일지라도 들어 있다고 일단 말하게 되면, 어떻게 해서 그것이 한정된 크기를 여전히 가질 수가 있는지 생각할 수 있는 방법이 없기 때문이다. 무수한 이 부분들은 분명히 어떤 크기를 가지며, 그 크기가 아무리 작을지라도 부분들 전체의 크기는 무한할 것이기 때문이다. 그리고 한정되어 있는 것은 극점(極點)을 가지므로119) — 이 극점은 구별은

---

117) 여기서 말하는 두 과정 중 첫 번째 것은 물리적 무한분할의 과정이며, 두 번째 것은 사유에 의한 분할 과정을 가리킨다.

118) 점점 더 작은 크기로 무한정 분할해가게 되면 사물의 물리적 힘을 빼앗는 결과를 초래하게 된다고 에피쿠로스는 생각한다.

119) 어떤 것을 한정하다 보면 더 이상 한정되지 않는 극점에 이르게 된다.

가능하지만 그 자체로는 관찰 불가능하다 — 그다음에 오는 그와 같은 극점을 다시 생각할 수 있고, 그렇게 해서 차례로 앞으로 나아가게 되면 사유에 의해 그런 극점을 무한정 만들어낼 수 있다.

〔58〕 그리고 감각대상의 가장 작은 부분120) 에 대해 우리는 그것이 '자기 내부의' 한 지점에서 다른 지점으로 옮겨감을 허용하는 그런 것이라고 생각해서도 안 되고, 모든 점에서 전적으로 그런 것과 닮지 않은 것으로 생각해서도 안 된다. 그것은 옮겨감을 허용하는 것과 어떤 공통점을 갖지만 그럼에도 부분들로 나눌 수 없는 것으로 생각해야 한다. 그러나 공통점의 유사성 때문에 그것이 부분들로, 즉 한 부분은 이쪽 면으로 다른 부분은 저쪽 면으로 나누어진다고 생각하게 되면, 처음 것과 대등한 또 다른 가장 작은 것이 우리의 시각에 주어져야 한다. 그리고 우리는 이 가장 작은 것들을 처음 것부터 시작해서 차례로 관찰하는 것이지 같은 곳에 있는 그것들을 관찰하는 것은 아니며, 부분들끼리 서로 접촉해 있는 그것들을 관찰하는 것도 아니다. 그러나 우리는 그것들이 자신의 고유한 성격121) 으로 인해 크기를 재는 단위로 작용하는 것을 관찰한다. 즉, 더 큰 물체는 그것들을 더 많이 포함하고 더 작은 물체는 그것들을 더 적게 포함하는 것을 관찰한다. 122)

〔59〕 우리는 이 유비관계가 원자의 최소 부분에도 적용된다고 생각해야 한다. 원자의 최소 부분은 크기가 작다는 점에서 감각을 통해 관찰되는 것과 분명히 다르지만, 그것과 동일한 유비관계를 갖기 때문이다. 원자가 크

---

120) 극점과 같은 의미다.
121) 부분들을 갖지 않으면서도 연장성을 갖는다는 점.
122) 접촉이 가능하려면 접촉할 수 있는 부분들을 가지고 있어야 한다. 극점들 (akra) 자체는 자신의 부분들을 갖지 않으므로 서로 간에 접촉할 수 없지만 연장성을 갖기 때문에 크기의 단위를 형성한다. 어떤 물체가 크다거나 작다고 말하는 것은 그것이 극점들(akra)의 개수를 더 많이 포함한다거나 더 적게 포함한다는 말과 동일하다.

기를 갖는다는 것을 감각적 사물들과의 유비관계에 근거하여 우리가 이미 주장했으니까 말이다. 그러면서 우리는 원자를 감각적 사물들보다 훨씬 작은 것으로 놓았을 따름이다. 나아가, 이 가장 작고 섞이지 않은 것들[123]은 한계들[124]이라고 생각해야 한다. 이 한계들은, 볼 수 없는 것들을 이성으로 관찰할 때, 그것 자체가 일차적 단위가 됨으로써 크고 작은 원자들에 대해 길이를 잴 수 있게 해준다. 변하지 않는 것들[125]에 대해 그것들[126]이 갖는 공통점은 지금까지 주장한 것들을 정당화하기에 충분하기 때문이다. 그러나 그것들이 움직여서 서로 만나는 것은 불가능하다.

〔60〕 나아가서, 무한한 것의 '위'나 '아래'를 마치 가장 위쪽과 가장 아래쪽인 것처럼 주장해서는 안 된다. 물론 우리가 서 있는 데서부터 머리 위쪽으로 무한하게 나아갈 수는 있지만, 가장 위쪽이 결코 우리에게 나타나지 않는다는 것을 우리는 알고 있다. 그리고 추정상의 한 지점 아래로 무한히 나아간 곳이 같은 지점에 대해 아래이면서 동시에 위라고 주장해서도 안 된다. 그것은 불가능한 일이기 때문이다. 따라서 위로 무한히 나아간다고 생각되는 한 가지 이동을 가정할 수 있고, 아래로 무한히 나아간다고 생각되는 한 가지 이동을 가정할 수 있다. 비록 우리로부터 우리 머리 위의 장소들로 이동하는 것이 우리 위쪽에 있는 자들의 발치에 수없이 많이 도달하거나, 우리로부터 우리 아래로 이동하는 것이 아래 있는 자들의 머리에 수없이 많이 도달한다고 할지라도 말이다. 그럼에도 불구하고 이 이동 전체는 한쪽이 다른 쪽과 반대 방향으로 무한히 뻗어간다고 생각된다.

---

123) '섞이지 않은 것들'(amigē)이란 부분들로 이루어지지 않은 것, 즉 나누어질 수 없는 것들을 말한다.
124) '극점들'(akra)이 경험적 사물의 감각 가능한 최소 부분을 가리키는 말이라면, '한계들'(perata)은 원자의 최소 부분들을 가리키는 말이다.
125) '변하지 않는 것들'(ametabola)은 '극점들'(akra)을 가리킨다.
126) '한계들'(perata)을 가리킨다.

〔61〕 나아가서, 원자들이 허공을 통해서 앞으로 이동할 때 맞부딪치는 것이 아무것도 없다면 원자들은 빠르기가 같을 수밖에 없다. 아무것도 그것들과 맞부딪치지 않는 한에서는 무거운 원자들이 작고 가벼운 것들보다 더 빨리 이동하지 않을 것이다. 그리고 작은 원자들이 큰 원자들보다 더 빨리 이동하지도 않을 것이다. 그것들은, 아무것도 그것들과 맞부딪치지 않는 한에서는, 시종일관 자신에게 알맞은 길을 가기[127] 때문이다. 부딪침에 의해 위로 이동하는 경우나 옆으로 이동하는 경우에도 마찬가지이며, 원자들 자신의 무게 때문에 아래로 이동하는 경우도 마찬가지다. 둘 중 어느 한 방향의 이동이 유지되는 동안에는, 그 이동의 빠르기는, 맞부딪침이 있기 전까지는 ― 이 맞부딪침은 바깥으로부터 주어질 수도 있고 타격의 힘에 맞서는 자신의 무게로부터 주어질 수도 있다 ― 사유의 빠르기와 같을 것이다. [128]

〔62〕 더 나아가, 비록 원자들의 빠르기는 같을지라도, 복합체의 경우에는 어떤 원자가 다른 원자보다 빠르다고 사람들은 말할 것이다. 왜냐하면 집합체들 내부의 원자들은 가장 짧은 연속된 시간 동안에 한 장소로 이동하기 때문이다. 비록 이성으로만 관찰 가능한 짧은 시간 동안에는 그것들이 한 장소로[129] 이동하지 않고, 이동의 연속성이 감각 아래 들어올 때까지 자주 서로 맞부딪칠지라도 말이다. 왜냐하면 보이지 않는 것에 대해, 이성으로만 관찰할 수 있는 짧은 시간들도 이동의 연속성을 가질 것이라는 판단이 이런 경우에는 참이 아니기 때문이다. 눈으로 직접 관찰하거나 사유를 통해 이해를 얻는 것만이 참된 것이기 때문에 그렇다.

〔〔47〕 이동하는 물체 자체는 이성으로만 볼 수 있는 시간[130]에라도

---

127) 언제나 같은 속도로 같은 방향으로 움직인다는 뜻이다.
128) 에피쿠로스에게 사유는 원자의 운동이며 모든 운동 중에서 가장 빠른 운동이다.
129) 즉, 같은 방향으로.

하나 이상의 여러 장소131)에 동시에 도달하지도 않으며 — 그런 일은 불가능하기 때문이다 —, 그것132)이 무한한 것133)의 어느 곳에서든 출발해서 감각 가능한 시간에 한꺼번에 도달할 경우에는, 그것은 우리가 그것의 장소 이동을 파악하는 곳으로부터 출발해서 도달하는 것이 아닐 것이다. 사실 그것의 이동은 저항의 가시화된 모습일 것이다. 비록 그 정도에134) 이르기 전까지는 우리가135) 이동의 빠르기가 상호 감쇄되리라고 받아들이지는 않을지라도 말이다. 이 기초 원리도 굳게 붙잡고 있는 것이 유익하다.〕136)

〔63〕 다음으로, 감각과 느낌에 조회할 때 — 그렇게 함으로써 가장 확고한 믿음이 주어질 수 있으니까 — 영혼이 미세한 입자들로 된 물체이며, 이 입자들은 집합체137) 전체에 퍼져 있고, 열이 섞인 바람과 가장 비슷한데, 어떤 점에서는 바람과 비슷하지만 어떤 점에서는 열과 비슷하다는 것을 알아야 한다. 미세함에서 이것들을 훨씬 능가하며 그렇기 때문에 집합체의 나머지와도 더 많이 공감하는138) 제3의 부분139)도 있다. 영혼의 능력들과 느낌들, 원활한 움직임들, 사유작용들, 그리고 우리의 생명을 유지시켜주는 것들140)이 이 모든 것을 분명히 보여 준다. 더욱이 영혼이 감각의

---

130) 아주 짧은 시간을 말한다.
131) 복합물 안에 있는 원자들이 도달하는 복수의 장소들.
132) 원자.
133) 허공.
134) 지각의 한계로 인한 지각 가능한 시간
135) 우리의 감각으로 지각할 수 있을 정도의 속도.
136) 베일리의 편집순서를 고려해서 47절의 일부를 이곳에 다시 실었다.
137) 원자들의 집합체인 몸을 가리킨다.
138) 공감하는(sympathes).
139) 바람도 열도 아닌 이것이 무엇인지는 정확히 알 수 없다.
140) 직역하면, "잃어버리면 우리가 죽게 되는 것들"

가장 큰 원인으로 작용한다는 것을 명심해야 한다. 〔64〕만약 그것이 집합체의 나머지에 의해 어떤 식으로든 감싸여 있지 않다면 그것은 감각을 갖지 못할 것이다. 집합체의 나머지 부분은 비록 영혼에 감각의 원인을 제공할지라도 그 자신도 영혼에서 나오는 부수적 능력[141]에 참여한다. 물론 몸[142]은 영혼이 소유하는 모든 능력들에 참여하지는 않는다. 그렇기 때문에 영혼이 떠나면 몸은 감각을 갖지 못한다. 왜냐하면 몸 자체는 자신 속에 감각의 능력을 소유한 적이 없고, 몸과 동시에 함께 생겨난 다른 것[143]이 몸에게 그것을 제공해왔기 때문이다. 그것은 자신의 내부에서 움직임을 통해 성취되는 능력으로 말미암아 부수적 성질로서의 감각능력을 즉시 스스로 갖추며, 인접해 있음[144]과 상호 공감에 의해, 방금 말했듯이, 몸에도 그 능력을 부여해왔던 것이다.

〔65〕그러므로 영혼이 몸 안에 들어 있는 한, 몸은 자신의 어떤 부분이 제거되더라도 감각을 결코 잃어버리지 않을 것이다. 물론 전체든 어떤 일부분이든 영혼을 감싸는 것(몸)이 와해될 경우에는 영혼의 부분들이 함께 파괴되지만, 영혼이 계속 남아 있다면, 남아 있는 영혼은 감각을 가질 것이다. 그러나 그 수효가 얼마가 되었든 함께 모여서 영혼의 본성을 형성하는 원자들이 떠나 버리면 집합체의 나머지[145]는, 비록 그것이 전체로서든 부분적으로든 계속 남아 있을지라도, 감각을 갖지 못한다. 나아가, 집합체 전체가 와해되면 영혼은 흩어지며 더 이상 이전과

---

141) 부수적 능력(*symptōma*). 감각은 '속성'(*symbebēkos*)이 아니다. 다시 말해서 영혼이나 몸의 존재에 반드시 수반되는 어떤 성질이 아니다. 그것은 영혼과 몸의 결합상태가 산출하는 부수적 성질이다.
142) 구문상으로 주어를 '집합체의 나머지 부분'으로 옮겨야 하지만, 의미를 살려서 알기 쉽게 '몸'으로 옮겼다.
143) 영혼.
144) 영혼과 몸의 입자들이 가까이 인접해 있음을 뜻한다.
145) 몸.

동일한 능력들을 갖지 못하고 움직이지도 않게 되어 결국에는 감각을 소유하지도 못하게 된다.

〔66〕 영혼이 이 결합체[146] 안에서 이 운동들을 하지 않는다면, 그러니까 영혼을 감싸고 보호하는 것이 이런 상태에 있지 않을 때, 즉 몸 안에 영혼이 있으면서 이 운동들을 가진 상태가 아닐 때, 우리는 영혼이 감각을 가진다고 생각할 수 없기 때문이다.[147]

〔67〕 나아가, '비물체적인 것'은 이 용어의 일반적 용법에 따르자면 독립해서 존재한다고 생각되는 것에 적용된다는 점을 또한 주목해야 한다. 그러나 허공을 제외하면 비물체적인 것이 독립해서 존재한다고 생각할 수 없다. 허공은 영향을 줄 수도 없고 받을 수도 없으며, 다만 물체들이 자신을 통과하여 움직이는 것을 허락해 줄 뿐이다. 따라서 영혼을 비물체적인 것이라고 말하는 사람들은 바보 같은 소리를 하는 셈이다. 영혼이 그런 것이라면 영향을 줄 수도 없고 받을 수도 없을 테니 말이다. 그러나 사실, 이 두 가지[148]는 모두 영혼의 부수적 성질로 명확히 구분된다.

〔68〕 그러므로 우리가 영혼에 관한 이 모든 논의들을 느낌(감정)과 감각들에 조회한다면, 그리고 처음에 우리가 말한 것들을 기억한다면, 이 논의들이 개요들 속에 충분히 포함되어 있으며, 따라서 이 논의들에 근거하여 세부적인 것들을 정확하고 확실하게 밝힐 수 있음을 알게 될 것이다.

나아가, 모양과 색깔, 크기, 무게, 그리고 물체의 술어가 되는 그 밖의 모든 것들에 대해서, 말하자면 속성들에 대해서 — 그것들이 모든 물체의 속성들이든 가시적이거나 감각을 통해 알려지는 것들 자체의 속성들이든

---

146) 결합체(*systēma*)는 몸을 가리킨다.
147) 이 문장 다음부터 66절 앞 사이에 외곽주석(*scholion*)이 있는 것을 도란다는 본문에 이탤릭으로 표기해서 실었지만, 이 외곽주석을 본문에 담지도, 언급하지도 않은 대부부분의 편집본과 번역서에 따라 이 번역서에는 싣지 않았다.
148) 영향을 주고 영향을 받는 것.

― 우리는 그것들이 자연물로서 독립적으로 존재한다고 생각해서는 안 된다. 왜냐하면 그것은 상상할 수 없는 일이기 때문이다. 〔69〕 그리고 그 것들이 전적으로 존재하지 않는다고 생각해서도 안 되고, 물체에 부속하는 비물체적인 어떤 것들이라고 생각해서도 안 되며, 물체의 부분들이라고 생각해서도 안 된다. 오히려 물체 전체가 총체적으로 이 모든 속성들로부터 자신의 영속적 본성을 얻는다[149]고 생각해야 한다. 물론 그 영속적 본성이란, 입자들 자체로부터 ― 그것들이 크기의 최초 단위들이든 아니면 어떤 특정한 전체보다 작은 부분들이든 ― 더 큰 집합체가 형성될 때와 같은 방식으로, 속성들이 뭉쳐진 것이라는 뜻은 아니다. 다만, 내가 말했듯이, 물체는 이 모든 속성들로부터 자신의 영속적 본성을 얻을 따름이다. 그리고 이 모든 속성들은 이해되고(epibolē) 구별(dialēsis) 되는 고유한 방식을 가진다. 그러나 그것들은 집합체에 함께 붙어 다니며 결코 분리되지 않지만, 그것들 전체가 사유됨으로써 '물체'라는 술어를 얻게 되는 것이다.

〔70〕 더욱이, 부수적 성질들은[150] 물체에 종종 수반되지만 영속적으로 붙어 다니지는 않는다. 그것들은 비가시적인 것들 축에 들지도 않고 비물체적인 것들도 아니다. 그러므로 일반적 용법에 따라 이 용어를 사

---

149) 물체가 영원하다는 뜻이 아니라, 물체가 존재하는 한 물체의 본성은 존속하며, 그 본성은 물체가 갖는 속성들에 의존한다는 뜻이다.

150) 부수적 성질(symptōma)은 물체(sōma)의 필수적 구성요소가 아니며, 어떤 시간에 물체에 붙어 있을 수도 있고 붙어 있지 않을 수도 있으며, 그것의 있고 없음에 의해 물체의 본질적 성격이 변하지 않는다는 점에서 '속성'(symbebēkota)과 구별된다. 속성들이 이해(epibolē)를 통해 직접 인지될 수 있는 한편, 부수적 성질들은 이해(epibolē)로부터 추리된 것이다. 그런 의미에서 부수적 성질은 물체에 속하는 '이차적' 성질이나 상태, 작용, 사건이라 할 수 있다. 그러나 이러한 성질이나 상태들은 상대적 의미를 갖는다. 이를테면, 색깔은 물체의 부수적 성질이지만 가시적인 것(to horaton)의 속성이 된다.

용하자면 부수적 성질들은 자신들이 붙어 다니는 것 전체 — 우리가 '집합체'라는 뜻으로 이해하면서 '물체'라고 부르는 것— 의 본성을 가지고 있지도 않고, 물체에 영속적으로 붙어 다니는 속성들 — 이것들이 없으면 물체는 사유의 대상이 될 수 없다 — 의 본성도 갖지 않는다는 것을 우리는 분명히 밝힐 수 있다. 그러나 그것들 각각은 집합체에 붙어 다니는 한에서 모종의 이해를 통해 부수적 성질이라 불릴 수 있는데, 〔71〕 그렇지만 부수적 성질들은 영속적으로 물체에 붙어 다니지 않기 때문에 그것들 각각이 실제로 물체에 수반되는 것이 관찰될 경우에만 그러하다. 이 분명한 사실을, 부수적 성질이 자신이 속하는 전체 — 우리가 물체라 부르는 것 — 의 본성을 가지고 있지 않고 영속적으로 붙어 다니는 것들의 본성도 가지고 있지 않다는 이유로, 있는 것으로부터 몰아내어서는 안 된다. 그렇다고 그것을 독립적 존재로 생각해서도 안 된다. 왜냐하면 부수적 성질들에 대해서든 영속적 속성들에 대해서든 그런 일은 상상할 수도 없기 때문이다. 반대로, 분명히 드러났듯이, 모든 부수적 성질들은 물체에 의존한다고 생각해야 한다. 그것들은 영속적으로 붙어 다니는 속성들이 아니고 그렇다고 자연에서 독립적 지위를 갖는 것도 아니라고 생각해야 한다. 오히려 그것들은 감각 자체가 고유한 성격을 갖게 해주는 방식으로 관찰된다.

〔72〕 나아가, 다음과 같은 점에도 많은 주의를 기울여야 한다. 대상[151] 속에서 우리가 탐구하는 다른 모든 것들처럼 시간을 탐구해서는 안 된다. 즉, 우리의 정신이 바라보는 지각들[152] 에 조회함으로써가 아니라, 시간

---

151) 대상(*hypokeimenon*) 은 직역하면 '아래에 놓여 있는 것', 즉 기체(基體) 다.
152) 시간은 그것에 상응하는 지각(*prolepsis*) , 즉 다수의 개별 지각들로부터 얻어지는 정신적인 상(마음의 눈으로 보는 상) 을 갖지 않는다는 점에서 여타의 것들과 다르다. 우리는 모든 종류의 대상들에 대해서 그리고 속성들과 부수적 성질들에 대해서 지각을 갖는다. 예를 들어, 우리는 단단함과 울퉁

의 길고 짧음을 말할 때 기준으로 삼는 명증한 것153) 자체를 취하여 이것을 시간에 적용함으로써 탐구해야 한다. 우리가 다른 것들에게 그렇게 하는 것처럼 말이다. 154) 그리고 '시간' 대신에 다른 용어들이 더 낫다고 생각해서 취해도 안 되고, 그것에 대해서는 현행 용어들을 사용해야 한다. 그것에 다른 어떤 술어를, 그것이 이 고유한 것과 동일한 본질을 갖는 것인 양, 부여해서도 안 된다. 155) (그렇게 하는 사람들이 있기에 하는 말이다.) 〔73〕 우리는 우리가 이 고유한 것과 결부시켜서 시간을 재는 수단으로 삼는 것에만 오로지 특별한 주의를 기울여야 한다. 왜냐하면 이것에 필요한 것은 논증이 아니라 우리가 시간을 낮과 밤과 이것들의 부분들에 결부시키며, 마찬가지로 느낌과 느낌의 부재(무감각)에 결부시키며, 운동과 정지에 결부시킨다는 사실을 헤아려 보는 가운데 이것들의 고유한 어

불통함이 결합된 돌의 지각(*prolēpsis*)을 가지며 이 지각에 조회함으로써 특정한 돌을 인지한다. 그러나 우리는 시간에 대해서는 그렇게 할 수 없다. 왜냐하면 시간에 대한 지각(정신적인 상)을 가질 수 없기 때문이다. 그렇다면 우리는 그것에 대해 어떻게 말할 수 있는가? 우리는 우리의 경험에 대한 시험에 조회해야 한다. 우리는 우리가 낮과 밤에 연루시키거나, 또는 우리의 내적 상태나 운동과 정지의 외적 상태에 결부시키는 무엇인가가 있다는 사실을 인지한다. 우리는 이 직관적으로 명증한 사실(*enargēma*)을 토대로 해서 시간은 이러한 상태들과, 그 자체가 물체의 우연적 성질인 이러저러한 것들에 연루된 특별한 종류의 우연적 사건이라고 주저 없이 결정한다. 사실, 시간은 구체적 사물들의 속성(*symbebēkos*)이나 부수적 성질(*symptōma*)이 아니다. 섹스투스 엠피리쿠스에 따르면 에피쿠로스는 시간을 부수적 성질들의 부수적 성질이라고 주장했다고 한다(《학자들에 대한 비판》, x, 219).

153) 명증한 것(*enargēma*)은 정신작용의 개입 없이 즉각적으로 갖는 인상, 직관적 인식을 가리킨다.

154) 지각된 것의 본성을 결정하는 데 감각소여(감각에 직접 주어지는 것)를 적용하듯이, 시간의 본성을 결정하는 데도 직접적 직관을 사용해야 한다는 것이다.

155) 시간을 특별한 어떤 존재 범주에 넣어서는 안 된다는 뜻이다. 왜냐하면 시간과 유사한 것은 아무것도 없기 때문이다. 시간은 그 자체로 독특한 것이다.

떤 부수적 성질이 우리가 '시간'이라 부를 때 기준으로 삼는 바로 그것임을 재차 염두에 두는 일이기 때문이다(그는 이 이야기를 《자연에 관하여》 2권 에서도 하고 《거대한 분할》에서도 한다).

앞서 말한 것들에 덧붙여 세계들 및 그 안의 모든 복합체들,156) 즉 우리 세계에서 관찰되는 것들과 밀접한 닮음을 가진 복합체들은 무한한 것으로부터 생겨난다고 생각해야 한다. 크든 작든 이 모든 것들은 원자들이 밀집한 고유한 덩어리들157)로부터 떨어져 나온 것이다. 그리고 모든 것들은 다시 분해된다. 어떤 것들은 더 빨리 분해되고, 어떤 것들은 더 천천히 분해되며, 어떤 것들은 이런 원인들에 의해, 어떤 것들은 저런 원인들에 의해 그런 일을 겪는다.

〔74〕 더 나아가, 세계들은 필연적으로 하나의 형태를 갖는다고 생각해서도 안 되며 ··· 158) 왜냐하면 동물과 식물, 그리고 우리가 관찰하는 그 밖의 모든 것들이 결합되어 나오는 씨앗들이 이런 종류의 세계에는 포함되어 있을 수도 있고 없을 수도 있지만, 다른 종류의 세계에는 불가능하다는 것을 아무도 증명하지 못할 것이기 때문이다.

〔75〕 더 나아가 인간 본성은 사실 자체에 의해 온갖 종류의 많은 것들에 대한 가르침을 받고, 사실 자체의 강제를 받아왔다고 생각해야 한다. 그리고 뒤이어 추리력이 본성(자연)으로부터 넘겨받은 것을 발전시키고 새로운 것을, 어떤 것들에서는 더 빨리 어떤 것들에서는 더 늦게, 어떤 기간이나 시기에는 더 많이 어떤 기간이나 시기에는 더 적게, 발견해낸 것이다.

---

156) 천체들을 말한다.

157) 최초에 원자들이 낙하하다가 서로 충동하면서 소용돌이를 일으키고, 그 결과 형성된 뭉치.

158) 비어 있는 이 부분을 베일리는 "그렇다고 모든 종류의 형태를 취한다고도 생각해서는 안 된다. 더 나아가 우리는 모든 세계들에는 생물과 식물, 그 밖에 우리가 이 세상에서 보는 모든 것이 있다고 생각해야 한다"라고 보충했다.

그러므로 이름들도 처음에는 인위적으로 생겨난 것이 아니라, 사람들의 본성이 각 종족마다 고유한 감정을 겪고 고유한 인상을 가짐으로써 이 각각의 감정과 인상에 의해 형성된 공기를 고유한 방식으로 내보낸다. 159) 그 방식에는 종족들이 거주하는 지역들에 따른 차이도 있었을 것이다. 〔76〕 나중에는 종족마다 고유한 이름들이 종족의 구성원들 간에 공동으로 정해지게 되었는데, 이름들의 의미가 서로에게 덜 애매하고 더욱 간결하게 표현되도록 하기 위해서였다. 아직 알려지지 않은 어떤 것들160)의 경우에는 그것들을 알고 있는 사람들이 도입하여 그것들을 표현하는 소리들을 지정해 줄 때, 자연적으로 낼 수밖에 없는 소리들을 지정해 주거나, 추리에 의지하여 가장 일반적인 원인에 따라 선택한 소리들을 지정해 주었는데, 그렇게 함으로써 그 소리들의 의미를 분명히 드러나게 했다.

더욱이, 천체들의 운행과 회귀, 식(蝕)과 뜨고 짐, 그리고 이런 것들에 이어지는 일련의 현상들이, 불멸과 동시에 만복을 누리는 어떤 존재가 그것들을 보살피고, 현재나 미래에 지시함으로써, 일어난다고 믿어서는 안 된다. 〔77〕 (왜냐하면 수고, 걱정, 분노, 호의는 복된 존재와 양립하지 않으며, 이런 것들은 오히려 허약함과 두려움, 그리고 이웃들에 대한 의존에서 생기기 때문이다.) 그런가 하면 뭉쳐진 불덩어리가 지복을 가지고 있으면서 자신의 의지에 따라 이 운동들을 취한다고 믿어서도 안 된다. 그러나 우리는 그와 같은 관념들에 적용되는 모든 용어들 속에 온전한 존엄성을 보존해야 한다. 그렇게 해야 그 용어들로부터 이 존엄성과 모순된 어떤 의견도 생기지 않을 것이다. 만약 그렇게 하지 않는다면, 이 모순성 자체가 영혼들 속에 가장 큰 동요를 제공하게 될 것이다. 그러므로 세계가 생

---

159) 목소리나 말 따위의 발화 과정을 설명하고 있다.
160) 다른 종족들로부터 들여왔거나 처음 발견한 것들을 가리킨다.

겨날 때, 처음에 밀집한 원자들이 방해받는 일이 일어남에 따라 이 필연적 회전이 일어나게 되었다고 보아야 한다.

〔78〕나아가, 가장 중요한 것들에 관한 원인을 정확히 아는 것이 자연학의 일이라고 믿어야 한다. 행복은 여기161)에 있으며, 이 천체현상들에서 관찰되는 본성들이 무엇인지 알고 이것162)을 위한 정확한 앎에 기여하는 모든 것들을 아는 데 행복이 있다고 믿어야 한다.

더욱이, 이처럼 가장 중요한 것들에서는 여러 가지 방식으로 생기거나 뭔가 다른 상태로 있을 수 있는 일이 발생하지 않으며, 불멸적이며 지복적인 본성 속에는 언쟁과 분란을 시사하는 어떤 것도 무조건 들어 있지 않다는 것을 아는 데도 행복이 있다고 보아야 한다. 그리고 우리는 이것이 무조건 그러하다는 것을 사유를 통해서 파악할 수 있다.

〔79〕하지만, 뜨고 짐, 회귀와 식(蝕), 그리고 이런 종류의 모든 현상들에 대한 세부적 탐구163)에 몰두하는 것은 더 이상 앎이 가져다주는 행복에 조금도 기여하지 않는다고 생각해야 한다. 오히려 그런 현상들을 잘 인식하지만 그것들의 본성이 무엇인지, 그리고 그것들의 가장 중요한 원인이 무엇인지 알지 못하는 사람들은 이것들을 전혀 모르는 경우와 마찬가지로 두려움을 갖는다. 어쩌면 두려움이 더 클지도 모른다. 이것들을 인지하게 됨으로써 생기는 호기심이 해결을 보지 못하거나 가장 중요한 것들을 장악하지 못할 때는 말이다.

그렇기 때문에 우리가 천체들의 회귀, 뜨고 짐, 그리고 식(蝕)과 그런 종류의 것들에 대해 더 많은 원인들을 발견하더라도, 세부적 탐구에

---

161) 천체현상들을 정확히 아는 것.

162) 행복.

163) 'historia'(세부적 탐구)는 'physiologia'(자연에 관한 탐구)와는 대조적으로 개별 원인들에 대한 세부적인 탐구를 가리키는 말이다. 'physiologia'는 궁극적 원리들에 대한 앎을 목표로 한다.

서164) 그랬듯이, 〔80〕 이것들에 관한 우리의 탐구가 우리 마음의 평정과 행복에 기여하는 데 충분할 만큼의 정확성에 이르지 못했다고 생각해서는 안 된다. 따라서 천체현상과 감각할 수 없는 모든 것에 관한 원인을 탐구할 때는, 그와 유사한 현상이 우리 곁에서165) 얼마나 다양한 방식으로 일어나는지 주의 깊게 관찰해야 한다. 그것들이 한 가지 상태로만 있거나 생기는 것166)도 인지하지 못하고, 멀리서 감각표상들을 전달하는 것들167)의 경우에 그것들이 여러 방식으로 일어나는 것도 인지하지 못하는 자들을 우리는 경멸해야 한다. 나아가 어떤 조건에서 마음의 평정이 가능하고 어떤 조건에서 불가능한지 모르는 자들도 경멸해야 한다. 그러므로 우리가 그것이 어떤 특정한 방식으로 일어날 수 있다고 생각한다면, 그것이 보다 많은 방식으로 일어난다는 사실을 인지하더라도 특정한 방식으로 일어나는 경우와 마찬가지로 우리는 마음의 평정을 얻을 것이다.

〔81〕 이 모든 것들 일반에 덧붙여, 인간의 영혼에 가장 영향력이 큰 동요가 생기는 것은 천체들이 복되고 불멸적인 것이라고 생각하면서, 동시에 그것들이 이와 모순되는 의지나 행위나 원인들을 갖는다고 생각하는 데 있다는 사실을 알아야 한다. 그뿐 아니라 신화들로 인해서, 또는 죽은

---

164) 퓌토클레스에게 보낸 편지가 포함하는 것과 같은 종류의 탐구를 가리킨다. 이 탐구는 더 많은 진전을 본 제자들에게 익숙한 것이다.

165) 즉, 지상에서.

166) 지상의 현상들.

167) 감각에 직접 드러나지 않는 것(adēlon)의 첫 번째 부류로, 명증한 것(enargema)을 얻을 수 있을 만큼 충분히 가까이 있지 않은 천체현상들을 가리킨다. 경멸해야 할 사람들이란, 유비에 의한 추리 없이 단순히 눈에 들어오는 천체현상에 만족하며, 태양은 매일 새롭게 뜬다는 헤라클레이토스의 이론을 고찰해 보지 않고 태양은 지구 주위를 돈다고 말하는 것으로 만족하는 일상인들을 말한다.

상태의 무감각함 자체가 마치 자신들과 관계가 있기라도 한 듯이 두려워 함에 따라, 영원히 계속되는 어떤 고통을 예상하거나 우려하는 데서 생기 기도 하며,168) 의견들에 의해169) 서가 아니라 불합리한 어떤 표상작 용170)에 의해 그런 심리 상태를 겪는 데서 생기기도 한다. 따라서 사람들 은 두려움을 규정하지 않기 때문에 의견에 의지하여 그런 생각을 하는 경 우만큼의 동요를 겪거나 그보다 더 강력한 동요를 겪는다. 〔82〕 그러나 평정(ataraxia)은 이 모든 것들로부터 벗어나는 것이며, 일반적이고 가장 중요한 것들에 대한 지속적인 기억을 가지는 것이다.

따라서 우리는 주어져 있는 느낌들과 감각들에 주의를 기울여야 한다. 공통적인 것에 관해서는 공통적 감각들에, 개별적인 것에서는 개별적 감각들에, 그리고 각각의 기준에 따라 주어져 있는 모든 명증한 것에 주 의를 기울여야 한다. 이것들에 우리가 마음을 기울이면, 동요와 두려움 이 어디서 생기는지 올바르게 추적하게 될 것이고 천체현상들에 관하여, 그리고 매번 우리에게 닥치는 그 밖의 모든 것들에 관해 설명함으로써, 다른 사람들에게 극도의 두려움을 느끼게 하는 그 모든 것들로부터 벗어 날 것이기 때문이다.

헤로도토스여, 이상이 일반적 원리들의 본성에 관한 가장 핵심적인 내 용으로 자네를 위해 요약한 것이네. 〔83〕 이 설명이 정확하게 견지된다 면, 비록 세부적인 정확한 모든 내용들에까지 나아갈 수 없는 사람일지 라도 다른 사람들과는 비교할 수 없을 만큼의 강인함을 가질 수 있도록 요약한 것이다. 나는 그가 우리의 전체 학설체계의 세부적인 정확한 내

---

168) 문장의 주어는 '인간의 영혼에 가장 영향력이 큰 동요'이다.

169) 의견들에 의해(doxais), 즉 의견들이 현상들로부터 추리해낸 결과들에 의 거하여.

170) 현상으로부터의 추리에 근거를 두지 않는 상상, 즉 사유 속에서 상(像)을 왜곡되게 떠올리는 것을 뜻한다.

용들의 많은 부분을 스스로 명확하게 해결할 것이라고 생각하기 때문이다. 그리고 바로 이 개요를 명심한다면 그것이 자네에게 지속적으로 도움을 줄 것이네.

이 개요는, 세부적 내용에 이미 상당히 정확한 이해에 이른 사람들이나 완전한 정도에까지 이른 사람들도 자신이 알고 있는 것을 이와 같은 원리들의 이해로 이끌어감으로써 전체의 본성에 관한 연구 대부분을 수행할 수 있게 되는, 그런 것이다. 다른 한편, 완전한 단계로 나아가는 사람들 가운데 아직 충분하지 않은 사람들은 구술강의 없이도 이 개요에 의지하여 마음의 평온을 얻는 데 가장 중요한 것들에 관한 연구를 사고와 같은 빠르기로 수행할 수 있다.

이것이 자연적인 것들에 관한 그의 편지이고, 천체현상에 관한 편지는 다음과 같다.

에피쿠로스가 퓌토클레스에게 안부를 묻는다.

〔84〕 클레온이 자네의 편지를 나에게 전해 주었네. 이 편지에서 자넨 자네에게 쏟는 나의 관심에 값하는 우의의 정을 나에게 계속 보여 주고 있고 복된 삶으로 이끄는 논의들을 확실하게 기억해 두려 노력하고 있네. 그리고 자네는 자네가 쉽게 기억할 수 있게끔 천체현상에 관한 논의의 간결한 개요를 보내 달라고 요청했네. 다른 책에서 내가 쓴 것들은, 그것을 자네가 늘 지니고 다니지만, 기억하기가 어렵기 때문이라고 자네가 말했지. 나는 자네의 요청을 기꺼이 수락했고 즐거운 기대로 충만했네. 〔85〕 그래서 나머지 집필을 내가 모두 마쳤으므로 자네가 요구한 것을 완결짓도록 하겠네. 이 논의들은 다른 여러 사람들에게도 유익할 것이며, 특히 진정한 자연탐구를 새로 맛보게 된 이들과 일상적인 어떤 업무에 아주 깊숙이 얽매여서 여가가 없는 자들에게 유익할 것이네. 그러므로 자네는 이것을 잘 붙

잡도록 하게. 그리고 기억 속에 담아 두고 내가 헤로도토스에게 보낸 편지에서 짧은 개요 형태로 된 나머지 것들과 함께 치열하게 연구하게.

먼저, 다른 모든 것들에 관한 앎에서와 마찬가지로, 천체현상에 관한 앎에 — 그 현상이 다른 학설들과 연관해서[171) 다루어지든 그것 자체만으로 다루어지든 — 평정과 군센 확신 이외의 다른 어떤 목적이, 있다고 생각해서는 안 되네. 〔86〕 불가능한 설명을 억지로 밀어붙여서도 안 되고, 모든 문제에 삶의 방식들에 관한 논의[172) 나 자연에 관한 다른 모든 문제들[173) 의 해결에서와 유사한 이론을 적용해서도 안 된다. 해결을 제시하는 설명으로 이를테면 모든 것(우주) 은 접촉할 수 없는 본성의 것[174) 과 물체들로 이루어져 있다거나 원소들은 쪼갤 수 없는 것이라거나, 현상들과 일치하는 설명이 한 가지밖에 없는 경우[175) 에서 이와 같은 모든 진술들을 들 수 있다. 그러나 이것은 천체현상에는 해당되지 않는다. 천체현상은 발생하는 원인이 한 가지 이상이며 그것의 존재(ousia) 에 부여되는 감각과 일치하는 술어도 한 가지 이상이다. 우리는 공허한 가정이나 인위적 원리들에 의지하여 자연을 탐구해서는 안 되고, 감각에 나타나는 것(현상) 이 요구하는 대로 탐구해야 한다. 〔87〕 우리의 삶은 이제 불합리와 공허한 의견을 필요로 하지 않기 때문이다. 오히려 우리는 동요 없이 삶을 필요로 하기 때문이다. 그래서 감각에 나타나는 것(현상) 들에 일치하면서 여러 가지 방식으로 설명되는 모든 것들에 관해서 우리가, 마땅히 그래야 하듯이, 그것들에 관한 그럴듯한 이론들을 받아들일 때,

---

171) 자연학, 윤리학과 같은 학설체계 전체 내에서 다른 분야의 학설들과 연관해서.
172) 윤리학 분야를 가리킨다.
173) 지상 우주의 궁극적 구성과 관련해 위의 현상들과 감각할 수 없는 것들의 문제들을 가리킨다. 두 가지 문제 모두 올바른 설명은 한 가지뿐이다.
174) 허공을 가리킨다.
175) 즉, 감각의 증거와 일치하는 방식이 한 가지밖에 없는 경우.

모든 것들은 흔들림 없이 진행된다. 그러나 우리가 그것들 가운데 어떤 이론은 받아들이는 반면에, 똑같이 현상에 일치함에도 다른 이론은 거부할 때, 우리는 자연에 관한 연구로부터 완전히 벗어나 신화로 떨어지게 되는 것은 분명하다. 하늘에서 일어나는 현상들에 관한 표시를 지상의 현상들 가운데 하나로부터 우리는 얻을 수 있다. 지상의 현상들은 그것들이 어떻게 발생하는지 관찰되지만 천체현상들은 그렇지 않다. 천체현상들은 여러 가지 방식으로 발생할 수 있기 때문이다. 〔88〕 그렇기는 하지만 이 현상들 각각의 감각표상을 주목해야 하며, 176) 이것과 연루되어 있는 것들177)에 대해서는 발생 원인이 여럿이라고 해도 우리들 편에서 일어나는 것들(지상의 현상들)에 의해 반증되지 않는 것들을 따로 구별해 내야 한다.

세계는 별들과 땅(지구)과 모든 현상들을 포함하는 하늘의 한계지어진 부분이다. 그것은 무한한 것으로부터 잘려 나온 것이며, 경계에서 끝난다. 그 경계는 느슨할 수도 있고 촘촘할 수도 있으며 회전하고 있을 수도 있고 정지 상태에 있을 수도 있으며, 둥글거나 삼각형이거나 다른 어떤 모양일 수도 있다. 이 모든 방식들이 가능하기 때문이다. 그 경계를 파악하기가 불가능한 이 세계 내의 어떤 현상도 그 가능성을 반증하고 있지 않기 때문이다.

〔89〕 그와 같은 세계들이 무수히 많다는 것은 이해 가능한 일이며, 그런 세계가 또 다른 세계 내에서든 세계 중간178)에서든 생겨날 수 있다는

---

176) 태양과 달은 실제로 우리 눈에 보이는 크기와 같다는 에피쿠로스의 이론이 이 원칙의 좋은 사례이다. 감각(aisthēsis)은 우리에게 현상에 대한 실제 정보를 제공해 주므로 그 이면으로 들어가야 할 이유가 없다는 것이다.

177) 의견들(prosdoxazomena)을 가리킨다. 천체현상을 다룰 때 우리는 참일 수도 있는 의견들을 확실히 참이거나 확실히 거짓인 의견들로부터 구별해야 한다.

178) 세계 중간(metakosmioi). 우주 내에는 온갖 형태의 세계들이 있기 때문에

것 역시 이해 가능한 일이다. 세계 중간이란 세계들의 가운데 지역을 말한다. 그곳은 허공이 많은 장소이지, 일부의 사람들이 주장하듯이, 순수하고 비어 있는 광대한 곳은 아니다. 세계는 적당한 어떤 씨앗들이 하나의 세계로부터 또는 세계 중간으로부터 또는 여러 세계들로부터 몰려들 때, 그것들이 조금씩 덧붙여지고[179] 분절화되며[180] 다른 장소로 위치를 바꿈[181]으로써 — 그런 일이 일어난다면 —, 그리고 적절한 공급원으로부터 관개(灌漑)[182]가 이루어지게 함으로써 생긴다. 이 관개는 아래에 놓인 바탕들[183]이 관개를 받아들일 수 있는 한, 완전하고 안정된 상태에 이를 때까지 계속된다. 〔90〕 왜냐하면, 사람들이 보통 필연적이라고 생각하듯이, 하나의 세계가 생겨날 수 있는 허공에 원자들의 집결이나 소용돌이만 생겨서 세계가 되는 것은 아니고, 자연학자라 불리는 사람들 가운데 누군가가 주장하는 것처럼 하나의 세계가 다른 세계와 충돌할 때까지 자라날 수도 없기 때문이다. 그런 일은 현상들과 상충하기 때문이다.

해와 달과 다른 모든 별들은 자기 스스로 생겨난 뒤에 이 세계에 포함된 것이 아니다. 그것들은 처음부터[184] 형성되기 시작해서 미세한 부분들로 된, 바람 같거나 불 같거나 둘 다와 같은, 어떤 자연물들의 누적과 선회운

세계들 사이에는 간격들이 있을 수밖에 없으며, 이 간격들에서 새로운 세계가 형성된다. 에피쿠로스는 이 중간 지역을 신들이 거주하는 곳으로 놓았다.
179) 사물들을 만들어내는 물질들이 나란히 놓이며 덧붙여지는 것을 말한다.
180) 유기체들을 형성하는 과정을 말한다.
181) 불의 성질을 갖는 것들은 하늘로 이동하며 거기서 천체와 에테르를 형성하게 된다.
182) 'epardeuseis'는 단순히 액체로 된 재료의 공급을 뜻하는 것이 아니라 적절한 방면에 적합한 재료의 지속적인 공급을 뜻한다.
183) 세계 형성의 토대가 되는 원자적 기초, 즉 결합하여 사물들을 형성하는 원초적 핵과도 같은 것이다.
184) 세계가 생겨나기 시작하면서부터.

동들에 의해서 자라났다. 이것들이 그러하다고 감각이 시사해 주고 있기 때문이다.

〔91〕해와 다른 모든 별들의 크기는 우리와의 관계에 따른 것으로 우리에게 나타나 보이는 만큼 크다. 그리고 그것 자체로는 우리 눈에 보이는 것보다 조금 더 크거나 더 작거나 같은 크기다. 왜냐하면 우리에게 있는 불도 멀리 떨어져서 관찰하게 되면 감각에 의해 그렇게 관찰되기 때문이다. 그리고 자연에 관한 책185)에서 내가 보여 준 것처럼, 누구든 명증한 것들에 주의를 기울인다면 이 부분에 대한 모든 반론은 쉽게 해소될 것이다. 〔92〕해와 달과 다른 모든 별들의 뜨고 짐은 점화(點火)와 소화(消火)로 인해 발생할 수 있다. 186) 뜨고 지는 두 장소 각각의 상태가 앞서 말한 결과187)를 산출할 수 있을 만한 조건에 있을 때 말이다. 왜냐하면 현상들 가운데 어떤 것도 이것을 반증하지 않기 때문이다. 앞서 말한 결과는 땅(지구) 위로 그것들의 나타남과 그것들 사이에 다시 땅의 끼어듦에 의해서도 산출될 수 있을 것이다. 188) 왜냐하면 현상들 가운데 어떤 것도 이것을 반증하지 않기 때문이다. 그것들의 운동은 전체 하늘의 회전에 의해 발생할지도 모른다. 아니면 하늘은 정지해 있고 그것들이, 세계가 생겨날 때 처음에 산출된 떠오름으로 향하는189) 필연성에 의해, 회전하여, 〔93〕인접한 장소들로 언제나 나아가는 불의 어떤 확산에 따라 과도한 열에 의해 … 한 것일지도 모른다. 190) 해와 달의 회귀는 하늘의 기울어짐에 의해 발생할 수 있

---

185) 11권을 가리키는 것으로 보인다.

186) 헤라클레스와 크세노파네스, 그리고 키오스의 메트로도로스의 견해이기도 하다.

187) 점화와 소화.

188) 당시의 철학자들은 땅은 구형이며 태양은 야간에 땅 아래로 통과하기 때문에 모습을 드러내지 않는다고 생각하지 못했고, 낮 동안에 태양은 남쪽 하늘 주위를 운행하다 밤에는 북쪽의 높은 대지 뒤를 통과한다고 생각했다.

189) 이 번역 외에 "동쪽으로 향하는"이나 "동쪽에서 일어난"으로 한 번역도 있다.

190) "과도한 열에 의해"로 번역한 부분은 OCT본에 의한 것인데, 이는 사본의

다. 하늘은 그 시기에 그렇게 되도록 강요받기 때문이다. 공기의 반작용에 의해서도 회귀가 똑같이 발생할 수도 있고, 매번 가까이 있는 적절한 연료가 연소(燃燒) 되고 이전 것은 버려짐으로써 발생할 수도 있으며, 처음부터 그와 같은 회전이 이 별들에게 주어져 있어서 일종의 소용돌이 모양으로 움직이게 되어 있기 때문에 발생할 수도 있다. 왜냐하면 이러한 설명들과 이 비슷한 종류의 설명들은 모두 명증한 것들과 조금도 상충하지 않기 때문이다. 우리가 그와 같은 세부적 사항들과 관련해서 가능성이 있는 설명을 고수하고, 천문학자들의 노예적191) 술책들을 두려워함 없이 이 설명들 하나하나를 현상들과 일치하는 쪽으로 귀착시킬 수 있다면 말이다.

〔94〕 달이 기울고 다시 차는 것은 달 자체의 회전에 의해 발생할 수도 있고, 공기의 배치 상태에 의해서도 마찬가지로 발생할 수 있으며, 나아가 다른 물체들의 끼어듦에 의해서도 발생할 수 있다. 요컨대 달이 기울고 차는 것은 우리에게 나타나는 것(현상)들이 우리를 이 모습192)에 대한 설명들로 이르게 하는 모든 방식으로 발생할 수 있다. 하나의 설명방식을 반기면서 다른 모든 설명들은 근거 없이 거부하지 않는다면 말이다. 그처럼 거부하게 되는 이유는 인간이 관찰할 수 있는 것이 무엇이고 관찰할 수 없는 것이 무엇인지 고려하지 않기 때문이고, 그렇기 때문에 관찰할 수 없는 것을 관찰하기를 원하는 데서 그렇게 되는 것이다. 나아가, 달은 자기 자신으로부터 빛을 얻을 수도 있고 태양으로부터 빛을 얻을 수도 있다. 〔95〕 왜냐하면 지상에서 관찰되는 것들 중에서도 자기 자신으로부터 빛을 얻는 것들이 많이 있고 다른 것들로부터 빛을 얻는 것들도 많이 있기 때문이다.

훼손된 부분을 일부 수정한 것이다. 도란디는 그 수정된 부분의 훼손된 상태의 원문이 'ep' anatolētē'인 것으로 보고, 수정 없이 훼손된 것으로만 표시했다.

191) 에피쿠로스처럼 여러 가지 가능성을 열어 놓지 않고 한 가지 설명만을 고수한다는 의미에서 그렇다.

192) 달이 기울고 차는 현상.

그리고 천체현상들 가운데 아무것도 이 설명들에 방해가 되지 않는다. 다만 여러 가지 설명방식을 언제나 기억하고 현상에 일치하는 가정들과 원인들을 함께 고찰하는 한편, 일치하지 않는 것들에 눈길을 주면서 그것들을 아무 근거도 없이 중요하게 여겨 경우마다 다른 방식으로 한 가지 설명에만 기울어지지 않는다는 조건에서 그렇다. 달 표면의 모습은 달의 부분들의 변화에 따른 것일 수도 있고 무엇인가의 끼어듦에 따른 것일 수도 있으며, 현상들과 일치하는 것으로 관찰될 수만 있다면 어떤 방식이든 가능하다. [96] 왜냐하면 모든 천체현상들에 관해서는 이와 같은 방법이 포기되어서는 안 되기 때문이다. 만약에 우리가 명증한 것들과 싸운다면, 우리는 결단코 진정한 마음의 평정에 참여할 수 없을 테니까 말이다.

일식과 월식은 불의 꺼짐에 의해서도 발생할 수 있다. 지상에서 그런 일이 발생하는 것을 우리가 관찰하는 것과 꼭 마찬가지다. 더 나아가, 다른 어떤 물체들의 끼어듦에 의해서, 또는 땅(지구)이나 그런 종류의 보이지 않는 다른 무엇인가의 끼어듦에 의해서도 발생할 수 있다. 그리고 이런 식으로 서로 잘 들어맞는 설명방법들을 함께 고찰해야 하며, 몇 가지 일이 동시에 같이 일어나는 것도 불가능하지 않다는 것을 깨달아야 한다 (그는 《자연에 관하여》, 12권에서 이 말을 하며, 이에 더해 일식은 달이 그림자를 드리울 때 일어나지만, 월식은 땅이 드리우는 그림자뿐만 아니라 달이 물러남에 따라서도 일어난다. 이 말을 에피쿠로스학파의 디오게네스도 그의 《선집》, 1권에서 했다).

[97] 나아가, 천체들의 주기의 규칙성은 지상에서 일어나는 사건들의 일부가 그런 것과 같은 방식으로 이해해야 한다. 그리고 이를 위해서 신적 존재를 끌어들여서는 안 된다. 오히려 신적 존재는 공공봉사(aleitourgētos)에서 벗어나 완전히 복된 상태에 머물게 해야 한다. 만약 그렇게 하지 않는다면 천체현상에 관한 모든 원인 설명이 공허해질 것이기 때문이다. 가능성 있는 설명방식을 고수하지 않는 일부 사람들에게 이미 그런 일이 있었던

것처럼 말이다. 이들은 천체현상들이 한 가지 방식으로만 일어난다고 생각하고 가능성 있는 방법에 일치하는 다른 설명들을 모두 내버림에 따라, 사유될 수 없는 것[193]에로 이끌려가서 우리가 표시로 받아들여야 하는 현상들을 함께 고찰할 수 없게 됨으로써, 공허함에 빠졌던 것이다.

〔98〕 밤과 낮의 길이가 변하는 것은 땅 위로 지나가는 해의 운동이 빨라졌다가 다시 느려지기 때문일 수도 있는데, 그 이유는 해가 지나는 장소들의 길이가 달라서 어떤 장소들은 더 빨리 지나가거나 더 늦게[194] 지나가기 때문이다. 이것은 지상의 것들 일부에서 관찰되는 방식과 같은데, 이와 일치하는 방식으로 우리는 천체현상에 관해 말해야 한다. 그러나 하나의 방법만 채택하는 사람들은 현상들과 싸우는 것이며 인간에게 고찰이 어떻게 가능한지에 대해 잘못을 범하는 것이다.

기후의 징후들은, 우리가 잘 아는 지상의 동물들에서 볼 수 있는 것과 마찬가지로, 적절한 시기들이 때마침 일치함에 따라 주어질 수도 있고, 공기(대기)의 변질이나 변화에 의해 주어질 수도 있다. 실제로 이 두 가지 설명방식은 모두 현상들과 싸우지 않는다. 〔99〕 그러나 어떤 경우들에 대하여 전자 혹은 후자가 원인이 되는지는 알 수 없다.

구름은 바람의 압축으로 공기(대기)가 조밀해짐에 의해 생기고 모여들 수도 있고, 서로 결속하여 이러한 결과를 가져오기에 적합한 원자들의 뒤얽힘에 의해서도, 그리고 땅과 물들로부터 나오는 흐름들의 모임[195]에 의해서도 그럴 수 있다. 그 밖에도 여러 가지 방식에 의해 이와 같은 것들이 구름을 형성하게 되는 일이 불가능하지 않다. 그런데 일단 구름이 형성되면 구름에서 비가 만들어지는데, 어떤 경우에는 구름들이 겹쳐져 압축됨

---

193) 머릿속에 있는 지각(prolēsis)과 일치하지 않는 것을 말한다.
194) 이 부분의 텍스트 편집이 각기 다른데, 본문의 번역은 OCT의 편집을 따랐다.
195) 강, 바다, 땅으로부터 나오는 물의 입자들이 공기로 흘러들어 구름을 형성한다.

으로써 만들어질 수 있고, 어떤 경우에는 구름들이 변화를 일으킴으로써 만들어질 수가 있다. 〔100〕 그뿐 아니라 적절한 장소들로부터 공기를 통해 움직이는 바람들이 아래로 이동함으로써 만들어질 수도 있다. 더 거센 호우는 그와 같은 장대비를 만들기에 적합한 일단의 집적물들로부터 생긴다. 천둥은, 우리가 사용하는 항아리 속의 바람이 소리를 내듯이,[196] 구름의 빈 부분 속의 바람에 의해 발생할 수도 있고, 구름 속에서 불이 바람으로 부풀려지면서 내는 소리에 의해 발생할 수도 있으며, 구름이 파열되고 갈라짐에 의해서, 그리고 얼음처럼 굳어진 구름들의 마찰과 쪼개짐에 의해 발생할 수도 있다. 천체현상 일반에 대해서든 세부적 사항에 대해서든 현상들은 우리에게 여러 가지 설명방식을 제시하게끔 요구한다. 〔101〕 이와 마찬가지로 번개도 여러 가지 방식으로 생겨난다. 구름들이 서로 마찰을 일으키거나 충돌에 의해 불을 만들어내는 형태의 것(원자)이 빠져나오면서 번개를 산출한다. 섬광을 가져오는 그와 같은 물체들이 바람에 의해 구름 밖으로 분출됨에 의해서도 번개가 생기며, 구름들이 서로에 의해서든 바람에 의해서든 압축될 때 그런 물체가 구름으로부터 분출됨에 의해서도 생긴다. 별들로부터 발산된 빛이 구름으로 감싸인 뒤에 구름과 바람의 움직임에 의해 몰림을 당하다가 구름을 뚫고 빠져나옴에 따라서도 생긴다. 또는 가장 미세한 입자로 된 빛이 구름을 통과하면 걸러짐에 의해서 발생하기도 하며(이 경우에 구름은 불에 의해 점화되고 불의 움직임으로 인해 천둥이 발생한다) 움직임의 긴장과 강한 압축으로 인해 바람이 연소(燃燒)됨에 의해서도 발생한다. 〔102〕 또는 구름이 바람에 의해 파열되어 불을 만들어내며 번개가 나타나게 하는 원자들이 빠져나옴에 의해서도 발생한다. 우리가 현상들을 언제나 고수하고 그것들과 닮은 것을 함께 고찰할 수 있다면, 번개가 다른 여러 가지 방식으로도 발생한다는 것을 쉽게

---

196) 입이 좁은 항아리 속으로 바람을 불어넣을 때 소리가 나는 것과도 같다.

이해할 수 있을 것이다. 번개는 천둥보다 앞선다. 구름들이 앞에서 말한 바와 같이 형성될 때, 바람이 구름 속으로 돌입하는 것과 동시에 번개를 산출하는 원자들이 밖으로 몰려나오며, 그리고 나서 바람이 선회하며 천둥을 만들어내기 때문에 그렇다. 그리고 둘 다 동시에 발생하지만 번개가 더 맹렬한 속도로 우리에게 움직이고 천둥은 뒤처지기 때문에 그럴 수도 있다. 〔103〕이것은 일단의 사람들이 무엇인가에 타격을 가하고 있고 그것이 멀리서 관찰되는 경우와도 같다.

벼락은 바람이 많이 모이고 압축되어 강력한 발화가 일어나 그것의 일부가 파열되면서 더욱 강력하게 아래의 장소들로 떨어져 내림으로 말미암아 발생할 수 있다. 파열이 일어나는 이유는 구름들의 압축으로 인해 인접 장소들이 더 빽빽한 상태가 되기 때문이다. 선회하는 불의 떨어져 내림 자체에 의해서도 벼락이 발생할 수 있다. 이것은 불이 더욱더 커지고 바람을 받아 더욱 맹렬해져서 구름을 찢을 때 천둥이 발생할 수 있는 것과 마찬가지다. 불이 구름을 찢게 되는 이유는 구름들이 서로 계속 압축을 받는 관계로 구름들 속의 인접 장소로 물러날 수가 없기 때문이다. 〔104〕그 외에도 여러 가지 방식으로 벼락이 만들어질 수 있다. 다만 신화를 동원한 설명은 배척해야 한다. 우리가 현상을 충실히 따르면서 이것들을 표시로 삼아 눈으로 볼 수 없는 것들에 대해서 추리한다면 신화를 멀리할 수 있을 것이다.

회오리바람은 구름이 모여든 바람에 의해 떼밀리고 강한 바람에 의해 옮겨지면서, 동시에 외부의 바람이 그 구름을 옆으로 밀어붙임에 따라 아래 장소들로 기둥모양으로 하강함에 의해 발생할 수 있다. 또한 어떤 공기가 위로부터 아래로 떠밀려질 때, 바람의 운동이 둥글게 일어남에 의해서도 회오리바람이 발생할 수 있다. 그리고 바람의 강력한 흐름이 발생하여 주변 공기가 압축됨으로 인해 옆으로 흘러갈 수 없을 때 발생할 수 있다. 〔105〕회오리바람이 지상까지 내려올 때, 바람의 움직임에 따라 발생할 수 있는 온갖 방식으로, 돌풍들이 발생한다.

지진은 땅속에 바람이 갇혀 땅의 작은 덩어리들 옆에 나란히 놓여서 지속적으로 움직임으로써 — 그렇게 해서 땅에 흔들림을 제공할 때 — 발생할 수 있다. 땅은 이 바람을 외부로부터 받아들이거나, 땅바닥이 동굴 같은 장소들로 무너져 내리면서 그 속에 붙잡혀 있던 공기를 부채질하여 바람을 일으킨다. 큰 덩어리의 땅바닥들이 무너져 내림에 따라 일어나는 움직임의 전달 자체로 인해, 그리고 그 움직임이 더 밀도가 높고 더 견고한 땅의 부분들과 마주칠 때 일어나는 반작용197) 자체로 인해 지진이 발생할 수도 있다. 〔106〕 그 외에 여러 가지 방식으로 땅의 이러한 움직임들이 일어날 수 있다.

바람은 때때로 무엇인가 이질적인 것들이 끊임없이 조금씩 공기 속을 파고들 때 발생하며, 많은 양의 물이 한데 모임에 의해서도 발생한다. 그러나 그 밖의 바람은 적은 양의 공기가 비어 있는 여러 곳들로 떨어져서 퍼질 때 발생한다.

우박은 바람 같은 형태의 어떤 입자들이 사방에서 모여들어 부서질 때 그것들이 더욱 심하게 응결됨으로써 만들어지며, 물 같은 형태의 입자들이 더 온건하게 응결됨과 동시에 부서짐으로써 만들어지기도 한다. 이 응결과 부서짐은 물 같은 형태의 입자들을 응집시키는 동시에 분리시키며, 그 결과 그것들은 부분적으로도 응결되고 전체 덩어리로도 응결된다. 〔107〕 우박이 둥근 형태를 가지는 것은 모든 방면의 모서리들이 녹기 때문이거나, 사람들이 말하는 바처럼, 우박이 형성될 때 물 같은 입자들이든 바람 같은 입자들이든 입자들이 모든 부분에서 고르게 모든 방면으로부터 모여들기 때문일 가능성이 있다.

눈은, 적합한 구름들이 강력한 바람에 의해 계속 압박받음에 따라 미세

---

197) 땅바닥이 함몰할 때의 충격은 움직임을 만들어내고 그 움직임은 퍼져나가다가 암석이나 견고한 물질로 된 부분에 도달하면 저항을 받게 된다.

한 물 입자가 알맞은 구멍들을 통해 구름 밖으로 쏟아져 나오고, 이 쏟아져 나온 물이 아래로 내려오는 동안 구름보다 낮은 지점에서 강력한 어떤 냉각작용으로 인해 응결될 때, 만들어질 수 있다. 이와 같은 낙하는 고르게 희박한 구름 속에서 응결이 이루어짐으로써 발생할 수도 있는데, 물기를 지닌 구름들이 인접하여 서로를 압박할 때 이 구름들로부터 낙하가 발생하는 것이다. 이 구름들은 일종의 압축을 일으킴으로써 우박을 만들어내며, 그런 일은 특히 봄에 발생한다. 〔108〕 그리고 응결된 구름들의 상호 마찰로 인해 눈의 이 뭉치가 떨쳐질 수 있을 것이다. 그 외에도 여러 가지 방식으로 눈이 만들어질 수 있다.

이슬은 이와 같은 수분을 만들어낼 수 있는 입자들이 공기로부터 나와 서로 만남으로써 만들어진다. 이슬이 주로 만들어지는 곳인 습한 장소나 물이 있는 장소에서 물 입자가 올라가고, 이어서 이것들이 한 군데로 모여서 습기를 만들어낸 다음 다시 아래 장소로 이동함으로써 만들어지기도 한다. 이것은 지상의 여러 가지 것들에 관해서도 그와 같은 현상이 마찬가지로 관찰될 수 있는 것과 같다. 〔109〕 그리고 서리는 이 이슬이 차가운 공기의 어떤 상태로 인해 모종의 응결을 겪을 때 만들어진다.

얼음은 둥근 형태의 입자가 물에서 짜내지고 물속에 있는 울퉁불퉁하고 날카로운 입자들이 압축됨으로써 만들어지기도 하고, 이런 종류의 입자들이 외부에서 덧붙여짐에 의해서도 만들어지는데, 이 입자들이 둥근 입자들을 어느 정도 짜내고 나서 압축됨으로써 물에 응결을 제공하기 때문이다.

무지개는 태양이 습한 공기에 빛을 비춤으로써 생기거나, 빛과 공기의 특이한 결합으로 인해 생긴다. 이 결합은 모두 한꺼번에든 하나씩이든 색깔들의 고유한 성질들을 만들어낸다. 이 결합이 빛을 반사할 때 그로부터 공기의 주변은, 주변의 부분들이 빛이 비추어짐에 의해, 우리가 관찰하는 바와 같은 이 색깔을 갖게 될 것이다. 〔110〕 무지개가 이렇게 둥글게 나타나 보이는 것은 그것이 모든 방면으로부터 같은 거리에서 관찰되기 때문이거나, 198) 공기 속의 원자들이나 같은 공기로부터 나오는 구름 속의 원자들이 그와 같은 합쳐짐을 겪을 때 이 결집이 일종의 둥근 모양을 드러내기 때문에 그렇다.

달무리가 생기는 것은 공기가 사방에서 달을 향해 달려들기 때문이거나, 달에서 흘러나오는 유체(流體)를 공기가 균등하게 저지하여 구름 같은 이것을 둥글게 배치하고 조금도 끊어지지 않게 하기 때문이거나, 공기가 달 주변의 공기를 모든 방향에서 균형 있게 저지하여 달 주변의 상태를 두꺼운 원으로 만들기 때문이다. 〔111〕이런 일은, 어떤 유체가 외부에서 밀고 들어가기 때문이든 열이 적절한 통로를 점령하여 그런 결과를 가져오게 하기 때문이든, 하늘의 어떤 부분들에서 일어난다.

혜성이 나타나는 것은 천계의 어떤 지점들에서 적절한 상황이 조성되어 일정한 시간 간격을 두고 불이 모일 때이거나, 또는 우리 위의 하늘이 일정한 시간 간격을 두고 특별한 운동을 함으로써 그런 별들을 나타나게 하기 때문이거나, 또는 그 별들 자체가 어느 시기에 주변의 어떤 사정으로 인해 움직이기 시작하여 우리가 살고 있는 영역으로 들어와 모습을 드러내기 때문이다. 그리고 혜성들이 보이지 않게 되는 것은 이와 반대되는 원인들 때문이다. 〔112〕어떤 별들은 제자리에서 회전하는데, 그런 일이 일어나는 이유는 일부의 사람들이 주장하는 것처럼 우주의 이 부분이 정지해 있고 나머지 부분들이 그 주위를 회전하기 때문만은 아니고, 199) 공기의 소용돌이가 이 부분 주위에 둥글게 형성되어 있어서 그것이 다른 별들처럼 회전하는 것을 방해하기 때문에 그렇기도 하다. 200) 또는 적당한 연료가 그것들에게는

---

198) 우주가 둥글기 때문에 지상으로부터 같은 거리에서 관측되는 것도 역시 원을 형성한다는 베일리의 주석을 참고하길 바란다.

199) 별들이 제자리에서 회전하는 첫 번째 이유는 그것들이 우주의 정지 상태에 있는 부분에 놓여 있기 때문이라는 말이다.

200) 두 번째 이유는 다른 별들은 모두 궤도를 돌지만 제자리에서 회전하는 별

계속해서 주어지지 않지만, 이것들이 위치하는 것으로 관찰되는 우주의 이 지역에서는 적당한 연료가 계속해서 주어지기 때문에 그렇다. 201) 이외에도 다른 여러 가지 방식으로 이런 일이 발생할 수가 있는데, 다만 현상들에 일치하는 추리를 할 수 있다는 조건에서 그렇다. 별들 가운데 어떤 것들은 떠돌고 ─ 그것들이 실제로 그처럼 떠돌이 운동을 한다면202) ─ 다른 것들은 규칙적 운동을 하는데, 〔113〕 그 이유는 둥근 궤도로 움직이는 것들은 처음부터 그렇게 강제되어 있어서 그중 어떤 것들은 규칙적인 동일한 회전 궤도를 따라 움직이고 어떤 것들은 모종의 불규칙성을 동반하는 다른 어떤 회전 궤도를 따라 움직이기 때문에 그럴 수 있는 것이다.

그러나 별들이 통과하는 지역들에 따라서도 그럴 수 있는데, 어떤 곳에서는 공기의 궤도가 고르게 뻗어 있어서203) 그것들을 같은 방향으로 연속적으로 밀어붙이며 고르게 불을 붙이지만, 어떤 곳에서는 공기의 궤도가 불규칙한 나머지 우리가 관찰하는 바와 같은 변화들을 만들어내기 때문에 그런 것이다. 그런데 현상들이 원인 설명을 여러 방식으로 요구하고 있음에도 이것들에 대해서 하나의 원인만을 부여하는 것은 미친 짓이며, 공허한 천문학에 열중하는 자들, 그래서 어떤 천체현상들에 대해 원인들을 헛되게 부여하는 자들이 공공봉사로부터 신적 존재를 결코 풀어주지 않을 때 하는204) 부적절한 행위인 것이다. 〔114〕 어떤 별들은 다른 별들보다 뒤처지는 것을 관찰하게 되는 일이 있는데, 뒤처지는 이유는 그것들이 다

들은 그것들 주위에 공기의 소용돌이가 형성되어 있어서 궤도운동을 방해하기 때문이라는 설명이다.
201) 세 번째 이유는, 만약 별들의 궤도운동이 연료를 공급받을 수 있는 지역으로 계속해서 이동하기 때문에 생기는 것이라면, 제자리에서 회전하는 별들은 연료를 한 지역에서만 계속 공급받기 때문이라는 뜻이다.
202) 멀리 있는 천체현상들에 대한 관찰 사실이 의심스러울 가능성을 나타낸다.
203) 궤도상의 공기가 고르게 펼쳐져 있다는 뜻이다.
204) 신에게 천체운행의 원인을 떠넘긴다는 말이다.

른 별들과 동일한 원 궤도를 돌면서도 더 느리게 돌기 때문일 수도 있고, 어떤 별들은 동일한 공전운동에 의해 뒤로 당겨짐으로써 반대로 움직이기 때문일 수도 있다. 205) 그리고 같은 공전운동을 하면서도 어떤 별들은 더 넓은 곳을 지나고 어떤 별들은 더 좁은 곳을 지나가기 때문일 수도 있다. 그런데 이 현상들에 대해 한 가지 설명만을 제시하는 것은 대중들에게 신기한 이야기를 해주고자 하는 자들에게나 걸맞은 일이다.

유성이라 일컫는 것들은 일부는 자신들끼리 마찰로 인해서 만들어질 수도 있고, 우리가 번개의 경우에도 말했던 대로 바람이 터져 나오는 곳에서 마찰로 부서진 조각들이 떨어져 내림으로 말미암아 생길 수도 있다. 〔115〕 불을 만들어낼 수 있는 원자들이 모여듦에 따라, ─ 그런 결과를 가져올 수 있는 유사한 것들의 만남이 이루어짐으로써, 그리고 이 모여듦에 따른 충동이 처음 향하는 곳으로 운동이 이루어짐에 따라 유성이 생길 수도 있다. 그리고 바람이 짙은 안개 같은 것들 속에 모여서 그것이 빽빽하게 압축됨으로써 발화가 일어나고 이어서 둘러싸고 있는 것들을 터뜨리고 나와 이동의 충동이 향하는 곳으로 이동할 때 생길 수도 있다. 그 밖에도 신화에 기대지 않으면서도 이런 결과를 가져올 수 있는 다른 설명방법들이 있다.

어떤 동물들로부터 주어지는 기후의 징후들은 적절한 시기가 때마침 일치함에 따라 주어진 것에 불과하다. 동물들이 험악한 날씨206)가 끝나는 것에 대한 어떤 필연성을 제공하는 것은 아니며, 신적인 어떤 본성(존재)이 자리잡고 앉아서 이 동물들의 떠남을 주의 깊게 관찰한 후에 그들이 보여주는 이 징후들을 충족시키는 것도 아니기 때문이다. 〔116〕 매우 흔한

---

205) 더 느리게 움직이는 별들은 실제로는 더 빠르게 움직이는 별들과는 반대 방향으로 궤도운동을 하지만, 그것들은 다른 별들을 움직이게 하는 회전운동에 붙잡혀서 뒤로 당겨짐으로써 다른 별들과 같은 방향으로 움직이는 것처럼 보인다는 설명인 듯하다.

206) 또는 '겨울'(cheimōn).

동물조차도, '비록 작은 것이 더 큰 기쁨을 줄지라도', 그와 같은 어리석음에 빠지지는 않을 것인즉, 완벽한 행복을 소유하고 있는 자는 말할 필요도 없기 때문이다.

퓌토클레스여, 지금까지 말한 것들을 모두 명심해야 한다. 그렇게 함으로써 자네는 대부분의 경우에 신화로부터 벗어나게 될 것이며 이와 유사한 것들도 이해할 수 있게 될 것이네. 그리고 무엇보다도 자네는 근원들[207]과 무한함[208]과 이와 유사한 종류의 것들에 관한 고찰에 몰두하게. 그리고 더 나아가 기준들[209]과 감정들, 그리고 우리가 이것들을 되새겨 보는 목적에 대한 고찰에 몰두하게. 특히 이것들을 포괄적으로 고찰함으로써 자네는 세부적 현상들의 원인들을 쉽게 이해하게 될 것이네. 그러나 이것들을 최대한 철저히 마음으로 받아들이지 않은 자들은 이것들 자체를 포괄적으로 잘 고찰하지도 못할 것이고, 이것들을 고찰해야 하는 목적을 확고히 하지도 못할 것이다.

〔117〕 이상이 천체현상에 관한 에피쿠로스의 견해이다.

그러나 삶의 방식들에 관해서, 즉 우리는 어떻게 어떤 것들은 선택하고 어떤 것들은 피해야 하는지에 관해서 에피쿠로스는 다음과 같이 쓰고 있다. 하지만 그전에 현자에 관해서 그 자신과 그의 추종자들이 어떤 생각을 가지고 있는지 자세히 말하도록 하겠다.

사람들로부터 나오는 해악들은 증오 때문이거나 질투 때문이거나 경멸 때문인데, 현자는 이성적 추리로써 이를 극복한다. 그뿐 아니라 일단 현자가 되면 더 이상 현자에 반하는 성향을 갖지 않으며 그것을

---

207) 사물의 근원들, 즉 원자와 허공을 가리킨다.
208) 근원들의 무한함과 세계들의 무한함을 가리킨다.
209) 진리의 기준들, 즉 감각(aisthēsis)과 지각(prolēpsis)을 가리킨다.

일부러 가장하지도 않는다. 그는 다른 사람들보다 감정에 더욱 민감해지겠지만 그것이 그의 지혜에 방해가 되지는 않을 것이다. 그러나 모든 신체 조건이 현자가 되는 것을 허용하는 것도 아니고 모든 종족 가운데 현자가 태어나는 것도 아닐 것이다. 〔118〕 현자는 설령 고문을 당하더라도 행복하다. 그리고 현자만이 감사의 마음을 가질 것이다. 친구들에 대해서도 그들이 곁에 있든 떠나 있든 한결같이 … 210) 그런 마음을 가질 것이다. 그리고 디오게네스211) 가 《에피쿠로스의 윤리학설 개요》에서 말하듯이 현자는 법률이 금하는 여자와 몸을 섞지 않을 것이다. 그는 집안 노예들을 벌하지도 않을 것이며, 오히려 그들을 불쌍히 여기고 성실한 하인들 누구에게나 관용을 베풀 것이다. 현자는 사랑에 빠지지 않으며, 자신의 장례(葬禮)에 대해 신경을 쓰지도 않는다고 그들은212) 생각한다. 디오게네스가 … 213) 에서 말하고 있듯이 사랑은 신이 보내주는 것이 아니며, 현자는 멋진 연설을 하지도 않는다고 그들은 생각한다. 성교는 사람을 이롭게 한 적이 결코 없고 해를 입지 않았으면 그나마 다행이라고 생각해야 한다.

〔119〕 그리고 현자는 결혼해서 아이를 갖지 않을 것이라고214) 에피쿠로스는 《문제들》과 《자연에 관하여》에서 말한다. 그러나 그는 삶의 상황에 따라서는 언젠가 결혼할 수도 있다. 또 현자들은 어떤 사람들에 대해서는 등을 돌릴 것이다. 현자는 술 취했을 때 어리석은

---

210) 도란디의 편집본에서는 이 부분에 사본상의 훼손이 있는 것으로 본다.
211) 타르소스의 디오게네스.
212) 에피쿠로스주의자들.
213) 도란디의 편집본에서는 이 부분에 사본상의 훼손이 있는 것으로 본다.
214) 도란디와 베일리는 '결혼하고 아이를 갖는다'로 보았다.

말을 하지도 않는다고 에피쿠로스는 《향연》에서 말한다. 《삶에 관하여》 1권에서 그가 말하듯이, 현자는 정치에 관여하지도 않을 것이고, 참주 노릇을 하지도 않을 것이다. 그가 《삶에 관하여》 2권에서 말하듯이 현자는 견유학파의 사상을 따르지도 않을 것이며, 구걸하지도 않을 것이다. 그러나 같은 책에서 그가 말하듯이, 현자는 시력을 잃는다 하더라도 자신의 삶에 참여할 것이다. 그리고 디오게네스가 《선집》 5권에서 말하듯이 현자는 괴로움을 느끼기도 할 것이다. 현자는 소송을 제기하기도 할 것이고 저술을 남기기도 하겠지만, 대중연설을 하지는 않을 것이다. 〔120a〕215) 그리고 그는 자신의 재산과 미래에 신경을 쓸 것이다. 그는 시골을 좋아할 것이다. 그는 운명에 맞설 것이고 어떤 친구도 버리지 않을 것이다. 그는 경멸을 당하지 않을 정도로 세상의 평판에 신경을 쓸 것이다. 그리고 그는 나라의 축제 행사에서 누구보다도 더 많이 즐길 것이다.

〔121b〕 또 현자는 신상(神像)들을 봉헌할 것이다. 하지만 그가 그걸 하든 안 하든 그에게는 아무런 차이가 없을 것이다. 현자만이 음악과 시 창작에 대해 올바르게 논할 수 있을 것이다. 그는 실제로 시를 짓지는 않을 것이다. 한 현자가 다른 현자보다 더 현명한 일은 없다. 현자도 돈벌이를 하지만, 궁핍할 때 오로지 지혜에만 의지해서 그렇게 한다. 그리고 그는 기회가 주어지면 군주에게 봉사도 할

---

215) 도란디는 120~121절의 내용을 본문에 보이듯이 〔120a〕-〔121b〕-〔120b〕-〔121a〕의 순서로 재배치했다. 아마도 120a, 121b절은 이전 내용처럼 현자가 일반인과 다르지 않게 행동하는 점에 대한 서술이고, 그 이후는 에피쿠로스학파의 고유한 생각을 서술하는 부분이라고 봤기 때문인 듯하다. 이 편집순서를 따랐다

것이다. 그리고 그는 누군가가 자신의 잘못을 교정해 줄 때 그 사람에게 고마운 마음을 가질 것이다. 그는 학파도 창시하겠지만 군중을 사로잡기 위해서는 아니다. 대중 앞에서 강연도 할 테지만 자진해서 하지는 않는다. 216) 자신의 견해를 분명하게 말하고 회의주의에 머물러 있지 않을 것이다. 그는 잠자고 있을 때도 자신과 같을 것이며, 친구를 위해 죽을 때도 있을 것이다.

〔120b〕 에피쿠로스주의자들의 생각에 따르면, 과오는 모두 같지 않다. 그리고 건강은 어떤 사람들에게는 좋은 것이지만 어떤 사람들에게는 좋지도 나쁘지도 않은 것이다. 그리고 용기는 나면서부터 주어지는 것이 아니고 이익이 되는 것을 계산함으로써 주어진다. 우정도 필요 때문에 있는 것이다. 그렇지만 그것은 먼저 시작해야 하는 것이다(수확을 얻기 위해 우리가 땅에 씨앗을 뿌리는 것과 마찬가지다). 그러나 우정은 즐거움으로 충만한 사람들과 교제함으로써 형성된다.

〔121a〕 행복은 두 가지라고 생각된다. 하나는 신에게 있는 것과 같은, 더 이상 증가하지 않는, 최상의 행복이고, 다른 하나는 쾌락의 증감에 따른 행복이다. 이제 편지로 옮겨가야 한다.

에피쿠로스가 메노이케우스에게 안부를 묻는다.
〔122〕 젊다고 해서 철학하는 것을 미루어서도 안 되고 늙었다고 해서 철학하는 것을 피곤해서도 안 된다. 영혼의 건강을 위해서는 너무 이른 나이도 없고 너무 늦은 나이도 없기 때문이다. 철학을 시작할 나이가 아직 되지 않았다거나 이미 지나갔다고 말하는 사람은 행복해지기에는 아직 나이가 안 됐다거나 더 이상 그럴 나이가 아니라고 말하는 사람과 같다. 그러

---

216) 요청이 있을 때만 한다는 것이다.

므로 젊은이든 늙은이든 철학을 해야 한다. 늙어서는 지난 일들의 즐거움으로 인해[217] 좋은 것들로 젊음을 유지하기 위해서고, 젊을 때는 앞으로 있을 것들에 대해 두려움을 갖지 않음으로 젊음과 나이듦을 동시에 유지하기 위해서다. 그러므로 우리는 행복을 가져다주는 것들을 익혀야 한다. 행복이 곁에 있다면 우리는 모든 것을 가진 것이지만, 행복이 곁에 없다면 우리는 그것을 얻기 위해 모든 것을 행하기 때문이다.

〔123〕 그러므로 내가 자네에게 끊임없이 지시했던 것들을 훌륭한 삶의 원리로 견지하고서 그것들을 실천하고 익히도록 하게. 먼저 신에 대한 공통 관념[218]이 시사해 주는 대로 신은 불멸이며 살아 있는 지복의 존재라고 믿고, 신의 불멸성과 무관한 것을 신에게 돌려서도 안 되고, 지복성과 어울리지 않는 것을 신에게 돌려서도 안 된다. 신에 관해서는 신의 불멸성과 지복성을 함께 유지할 수 있는 모든 것을 믿도록 하게. 신들은 존재하며, 그들에 관한 인식은 명증한 것이기 때문이네. 그러나 신들은 대부분의 사람들이 믿고 있는 바와 같은 존재는 아니다. 왜냐하면 대부분의 사람들은 신들에 대해 일관된 믿음을 견지하지 못하기 때문이다. 대다수 사람들이 믿는 신들을 부정하는 자가 불경한 것이 아니고 대다수 사람들의 의견들을 신들에게 가져다 붙이는 자가 불경한 것이다. 〔124〕 왜냐하면 신들에 관한 대다수 사람들의 언명들은 지각들이 아니고 거짓된 추정들이기 때문이다. 그들의 거짓된 추정에 따르면, 나쁜 사람들에게는 가장 큰 해악이 주어지고 좋은 사람들에게는 신들로부터 가장 큰 유익이 주어진다고 하는데, 그 이유는 사람들은[219] 자신들 고유의 덕목들에 언제나 친숙한 까닭에 자신들과 닮은 자들은 받아들이지만, 그렇지 않은 것은 모두 낯선 것으

---

217) 또는 '지난 일들에 감사함으로써'.

218) 모든 사람의 마음속에 있는 관념.

219) 문맥상 신들이라고 봐도 될 듯하다.

로 간주하기 때문이라고 한다.

　죽음은 우리에게 아무것도 아니라고 생각하는 습관을 들이도록 하게. 좋은 것과 나쁜 것은 모두 감각에 달려 있지만, 죽음은 감각의 상실이기 때문이다. 따라서 죽음이 우리에게 아무것도 아니라는 올바른 인식은 우리로 하여금 죽게 되어 있는 삶을 즐길 수 있게 해준다. 그것은 삶에 무한한 시간을 부여함으로써가 아니라, 불사에 대한 동경을 제거함으로써 그렇게 하는 것이다. 〔125〕살아 있지 않은 상태에는 두려운 것이 아무것도 없다는 사실을 진정으로 이해하는 자에게는 삶에 두려운 것은 아무것도 없기 때문이다. 그러므로 죽음에 임했을 때 그것이 고통을 줄 것이라는 이유 때문이 아니고 닥쳐올 죽음이 고통을 주기 때문에 죽음을 두려워한다고 말하는 사람은 어리석은 것이다. 왜냐하면 현실로 닥쳤음에도 괴로움을 주지 않는 것을 미리 예상함으로써 괴로워하는 것은 근거 없이 고통스러워하는 것이기 때문이다. 따라서 죽음은 우리에게 나쁜 것들 중에서 가장 전율할 만한 것이 전혀 아니다. 왜냐하면 우리가 살아 있을 때는 죽음이 우리 곁에 와 있지 않고, 죽음이 우리 곁에 와 있을 때는 우리가 존재하지 않기 때문이다. 그러므로 죽음은 살아 있는 자들과도 관계가 없고 죽은 자들과도 관계가 없다. 왜냐하면 살아 있는 자들에게는 죽음이 존재하지 않고, 죽은 자들은 그들 자신이 더 이상 존재하지 않기 때문이다. 그러나 많은 사람들은 때로는 죽음을 나쁜 것들 중에서 가장 큰 것으로 여겨 기피하고, 때로는 삶 속의 〈나쁜 것들로부터의〉 휴식으로 여겨 〈선택한다〉. 〔126〕〈그러나 현자는 삶을 회피하지도 않고〉 삶의 중단을 두려워하지도 않는다.[220] 그에게 삶은 거슬리는 일이 아니며 삶의 중단

---

220) 도란디는 이 부분을 괄호 치고 본문에서 뺐지만, 이 번역에서는 편집자 우제너가 넣은 'kakōn hairountai. ho de sophos oute paraiteitai to zēn'을 본문에 살려 번역했다.

은 나쁜 것이라는 생각을 가지고 있지도 않기 때문이다. 사람들이 먹을 것을 택할 때 무조건 더 많은 것을 택하는 것이 아니라 가장 맛있는 것을 택하는 것과 마찬가지로, 현자는 시간을 즐길 때 가장 긴 시간을 즐기는 것이 아니라 가장 유쾌한 시간을 즐긴다. 젊은이에게 훌륭하게 살 것을 충고하고 늙은이에게는 훌륭하게 삶을 마감할 것을 충고하는 자는 어리석다. 그것은 단순히 삶이 반길 만한 것이기 때문이 아니고 훌륭하게 살고 훌륭하게 죽는 연습은 같은 것이기 때문에 그렇다. 그러나 한층 더 나쁜 것은 이렇게 말하는 사람이다. "태어나지 않는 것이 좋다. 그러나 태어난 이상 최대한 빨리 하데스의 문을 통과하도록 할 것."221)

〔127〕만약 그가 확신을 가지고 이렇게 주장한다면 왜 그는 삶을 떠나지 않는가? 그것이 그의 확고한 결심에 따른 주장이라면 그는 그것을 결행할 준비가 되어 있을 테니 말이다. 그러나 만약 농담으로 한 말이라면 그것을 받아들이지 않는 사람들 사이에서는 빈말이 될 것이다.

미래의 일은 전적으로 우리 것도 아니고 우리 것이 아닌 것도 아니라는 점을 명심해야 한다. 그것은 미래의 일이 틀림없이 일어날 것이라고 우리가 기대하지 않기 위해서이기도 하고, 틀림없이 일어나지 않을 것이라고 해서 희망을 버리는 일이 없도록 하기 위해서이기도 하다.

욕망들 가운데 어떤 것들은 자연적인 것이고 어떤 것들은 근거 없는 것들임을 고려해야 한다. 그리고 자연적인 것들 가운데 어떤 것들은 필수적인 것이고 어떤 것들은 단순히 자연적인 것에 불과하며, 필수적인 것들 가운데 어떤 것들은 행복을 위해 필요한 것이고 어떤 것들은 몸의 평정을 위해 필요한 것이며, 어떤 것들은 삶 자체를 위해 필요한 것이다. 〔128〕이것들에 관한 흔들림 없는 고찰은 우리로 하여금 모든 선택과 기피를 몸의 건강과 영혼의 평정에 연관시킬 수 있게 해주기 때문이다. 몸

---

221) 테오그니스의 시, 427행.

의 건강과 영혼의 평정이야말로 복된 삶의 목적이니까. 우리의 모든 행위는 고통과 두려움에서 벗어나는 것, 바로 이것을 목적으로 하기 때문이다. 일단 우리에게 이것이 생기게 되면, 영혼의 폭풍은 완전히 진정된다. 왜냐하면 이제 살아 있는 것은 부족한 것이라도 있는 양 무언가를 찾아 돌아다니거나 영혼의 좋음과 몸의 좋음을 충족시켜 줄 다른 것을 쫓아갈 필요가 없기 때문이다. 쾌락이 없어서 괴로워할 때 우리는 쾌락의 필요를 느끼기 때문이다. 그리고 괴로워하고 있지 않을 때 우리는 더 이상 쾌락을 필요로 하지 않는다. 그렇기 때문에 우리는 쾌락을 지복한 삶의 처음이자 끝이라고 말한다. 〔129〕 우리는 쾌락을 첫 번째로 좋은 것이자 선천적인 것으로 인식하고, 쾌락을 출발점으로 삼아 모든 선택과 기피를 행하며, 쾌락으로 다시 돌아가면서 이 감정을 기준으로 좋은 것을 모두 판정하기 때문이다. 하지만 쾌락이 첫 번째로 좋은 것이고 선천적인 것이기 때문이라는 이유로 우리는 모든 쾌락을 선택하지는 않는다. 오히려 쾌락들로부터 불쾌감이 더 많이 뒤따를 때 우리는 많은 쾌락들을 지나쳐 버릴 때가 있다. 그리고 오랜 시간 동안 괴로움을 견디면 더 큰 쾌락이 우리에게 생길 때 우리는 많은 괴로움들이 쾌락들보다 더 우월하다고 생각한다. 그러니 모든 쾌락은 우리에게 친숙한 본성을 갖고 있는 탓에 좋은 것이지만, 그렇다고 모든 쾌락이 선택할 만한 것은 아닌 것이다. 이것은 괴로움이 나쁜 것이지만 그것들을 모두 본래부터 언제나 회피해야 하는 것은 아닌 것과 마찬가지다. 〔130〕 그렇지만 쾌락과 괴로움을 상호 비교 측정하여 이익과 불이익에 주목함으로써 이 모든 것을 판정해야 한다. 때때로 우리는 좋은 것을 나쁜 것으로, 반대로 나쁜 것을 좋은 것으로 취급하기 때문이다. 또한 우리는 자족을 큰 선으로 생각하는데, 이것은 어떤 경우에도 적게 사용하기 위한 것이 아니고, 많은 것을 가지지 않을 경우에 적은 것으로 만족하기 위한 것이다. 이것은 사치를 가장 적게 필요로 하는 자들이 가장 즐겁게 사치를 누린다는 것을, 그리고 자연적인 것은 모두 쉽게 얻을 수 있지만 쓸모없는 것은 얻기가 어렵다는 것을 진정으로 확신하고 있을 때 가능한 것이다. 일단 결핍에 따른 괴로움이 제거될 경우에는 간소한 식사가 사치스러운 식사와 똑같은 쾌락을 가져다준다. 〔131〕 보리빵과 물도 결핍상태에 있을 때 그것을 공급해 주면 최상의 쾌락을 돌려준다. 그러므로 단순하고 사치스럽지 않은 식사에 익숙해지는 것은 건강을 충분히 제공해 줄 수 있고, 사람으로 하여금 삶의 필수 요건들에 주저 없이 대응할 수 있게 해주며, 우리가 오랜만에 사치스러운 성찬에 접했을 때 우리를 더 나은 상태에서 그것을 즐기게 하고, 운명에 대해서도 두려워하지 않는 자로 만들어 준다.

그러므로 쾌락이 인생의 목적이라고 우리가 말할 때, 무지하거나 우리의 견해에 동의하지 않거나 오해하는 일부 사람들의 생각처럼 방탕한 자의 쾌락을 말한다거나 관능적 향락에서 주어지는 쾌락222)을 말하는 게 아니라, 몸에 괴로움도 없고 영혼에 동요223)도 없는 상태를 말한다. 〔132〕유쾌한 삶을 낳는 것은 계속해서 술판을 벌이고 흥청거리는 데 있지 않으며, 소년이나 여인들과의 성적 교제를 즐기는 데 있는 것도 아니며, 생선이나 그 밖에 사치스러운 식탁의 진미를 즐기는 데 있는 것도 아니기 때문이다. 오히려 모든 선택과 회피의 원인들을 찾아내거나 가장 큰 소동이 영혼을 장악하는 데 근거가 되는 의견들을 몰아내는 각성한 헤아림의 능력이 유쾌한 삶을 낳는 것이다. 이 모든 것들의 출발점이자 가장 큰 선은 분별이다. 그렇기 때문에 분별은 철학보다도 더 귀중한 것이며, 분별로부터 나머지 모든 덕들이 자라난 것이다. 분별 있게, 훌륭하게 그리고 정의롭게 살지 않고서는 유쾌하게 살 수 없으며, 유쾌하게 살지 않고서는 분별

---

222) '관능적 향락'으로 번역한 'apolausis'에 대한 해석의 차이에 따라 '향유(apolausis)의 과정에서 주어지는 쾌락'이라고 번역할 수도 있다

223) '동요하다'(tarrattesthai)는 '평정'(ataraxia)에서 부정어 'a'를 제거한 'tara'와 어근을 같이하는 말이다. 즉, 평정은 '동요'(흔들림)가 없는 상태이다.

있게, 훌륭하게 그리고 정의롭게 살 수 없다는 것을 분별이 가르쳐 주기 때문이다. 왜냐하면 모든 덕은 유쾌하게 사는 것과 함께 자랐으며, 유쾌한 삶은 이것들과 떨어질 수가 없기 때문이다. 〔133〕도대체 이런 사람보다 우월한 자가 누구라고 자네는 생각하는가? 신들에 대해 경건한 생각을 가지고 있고 죽음에 대한 두려움에서 완전히 벗어나 있으며 자연이 정한 목적을 깊이 생각하는 사람보다 말일세. 이 사람은 좋은 것들의 한계는 쉽게 충족되고 쉽게 달성될 수 있지만 나쁜 것들의 지속 시간과 힘듦은 짧고 가볍다는 사실을 이해하고 있으며, 일부의 사람들이 만물의 군주로 도입하는 운명을 비웃는다. … 그는 어떤 것들은 필연에 의해 발생하고 어떤 것들은 우연에 의해 발생하며 어떤 것들은 우리에 의해서 발생한다고 생각한다. 224) 필연은 인간이 어찌할 수 없는 것이고 우연은 불안정한 것인 반면에, 우리의 능력 내에 있는 것은 지배받지 않는 것인데 이것이야말로 본래부터 비난도 뒤따를 수 있고 그 반대의 것(칭찬)도 뒤따를 수 있다는 것을 그는 알고 있기 때문이다. 〔134〕〔자연철학자들이 말하는 운명의 노예가 되는 것보다 차라리 신들에 관한 이야기를 따르는 것이 더 낫기 때문이다. 왜냐하면 신들에 관한 이야기는 신들을 공경함으로써 기도가 받아들여진다는 희망을 시사하지만, 운명은 기도로는 어찌할 수 없는 필연성을 가지기 때문이다.〕 또한 분별 있는 자는 많은 사람들이 믿듯이 우연을 신으로 여기지도 않으며〔신의 행위에는 무질서한 것이 전혀 없기 때문이다〕, 우연을 모든 것들의 불확실한 원인으로 여기지도 않는다〔왜냐하면 그는 지복의 삶을 위해서 좋은 것이나 나쁜 것이 우연에 의해 사람들에게 주어진다고 생각하지 않기 때문이다. 물론 대단히 좋은 것들과 나쁜 것들의 출발점이 우연에 의해 제공된다는 생각은 가지고 있다〕. 〔135〕이성적으로 행동하면서 불운한 것이 이성적으로 행동하지 않으면서 행운을 얻는 것보다 낫다고

---

224) "일부의 사람들이"부터 여기까지의 원문은 베일리의 편집본을 따랐다.

그는 생각한다. 왜냐하면 행위를 함에 있어 훌륭하게 판단했지만 성공하지 못하는 쪽이 잘못 판단했는데 우연으로 인해 성공하는 쪽보다 더 낫기 때문이다.

위의 가르침과 이런 종류의 가르침들을 밤낮으로 익히도록 하게. 자네 혼자도 하고 자네와 비슷한 자와 같이도 하게. 그렇게 하면 자네는 깨어 있을 때나 잠들어 있을 때나 결코 영혼이 동요하지 않고 사람들 가운데 신처럼 살게 될 것이네. 왜냐하면 불사하는 좋은 것들 사이에서 살아가는 사람은 죽어야 할 생명들과는 닮은 점이 전혀 없기 때문이다.

짧은 개요에서 그가 말하듯이, 다른 곳에서 에피쿠로스는 예언술을 모두 부정한다. 그는 이렇게 말한다. "예언술은 존재하지 않는다. 설령 있다고 하더라도, 그것으로 인해 발생하는 일이 우리에게 아무런 상관도 없다고 생각해야 한다." 삶의 방식에 관해서 그가 말한 것은 이 정도이다. 그는 다른 곳에서 더 길게 논하고 있다.

〔136〕쾌락에 관해 에피쿠로스는 퀴레네학파와 생각을 달리한다. 퀴레네학파는 정적(靜的) 쾌락을 인정하지 않고 동적 상태의 쾌락만을 인정한다. 반면에 《선택과 회피에 관하여》와 《목적에 관하여》, 그리고 《삶의 방식에 관하여》 1권, 그리고 《뮈틸레네의 친구들에게 보낸 편지》에서 말하는 바에 따르면, 에피쿠로스는 두 가지 쾌락 모두 영혼과 몸에 ⋯ 225) 마찬가지로 디오게네스도 《선집》 7권에서, 그리고 메트로도로스는 《데모크라테스》에서 이렇게 말한다. "쾌락은 동적 쾌락과 정적 쾌락으로 생각되므로"라고. 그

---

225) 도란디는 이 부분의 'lacuna'를 인정하지 않고, 완전한 문장으로 봤다. 즉, "양쪽 다의 쾌락을 인정했다"로 해석했다.

런가 하면 에피쿠로스는 《선택에 대하여》에서 이렇게 말한다. "평
정과 고통에서 벗어남이 정적 쾌락인 반면에, 기쁨과 유쾌함은 동
적 활동 상태에 따른 것으로 보인다"라고.

〔137〕더 나아가 그는 퀴레네학파와 생각을 달리한다. 그들은 신
체적 괴로움이 영혼의 괴로움보다 더 나쁘다고 주장한다. 어쨌든 과
오를 범한 자들은 몸으로 벌을 받는다는 것이다. 반면에 에피쿠로스
는 영혼의 괴로움을 더 나쁘다고 주장한다. 어쨌든 육신은 당면한
폭풍만을 감당하지만 영혼은 지나간 것과 당면한 것과 앞으로 올 것
을 모두 감당한다는 것이다. 이렇게 해서 에피쿠로스는 또한 영혼의
쾌락이 몸의 쾌락보다 더 크다고 생각한다. 하지만 그는 생명체는
태어남과 동시에 쾌락에는 큰 만족감을 느끼지만 노고(勞苦)에는
본성적으로, 그리고 이유 없이 반발한다는 점을 증거로 들어 쾌락이
삶의 목적임을 입증한다. 따라서 우리는 느낌에 의지하여 괴로운 것
을 피한다. 헤라클레스조차도 독 묻은 옷으로 휘감겼을 때 비명을
지르는 것이다.

··· 226) 물어뜯고 소리 지르므로, 주변의 바위들과
로크리스의 산들과 에우보이아의 곶들이 울부짖고 있었네. 227)

〔138〕또 에피쿠로스에 따르면, 우리가 덕을 선택하는 것도 쾌락
때문이지 덕 자체 때문은 아니다. 의술을 택하는 이유가 건강 때문

---

226) 도란디는 이 부분에 원문 훼손이 있다고 봤다.
227) 소포클레스, 《트라케의 여인들》, 787~788행.

인 것처럼 말이다. 교육을 오락이라고 말하는 디오게네스도 《선집》 20권에서 그렇게 말한다. 또 에피쿠로스는 덕만큼은 쾌락에서 분리할 수 없다고 주장한다. 그러나 그 밖의 것, 이를테면 음식은 쾌락에서 분리할 수 있다고 한다.

그러면 이제 책 전체에, 그리고 이 철학자의 삶에 마무리[228]를 지어 보자. 그의 핵심 교설[229]을 인용하고 그것으로 이 책 전체의 막을 내리면서 이것의 끝이 행복의 시작이 되도록 말이다.

〔139〕 1) 복되고 불멸하는 것은 자신이 문젯거리를 갖지도 않고 다른 것에 그것을 제공하지도 않는다. 그러므로 그는 분노에 사로잡히지도 않고 호의에 이끌리지도 않는다. 그런 일은 허약한 자에게 있는 것이기 때문이다.

2) 죽음은 우리에게 아무것도 아니다. 왜냐하면 분해된 것은 감각이 없고, 감각이 없는 것은 우리에게 아무것도 아니기 때문이다.

3) 쾌락의 크기의 한도는 모든 괴로운 것의 제거이다. 쾌락이 있는 곳에는, 그리고 그것이 있는 동안에는 육신의 괴로움이나 마음의 고통, 또는 두 가지 것이 모두 존재하지 않는다.

---

228) '마무리'로 번역한 말은 'kolophōn'인데, 이에 대해서는 콜로폰 사람들이 말을 잘 타서 그들이 나서면 경기의 승부가 결정되었다는 의미에서 나왔다는 설도 있고, 이오니아 협의체에서 투표할 때 동수가 되어 최종적으로 그들이 투표한 쪽이 이겼다는 일화에서 나왔다고도 한다. '화룡점정'이라는 말로 이해할 수 있다.

229) 핵심 교설(Kyriai doxai)은 디오게네스 라에르티오스가 이 책에 인용하기 전부터 이미 에피쿠로스학파의 핵심적 주장으로 자주 인용되는 것이었다. 필로데모스, 플루타르코스, 디오도로스, 루키아노스, 키케로 등이 같은 이름으로 자신들의 책에 언급했다고 한다(Bailey, C., *Epicurus: The Extant Remains*, Oxford at the Clarendon Press, 1926, p. 345 이하 참고).

〔140〕4) 육신 속의 괴로움은 끊임없이 계속되지는 않는다. 오히려 극단적 괴로움은 아주 짧은 시간 동안 거기에 있다. 육신의 즐거움을 단순히 넘어서는 정도의 괴로움은 여러 날 동안 머물러 있지 않는다. 장시간에 걸친 질병은 육신 속에 괴로움보다 즐거움을 더 많이 허락하기조차 한다.

5) 분별 있게, 그리고 훌륭하고 정의롭게 살지 않는 사람은 유쾌하게 살 수 없고, 유쾌하게 살지 않는 사람은 분별 있게, 그리고 훌륭하고 정의롭게 살 수 없다. 유쾌한 삶이 결여된 사람은 분별 있게, 그리고 훌륭하고 정의롭게 살지 못하고, 이런 삶을 결여한 사람은 유쾌하게 살 수 없다. 230)

〔141〕6) 다른 사람들로부터 안전을 확보한다는 목적을 달성하게 해줄 수 있는 수단들은 모두 자연적인 선(좋은 것)이다.

7) 일부의 사람들은 유명해지고 주목받는 자가 되기를 원했는데, 그렇게 하면 사람들로부터 안전을 확보하게 될 것이라고 생각했기 때문이다. 그 결과, 만약 그런 사람들의 삶이 안전하다면 그들은 자연적인 선(좋은 것)을 획득한 것이지만, 만약에 그것이 안전하지 않다면 자연에 친근한 것에 따라 처음부터 열망했던 목적을 이루지 못한 것이다.

8) 어떤 쾌락도 그 자체로는 나쁜 것이 아니다. 그러나 어떤 종류의 쾌락들을 산출하는 것은 쾌락들 자체보다 몇 배나 더 많은 괴로움들을 가져온다.

〔142〕9) 만약 모든 쾌락이 밀도 있게 압축된다면, 즉 시간적으로

---

230) 이 부분의 번역은 베일리의 편집본을 따랐다.

그렇게 될 뿐 아니라 집합체 전체[231]에, 또는 우리 본성의 가장 중요한 부분에도 그렇게 된다면, 쾌락들 간에는 서로 아무런 차이가 없을 것이다.

10) 방탕한 자들 편에서 쾌락을 산출하는 것들이 천체현상이나 죽음이나 괴로움에 대한 생각의 두려움을 해소해 준다면, 더욱이 욕망의 한계를 가르쳐 준다면, 우리가 방탕한 자들을 비난할 이유가 전혀 없을 것이다. 그들은 어디로부터든 자신들을 쾌락들로 충만케 할 것이고 그 어디에서부터도 괴로움과 고통 — 이것이야말로 나쁜 것이다 — 을 갖지 않을 테니까 말이다.

11) 천체현상에 대한 우려나, 혹시 그것이 우리와 뭔가 관련이 있지 않을까 하는 죽음에 대한 우려에도 불구하고, 나아가 괴로움이나 욕망의 한계를 잘 이해하고 있지 않음에도 불구하고 우리의 마음이 조금도 흔들리지 않았더라면, 우리는 자연에 대한 연구를 필요로 하지 않았을 것이다.

〔143〕 12) 전 우주의 본성이 무엇인지 분명히 이해하지 못하고 신화에 근거한 설명들을 의심하는 사람은 가장 중요한 문제에 관한 두려움을 해소할 수 없을 것이다. 그러므로 자연에 대한 연구 없이는 쾌락을 순수한 상태로 얻을 수는 없을 것이다.

13) 우리의 머리 위에서 일어나는 일들이나 땅 아래에서 일어나는 일들이나 무한한 우주에서 일어나는 일 일반에 관해 우리가 우려하는 마음을 가지는 한, 다른 사람들로부터의 안전을 갖추었다 하더라도 아무런 이익이 되지 않을 것이다.

---

231) 몸 전체.

14) 다른 사람들로부터의 안전은 물리치는 힘(저항)과 물질적 번영에 의해 어느 정도까지 달성되지만, 가장 순수한 안전은 많은 사람들로부터 벗어난 평온함과 은거에 의해 달성된다.

〔144〕15) 자연이 요구하는 부(富)는 한정되어 있을 뿐 아니라 쉽게 얻어진다. 그러나 헛된 의견들이 요구하는 부는 무한정의 나락으로 떨어진다.

16) 운(우연)은 사소한 정도로만 현자에게 간섭한다. 반면에 가장 크고 가장 중요한 문제들은 헤아림의 능력(logismos)이 관리해왔고 그의 생애 전반에 걸쳐 지금도 관리하고 앞으로도 관리할 것이다.

17) 정의로운 사람은 동요가 가장 적지만, 부정의한 사람은 극도의 동요로 가득 차 있다.

18) 육신 속의 쾌락은 일단 결핍에 따른 괴로움이 제거되면 증가하지 않고 단지 다양화될 따름이다. 그러나 사유(思惟)에 속하는 쾌락의 끝(한계)은 사유에 가장 큰 두려움을 갖게 하는 것들 자체에 대한, 그리고 이것들과 같은 종류의 것들에 대한 이성적 헤아림에 의해 달성된다.

〔145〕19) 무한한 시간과 한정된 시간은 같은 크기의 쾌락을 준다. 우리가 헤아림의 능력으로 쾌락의 한계들을 측정한다면.

20) 육신은 쾌락의 한계들을 무한정한 것으로 받아들인다. 그렇다면 무한한 시간이 쾌락을 제공해 줄 것이다. 사유는 육신의 목적과 한계를 깊이 헤아려서 내세의 두려움을 몰아내고 완벽한 삶을 제공한다. 그리하여 무한한 시간이 더 이상 전혀 필요하지 않게 된다. 그러나 사유는 쾌락을 회피하지도 않고, 사정에 의해 삶을 떠나게 되었을 때도 최선의 삶에 뭔가 모자라는 것처럼 삶을 마감하지도 않

을 것이다.

〔146〕21) 삶의 한계를 잘 알고 있는 사람은 결핍으로 인한 괴로움을 제거하는 것과 전 생애를 완벽하게 만드는 것이 얼마나 쉬운 일인지 안다. 그러므로 경쟁을 포함하는 행위들은 조금도 필요하지 않다.

22) 실질적 목적과, 우리가 가진 의견을 조회할 명증한 모든 것을 잘 고려해야 한다. 그렇게 하지 않으면 모든 것이 불확실과 혼란으로 가득 차게 될 것이다.

23) 만일 당신이 모든 감각을 상대로 싸운다면 감각들 가운데 거짓되다고 주장하는 것조차 무엇과 관련시켜서 거짓이라고 판정하는 것인지 그 기준을 갖지 못할 것이다.

〔147〕24) 만약 당신이 어떤 감각이든 무조건 내버리고, 확증을 기다리는 것에 대해 의견으로 갖고 있는 것과, 감각과 감정, 그리고 사유에 의한 모든 표상적 이해로 말미암아 이미 주어져 있는 것 사이의 구별을 하지 않는다면, 당신은 나머지 감각들까지도 당신의 근거 없는 의견으로 인해 혼란으로 몰아넣게 될 것이며, 결국에는 모든 기준을 내버리게 될 것이다. 그러나 만일 당신이 의견에 근거한 관념들 가운데 확증을 기다리는 것 모두, 그리고 확증을 기다릴 필요가 없는 것, … 232) 양쪽을 모두 확실한 것으로 여긴다면, 당신은 오류를 벗어나지 못할 것이다. 올바른 의견과 올바르지 않은 의견을 판정하는 모든 경우에 당신은 논란의 여지를 온전히 가지고 있는 셈이 될 테니까 말이다.

〔148〕25) 만일 당신이 어느 때라도 당신의 행위 하나하나를 자연

---

232) 도란디는 여기에 탈자가 있는 것으로 봤다.

의 목적에 조회하지 않고, 갑자기 멈추어서 회피하든 추구하든 다른 목적으로 향하게 된다면, 당신의 행위들은 당신의 설명들과 일관되지 못할 것이다.

26) 욕망들 가운데서 충족되지 않아도 우리를 괴로움으로 이끌어가지 않는 것들은 필수적인 것이 아니다. 그것들은 얻기가 어렵거나, 해를 가져온다고 여겨질 때는 충족의 열망이 쉽게 해소되는 욕망들이다.

27) 전 생애에 걸친 지복(至福)을 위해 지혜가 요구하는 것들 가운데서 가장 중요한 것은 우애의 획득이다.

28) 어떤 두려움도 영구적이지 않으며 장시간 계속되지도 않는다는 사실에 자신감을 갖게 해주는 동일한 인식이 한정된 삶의 조건들 속에서의 안전은 우애에 의해 가장 확실하게 형성된다는 것도 알게 해준다.

〔149〕29) 욕망들 가운데 어떤 것들은 자연적인 것이자 필수적인 것이지만, 어떤 것들은 자연적인 것이면서도 필수적인 것은 아니다. 또 어떤 것들은 자연적인 것도 아니고 필수적인 것도 아니며 근거 없는 의견으로 말미암아 생겨난 것이다.

30) 자연적이지만 충족되지 않아도 괴로움으로 이끌어가지 않는 욕망들 중에 열의가 강렬한 것들은 근거 없는 의견으로 말미암아 생겨났으며, 그것들이 완화되지 않는 것은 자신의 본성 때문이 아니라 사람의 근거 없는 의견 때문이다.

〔150〕31) 자연의 정의는 서로 해를 끼치지도 않고 해를 입지도 않도록 상호 이익을 보증하는 것이다.

32) 동물들 가운데 해를 끼치지도 않고 해를 입지도 않기 위한 계

약을 맺을 능력이 없었던 것들에게는 정의도 없었고 불의도 없었다. 사람의 종족들 가운데 해를 끼치지도 않고 해를 입지도 않기 위한 계약을 맺을 능력이 없었거나 그럴 의지가 없었던 종족들의 경우도 마찬가지다.

33) 정의는 그 자체로 존재하는 어떤 것이 아니다. 그것은 오히려 언제 어떤 곳에서나 사람들이 서로 교류할 때 해를 끼치지도 않고 해를 입지도 않기 위한 일종의 계약이다.

〔151〕34) 불의는 그 자체로 나쁜 것이 아니다. 그것은 다만 그와 같은 불의를 처벌하는 임무를 맡은 자들의 눈을 피하지 못할 것이라는 우려에 따른 두려움에서 성립하는 것이다.

35) 해를 끼치지도 않고 해를 입지도 않기 위해 상호 간에 맺는 계약 조항을 몰래 어기는 사람이, 설사 지금까지 1만 번 발각되지 않았다 해도, 앞으로도 발각되지 않으리라고 확신할 수는 없다. 앞으로도 발각되지 않을지 어떨지는 삶을 마칠 때까지 분명하지 않기 때문이다.

36) 정의는 모든 사람에게 똑같다. 그것은 사람들이 서로 교류할 때 이익이 되는 어떤 것이기 때문이다. 그러나 지역의 특수성이나 여러 가지 원인에 의한 상황의 특수성 때문에 같은 것이 정의로운 것으로 귀결되지는 않는다.

〔152〕37) 법에 의해 정의롭다고 인정되는 행위들 가운데 상호 교류가 필요한 상황에서 이익이 된다고 입증되는 것이, 모든 사람에게 그것이 같은 것으로 주어지든 그렇지 않든, 정의로움의 성격을 갖는다. 그러나 법이 제정되더라도 그것이 상호 교류의 이익에 적합하다고 밝혀지지 않는다면, 그것은 더 이상 정의로움의 본성을 갖지 않는다. 정의에 따른 이익이 변하더라도 일정 기간 동안 지각에 적합

하다면, 그 기간 동안은 정의롭기는 매한가지다. 근거 없는 소리로 자신을 혼란스럽게 하지 않고 무조건 사실을 주목하는 사람들에게는 그렇다.

〔153〕38) 주변 상황에 새로운 변화가 없었음에도 정의롭다고 여겨졌던 행위가 실제로 이루어지는 과정에서 지각에 적합하지 않은 것으로 밝혀졌을 경우에, 그 행위는 정의롭지 않다. 다른 한편, 상황이 새롭게 바뀌어 정의롭다고 규정되던 같은 행위가 더 이상 이익이 되지 않는 경우에, 그 행위는 시민들 간의 상호 교류에 이익이 되었을 때는 정의로운 것이었지만, 나중에 이익이 되지 않을 때는 더 이상 정의롭지 않은 것이다.

〔154〕39) 외부 상황들에서 주어지는 불안거리를 가장 잘 다스렸던 이 사람은 자신과 친숙하게 만들 수 있는 것들은 그렇게 했고, 친숙하게 만들 수 없는 것들은 적어도 낯설게 만들지는 않았다. 그러나 그렇게도 할 수 없었던 것들에 대해서는 어울리는 것을 피했고, 그렇게 하는 것이 득이 되는 것들은 모두 자신의 삶에서 몰아냈다.

40) 이웃들로부터의 안전을 확보할 수 있는 힘을 가장 확실하게 가진 자들은 모두 그렇게 함으로써 가장 확고한 안전의 보증을 가지고 있는 것이기 때문에 서로 가장 즐거운 삶을 산다. 그리고 가장 충만한 친교를 가졌기에 친한 벗이 먼저 죽어도 그의 죽음을 불쌍한 자를 대하듯이 슬퍼하지 않는다.

옮긴이 해제

김주일(정암학당)

1. 저자 소개

《유명한 철학자들의 생애와 사상》(*Bioi kai gnōmai tōn en philosophiai eudokimēsantōn*), 또는 라틴어 약칭인 《유명한 철학자들이 생애》(*Vitae Philosophorum*) 의 저자는 디오게네스 라에르티오스(Diogenēs Laertios) 로 알려져 있다. 그러나 저자의 이름은 몇 가지 다른 형태도 전해져 서 고대 문헌에는 라에르티오스 디오게네스라는 표현이 오히려 더 자주 나온다고 한다.

이름의 의미와 관련해 '디오게네스 호 라에르티에우스'(Diogenēs ho Laertieus) 라는 형태도 보이는데 이는 카리아(Karia) 에 있는 라에 르테 또는 킬키아(Chilkia) 에 있는 라에르테(스) 사람이라는 뜻이 다. 하지만 이 설명은 18세기까지만 널리 받아들여졌다. 이후 독일 의 고전학자 빌라모비츠(Ulrich von Wilamowitz-Moellendorff) 는 '제 우스의 후손'이라는 뜻인 '디오게네스'가 흔한 이름이어서 저자명을 다른 이름들과 구별하기 위해 고대 영웅 오뒤세우스를 소개하는 말 인 '디오게네스 라에르티아데'(diogenēs Laertiad)[1] 에서 따왔다고 설명했고, 이후 이 설명이 대표설이 되었다.[2]

이름의 의미가 불분명하듯이, 그의 생애 역시 명확히 알려진 것이 많지 않다. 우선 생몰연대부터 불확실하다. 분명한 것은 기원후 4세기경에 활동한 신플라톤주의 철학자 소파테르(Sōpatēr)가 자신의 책에서 디오게네스 라에르티오스를 인용했다고 하니, 4세기 이전에 그가 이 책을 쓴 것은 분명해 보인다. 그리고 디오게네스가 자신의 책에서 언급한 철학자들 중 가장 연대가 나중인 철학자는 기원후 2세기경의 회의주의 철학자 섹스투스 엠피리쿠스이니 2세기 이후에 살았던 것 역시 분명하다. 따라서 그의 생몰연대와 활동기는 대략 기원후 2세기 중후반이었으리라고 추정한다.

그가 자신의 책에서 자작시를 자주 인용하는 것으로 봐서 디오게네스 라에르티오스는 시인을 자처했던 것으로 보인다. 그렇지만 시의 수준은 그다지 높지 못해서 그가 냈다는 두 권의 시집이 현재 전해지지 않는 것이 다행이라고 말하는 학자도 있다. 마찬가지로 학설사가 또는 철학사가라 불러야 할 그의 철학적 소양은 그다지 높아 보이지 않는다. 책에 나오는 그의 언급들을 볼 때 특정한 학파에 속한 철학자로 보이지 않는다. 플라톤에 관한 장을 봐도 플라톤에 대한 이해가 깊지 않다. 에피쿠로스의 주요 저술이 이 책 10권에 담겨 있지만, 자신의 학파라서가 아니라 에피쿠로스 철학 자체의 중요성 때문에 그의 편지들을 그대로 옮긴 것으로 보인다. 회의주의에 할당한 분량도 철학 자체의 중요도 못지않게 수수께끼 같은 철학논증의 재

---

1) '제우스의 후손이며 라에르테스의 자식'이라는 뜻이다. '누구의 자식'이라는 말은 성(姓)이 없던 고대인들이 누군가를 공식적으로 소개할 때 쓰던 표현이다.
2) 하버드대학 출판부에서 나온 힉스(Thomas Hicks)의 편집 및 번역본에 소개 글을 쓴 롱(Herbert S. Long)의 설명이다(Hicks, 1925, xvi 참고).

미를 중시했기 때문으로 보인다.

전체적으로 그가 철학 문제에 깊이 개입하는 경우는 없으며, 철학자의 사생활을 자주 언급하는 것으로 봐서 어느 정도 흥미 위주의 책을 염두에 두고 저술한 것으로 보인다. 하지만 역설적으로 철학 문제에 직접 개입하지 않는 그의 태도는 철학사의 주요 원전을 상당 부분 고스란히 담는 편집 방식의 책을 낳았고, 흥미 위주의 서술은 많은 책들이 사라졌던 헬레니즘 시대의 문화적 풍토 속에서 이 책이 존속할 수 있는 원동력이 되었던 것으로 보인다.

이 책의 3권 47절에는 "당당한 플라톤 애호가이자 다른 어떤 철학자보다 그 철학자의 사상을 추구하는 당신을 위해서는 어쩔 수 없이 그의 대화의 성격과 대화편의 순서, 귀납추리의 방법을 말하자면 기초적이고 개괄적으로 윤곽을 그려 보는 수밖에 없다고 나는 생각한다. 사실 당신에게 모든 것을 상세히 설명해야 한다면, 그건 사람들 말마따나 '아테네에 올빼미를 가져가는 격'이 될 것이다. 이는 그 삶과 관련하여 모아 놓은 사실들이 그의 학설들과 관련된다는 것을 밝히기 위해서다"라는 말이 나온다. 또한 10권 29절에는 "그러나 그의 핵심적 학설뿐만 아니라 인용할 만한 가치가 있다고 생각되는 어떤 언설이 있으면 제시하도록 하겠다. 그렇게 해서 당신이 모든 측면에서 이 사람을 잘 이해하고 판단할 수 있게 하겠다"라는 말이 나온다.

이 언급들을 보면 디오게네스 라에르티오스가 어떤 플라톤 철학의 추종자에게 이 책을 헌정했음을 알 수 있다. 물론 이 책의 다른 외적 상황과 마찬가지로 이 '당신'이 누구인지, 그 이름이 무엇인지 우리는 알 수 없지만 말이다.

2. 내용 소개

디오게네스 라에르티오스의 이 책은 수고본에 따라 여러 제목이 있는데, 그중 가장 긴 이름 중 하나가 《디오게네스 라에르티오스의 철학에서 이름난 사람들의 생애와 사상 및 각 학파에서 받아들이는 간략한 형태의 선집》(*Laertiou Diogenous bioi kai gnōmai tōn en philosophiai eudokimēsantōn kai tōn hekastei hairesei areskontōn epitomōi synagōgē*) 이다. 그 긴 제목으로 알 수 있듯이, 철학자의 생애에 사상을 곁들여 소개하는 열전 형태의 철학사인 이 책은 학통(*diadochai*)을 근간으로 철학사를 서술하는 방식을 처음 도입했던 소요학파의 테오프라스토스의 서술방식을 택하고 있다.

디오게네스의 이 책은 두 개의 학통을 근간으로 구성되어 있다. 탈레스로부터 시작하는 이오니아 전통과 피타고라스로부터 시작하는 이탈리아 전통이 그것이다. 이 전통들은 다시 세부적 학파와 개별 철학자로 나뉘는데, 탈레스로부터 소크라테스까지 이어지는 이오니아 철학의 전통은 ① 플라톤과 아카데미아학파, ② 안티스테네스 등의 소(小) 소크라테스학파와 제논의 스토아학파, ③ 아리스토텔레스와 소요학파로 나뉜다. 이탈리아 전통은 역시 피타고라스학파, 엘레아학파, 원자론, 에피쿠로스학파로 나뉜다. 그 밖에 딱히 어느 전통에 속하지 않는 헤라클레이토스, 회의주의학파가 있다.

각 권별 내용을 살펴보면, 1권은 철학의 기원 문제를 논의하는 서문과 기원전 7~6세기경 고대 그리스의 7현인들을 비롯하여 신화와 철학이 혼재되고 그리스 사회와 정치가 성숙해가는 과정에 정신사적으로 중요한 영향을 미친 인물들을 다룬다. 그들은 ① 탈레스, ② 솔론, ③ 킬론, ④ 피타코스, ⑤ 비아스, ⑥ 클레오불로스, ⑦ 페리안드로스, ⑧ 아나카르시스, ⑨ 뮈손, ⑩ 에피메니데스, ⑪ 페레퀴데스 등이다. 철학이 시작되는 지점까지 다루기 때문에 여기 등장하는 인물들은 시인, 정치가, 예언가, 철학자 등 다양한 분야에서 다방면으로 활동한 사람들이다. 활동한 지역 역시 그리스 본토, 크레타, 이오니아 등 그리스 전역에 걸쳐 있다.

2권에서는 소크라테스와 그와 철학적으로 연관 있는 인물들이 집중적으로 소개되었다. 그들은 ① 아낙시만드로스, ② 아낙시메네스, ③ 아낙사고라스, ④ 아르켈라오스, ⑤ 소크라테스, ⑥ 크세노폰, ⑦ 아이스키네스, ⑧ 아리스티포스, ⑨ 파이돈, ⑩ 에우클레이데스, ⑪ 스틸폰, ⑫ 크리톤, ⑬ 시몬, ⑭ 글라우콘, ⑮ 심미아스, ⑯ 케베스, ⑰ 메네데모스 등이다. 앞서 말했듯이 디오게네스 라에르티오스는 학파 중심으로 철학사를 개관하기 때문에 2권에서 그는 소크라테스를 중심인물로 놓고, 그의 사상적 계보를 이오니아학파에서 비롯된 것으로 본다. 그래서 밀레토스 출신으로 아테네에서 활동한 아르켈라오스를 소크라테스의 스승으로 놓고, 1권에서 이미 다룬 이오니아학파의 창시자 탈레스를 제외한 소크라테스까지 이어지는 이오니아학파 인물들을 먼저 다룬다. 이후 소크라테스의 제자들 중 플라톤을 제외한 사람들을 묶은 소(小) 소크라테스학파 인물들을 다룬다.

3권은 플라톤 한 사람만을 다루는데, 2권과 연결하여 보면 소크라테스의 제자들 중 2권에서 다루지 않은 나머지 한 사람이자 아카데미아학파의 창시자인 플라톤을 다루는 것이다. 말하자면 디오게네스 라에르티오스는 소크라테스의 적통으로 플라톤과 플라톤의 아카데미아학파를 받아들이는 것이다.

4권은 플라톤의 제자들을 다룬다. 이들은 아카데미아학파에 속하는 철학자들로 주로 플라톤 이후 아카데미아의 원장을 맡았던 철학자들이다. 그들은 ① 스페우시포스, ② 크세노크라테스, ③ 폴레몬, ④ 크라테스, ⑤ 크란토르, ⑥ 아르케실라오스, ⑦ 비온, ⑧ 라퀴데스, ⑨ 카르네아데스, ⑩ 클레이토마코스 등이다. 아카데미아학파는 플라톤의 사후 학원을 맡은 수장들의 철학적 성향에 따라 여러 단계로 나뉜다. 그중 스페우시포스부터 크라테스까지 이르는 4명은 초기 아카데미아학파로 구분되며, 아르케실라오스와 라퀴데스가 여기에 속한다. 중간에 있는 비온은 아카데미아의 수장도 아니었고, 엄밀히 말해 아카데미아학파에 속하지는 않지만, 학문적 경력을 아카데미아에서 시작했기 때문에 여기에 넣은 것으로 보인다. 다만 중기 아카데미아의 특징인 회의주의적 성향은 비온도 갖고 있다. 디오게네스 라에르티오스는 카르네아데스부터 신아카데미아학파로 분류하는데, 클레이토마코스도 이에 속한다. 이들은 중기 아카데미아학파의 회의주의적 성향을 더 발전시켜 나갔던 것으로 보인다.

5권은 아리스토텔레스와 그가 설립한 뤼케이온 학원의 제자들을 다룬다. 아리스토텔레스는 길게 보면 소크라테스학파에, 더 올라가면 이오니아학파에 속하지만, 5권에서 그는 소요학파를 창시한 철학자로서 5권의 맨 앞에 자리하고 이후 소요학파의 철학자들이 등장한다. 5권에서 소개되는 인물은 ① 아리스토텔레스, ② 테오프라스토스, ③ 스트라톤, ④ 뤼콘, ⑤ 데메트리오스, ⑥ 헤라클레이데스 등이다.

6권은 견유학파라고 번역되는 퀴니코스학파를 다룬다. 디오게네스 라에르티오스는 6권의 처음에 안티스테네스를 놓았다. 그는 소크라테스의 직계 제자로서 2권에 놓일 법도 한데, 이곳에 놓인 이유는 그가 헬레니즘 시대에 중요한 비중을 차지했던 퀴니코스학파의 창립자이기 때문일 것이다. 6권에는 또한 알렉산드로스 대왕과의 대화를 통해 우리에게 잘 알려진 '통 속의 철학자' 디오게네스도 담겨 있다. 퀴니코스학파로 분류되는 철학자는 ① 안티스테네스, ② 디오게네스, ③ 모니모스, ④ 오네시크리토스, ⑤ 크라테스, ⑥ 메트로클레스, ⑦ 히파르키아, ⑧ 메니포스, ⑨ 메네데모스 등이다.

7권은 스토아학파를 집중적으로 다룬다. 그들은 ① 제논, ② 아리스톤, ③ 헤릴로스, ④ 디오뉘시오스, ⑤ 클레안테스, ⑥ 스파이로스, ⑦ 크뤼시포스 등이다. 제논은 아테네에 표류하여 정착한 사람으로서 퀴니코스학파의 크라테스를 스승으로 모시고 아카데미아학파, 변증술학파 등 다양한 학파를 섭렵하며 자신의 학파를 창립하기 이르렀다. 스토아학파는 상당히 오랫동안 존속했던 학파로서 초기, 중기, 후기로 나뉘는데, 7권에는 초기 스토아학파에 대한 귀중한 기록들이 담겨 있다.

8권은 피타고라스학파를 다룬다. 여기서 소개되는 철학자를 살펴보면 ① 피타고라스, ② 엠페도클레스, ③ 에피카르모스, ④ 아르퀴타스, ⑤ 알크마이온, ⑥ 히파소스, ⑦ 필롤라오스, ⑧ 에우독소스 등이다. 시기적으로 피타고라스와 엠페도클레스는 2권쯤에서 다루어야 하는 철학자이다. 하지만 학파를 크게 이오니아학파와 이탈리아학파로 나누는 구분법에 따라 8권에 와서야 피타고라스학파가 다루어진다. 이오니아의 사모스 출신인 피타고라스가 고향의 독재자를 피해 이탈리아로 이주하면서 이탈리아학파가 시작되니 이탈리아학파는 이오니아학파에서 갈라져 나온 셈이다. 피타고라스학파 역시 긴 역사를 갖는데, 8권에서는 피타고라스 이후 에우독소스에 이르는 초기 피타고라스학파의 걸출한 철학자들을 소개한다.

9권은 특정 학파에 속하지 않은 철학자들, 그러나 생략하기에는 무게를 지닌 독자적 인물들을 한자리에 모아 소개한다. 그들은 ① 헤라클레이토스, ② 크세노파네스, ③ 파르메니데스, ④ 멜리소스, ⑤ 엘레아의 제논, ⑥ 레우키포스, ⑦ 데모크리토스, ⑧ 프로타고라스, ⑨ 아폴로니아의 디오게네스, ⑩ 아낙사르코스, ⑪ 퓌론, ⑫ 티몬 등이다. 독자적 철학자라고 했으나 헤라클레이토스는 헤라클레이토스학파를 일군 인물이고, 크세노파네스에서 제논에 이르는 인물들은 엘레아학파의 철학자들이다. 레우키포스와 데모크리토스는 원자론자들이고, 프로타고라스는 초기 소피스트로 분류된다. 그 밖에 디오게네스, 아낙사르코스는 아낙시메네스에서 이어지는 학통이고, 퓌론은 아낙사르코스에게서 배웠다고 하나 독자적으로 회의주의학파의 원조를 이룬 인물이다. 티몬은 바로 퓌론의 제자이다.

10권의 철학자는 쾌락주의학파의 창시자인 에피쿠로스다. 10권은 초반부인 28절까지는 다른 철학자들의 부분과 마찬가지로 생애, 일화, 유언장 등의 내용을 다룬다. 하지만 그 이후에는 에피쿠로스가 자신의 제자들에게 보낸 세 통의 편지를 고스란히 담아서, 우리가 에피쿠로스의 사상에 대해 직접적으로 알 수 있는 가장 자세한 문헌 자료로서 중요한 가치를 갖는다.

이 책에 등장하는 표제 인물은 총 85명으로, 앞에서 열거된 인물들의 목록에서 확인할 수 있듯이, 서양 고대철학의 주요 철학자들을 모두 망라했다. 개별 인물에 대한 서술방식과 문체를 보면, 이 책은 철학서적이라기보다 문학서적이나 역사서적에 더 가깝다고 할 수 있다.

세부적으로 살펴보면 전기자료의 요소를 풍성하게 담고 있다. 철학자의 가문이나 학파의 기원, 교육이력이나 철학 훈련방법, 여행 다닌 곳들, 학파가 전승되거나 건립된 장소, 일화나 어록으로 보여주는 철학자의 성품이나 기질, 생애의 주요 사건, 죽음에 관한 일화, 묘비명, 출생연대를 비롯한 연대기적 자료, 저작목록, 학설, 유언이나 편지 등의 문서, 동명이인 목록, 자잘한 주석(추종자들의 목록, 희극적이거나 풍자적인 시의 형태로 된 철학자에 대한 험담, 발명, 정치적 활동) 등의 내용이 구성되어 있다.

그러나 이 책은 철학서적으로 보는 것 또한 맞다. 대표적으로 7권과 10권은 각기 초기 스토아학파와 에피쿠로스의 철학에 대한 원전 자료를 담고 있다. 그 밖에도 이 책이 아니었다면 현재까지 전해지기 어려운 주석서들의 내용이 곳곳에 남아 있다. 이러한 점에서 이 책은 한편으로 문학적·역사적 측면을, 다른 한편으로 철학 원전의 성격을 지닌 작품이다.

3. 편집본

수고본의 역사를 제외하고 근대에 나온 출판본만 따지면, 최초의 편집 출판본은 이탈리아 베네치아의 알두스본이다. 그러나 알두스본은 부분적으로 편집된 텍스트이다. 전집은 1533년에 프로벤와 비숍(Jerome Froben & Niklaus Bishof)의 그리스판본 편집본이 스위스 바젤에서 처음으로 나왔다. 이후 플라톤 전집 편집본으로 유명한 스테파누스(Henricus Stephanus)가 1570년, 1593년, 1615년 세 차례에 걸쳐 편집본을 냈는데, 트라베르사리(Ambrosio Traversari)가 라틴어 번역을 대역하고 스테파누스 본인이 주석을 달았다. 이 대역본을 서양고전학자 카조봉(Isaac Casaubon)이 1593년에 파리에서 개정해 출판했다.

그 뒤 독일의 고전학자 휘브너(Heinrich Gustav Hübner)가 1828~1833년에 비판정본을 라이프치히에서 출판했다. 프랑스에서도 코베(Carel Gabriel Cobet)가 1850년에 파리에서 비판정본을 출판했다. 번역본은 프랑스어권에서 1963년에 주나유(Robert Genaille)가 번역한 작품이 파리에서 출판되었다. 독일어권도 1967년에 아펠트(Otto Apelt)가 번역한 텍스트가 출간되었다. 영어판은 1925년 힉스(Robert Drew Hicks)가 절충적 편집을 하고 대역 번역한 하버드대학 출판부의 로브 고전총서(Loeb Classical Library)가 유명하다. 이후 1964년과 1966년에 롱(Herbert Strainge Long)이 옥스퍼드 고전 텍스트 시리즈(Oxford Classical Texts)에서 중요한 편집본을 냈다.

최근에는 1999년에 마르코비치(Miroslav Marcovich)가 토이브너 출판사에서 편집본을 냈다. 《유명한 철학자들의 생애와 사상》 편집본 연구에 정점을 찍은 이 편집본에 대해 도란디(Tiziano Dorandi)는 비판정본을 만들겠다는 마르코비치의 무리한 욕심이 텍스트를 너무 이상화시켰고, 이에 따라 고쳐 쓴 부분이 너무 많아졌다고 비판했다. 디오게네스 라에르티오스 본인이 심지어 직접 보지도 못한 자료들을 비롯해 무수한 자료들을 동원해 이 책을 저술했기 때문에 이런 접근은 잘못되었다는 것이다.

이 한국어판의 저본은 2013년에 도란디가 케임브리지대학 출판부에서 펴낸 고전 텍스트(Cambridge Classical Texts and Commentaries) *Lives of Eminent Philosophers*이다.

참고문헌

1. 텍스트

Arnim, H. F. A. (ed.), *Stoicorum Veterum Fragmenta*, Stuttgart: Teubner, 1964.

Diels, H. & W. Kranz, *Die Fragmente der Vorsokratiker*, griechisch und deutsch von H. Diels. Sechste Auflage von W. Kranz, I -III, Berlin, 1951~1952.

Dorandi, T. (ed.), *Lives of Eminent Philosophers*, Cambridge UP, 2013.

Gaisford, T. & L. Kuester (eds.), *Suidas, Lexicon: Post Ludolphum Kusterum ad Codices Manuscriptos*, 1834.

Hicks, R. D. (ed.), *Diogenes Laertius, Lives of Eminent Philosophers*, with an English tr., coll. Loeb Classcial Library 184~185, Cambridge, Mass: London, 1925.

Long, A. A. & D. A. Sedley, *The Hellenistic Philosophers*, Cambridge UP, 1989.

Long, H. S. (ed.), *Diogenis Laertii Vitae Philosophorum*, 2 vols, Oxford: Clarendon Press, 1964.

Marcovich, M. (ed.), *Diogenes Laertius Vitarum Philosophorum Libri*, Vieweg Teubner Verlag, 1999.

Nauck, A., *Thesaurus Graecae Linguae ab H. Stephano Constructus*, C. B. Tertio, G. Hase, & L. Dindorfius (eds.), Paris, 1831~1865.

Pereira, M. H. R. (ed.), *Graecae Descritio (Periēgēsis fēs Hellados)*, B. G., Teubner, 1829.

Tarán, L., *Speusippus of Athens: A Critical Study with a Correction of the Related Texts and Commentary*, Brill, 1981.

Ziegler, K. (ed.), *Plutarchi Vitae Parallelaei*, Leipzig: Teubner, 1926~1968.

2. 번역, 주석

라에르티오스, 디오게네스, 《그리스철학자열전》, 전양범(역), 서울: 동서문화사, 2020.

롱, 앤서니, 《헬레니즘 철학》, 이경직(역), 파주: 서광사, 2000.

루크레티우스, 《사물의 본성에 관하여》, 강대진(역), 파주: 아카넷, 2012.

소포클레스, 《소포클레스 비극 전집》, 천병희(역), 분당: 숲, 2008.

아리스토텔레스, 《고대 그리스정치사 사료》, 최자영 외(역), 서울: 신서원, 2002.

_____, 《니코마코스 윤리학》, 김재홍 외(역), 서울: 길, 2011.

_____, 《에우데모스 윤리학》, 송유례(역), 2012.

_____, 《변증론》, 김재홍(역), 서울: 길, 2008.

_____, 《소피스트적 논박》, 김재홍(역), 파주: 한길사, 2020.

_____, 《수사학/시학》, 천병희(역), 분당: 숲, 2017.

_____, 《영혼에 관하여》, 오지은(역), 파주: 아카넷, 2018.

_____, 《정치학》, 김재홍(역), 서울: 길, 2017.

_____, 《형이상학》, 김진성(역), 서울: 이제이북스, 2007.

아리스토파네스, 《아리스토파네스 희극전집》, 1, 2, 천병희(역), 분당: 숲, 2010.

아이스퀼로스, 《아이스퀼로스 비극 전집》, 천병희(역), 분당: 숲, 2008.

에우리피데스, 《에우리피데스 비극 전집》, 1, 2, 천병희(역), 분당: 숲, 2009.

에피쿠로스, 《쾌락》, 오유석(역), 서울: 문학과지성사, 1998.

에픽테토스, 《왕보다 더 자유로운 삶: 에픽테토스의 엥케이리디온, 대화록 연구》, 김재홍(역), 파주: 서광사, 2013.

엠피리쿠스, 섹스투스, 《피론주의 개요》, 오유석(역), 서울: 지만지, 2012.

크세노폰, 《소크라테스 회상록》, 오유석(역), 서울: 부북스, 2018.

_____, 《경영론·향연》, 오유석(역), 서울: 부북스, 2015.

＿＿＿, 《아나바시스》, 천병희(역), 단국대학교출판사, 2001.

＿＿＿, 《헬레니카》, 최자영(역), 파주: 아카넷, 2012.

키케로, 《키케로의 신들의 본성에 관하여》, 강대진(역), 파주: 나남, 2012.

탈레스 외, 《소크라테스 이전 철학자들의 단편선집》, 김인곤 외(편역), 파주: 아카넷, 2005.

투퀴디데스, 《펠로폰네소스 전쟁사》, 천병희(역), 분당: 숲, 2011.

플라톤, 《메논》, 이상인(역), 서울: 이제이북스, 2009.

＿＿＿, 《국가》, 박종현(역), 파주: 서광사, 2005.

＿＿＿, 《라케스》, 한경자(역), 파주: 아카넷, 2020.

＿＿＿, 《뤼시스》, 강철웅(역), 서울: 이제이북스, 22014.

＿＿＿, 《대 히피아스》, 천병희(역), 분당: 숲, 2019.

＿＿＿, 《메넥세노스》, 이정호(역), 서울: 이제이북스, 2008.

＿＿＿, 《플라톤의 법률》, 김남두 외(역), 파주: 나남, 2018.

＿＿＿, 《소크라테스의 변명》, 강철웅(역), 파주: 아카넷, 2020.

＿＿＿, 《소피스트》, 이창우(역), 파주: 아카넷, 2019.

＿＿＿, 《악시오코스》, 천병희(역), 분당: 숲, 2019.

＿＿＿, 《에우튀데모스》, 김주일(역), 파주: 아카넷, 2019.

＿＿＿, 《에우튀프론》, 강성훈(역), 서울: 이제이북스, 2017.

＿＿＿, 《에피노미스》, 천병희(역), 분당: 숲, 2019.

＿＿＿, 《용어 해설》, 천병희(역), 분당: 숲, 2019.

＿＿＿, 《이온》, 박종현(역), 파주: 서광사, 2018.

＿＿＿, 《정치가》, 박종현(역), 파주: 서광사, 2021.

＿＿＿, 《카르미데스》, 천병희(역), 분당: 숲, 2015.

＿＿＿, 《크리티아스》, 이정호(역), 파주: 아카넷, 2020.

＿＿＿, 《테아게스》, 천병희(역), 분당: 숲, 2019.

＿＿＿, 《테아이테토스》, 정준영(역), 서울: 이제이북스, 2013.

＿＿＿, 《티마이오스》, 박종현·김영균(역), 파주: 서광사, 2000.

＿＿＿, 《파이드로스》, 김주일(역), 파주: 아카넷, 2020.

＿＿＿, 《파르메니데스》, 천병희(역), 분당: 숲, 2016.

＿＿＿, 《파이돈》, 전헌상(역), 2020.

＿＿＿, 《편지들》, 강철웅 외(역), 서울: 이제이북스, 2009.

＿＿＿, 《프로타고라스》, 강성훈(역), 서울: 이제이북스, 2012.

_____, 《필레보스》, 이기백(역), 파주: 아카넷, 2020.

_____, 《향연》, 강철웅(역), 파주: 아카넷, 2020.

플루타르코스, 《영웅전》, 천병희(역), 분당: 숲, 2010.

헤로도토스, 《역사》, 김봉철(역), 서울: 길, 2016.

헤시오도스, 《일과 날》, 천병희(역), 2009.

호라티우스, 《카르페 디엠》, 김남우(역), 2016.

_____, 《소박함의 지혜》, 김남우(역), 2016.

호메로스, 《일리아스》, 천병희(역), 분당: 숲, 2015.

_____, 《오뒷세이아》, 천병희(역), 분당: 숲, 2015.

Apelt, O., *Diogenes Laertius: Leben und Meinungen berühmter Philosophen*, 2 Bände, Leipzig, 1921 (Auflage von Kl. Reich und H. G. Zekl, Hamburg, 1967).

Bailey, C., *Epicurus: The Extant Remains*, Oxford, 1926 (Hildesheim, 1970).

Brisson et al., *Vies et Doctrines des Philosophes Illustres Diogène Laërce Traduction Française Sous la Direction de Marie-Odile Goulet-Cazé*, Paris: Le Livre de Poche, 1999.

Casaubon, I., *Isaaci Hortiboni Notae ad Diogenis Laertii Libros de Vitis*, dictis et decretis principum philosophorum, Morgiis (1583), ap. Stephanum (1593) ap. Io. Pearson (1664), ap. Meibomium (1692) et ap. H. G. Huebner (1830).

Chitwood, A, *The Deaths of the Greek Philosophers*, Diss. The Johns Hopkins U., 1993.

Cobet, C. G., *Variae Lectiones*, Lugduni Batavorum, 1854 (1873).

Mensch, P., *Lives of the Eminent Philosophers by Diogenes Laertius*, Oxford UP, 2018.

Laertiana, *Capitoli Sulla Tradizione Manoscritta e Sulla Storia del Testo delle 'Vite dei Filosofi' di Diogene Laerzio, di Tiziano Dorandi*, Walter de Gruyter, 2009.

Sollenberger, M. G., "Vita Theophrasti", in W. W. Fortenbaugh (ed.), *Theophrastus of Eresus* (pp. 1~62), New Brunswick, 1985 (*Theophrastus of Eresus* (pp. 20~46), I. Leiden).

Usener, H. , *Analecta Theophrastea*, Diss. Bonn, Lipsiae, 1858 (Kl. Schriften, I, 1912, pp. 50~90).

Von der Mühll, P. , "Epikurs Κύραι δόξαι und Demokrit", in *Festgabe Adolf Kaegi* (pp. 172~178), Framenfeld, 1919 (*Ausgewählte Kleine Schriften* (pp. 371~377), Basel, 1975).

Wilamowitz-Moellendorff, U. von, "U. de W. -M. Ernesto Maassio S. ", in E. Maass (ed.), *De Biographis Graecis* (pp. 142~164), Philol. Untersuch, 3, Berlin, 1880.

Yonge, C. D. , *Lives and Opinions of Eminent Philosophers*, London: Henry Gl. Bohnm, York Street, Covent garden, 1853.

Zeller, E. , *Die Philosophie der Griechen in Ihrer Geschichtlicher Entwicklung*, Leipzig: I. 17, hrsg. v. W. Nestle, 1923; I. 27, 1920; II. 15, 1922; II. 24, 1921; III. 15, hrsg. v. E. Wellmann, 1923; III. 25, 1923 (Darmstadt, 1963).

3. 기타 참고문헌

안재원, "개별단어오류(*Barbarismus*)와 문장오류(*Soloecismus*)에 대하여", 〈서양고전학연구〉, 33권, 177~202쪽, 2008.

어빙 코피, 《논리학 입문》, 민찬홍(역), 서울: 이론과실천, 1994.

최자영, 《고대 아테네 정치제도사》, 서울: 신서원, 1995.

Algra. , K. et al. (eds.), *The Cambridge History of Hellenistic Philosophy*, Cambridge: Cambridge UP, 1999.

Barnes, J. , "Diogenes Laertius on Pyrrhonism", *Mantissa: Essay in ancient philosophy IV*, Clarendon Press, 2015.

Budde, K. , Quaestiones Laertianae, Göttingen, 1914. summary by M. Pohlenz in *Jahrbuch der Phiosophischen Fakultät zu Göttingen*, 1920, Nr. 12, 73~79.

Burkert, W. , *Lore and Science in Ancient Pythagoreanism*, E. L. Minar (tr.), Harvard UP, 1972.

Calvert, R. N. , *The History of Massage: An Illusrated Survey from around the World*, Healing Art Press, 2002.

Chase, P. E, *Sanscrit and English Analogues*, London: S. Low, Son & Co. (Philadelphia: E. H. Butler & Co. 1860).

Dov, M. G. & J. W. Elsevier(eds.), *Inductive Logic*, North Holland, 2011.

Düring, I., *Aristotle in the Ancient Biographical Tradition (Studia Graeca et Latina Gothoburgensia*, 5), Göteborg, 1957.

Düring, I., *Aristotle in the Ancient Biographical Tradition*, Acta Universitatis Gothoburgensis, 1957.

Ellis, R., *Imagining Atlantis*, Knopf Doubleday Publishing Group, 2012.

Forschner, M., *Die stoische Ethik*, Stuttgart, 1981.

Gigon, O., "Das Prooemium des Diogenes Laertios: Struktur und Probleme", in *Horizonte der Humanitas: Freundesgabe fur W. Wili* (pp. 37~64), Bern-Stuttgart, 1960.

Gill, M. L. & Pellegrin, P. (eds.), *A Companion to Ancient Philosophy*, Blackwell, 2012.

Gomoll, H., *Der Stoische Philosoph Hekaton: Seine Begriffswelt und Nachwirkung unter Beigabe seiner Fragmente*, Leibzig: Hoppe, 1933.

Graver, M., *Stoicism and Emotion*, Chicago UP, 2008.

Heath, T. L., *History of Greek Mathematics I*, Courier co., 1981.

Inwood, B. & L. P. Gerson, *The Stoic Reader: Selected Writings and Testimonia*, Toronto: Hackett Publishing, 2008.

Janácek, K., "Das neue Bild des Diogenes Laertios", *Eirene*, 27, 103~121, 1990.

Laura K. J., *The Secret History of the World and How to Get Out Alive*, Red Pill Press, Ltd, 2005.

Leo, F., Die *Griechisch-Römische Biographie nach Ihrer Literarischen Form*, Leipzig, 1901(Hildesheim, 1965).

Long, H. S., "The Short Forms of the Text of Diogenes Laertius", *The University of Chicago Press Journals.* 44, 230~235, 1949.

Mejer, J., "Diogène Laërce", in R. Goulet(Ed.), *Dictionnaire des Philosophes Antiques*, 2, 824~833, 1994(cf. S. Matton, ib. 1011~1012).

Menn, S., "The Stoic Theory of Categories", *The Oxford Studies in Ancient Philosophy*, 17, Oxford UP, 1999.

Michael G. Sollenberger, "The Lives of the Peripatetics: An Analysis of the Contents and Structure of Diogenes Laertius", *Vitae Philosophorum Book 5* (pp. 3793~3879), ANRW Ⅱ. 36(6), 1992.

Moulton, J. H., *Early Zoroastrianism*, Williams and Norgate, 1913.

Pohlenz, M., *Die Stoa: Geschichte Einer Geistigen Bewegung*, Ⅰ, Ⅱ, Göttingen, 1964.

Riedweg, C., *Pythagoras: His life, Teaching and Influence*, S. Rendall (tr.), Cornell UP, 2005.

Riginos, A. S., *Platonica: The Anecdotes concerning the Life and Writings of Plato*, Brill Arichive, 1976.

Rist, J. R. (ed), *The Stoics*, California UP, 2021.

Robinson, T. M., "A Sophist on Omniscience, Polymathy and omnicompetence", *Illinois Classical Studies*, 2, 125~135, 1977.

Schorn, N. S., "'Periegetische Biographie' - 'Historische Biographie': Neanthes von Kyzikos (FgrHist 84) als Biograph", in M. Erler & S. Schorn (eds.), *Die Griechische Biographie in Hellenisti-scher Zeit*. Akten des internationalen Kongresses, Würzburg, Juli, 2006.

Susemihl, F., "Zu Laertios Diogenes VII 1-12, 24-29", *Fleckeisen's Jahrbb*. f. Cl. Philol. 125, 737~746, 1882; 127, 223~224, 1883.

Tarán, L., *Speusippus of Athens: A Critical Study with a Correction of the Related Texts and Commentary*, Brill, 1981.

4. 주요 참고자료 약어

DK: Die Fragmente der Vorsokratiker
SVF: Stoicorum Veterum Fragmenta

일러두기

1. 해당 용어의 위치는 본문의 권과 절로 표시하였다.
2. 그리스 원문 표시는 정암학당의 《플라톤 전집》 표기방식을 따랐으며, 이오타시즘을 따르지 않고 그리스 글자 윕실론(Y, υ)을 우리말 '위'로 읽고 로마자 Y(y)로 표기하였다. 다만 '피타고라스'처럼 널리 굳어진 말은 예외로 하였다.
3. 일반 용어는 해당 용어의 모든 위치를 표시하지 않고 주요 위치만 표시했으며, 해당 위치에 용어에 관한 주석이 달린 경우 *로 표시하였다. 고유명사는 모든 위치를 표시하였고, 관련 주석이 있는 경우 *로 표시하였다.
4. 고유명사 색인에서 동명이인에 한해 괄호에 식별 정보를 넣었다.
5. 동명이인들 중 동일인 여부에 논란이 있는 경우 해당 위치에 (?)로 표시하였다.

찾아보기(일반용어)

찾아보기(고유명사)

람퓌리온(Lampyriōn) 5. 61, 5. 63

람프로클레스(Lamproklēs) 2. 26,
　2. 29

람프사코스(Lampsakos) 2. 3*,
　2. 10〜11, 2. 14〜15, 3. 46,
　3. 60, 5. 57〜58, 6. 102, 10. 15,
　10. 22, 10. 24〜25

레기온(Rhēgion) 8. 47*, 9. 38

레나이아(Lēnaia) 3. 56, 8. 90

레다(Lēda) 5. 7*

레로스(Leros) 1. 84

레스보스(Lesbos) 1. 74, 1. 79, 8. 2,
　9. 17, 9. 20

레안드리오스(Leandrios) 1. 24, 1. 41

레오다마스(Leōdamas) 3. 24*, 3. 61

레오스테네스(Leōsthenēs) 3. 43

레오판토스(Leōpanthos) 1. 41*〜42

레온(Leōn: 멜란테스의 아버지) 5. 51

레온(Leōn: 살라미스 사람) 2. 24

레온(Leōn: 참주) 1. 12, 8. 8

레온(Leōn: 피타고라스학파) 8. 83

레온(Leōn:《알퀴온》의 저자) 3. 62

레온티니(Leontini) 2. 49*, 2. 63,
　8. 58

레우카니아(Leukania) 8. 14*, 8. 80

레우키포스(Leukippos) 1. 15, 9. 30
　〜34, 9. 46, 10. 13

레프레온(Lepreon) 2. 53*

렘노스(Lēmnos) 2. 46

로도스(Rhodos) 1. 9, 1. 26, 1. 115,
　2. 26, 2. 64, 2. 84, 2. 13, 3. 109,
　4. 49, 4. 35, 5. 72, 5. 84, 6. 19,
　7. 22, 7. 35, 7. 82, 8. 90, 9. 115

로마(Rhōma) 2. 104, 5. 61, 7. 35,
　8. 14, 8. 72, 9. 84

로본(Lobōn) 1. 34*, 1. 112

로이코스(Rhoikos) 2. 103

로크리스(Lokris) 10. 137

록시아스(Loxias) 8. 37*

루키아노스(Koukianos) 6. 73

뤼디아(Lydia) 1. 2, 1. 81, 1. 99,
　1. 105, 6. 101

뤼사니아스(Lysanias: 문헌학자)
　6. 23*

뤼사니아스(Lysanias:
　아이스키네스의 아버지) 2. 60

뤼산드로스(Lysandros) 5. 57

뤼시데(Lysidē) 1. 94

뤼시마케이아(Lysimacheia) 2. 141*

뤼시마코스(Lysimachos: 참주)
　2. 102*, 2. 140, 6. 97, 10. 4*

뤼시마코스(Lysimachos: 최고행정관)
　3. 3*

뤼시마키데스(Lysimachidēs) 4. 14

뤼시스(Lysis: 소크라테스의 제자)
　2. 29, 3. 35

뤼시스(Lysis: 피타고라스학파)
　8. 7, 8. 39, 8. 42

뤼시스트라토스(Lysistratos) 5. 57

뤼시아스(Lysias: 약사) 6. 42

뤼시아스(Lysias: 연설가) 1. 55*,
　2. 40〜41, 2. 63, 3. 25

뤼시클레스(Lysiklēs) 4. 22

뤼시포스(Lysippos) 2. 43

뤼케이온(Lykeion) 5. 2, 5. 10,
　7. 11, 7. 185, 9. 54

452

알렉산드로스(Alexandros:
　마케도니아의 왕)　1. 2,　2. 17,
　4. 8,　4. 23,　5. 2,　5. 4~5,　5. 10,
　5. 27,　5. 75,　6. 32,　6. 38,　6. 44
　~45,　6. 60,　6. 63,　6. 68,　6. 79,
　6. 84,　6. 88,　6. 93,　7. 18,　7. 165,
　8. 11,　9. 58,　9. 60,　9. 80,　10. 1
알렉산드로스(Alexandros:
　밀레토스의 역사학자)　1. 116*,
　2. 19,　2. 106,　3. 4~5,　4. 62,
　7. 179,　8. 24,　8. 36,　9. 61
알렉산드로스(Alexandros:
　비극시인)　9. 113*
알렉산드로스(Alexandros:
　크뤼시포스의 지인)　7. 192
알렉산드로스(Alexandros:
　크세노크라테스의 지인)　4. 14
알렉산드로스(Alexandros:
　트로이의 왕자)　1. 32*
알렉손(Alexōn)　1. 29*
알렉시노스(Alexinos)　2. 109*,
　2. 110,　2. 125,　2. 135,　2. 136,
　4. 36,　7. 166
알렉시스(Alexis: 희극작가)
　3. 27*~28
알렉시스(Alexis: 플라톤의 애인)
　3. 31*
알뤼아테스(Alyattēs)　1. 81,　1. 83,
　1. 95
알카이오스(Alkaios)　1. 31*,　1. 74,
　1. 76,　1. 81,　2. 46
알크마이온(Alkmaiōn)　8. 83
알키다마스(Alkidamas)　8. 56*,　9. 54

알키모스(Alkimos: 연설가)
　2. 114*
알키모스(Alkimos: 시켈리아 사람)
　3. 9*,　3. 17
알키비아데스(Alkibiadēs)　2. 23
　~24,　2. 31,　2. 36,　2. 105,　4. 49
알키포스(Alkippos)　5. 36
알페이오스(Alpheios)　2. 109*,　9. 69
암브라키스(Ambrikis)　5. 14
암브뤼온(Ambryōn)　5. 11*
암피메네스(Amphimenēs)　2. 46*
암피스(Amphis)　3. 27*~28
암피아라오스(Amphiaraos)　2. 127*,
　2. 142,　4. 48*
암피온(Amphōn)　5. 70
암피크라테스(Amphikratēs)　2. 101*
암피크리토스(Amphikritos)　3. 43~44
암피클레이데스(Amphikleidēs)　5. 38
암피폴리스(Amphipolis)　2. 22,　3. 46
압세피온(Apsepiōn)　2. 44
앙키테스(Anchitēs)　8. 61
앙키퓔로스(Anchiphylos)　2. 126
에라스토스(Erastos)　3. 46*,　3. 61
에라시스트라토스(Erasistratos)
　5. 57*,　5. 61,　7. 186
에라토스테네스(Eratosthenēs)
　1. 119*,　4. 52,　6. 88,　7. 5,　8. 47,
　8. 51,　8. 89,　9. 66
에레보스(Erebos)　4. 26
에레소스(Eresos)　2. 65*
에로스(Erōs)　3. 33,　6. 26
에로티온(Erōtion)　10. 7
에르키아(Erchia)　2. 48*

코린토스(Korinthos)   1. 41*, 1. 94,
  1. 96~97, 1. 99~100, 2. 42, 2. 53,
  2. 56, 2. 58, 2. 71, 2. 102, 2. 113,
  3. 8, 3. 34, 6. 74, 6. 77, 6. 82,
  6. 90, 7. 38
코스(Kōs)   1. 31*~33, 2. 46~47,
  2. 59, 8. 7, 8. 78
코이릴로스(Choirilos)   1. 24*
코튀스(Kotys)   9. 65*
콜로노스(Kolōnos)   3. 5*
콜로테스(Kōlōtēs)   6. 102*, 10. 25*
콜로폰(Kolophōn)   3. 31, 9. 18,
  9. 111, 10. 2
콜뤼토스(Kollytos)   3. 3
콜키스(Kolchis)   1. 111
쿠레스(Kourēs)   1. 115
쿠레테스(Kouretes)   1. 111
쿠스(Chous)   4. 8*
퀴네게이로스(Kynegeiros)   1. 56
퀴노사르게스(Kynosarges)   6. 13*,
  7. 161
퀴레네(Kyrēnē)   1. 19*, 1. 40, 2. 65,
  2. 86, 2. 103, 2. 134, 3. 6, 4. 4,
  4. 40~41, 4. 59, 4. 62, 5. 35,
  5. 41, 5. 84, 8. 21, 9. 115
퀴로스(Kyros: 1세)   1. 25, 6. 2
퀴로스(Kyros: 다레이오스의 아들)
  2. 49~51, 2. 55, 2. 58, 3. 34, 6. 84
퀴메(Kymē)   1. 76, 5. 94
퀴비스토스(Kybisthos)   1. 26
퀴지코스(Kyzikos)   1. 99*, 2. 127,
  3. 25, 3. 46, 8. 38, 8. 72, 8. 87,
  8. 94, 10. 8

퀴클롭스(Kyklōps)   7. 53*, 9. 112*
퀴테라(Kythēra)   1. 71
퀴트로이 축제(Chytroi)   3. 56*
퀴프로스(Kypros)   1. 50~51, 1. 62
  ~63, 2. 129, 7. 1, 9. 58~59,
  9. 115
퀴프리스(Kypris)   3. 33*, 4. 27
퀼론(Kylōn: 올림픽 경기 우승자)
  1. 110*, 2. 46, 8. 40, 8. 49
퀼론(Kylōn: 크로톤 사람)   2. 46*,
  8. 40, 8. 49, 8. 87
큅셀로스(Kypselos: 페리안드로스의
  아들)   1. 40, 1. 94
큅셀로스(Kypselos: 페리안드로스의
  아버지)   1. 40*, 1. 94
크노소스(Knōsos)   1. 109, 1. 111,
  9. 116
크니도스(Knidos)   1. 29, 7. 186,
  8. 86, 8. 89~90
크라나오스(Kranaos)   2. 58*
크라네이온(Kraneion)   6. 38*, 6. 77
크라튈로스(Kratylos)   3. 6*
크라테로스(Krateros)   6. 57*
크라테스(Kratēs: 견유학파)   1. 15,
  2. 114*, 2. 117~119, 2. 126 (?),
  2. 131, 3. 89, 4. 23, 6. 15, 6. 82,
  6. 85~98, 6. 105, 7. 2~4, 7. 12,
  7. 24, 7. 32
크라테스(Kratēs: 고희극작가)   4. 23*
크라테스(Kratēs: 기하학자)   4. 23
크라테스(Kratēs: 마케도니아의 군인)
  4. 23
크라테스(Kratēs: 비문시인)   4. 23

페레퀴데스(Pherekydēs: 신학자)
1. 13, 1. 15, 1. 42, 1. 116~118,
1. 120, 1. 122, 2. 46, 4. 58,
8. 2, 8. 40

페레퀴데스(Pherekydēs: 아테네 사람)
1. 119

페레퀴데스(Pherekydēs: 천문학자)
1. 119

페르가(Perga) 6. 37

페르가모스(Pergamos) 4. 30*

페르가몬(Pergamon) 4. 30, 4. 60,
7. 34, 9. 49

페르딕카스(Perdikkas: 3세) 3. 61*

페르딕카스(Perdikkas: 마케도니아의
장군) 6. 44*, 10. 1

페르사이오스(Persaios) 2. 61*,
2. 143*, 4. 47, 7. 1, 7. 6, 7. 9,
7. 13, 7. 28, 7. 36, 7. 120, 7. 162

페르세우스(Perseus) 5. 61

페르세포네(Phersephonē) 8. 61,
9. 16, 9. 59

페르시아(Persia) 1. 1~2, 2. 58,
2. 76, 3. 25, 5. 6, 9. 14, 83

페리스트라토스(Peristratos) 2. 60*

페리안드로스(Periandros: 암브라키아
사람) 1. 98

페리안드로스(Periandros: 참주)
1. 13, 1. 30~31, 1. 41~42, 1. 64,
1. 73~74, 1. 94, 1. 97, 1. 99,
1. 100, 1. 108

페리클레스(Periklēs) 2. 12~15,
2. 123, 3. 3, 9. 82

페릭티오네(Periktonē) 3. 1~2

페린토스(Perinthos) 3. 46*

페릴라오스(Perilaos) 1. 116

페모노에(Phēmonoē) 1. 40

페우케티아(Peuketia) 8. 14*

페이돈(Pheidōn) 5. 57

페이디아스(Pheidias) 2. 116*

페이라이에우스(Peiraieus) 2. 127*,
4. 39~40, 6. 2, 7. 2, 7. 12, 8. 86

페이리토오스(Peirithoos) 8. 83

페이시나악스(Peisianax) 7. 5*,
8. 67*, 8. 71

페이시스트라토스(Peisistratos) 1. 13,
1. 49~54, 1. 57, 1. 60, 1. 65~67,
1. 93, 1. 108, 1. 113, 1. 122

펜틸로스(Penthilos) 1. 81

펠로폰네소스(Peloponnēsos) 1. 72,
2. 8, 6. 81, 8. 67, 8. 71~72

펠로피다스(Pelopidas) 2. 59*

펠롭스(Pelops) 1. 32

펠리온(Pēlion) 7. 29*

포세이도니오스(Poseidōnios:
뤼콘의 노예) 5. 73

포세이도니오스(Poseidōnios:
스토아학파) 7. 39, 7. 41, 7. 54,
7. 60, 7. 62, 7. 84, 7. 87, 7. 91
~92, 7. 103, 7. 124, 7. 128~129,
7. 134~135, 7. 138~140, 7. 142
~146, 7. 148~149, 7. 152~154,
7. 157, 9. 68, 10. 4

포세이도니오스(Poseidōnios:
알렉산드리아 사람) 7. 38

포세이돈(Poseidōn) 3. 1, 7. 147

포세이디포스(Poseidippos) 7. 27*

474

지은이 · 옮긴이 소개

지은이 | 디오게네스 라에르티오스 (ΔIOΓENHΣ ΛAEPTIOΣ)

《유명한 철학자들의 생애와 사상》의 저자라는 점 외에는 확실히 알려진 것이 거의 없다. 대략 기원후 2세기에서 3세기 사이에 활동했던 인물로 추정하며, 여러 형태로 전해지는 그의 이름을 근거로 라에르테 지역 출신이 아니냐는 추측도 있다. 책에 언급된 것으로 미루어 그는 몇 권의 시집을 낸 시인이기도 한 것으로 보이며, 철학적으로 어떤 유파에 속하는지는 분명하지 않다. 다만 역시 책의 내용으로 봐서 플라톤과 아카데미아학파에 우호적이며 회의주의학파에 관심이 많았음을 알 수 있다. 열전 형태로 기술된, 우리에게 전해진 가장 온전하고 오래된 철학사 저술인 《유명한 철학자들의 생애와 사상》을 통해 귀중한 문헌들을 후대에 전해 준 것은 그의 중요한 업적으로 꼽을 수 있다.

옮긴이 | 김주일

성균관대 대학원 철학과에서 "파르메니데스 철학에 대한 플라톤의 수용과 비판"으로 박사학위를 받았다. 현재 성균관대, 가톨릭대, 청주대, 군산대 등에서 강의하며, 그리스 로마 고전을 연구·번역하는 정암학당 연구원이자 학당장으로 있다. 저서로 《소크라테스는 '악법도 법이다'라고 말하지 않았다. 그럼 누가?》, 《서양고대철학 1》(공저), 《플라톤의 그리스 문화 읽기》(공저) 등이 있고, 역서로 《소크라테스 이전 철학자들의 단편 선집》(공역), 플라톤의 《알키비아데스 Ⅰ·Ⅱ》(공역), 《에우튀데모스》, 《파이드로스》, 《플라톤의 법률 1·2》(공역), 《편지들》(공역) 등이 있다.

옮긴이 | 김인곤

성균관대 철학과를 졸업했으며, 서울대 대학원 철학과에서 플라톤 철학 연구로 석사 및 박사학위를 받았다. 현재 정암학당 연구원으로 그리스 고전철학 원전 강독과 번역을 하며, 철학아카데미와 문화센터에서 서양철학 및 인문학 고전 읽기와 개론 강의를 하고 있다. 역서로 《소크라테스 이전 철학자들의 단편 선집》(공역), 《크라튈로스》(공역), 《플라톤의 법률 1·2》(공역), 《서양고대철학 1》(공저) 등이 있다.

옮긴이 | 김재홍

숭실대 대학원 철학과에서 "아리스토텔레스의 학문 방법론에서의 변증술의 역할에 관한 연구"로 박사학위를 받았다. 캐나다 토론토대학 고중세철학 합동 프로그램에서 철학 연구를 한 후, 가톨릭대 인간학연구소 전문연구원, 서울대 철학사상연구소 선임연구원, 가톨릭관동대 연구교수를 거쳐 전남대 사회통합지원센터 부센터장을 지냈다. 현재 정암학당 연구원으로 있다. 저서로 《그리스 사유의 기원》, 《왕보다 더 자유로운 삶》, 《서양고대철학 2》(공저), 《박홍규 형이상학의 세계》(공저) 등이 있고, 역서로 아리스토텔레스의 《정치학》, 《니코마코스 윤리학》, 《관상학》, 《토피카》, 테오프라스토스의 《성격의 유형들》 등이 있다.

옮긴이 | 이정호

서울대 철학과를 졸업했고, 같은 대학교 대학원 철학과에서 "플라톤의 티마이오스 편에 관한 연구"로 석사학위를 받았으며, 박사과정을 수료했다. 영국 옥스퍼드대학 오리엘칼리지에서 객원교수를 지냈고, 한국방송통신대 문화교양학과 교수로 재직하다 정년퇴임했다. 현재 정암학당 이사장으로 있다. 저서로 《희랍철학 입문》(공저), 《서양 고대철학의 세계》(공저), 《서양고대철학 1》(공저) 등이 있고, 역서로 《원격교육의 이론과 실제》, 《소크라테스 이전 철학자들의 단편 선집》(공역), 《크리티아스》, 《메넥세노스》, 《편지들》(공역) 등이 있다.